新编21世纪心理学系列教材

# 职业健康心理学

第2版

李英武 主编

Occupational Health Psychology

中国人民大学出版社
·北京·

## 内容简介

职业健康心理学是一门新兴的综合性学科，主要研究心理学因素在员工身心健康、工作压力、工作场所安全、工作环境、幸福感等方面的影响和作用，从而达到科学使用组织干预与个体干预来减少员工的职场事故行为，提升员工职业安全与健康水平的目的。

全书共13章，全面介绍了30年来职业健康心理学的研究成果，通过分析个体差异与工作环境交互影响的规律，探讨了创建安全和健康的工作环境的有效途径。本次修订更换了3章内容，通过重新收集整理2017年以来国内外职业健康心理学的文献成果，力图从理论、技术和实践应用三个视角，全面呈现职场压力、职场安全与心理、家庭与工作等职业健康心理学的最新成果。

本书主要供高等院校心理学、组织行为学、人力资源管理、公共管理等相关专业的学生和教师使用，同时也可作为应用心理学专业硕士的教材。另外，也可以作为组织管理者等的参考资料。

## 主编简介

**李英武**　博士，中国人民大学心理学系副教授、硕士生导师。主要研究领域为职业健康心理学、心理测量学。中国心理学会心理测量专业委员会委员（2022—2025）；中国心理学会员工心理促进（EAP）工作委员会委员（2022—2025）；中国健康管理协会公职人员心理健康管理分会常务理事（2022—2025）。

## 内容简介

[illegible]是一门[illegible]综合性学科[illegible]

[illegible]

[illegible]2015年[illegible]

[illegible]

## 作者简介

[illegible]中国人民大学[illegible]

[illegible]（2020—2022）[illegible]

[illegible]

# 前言

安全和健康的工作环境是每个员工在职业生涯中应享有的基本权利和原则。随着全球经济的快速发展和社会生活节奏的加快，工作环境中的心理应激因素日益增多，员工面临的精神压力和心理挑战也愈发严峻。焦虑症、抑郁症等常见精神障碍以及各种心理行为问题在各类组织中正逐渐凸显。与此同时，心理应激事件和精神障碍患者引发的肇事肇祸案件时有发生，这不仅给个人带来了巨大的痛苦，也对企业管理提出了新的挑战。

据国际劳工组织的报告，2019 年全球有近 300 万人因与工作相关的事故和疾病而死亡，其中约 89%由职业病引起，约 11%由工作事故导致。此外，还有 3.95 亿工人遭受了非致命性工伤。这些数据反映出，工作相关的健康风险已经成为全球职业健康领域面临的重大问题（ILO，2024）。这些数据揭示了改善工作环境和工作条件的紧迫性。在组织职业活动中，安全事故的诱因通常可归为内因和外因两大类。内因指的是劳动者在技术水平、心理状态等方面未能达到工作要求，导致工作中的不协调；外因则涉及设备状况、预防措施、防护用品以及劳动环境条件未能满足安全生产的要求。国际劳工组织的年度事故统计数据显示，70%～75%的职场事故与个体的心理状态密切相关。因此，在分析事故发生的内因时，组织管理者和专业技术人员必须深入研究当事人的心理活动，利用心理学理论和研究成果指导安全管理工作。事实上，心理因素对工作环境的影响远不止安全事故的发生。心理应激不仅影响员工的工作表现，还会对他们的身心健康产生深远的影响。传统的工作和组织设计方法往往以技术为中心，注重经济效益，要求员工主动适应工作环境。然而，这种设计并不符合“良好工作”的标准。良好的工作设计应当以人为中心，创造健康安全的工作环境，帮助员工在高效工作的同时保持身心健康，从而支持组织实现更长远的目标。

在全球范围内，职业健康问题正日益受到关注。世界卫生组织在《2013—2020 年精神卫生综合行动计划》中呼吁各国政府和组织机构高度重视心理健康问题，并提出了“没有心理健康就没有健康”的理念。这一理念反映出，心理健康不仅是个人幸福的基础，也是社会和经济可持续发展的关键要素。近年来，随着人工智能（AI）技术的快速发展，心理健康干预也迎来了新的机遇。AI技术在心理健康领域的应用极大地提升了心理健康服务的效率和覆盖范围。例如，基于AI的心理健康评估工具可以通过大数据分析快速识别出个体的心理健康风险，并提供个性化的干预方案。此外，AI驱动的虚拟心理辅导员和心理健康应用程序也为那些难以获取传统心理健康服务的人群提供了便捷的支持。这些技术的应用不仅可以早期发现和干预心理健康问题，还可以帮助企业更好地监测员工的心理状态，从而预防心理问题导致的工作事故和生产力下降。

在我国，特别是党的十八大以来，以习近平同志为核心的党中央以巨大的政治勇气、强烈的责任担当，引领党不断加强革命性锻造，开辟了百年大党自我革命新境界。党和政府不断加大心理健康领域政策的顶层设计力度，推出了一系列相关政策。2016年末，国家卫生计生委（现国家卫生健康委员会）、中宣部等22个部门联合印发了《关于加强心理健康服务的指导意见》。意见明确提出，到2020年，全民心理健康意识明显提高，重点人群心理健康问题得到关注和及时疏导，社会心理服务体系初步建成；到2030年，全民心理健康素养普遍提升，常见精神障碍防治和心理行为问题识别、干预水平显著提高，心理相关疾病发生的上升势头得到缓解。该意见特别强调了在工作场所中开展心理健康服务的必要性。此外，《中华人民共和国精神卫生法》的实施为心理健康提供了法律保障，国家卫生健康委员会发布的《健康中国行动（2019—2030年）》则将心理健康作为健康中国战略的重要组成部分。2022年发布的《“十四五”国民健康规划》则进一步强化了心理健康服务的体系建设，强调在全社会推广心理健康服务，特别是在工作场所推广心理健康教育和干预措施。

上述国家政策与规范的出台为职业健康领域的实践指明了方向并给出了基本的政策遵循。探讨职业健康问题时，我们首先应关注工作事故这一直接反映职业健康状况的结果变量。当前，国内许多组织管理者，尤其是国有企业的高层管理者，在设定组织目标时，通常将“避免事故”作为首要目标，因为一旦发生工作事故，所有成绩将归零，甚至可能导致管理者被问责。这种重视固然必要，但它忽略了工作事故背后的深层次问题，即员工的心理健康和安全感。工作事故不仅是职业健康心理学的重要研究领域，而且与员工的整体福祉和组织的长期可持续发展息息相关。为了从企业和员工的和谐发展角度树立正确的心理管理理念，企业需要系统性地设计和实施心理健康管理服务。这不仅包括为员工提供全覆盖的心理管理服务，还需要将心理管理融入企业运行的全过程，以证明其价值。企业必须回答以下关键问题：如何帮助员工避免或消除职场压力所导致的心理应激、心理危机或心理障碍？如何增进员工的身心健康，使他们能够以积极、健康的心理状态适应当前的工作环境并发展职业生涯？这些问题的解决不仅关系到员工的个人福祉，也关系到企业的长期成功。

职业健康心理学（occupational health psychology，OHP）是一个跨学科领域，旨在通过研究工作环境中的心理和社会因素及其对员工健康与福祉的影响，改善工作场所的健康和安全状况。该领域的研究涵盖工作压力、工作负荷、职业倦怠、职业健康与安全等方面，并探讨如何通过干预措施减少与工作相关的心理和生理健康问题。职业健康心理学不仅关注工作环境对个体的直接影响，还研究如何通过改善组织文化、领导风格和工作设计来促进员工的心理健康。

本书由中国人民大学心理学系李英武副教授构思并执笔，于宙、韩笑、彭坤霞丽、魏敏媛、叶丹、宋元雄、向利鑫、陈伟楠、赵志琦、莫国灿等应用心理学专业的学生参与编写部分章节，最终由李英武老师进行统稿和修订。本书的编写得到了各方的大力支持。此外，我们广泛参阅了大量国内外职业安全心理学和职业健康心理学的优秀教材和专著，搜集整理了近 40 年来国内外职场安全与健康心理学的研究成果，力图从理论和实践两个视角全面阐述职场安全与职业健康心理学的最新进展。

本书主要供全日制高等院校应用心理学、职业安全、职业健康心理学、组织行为学、人力资源管理、公共管理、管理学相关专业的学生和教师使用，同时也可以作为应用心理学研究生课程研修班和应用心理学专业硕士（MAP）专业课或选修课教材。本书提供了众多案例，可以为公司高层管理者、党政工会部门制定员工职业安全与心理健康评价和发展计划提供指导。

“始生之物，其形必丑”，编写一本好教材需要大量的基础研究和耗时巨大的基础文献梳理工作，作为国内较早以“职业健康心理学”命名的教材，本书的编者深感压力巨大，很多章节虽力求完整，文字表述清晰简洁，但编者能力有限，还有很多可修改完善之处，恳请读者、专家同行、专业教师、实践管理者多多反馈斧正。

**李英武**

北京海淀西颐北馆

2024 年 12 月 30 日

# 目录

第一章

# 职业健康心理学简史

**【学习目标】**

通过本章的学习，希望达到以下三个目标：

1. 了解职业健康心理学的出现原因。
2. 了解职业健康心理学的历史和现状。
3. 掌握职业健康心理学的研究方向。

## 章节导引

世界卫生组织的资料显示，全球每年约有200万人死于职业性事故、与工作相关的疾病或伤害；每年发生2.68亿宗非致命性工伤事故，平均每宗事故损失3个工作日。国际劳工组织（International Labour Organization，ILO）2023年的一项调查报告显示，近十年间，在英国、美国、德国、波兰和芬兰等国，科技的进步、全球化的趋势、组织的重组、公司政策的不稳定以及工作负荷过重等，造成员工在工作场所中出现了多种心理问题，导致10%的员工遭受着抑郁、焦虑、工作压力或倦怠的折磨。职业心理问题的直接后果是个人绩效的下降和组织成本的上升。英国政府调查发现，英国各行业每年因员工出现与职业心理问题有关的疾病而导致700万个工作日的流失（WHO，2022）。此外，职业心理问题也大幅提高了企业对员工健康医疗成本的支出，美国企业因此每年花费约400亿美元，导致的间接经济损失高达2 000亿美元。这些现实中亟待解决的问题，极大地推动了职业健康心理学的出现和形成。

什么是心理健康？心理健康并不仅仅是没有疾病或病态。相反，心理健康是一个连续体（见图1-1），通常包含从健康到病态的范围。

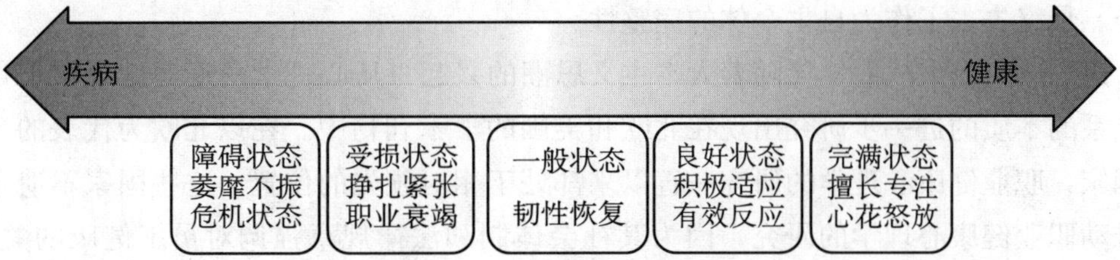


**图1-1　心理健康连续体**

这个连续体的一端是心理健康状态，通常被定义为“一种福祉状态（又称幸福感），个体实现自己的能力，能够应对生活中的正常压力，能够有成效和富有成果地工作，并且能够为所在社区做出贡献”（WHO，2022）。连续体的另一端则是心理疾病状态，指的是一种可诊断的心理障碍，其特征是情绪、思维以及行为的失调。

2016年，国家卫生计生委等22个部门联合印发的《关于加强心理健康服务的指导意见》中提出，心理健康是健康的重要组成部分，身心健康密切关联、相互影响。一个健康的人，不仅在身体方面是健康的，在心理方面也是健康的。心理健康是人在成长和发展过程中，认知合理、情绪稳定、行为适当、人际和谐、适应变化的一种完好状态（国家卫生计生委，2016）。

## 第一节　职业健康心理学研究简史

**知识拓展**

时代在变化，社会在发展，但马克思主义基本原理依然是科学真理。尽管我们所处的时代同马克思所处的时代相比发生了巨大而深刻的变化，但从世界社会主义500年的大视野来看，我们依然处在马克思主义所指明的历史时代。

（2017年9月29日习近平在十八届中央政治局第四十三次集体学习时的讲话）

1844年至1845年，恩格斯开始在英格兰的主要工业化城市对工人阶级的状况进行访谈和调查研究，并开始写作《英国工人阶级状况》。在该书中，恩格斯详细描述了英格兰工人阶级在身体和心理上存在的健康问题。恩格斯认为，当时英国工人阶级的待遇等同于他们在被谋杀，而影响工人生理与心理健康的因素主要存在于工作组织中，并且与当时英格兰的社会环境和物质环境相关联。同时期，马克思发表《1844年经济学哲学手稿》，提出工人在资本主义生产体系中，失去了对自己生活和命运的掌控力。当工人被剥夺了将自己视为自主行动主导者的权利时，他们的劳动成果不再归自己所有，而是被生产资料的拥有者——资产阶级占有。尽管工人是独立的个体，但在经济上，他们的行为和目标被资产阶级控制，目的是为资产阶级在竞争中创造最大的剩余价值。之后，马克思进一步指出，异化劳动的结果是工人失去了对自己的劳动成果、劳动过程、他人关系以及自我意识的控制和认同。异化导致工人感到疏离和被剥夺，最终失去了作为自主个体的完整性。

第二次世界大战后，伴随着人本主义思潮的兴起，从心理学角度对健康与工作之间关系的本质的进一步研究出现在北欧和美国的学术刊物中。在以北欧为代表的高福利国家，职业健康心理学的研究一直以来都处于相对领先的位置。这些国家不遗余力地推动职业健康心理学的研究，因为其社会体制和法律规章强调对员工健康的关注。而在美国，在相当长的一段时间内，职业健康心理学只是作为工业卫生学的附庸出现，但是随着员工医疗支出日趋增加，大部分组织都开始关注员工健康对企业效益的影响。实践领域，特别是组织管理者观念的改变对职业健康心理学学科的形成与发展产生了重大影响，企业高层管理者愿意向职业健康促进项目投资，有社会需求就有刺激动力，这样就吸引了大批组织心理学家开始介入职业健康心理学的研究。他们带来了先进的社会科学研究方法和统计手段，重视心理现象科学测量的重要性，同时还引入了与工作内容和工作组织相关的大量先进的科学认识和理论，从而将整个学科的研究水平推上了一个新台阶。下面我们就回顾一下职业健康心理学的发展历程，提供一个比较详细的职业健康心理学发展背景。

## 一、欧洲职业健康心理学的发展

1951年，英国学者特里斯特（Trist）和班福思（Bamforth）研究发现，忽视煤矿工人在工作设计中的心理感受会对员工的安全行为产生负面影响。他们详细描述了长壁采煤法对员工心理的影响。当矿工的工作从完整且技能多样的任务转变为机械化、分裂且高度依赖他人工作的任务时，矿工们表现出高水平的焦虑、愤怒和抑郁症状。他们总结道，如果工作任务不能满足员工的心理需求，员工健康就会相应地受到损害。

**知识拓展**

工作任务的特征会影响员工的心理健康。应重视工作任务的完整性和灵活性等特征，这些特征的缺失可能会影响员工的心理健康，进而抵消采用机械对组织效能的促进作用。

（特里斯特和班福思，1951）

与此同时，北欧国家开始在职业健康心理学领域出现许多来自不同学科的交叉观点。挪威学者托尔斯鲁（Thorsrud）对员工授权的心理作用进行了系统研究，提出了心理工作需求理论，激发了大量后续研究。社会学家莱斯加德（Lysgard）对工人集体意识的研究也具有广泛影响，甚至在一定程度上影响了后来学者对组织文化和组织氛围的认识。在挪威，乌尔辛（Ursin）领导的研究团队发表了许多与工作压力相关的心理生理机制的研究成果。

在芬兰，对工作设计影响心理健康的研究具有悠久的历史。芬兰职业健康研究所的心理学家在20世纪50年代拜访了特里斯特及其伦敦的同事，并受到来自美国、德国和英国不同研究流派的影响。1974年，芬兰芬欧汇川（UPM）造纸厂雇用了首位工业领域的职业健康心理学家，标志着职业健康心理学的作用获得了企业管理层的认可，研究者们在UPM广泛研究了工作条件对员工心理的影响以及相关的干预方法，组织健康心理学的良好干预与政策的建立进一步助推和护航企业良性发展。

**知识拓展**

我们相信，员工的福祉建立在安全和支持性的工作环境之上，同时伴随着健康的生活方式和工作与生活的平衡。

我们认识到，员工的福祉直接影响员工的参与度和我们的业务成功。

我们与员工和外部职业健康组织密切合作，支持员工的福祉。

我们的重点不仅在于减少工作场所的健康风险，还在于采取预防措施，促进员工的健康和福祉。

（UPM 员工健康与福祉宣言节选）

---

20 世纪 70 年代末，罗伯特·卡拉塞克（Robert Karasek）的两篇文章对职业健康心理学产生了重大影响。第一篇文章探讨了工作需求、工作决策权与心理健康之间的关系；第二篇文章则研究了这些因素对心血管疾病风险的影响。卡拉塞克和托雷尔（Theorell）合作编撰了《健康的工作》一书。工作需求-控制模型的历史重要性在后续研究中逐渐得到证实，影响员工身心健康的因素与工作绩效的相关因素一致。

卡拉塞克和托雷尔的观点与北欧关于工作设计和健康研究的传统一脉相承。在北欧国家，传统的工业组织心理学研究领域（如人事选拔、绩效评估等）由于工人运动和强大的工会影响，未能获得广泛发展和应用，但关于工作改革和工人幸福感的研究和实践却得到了大力推动。许多先驱性研究探讨了工作与健康的关系，这些研究大多出现在瑞典和挪威。卡拉塞克和托雷尔曾分别在瑞典的两个研究所工作，这两个研究所对职业健康心理学的发展起到了重要的推动作用，其主要带头人包括斯德哥尔摩大学的心理学家贝蒂尔·加德尔（Bertil Gardell）和斯德哥尔摩卡罗林斯卡研究所的医生伦纳特·列维（Lennart Levi）。

加德尔自 1960 年代起在斯德哥尔摩大学任教，研究工作内容的革新。他详细描述了工作如何导致员工的敌意和社会退缩行为，并发表了大量关于技术、自主性、参与性和心理健康之间关系的研究成果。他还发表了关于工作改革和社会变革的研究论文。在一系列实证研究中，加德尔和瑞典其他研究者提出，对工作缺乏控制的任务、单调的任务、不完整的任务都会对员工的健康产生负面影响。以这些研究为基础，阿隆松（Aronsson）编写了一本关于工作心理学中控制和应对的学术著作。加德尔的许多观点在他去世前后得到了进一步的发展。

与此同时，斯德哥尔摩的内科医生伦纳特·列维创建了自己的压力应激实验室，成为卡罗林斯卡研究所的一部分。他曾与蒙特利尔的汉斯·谢耶（Hans Selye）一起工作，最初专注于压力相关的生理实验研究。后来，他逐渐转向多学科交叉的研究，开始与心理学家和社会学家合作，研究工作条件及其与健康指标的联系。他的研究使学者们认识到从心理社会层面研究工作环境对员工健康的影响非常重要。列维于 1981 年建立了心理社会因素与健康研究所，并任首任所长。

汉斯·谢耶（1907—1982），加拿大生理学家，被誉为“压力概念之父”。他的工作主要集中在生理学和内分泌学领域，尤其是对压力如何影响身体的研究。他撰写了许多科学论文和书籍，代表作有《生活的压力》（The Stress of Life）。

传承加德尔和列维研究传统的托雷尔最早接受临床心理病学训练，起初关注生活事件对心血管疾病发病率的影响。他与卡拉塞克和卡罗林斯卡研究所的其他同事一起延续和发展了列维在工作压力和疾病关系领域的研究。托雷尔接任心理社会因素与健康研究所的所长后，继续进行关于工作条件和心血管疾病的纵向研究，提出心理社会工作环境的差异可能是社会不同阶层冠心病发病率差异的主要原因之一。

1999 年，英国国家卫生与临床优化研究所（National Institute for Health and Care Excellence，NICE）成立，这是一个为英国国家医疗服务体系（NHS）提供健康与社会照护指南和标准的公共机构。NICE 的成立初衷是减少 NHS 在不同地区提供的治疗和护理服务在可及性和质量上的差异，通过科学评估来提高医疗服务的质量和扩大医疗服务的范围。NICE 的核心职能包括为健康、公共卫生和社会保健从业人员提供基于循证医学的指南；为服务提供者和管理者提供质量标准和绩效指标；为健康和社会保健领域的委员、从业者提供广泛的信息服务。

## 知识拓展

### NICE 职场心理健康指南

1.1　提升工作场所心理健康的战略方法

1.1.1　采用分层方法来提升工作场所的心理健康，首先以组织层面的方法作为良好心理健康的基础（第一层［底层］），其次是个人层面的方法（第二层［中层］），最后是针对性的方法（第三层［顶层］）。

1.1.2　采取预防性和主动性的战略方法来提升组织内工作场所的心理健康。考虑以下因素：

- 工作场所文化。
- 工作量。
- 工作质量和角色自主性。

- 雇主和员工对心理健康可能的顾虑，包括羞耻感。

1.1.3 确保将心理健康融入所有组织政策和实践的整体商业战略，主动促进心理健康。

1.1.4 按照1974年《英国健康与安全工作法》等法规的要求，对每个角色进行压力风险评估，例如使用健康与安全执行机构的风险评估模板：

- 如果识别出任何风险，采取主动措施减少风险及其负面影响。
- 如果表明是高风险角色，参见高风险职业的组织层面方法章节。
- 必要时与员工讨论，并向他们反馈评估结果。

1.1.5 确保可以系统地为那些外部因素影响其心理健康的员工提供支持。

1.1.6 至少每年使用相关评估工具监测和评估组织提供支援的有效性。

（NICE《职场心理健康》指南，2022）

---

NICE的评估流程包括对卫生技术的系统性评估，这种评估研究方法称为卫生技术评估（health technology assessment，HTA）。NICE通过HTA对卫生技术的性质、效用和结果进行评估，以提供关于医疗技术使用的指导和建议。NICE的评估结果对NHS的决策具有重要影响，同时也对全球范围内的卫生政策制定者和医疗保健提供者具有指导意义。NICE的工作不仅限于临床指南和公众健康指导，还包括对特定健康状况的评估和管理指南。NICE发布的指南会定期更新，以确保其内容反映最新的医学证据和最佳实践。2022年版的《职场心理健康》指南涵盖了如何在职场中为心理健康创造合适的条件，旨在促进支持性和包容性的环境，并帮助有心理健康问题或有潜在心理健康风险的人群（陈姝睿 等，2022）。

## 二、美国职业健康心理学的发展

职业健康心理学作为一个独立的学科领域，其形成和发展在美国具有深远的历史背景和多方面的推动因素。该学科主要研究工作环境对员工健康和福祉的影响，并提出改善措施，以实现员工健康与组织效益的双赢。

### （一）工业化与经济结构的转型

美国在20世纪初的工业化进程为职业健康心理学的形成奠定了基础。随着工业革命的推进，大量工厂和制造业岗位迅速涌现，劳动强度增加、工作环境恶劣等问题逐渐显现。这一时期，工伤、职业病以及与工作相关的心理健康问题开始激增。例如，工人长时间暴露在不安全的工作条件下，容易导致身体和心理上的疾病。学术界和政策制定者逐渐意识到，必须研究和改善这些工作环境，以保护工人的健康。这种关注直接促使了职业健康心理学的兴起，并推动了对工作环境中社会和心理因素的深入研究。

### （二）工作压力和心理健康问题的日益突出

随着20世纪经济的发展和技术的进步，美国的工作环境发生了显著变化，工作节奏加快、工作压力增大成为普遍现象。研究表明，工作压力与多种心理健康问题（如抑郁、焦虑和职业倦怠）之间存在直接关联。例如，绍特（Sauter）等指出，工作压力是导致心理失调的主要原因，工作组织的变革进一步加剧了员工的工作压力，并对他们的健康与安全产生了负面影响（Sauter et al.，1999）。此后，压力积累效应引起了广泛关注，特别是随着心理学的发展，工作压力及其对心理健康的影响成为一个重要的研究领域，直接推动了职业健康心理学的兴起。

### （三）科学管理与人际关系学派的推动

早期的科学管理理论对工作环境中的社会心理因素的研究产生了重要影响。弗雷德里克·泰勒（Frederick Taylor）在其1911年出版的《科学管理原理》中强调通过简化、细化和标准化工作任务来提高效率。然而，这种方法被指责忽视了工人的心理需求，削弱了他们的工作自主性，进而对心理健康产生了负面影响。

20世纪20年代进行的霍桑实验进一步揭示了员工的社会心理需求对工作表现的重要性。霍桑效应表明，当员工感受到被特别关注时，他们的工作行为会发生积极变化。这一效应挑战了泰勒的科学管理原理，促使研究者开始关注工作的社会、心理和文化层面，为职业健康心理学的形成提供了重要理论依据。

### （四）心理学与公共卫生的融合

20世纪下半叶，心理学，特别是健康心理学在美国迅速发展，同时公共卫生领域也开始更多地关注心理健康在整体健康中的重要性。这种跨学科的融合为职业健康心理学的形成提供了理论和方法论支持。例如，健康心理学的发展促使研究者开始探讨心理因素（如压力、焦虑和社会支持）对员工健康的影响。与此同时，公共卫生领域的研究者则关注如何通过系统的健康干预措施改善员工的整体福祉。这种融合促使职业健康心理学成为一个能够综合考虑心理、社会和生理因素的学科。

### （五）政府法规和政策的推动

美国政府在20世纪中期出台了一系列与职业安全和健康相关的法律法规，这些政策对职业健康心理学的发展起到了关键推动作用。1970年通过的《职业安全与健康法》（Occupational Safety and Health Act）标志着政府对工作环境安全的正式关注。该法律不仅强调物理安全，还开始涉及心理健康问题，如工作压力管理和心理支持服务。《职业安全与健康法》的实施促使企业更加重视员工的心理健康（Hobfoll，2001），推动了职业健康心理学的广泛应用和发展（NICE，2022）。

此外，美国国家职业安全与健康研究所（National Institute for Occupational Safety and Health，NIOSH）在推动职业健康心理学的发展中也发挥了重要作用。作为美国疾病控制与预防中心（CDC）的一部分，NIOSH专注于研究可能对员工身心健康造成危害的工作条件和环境，并提供干预建议，以预防工伤事故的发生。NIOSH的研究成果对职业健康心理学的理论和实践产生了深远影响，促进了该领域在美国的广泛应用。

### （六）企业社会责任和管理实践的转变

随着企业社会责任（CSR）理念在美国的普及，越来越多的公司开始认识到员工心理健康与组织绩效之间的密切关系。企业逐渐认识到，员工的心理健康不仅影响个人福祉，还直接关系到工作满意度、生产力和组织忠诚度。这一认知转变促使企业管理实践发生变化，从单纯追求利润转向关注员工的全面福祉，包括心理健康在内。企业通过实施心理健康支持项目、提供工作场所心理咨询服务以及改进工作设计等措施来提升员工的幸福感和工作满意度。这种企业管理实践的转变进一步推动了职业健康心理学的应用和发展。

### （七）学术界的推动和专业组织的成立

美国学术界对职业健康心理学的发展起到了重要的推动作用。20世纪末期，职业健康心理学逐渐被确立为一个独立的学科领域，这得益于多个心理学会（如美国心理学会（APA））以及相关专业组织的推动和支持。这些组织通过资助研究、出版学术期刊、举办学术会议等形式，促进了职业健康心理学的理论发展和实践应用。例如，APA在1990年代成立了职业健康心理学分会（Division 38，Society for Health Psychology），这标志着职业健康心理学在学术界的正式确立。此外，专业组织还推动了职业健康心理学的教育和培训，为该领域培养了大批专业人才。

### （八）战后心理健康需求的增加

第二次世界大战后，退伍军人和工人群体的心理健康问题激增，促使美国社会更加关注心理健康服务的需求。特别是在战后的经济繁荣期，随着就业机会的增加和工作压力的加大，员工的心理健康问题逐渐凸显。这一时期，学术界和医疗机构开始更多地研究和干预工作场所中的心理健康问题，职业健康心理学因此得到了快速发展。

职业健康心理学自20世纪初形成以来，已经得到了显著的发展。现代职业健康心理学不仅关注传统的工作压力和职业病问题，还扩展到了工作场所的多样性、远程办公、数字化转型带来的心理挑战等新兴领域。随着科技的发展，尤其是人工智能和大数据技术的应用，职业健康心理学正逐渐朝更加精确、个性化的干预方向发展。

## 三、我国职业健康心理学的发展

### （一）我国职业健康心理学发展现状

我国职业健康心理学的发展历程与国家的社会经济变迁密切相关，其形成和发展经历了从理论引进到本土化研究的过程，并逐渐成为一个重要的学术领域和实践方向。下面将从社会背景与需求、政策支持与法规制定、学术研究和应用实践等方面，简要梳理我国职业健康心理学的发展历程。

**1. 社会背景与需求的驱动**

改革开放以来，我国经历了快速的工业化和城镇化进程，伴随着经济结构的深刻转型，劳动力市场也发生了巨大变化。这一过程中，工作压力、职业病和工伤事故等问题逐渐显现，尤其是随着工作环境和劳动条件的复杂化，员工的心理健康问题日益突出。随着经济的快速发展，工作压力成为影响员工身心健康的重要因素。许多员工在面对高强度的工作要求、快速变化的市场环境以及复杂的社会关系时，出现了焦虑、抑郁、职业倦怠等心理健康问题。特别是在新兴行业，如科技和金融等领域，员工面临的挑战和压力更加明显。这些现实需求促使学术界和政府部门加大对职业健康心理学的关注，并探索如何通过科学研究和政策支持来改善员工的心理健康。

**2. 政策支持与法规制定**

我国职业健康心理学的发展离不开政策的支持和法规的推动。20 世纪末以来，我国政府高度重视劳动者的健康与安全问题，并陆续出台了一系列相关政策和法规。例如，1994 年颁布的《中华人民共和国劳动法》首次明确规定了劳动者的健康权利，要求用人单位为员工提供安全、卫生的工作条件。这一法律的出台为职业健康心理学的发展奠定了法律基础。进入 21 世纪后，政府进一步加大了对劳动者心理健康的关注。例如，2002 年实施的《中华人民共和国职业病防治法》不仅关注传统的职业病，还开始重视心理健康问题。2007 年颁布的《中华人民共和国劳动合同法》加强了对劳动者权益的保障，特别是对工作压力和心理健康问题的关注。这些政策法规的出台不仅推动了企业在保障员工心理健康方面的努力，也为职业健康心理学的研究提供了政策支持。近年来，随着我国社会保障体系的逐步完善，特别是“健康中国”战略的推进，职业健康心理学逐渐成为国家健康政策的重要组成部分。这不仅体现了国家层面对职业健康的重视，也为职业健康心理学的进一步发展创造了有利条件。

**3. 学术研究的发展与本土化**

我国职业健康心理学的学术研究最初受到西方理论的影响。20 世纪 80 年代末 90 年代初，我国学者开始引进和翻译西方的职业健康心理学理论和方法，并尝试将其应用于我国的工作环境和文化背景。在早期研究中，学者们主要关注工作压力、职业倦怠和工作满意度等问题。例如，许多研究借鉴工作需求-控制模型、马斯拉奇（Maslach）的职业倦怠模型以及库珀（Cooper）的工作压力源模型，探讨了工作压力对员工心理健康的影响。这些研究为我国职业健康心理学的本土化发展奠定了理论基础。

进入 21 世纪后，随着我国学者对本土化研究的重视，越来越多的研究开始聚焦于我国特有的文化因素对职业健康的影响。例如，研究者探讨了“关系”“面子”等文化因素在我国职场中的重要性，以及这些因素如何影响员工的工作压力和心理健康。这些研究逐渐形成了中国特色的职业健康心理学理论，为实践提供了指导。

近年来，我国职业健康心理学的研究领域不断扩大，涵盖了从传统的工作压力和职业病研究到心理资本、工作-家庭冲突、职场欺凌、职业发展和员工幸福感等多个方面。例如，随着信息技术的发展，研究者开始关注数字化工作环境对员工心理健康的影响，以及如何通过科技手段改善员工的工作体验。这些研究不仅丰富了职业健康心理学的理论体系，也为解决我国职场中的实际问题提供了科学依据。

**4. 应用实践的推进与挑战**

随着我国职业健康心理学研究的深入，该领域的理论逐渐应用于实践，推动了企业和政府在员工心理健康管理方面的进步。许多大型企业和组织开始认识到员工的心理健康对企业绩效和可持续发展的重要性，纷纷引入职业健康心理学的相关干预措施。在企业层面，越来越多的公司开始重视员工的心理健康，采取了一系列措施来改善员工的工作环境。例如，一些企业引入了员工帮助计划（employee assistance program, EAP），为员工提供心理咨询、压力管理和危机干预等服务。还有企业通过定期开展心理健康讲座、设立心理健康热线等方式，帮助员工缓解工作压力，提升工作满意度。

在政府层面，除了制定相关法律法规外，各级政府还积极推动心理健康教育和宣传工作。例如，许多地方政府组织了心理健康知识普及活动，以提高劳动者的心理健康意识，倡导健康的工作方式。同时，政府还支持和资助了许多职业健康心理学的研究项目，推动该领域的学术研究和实践创新。

尽管我国的职业健康心理学在过去几十年中取得了显著进展，但仍然面临一些挑战。首先，职业健康心理学在大城市和大型企业中得到了较为广泛的应用，但在中小企业和农村地区的推广仍然不足。其次，我国的职业健康心理学研究和实践仍需进一步加强本土化与实际应用的结合，以更好地应对我国特有的职业环境和文化背景。最后，随着工作环境的快速变化，如远程办公和灵活用工的兴起，职业健康心理学需要不断更新理论和方法，以应对新兴的心理健康挑战。

**5. “健康中国”战略与职业健康心理学**

“健康中国”战略是党和国家在 21 世纪提出的全局性、长期性发展战略，旨在提升全民健康水平，推动健康事业的全面发展。在这一战略中，职业健康心理学作为保障劳动者健康的重要组成部分，得到了前所未有的重视和发展机遇。“健康中国”战略的提出源于我国社会经济的全面发展和人民生活水平的提高。随着社会的发展，人民对健康的需求逐渐从单纯的疾病治疗扩展到全面的健康管理，涵盖生理、心理和社会适应等多个维度。2016 年，中共中央、国务院发布了《“健康中国 2030”规划纲要》，提出要将健康融入所有政策，推动形成健康的生活方式、生态环境和社会环境。

这一纲要不仅涉及公共卫生、医疗服务等传统健康领域，还特别强调了心理健康的重要性，明确要求提高全民的心理健康水平。在“健康中国”战略中，职业健康心理学被视为实现全民健康的重要路径之一。职业健康心理学研究工作环境对员工心理健康的影响，并提出相应的干预措施，旨在改善员工的心理健康，提升工作满意度和生活质量。

在“健康中国”战略的推动下，企业被鼓励将员工健康纳入企业社会责任范畴。职业健康心理学为企业提供了理论和实践指导，使其能够通过科学的管理和干预措施，创造健康、积极的工作环境，从而实现企业的可持续发展。此外，“健康中国”战略明确要求提升全民的心理健康水平，这包括在工作场所推广心理健康服务。职业健康心理学的发展促进了员工帮助计划的普及，以及其他形式的工作场所心理支持服务，如心理咨询、压力管理培训等。这些服务不仅可以帮助员工应对工作压力，还提高了员工对心理健康的认知和重视。

我国职业健康心理学将在全球化和数字化转型的背景下继续蓬勃发展。随着我国经济的发展和劳动者权益的不断提升，职业健康心理学将在提升员工福祉、优化工作环境、促进企业社会责任方面发挥更加重要的作用。未来的研究将更加关注新兴行业和职业中的心理健康问题，如科技行业中的过劳、数字化环境中的信息过载等。此外，随着我国社会老龄化的加剧，如何通过职业健康心理学理论和方法改善老年劳动者的工作条件和心理健康也将成为重要的研究方向。跨学科的合作将继续深化，职业健康心理学将与医学、公共卫生、社会学和管理学等领域紧密结合，形成更加综合的研究和实践体系。这种跨学科合作不仅将推动职业健康心理学理论的创新，还将为解决复杂的职业健康问题提供更加有效的解决方案。

**6. 教材建设与学科发展**

尽管职业健康心理学在我国取得了显著进展，但作为一门新兴学科，其在本土的理论构建、学科发展目标、教师队伍建设和教材建设等方面尚未得到充分重视。目前，国内出版的职业健康心理学教材较为有限，如《职业健康心理学》（傅文青　等译）、《职业健康心理学手册》（蒋奖　等译）等。李永鑫（2022）指出，进一步完善中国职业健康心理学的教材建设，推动研究、实践与教学的结合，以实现“创设安全健康的职业环境和提升工作者的职业幸福感”这一学科目标，是未来发展的重要方向。

### （二）我国职业健康心理学本土化理论的可能路径

我国职业健康心理学的本土化理论，是在吸收西方职业健康心理学基本理念的基础上，结合中国传统文化的精髓，尤其是儒家思想中的中庸之道、和谐观念以及集体主义精神，发展出的适应中国社会文化背景的理论体系。

首先，中庸之道作为中国文化的核心思想，强调适度和谐，是职业健康心理学本土化的重要指导原则。在工作场所，倡导员工在压力和放松、工作与生活之间寻找适度的平衡，避免过度的竞争和过高的工作强度，以维护身心健康。这一观念与职业健康心理学中倡导的工作-生活平衡理念高度契合，能够有效减少职业倦怠和心理健康问题。

其次，中国文化注重和谐共生，强调人与自然、人与社会的协调发展。在职业健康心理学的本土化过程中，强调通过构建和谐的工作环境，增强组织支持，促进员工的心理健康。集体主义精神在中国文化中占据重要地位，这意味着员工的心理健康不仅是个人问题，更是集体的责任。通过强化组织内部的支持系统，促进团队合作和互助，能够有效提升员工的心理健康水平。

**知识拓展**

中庸之道是儒家思想中的一个重要概念，源自中国古代哲学家孔子的教诲。这个概念强调的是一种避免极端、寻求平衡与和谐的生活和行为方式。在《论语》中，孔子提到："中庸之为德也，其至矣乎！"意思是说，中庸是最高的德行。中庸之道主张在任何情况下都不要走向极端，而是要寻找一种适中的、恰当的行动方式。具体来说，中庸之道包含以下几个方面：

适度：在行为和情感上保持适度，避免过度或不足。

和谐：追求人际关系和社会关系的和谐。

平衡：在各种相互冲突的需求和欲望之间寻找平衡点。

稳定：在变化的环境中保持内心的平静和稳定。

公正：在处理事务时追求公正无私。

谦逊：保持谦逊的态度，不骄不躁。

最后，中国传统文化强调内心修养和精神境界的提升，这与职业健康心理学中的心理韧性培养不谋而合。通过传统文化中的修身养性之道，如禅修、太极等方式，帮助员工提高自我调节能力，增强心理韧性，以应对工作中的各种挑战。

总体而言，我国职业健康心理学的本土化理论既继承了西方理论的科学性和系统性，又融合了中国传统文化的独特智慧，为职场心理健康问题提供了更加适应本土实际的解决方案。这一理论的发展不仅有助于提升我国员工的职业幸福感和工作绩效，也为全球职业健康心理学的研究和实践提供了宝贵的经验和新视角。

# 第二节　职业健康心理学研究现状

## 一、学术期刊

近 40 年来，职业健康心理学最令人振奋的发展之一是拥有了专门的学术期刊。欧洲职业健康心理学的学术传承主要体现在《工作与压力》(*Work & Stress*) 期刊上，而美国的学术传承则通过《职业健康心理学杂志》(*Journal of Occupational Health Psychology*) 得到体现。

《工作与压力》最早由诺丁汉大学的汤姆·考克斯 (Tom Cox) 教授主编，创刊于 1987 年。自 2000 年起，欧洲职业健康心理学会 (EAOHP) 成为《工作与压力》的联办单位。该期刊发表的文章类型多样，包括研究报告、学术评论、案例简报、研究简报和理论探索等，主题涵盖行为科学、商业、管理与会计、工效学、金融学、商业与产业、健康心理学、国际贸易、心理健康、成人心理障碍、心理科学、成人压力、工作与组织心理学等领域。投稿作者不仅包括职业健康心理学家和工作与组织心理学家，还包括关注组织发展及工作、健康与组织相互影响的专业人士。其主要读者群体包括工效学家、组织与职业健康心理学家、人因工程学家、职业健康专家、工业与医疗社会学家、职业医师、人事经理、健康与安全专家以及工会会员等。

《职业健康心理学杂志》自 1996 年起由美国心理学会 (APA) 开始出版，现属于 APA 出版的系列学术刊物之一。该期刊主要发表职业健康心理学领域的实证研究、理论探讨和公共政策相关的文章，聚焦工作环境、个体因素及工作-家庭层面的互动。期刊接收研究者和实践者撰写的学术论文，涵盖工作相关的心理因素对健康问题的病因机制、工作中的心理因素及其相关健康后果，以及运用心理学方法预防和缓解职业健康问题的研究。

尽管这两个学术期刊的历史相对较短，但它们已经具有相当大的影响力。目前，《工作与压力》的影响因子在管理学和应用心理学期刊中稳居前十名，是 SSCI (社会科学引文索引) 收录期刊之一，最新的年度影响因子为 3.690 (Clarivate, 2023)。《职业健康心理学杂志》同样是 SSCI 收录期刊，从 2006 年开始计算影响因子，近年来其影响因子稳步上升，最新的年度影响因子为 4.930，在应用心理学领域的 72 种期刊中排名前列 (Clarivate, 2023)。这些期刊的表现证明了职业健康心理学作为一个新兴学科，已逐步获得广泛认可。这两个国际性期刊为研究者和实践者的交流以及知识的传播提供了重要的平台，进一步确立了职业健康心理学作为一个独立学科的地位。

此外，职业健康心理学的研究还经常在管理学和应用心理学的顶级期刊上发表。例如，在《管理学会期刊》(*Academy of Management Journal*)、《应用心理学期刊》(*Journal of Applied Psychology*) 和《人事心理学》(*Personnel Psychology*) 等顶尖期刊中，均有职业健康心理学领域的专家担任副主编或评审稿件。职业健康心理学的研究也获得了一些重要的学术奖项，这些成就表明，职业健康心理学的研究已经日渐成熟，并逐步被主流的管理和应用心理学领域接纳。

## 二、学术组织

有专业针对性的学术组织和实践组织的出现为职业健康心理学发展为一个成熟的学科分支提供了进一步的证据。

**1. 欧洲职业健康心理学会**

欧洲职业健康心理学会（the European Academy of Occupational Health Psychology，EAOHP）的起源可以追溯到 1997 年，当时汤姆·考克斯及其同事在英国诺丁汉大学的工作、健康与组织研究所（Institute of Work，Health and Organisations）以及丹麦斯基夫医院和赫宁医院的职业医学系展开了一系列讨论。这些讨论最终促成了一个组织委员会的成立，并于 1998 年签署了一份启动文件，旨在创建一个急需的欧洲机构，汇集并支持在职业健康中与心理、社会和组织问题相关的研究、教学和实践，并促进这些活动的卓越发展。

EAOHP 于 1999 年在瑞典隆德召开的首次欧洲职业健康心理学研讨会上正式成立，该研讨会由隆德大学和克里斯蒂安斯塔德大学联合组织。2006 年，EAOHP 根据英国法律注册为慈善机构，此举确保了其作为一个正式、透明和民主运作机构的持续发展，旨在为其成员和学科的进步服务。为此，EAOHP 开展了多项活动，包括两年一度的会议，出版其旗舰期刊《工作与压力》以及新闻通讯《职业健康心理学家》（Occupational Health Psychologist），颁发为职业健康心理学做出杰出贡献的个人奖学金，如安德烈·布辛纪念奖（Andre Bussing Memorial Prize）和欧塞比奥·里亚尔-冈萨雷斯奖（Eusebio Rial-Gonzalez award），以表彰早期职业研究者和创新者及实践者（与欧盟职业安全与健康管理局合作）。EAOHP 还于 2000 年成立了国际职业健康心理学协调小组（ICG-OHP），以促进现有和新兴代表团体之间的合作，共同塑造职业健康心理学的未来。2013 年，EAOHP 成为英国社会科学院的会员。

**2. 美国职业健康心理学会**

在美国，与欧洲职业健康心理学会相对应的学术组织是美国职业健康心理学会（Society for Occupational Health Psychology，SOHP）。该学会正式成立于 2005 年。2024 年，波特兰州立大学杨六琴（Liu-Qin，Yang）教授当选新一任 SOHP 主席。作为一个非营利组织，SOHP 的主要目标在于产生、传播和应用科学知识，为提高员工的健康和幸福感服务。为此，该学会集中精力于：（1）促进心理学在与职业健康有关的重要理论和实际问题上开展研究；（2）鼓励将心理学的研究成果运用于职业健康领域；（3）在大学生和研究生层次上开展职业健康心理学的教育和培训活动。APA 发行的《职业心理学期刊》是这个学会的会刊。同时，SOHP 积极参与 NIOSH 和 APA，成为“工作、压力和健康”大会新的主办组织。从长远的目标看，美国职业健康心理学会吸收的工业组织心理学和工效学背景的成员较多，在研究成果的应用转化上可以起到非常重要的作用。该协会与欧洲职业健康心理学会的关系也日趋紧密，共同致力于建立专业相关的国际认证和培训体系。

**3. 中国心理学会员工心理促进工作委员会**

中国心理学会员工心理促进工作委员会成立于 2014 年。首任主任是中国科学院心理研究所杨玉芳研究员。该工作委员会现有 41 名委员，由 EAP 学术专家、EAP 提供服务机构、EAP 客户单位、EAP 行业人员组成。员工心理促进工作委员会致力于推动实践员工心理健康促进工作的行业服务和规范专业人员的标准，促进中国 EAP 行业的发展，提升 EAP 行业服务的质量，本着国际化、专业化、市场化、规范化的标准，立足科学基础、发挥学术优势，团结政府机构、企业客户、EAP 服务机构、行业人员及专家等各界团体，共同努力推动中国 EAP 的发展。中国 EAP 服务工作已经逐渐得到政府和社会大众的认可与支持。EAP 因其在工作压力、企业成长、解决成瘾、危机干预等多方面提供综合有效帮助的独特优势，成为应用心理学领域最具发展前景的模式之一。EAP 服务基于实践的需要，一直与积极心理学、后现代心理学、私人董事会、教练技术、危机干预、过程咨询、管理顾问、移动互联网等各种新技术、新手段结合起来，助力企业绩效管理、促进组织健康发展、推进职场幸福和谐。

**4. 中国社会心理学会员工与组织社会心理援助专业委员会**

中国社会心理学会员工与组织社会心理援助（Employee and Organizational Assistance，EOA）专业委员会是中国社会心理学会的专门委员会，致力于通过社会心理学的理论和实践，为员工和组织提供综合性心理援助与支持。该委员会的成立旨在回应快速变化的社会和工作环境中日益增长的心理健康需求，帮助员工与组织应对各种心理挑战，提升整体工作效率和心理福祉。

## 第三节 职业健康心理学研究展望

职业健康心理学作为一个相对独立的学科领域，近年来才刚刚引起学者的关注。探索职业健康心理学对于提高职业人士的健康、安全和幸福感具有巨大作用，未来的职业健康心理学研究还应注意以下几个方面的问题。

### 一、理论与研究方法

虽然越来越多的研究者认识到职业健康心理研究对工作者和组织的重要性，也在组织现象中发现了一些变量间的稳定关系，但截至目前，研究者似乎仍缺乏一套整合的理论框架来积累职业健康心理研究的知识并厘清其间复杂的发生机制。在现实中，同传统的组织行为研究一样，职业健康心理学的研究往往分别从组织、团队和个体的视角出发，导致有的研究倾向于从宏观的组织层面来探讨，有的研究倾向于从微观的个体层面来探讨，但它们得出的结论都无法推广到其他层面，因此，在职业健康心理学研究中发展把宏观和微观层面结合起来的多层面理论（multilevel theory），以整合在组织不同层面展现的现象就显得非常必要。同时，由于职业健康心理学的研究对象和领域横跨宏观（社会、组织）和微观（个体）层面，因此，借鉴其他组织研究的方法来发展职业健康心理学的中观理论（meso theory）（宏观与微观相融合的研究取向）可能是未来研究的趋势。这就意味着未来的职业健康心理研究是跨层级的，要同时考虑个体、团队、组织或职业等多个层面对职业健康心理的冲击与影响。

在职业健康心理学的建构和发展上，采用多元的研究方法是必要的。实证研究法固然为大多数心理学研究者所喜爱和擅长，然而对于一个新兴的研究领域，可能有许多具有深层意义的心理现象尚待探究，有许多复杂的心理机制尚待辨识。因此在理论建构的初期，应慎重采用其他的研究方法相互验证，如：历史取向的田野观察法或民族志方法要求职业健康心理学的研究者长期与工作者生活在一起，对工作者进行详细、动态的情境化描绘，探究特定情境中工作者的反应方式、价值观念和行为模式，通过研究者自己的切身体验获得对工作者及其工作情境的理解；顾问取向的临床观察法要求职业健康心理学的研究者深入组织现场，充分考虑组织的主体性地位，积极地协助组织，必要时采取某些干预手段，直接介入组织内部，最终在观察的基础上，对所接触的事物和组织行为进行理论提取和报告。当然，这些方法也可以考虑同时采用。理论建构发展完成后，再采用实证的研究方法，以验证理论的有效性与可靠性。再者，多元的研究方法本身就是跨学科交叉融合的一种形式，采用多元的研究方法有利于职业健康心理学的学科建设和发展，更有利于职业健康心理学在实践领域的开展，许多职业健康和安全方面的杰出研究就是基于多元方法的学科合作发展出来的。

## 二、实践与研究价值

在研究效标的选择方面，需要重视其社会效益和价值，这也是所谓的职业健康心理学研究的“短期经济收益”。目前关于职业健康的研究，其效标大多集中于主观态度的测量，如工作满意度、主观幸福感、家庭满意度、社交障碍、失眠和焦虑、沮丧、工作压力等。选择这些软性效标既符合心理学家的研究思路，又满足了工作者的切实需要，但却无法与提升企业的绩效产生密切联系，也无法凸显职业健康心理学的经济收益，因而加大了与职业健康心理相关的学术研究与实践的难度。因此，为了满足企业短期经济收益的要求以及职业健康心理学跨领域研究的内在要求，硬性效标的选用（如疾病发生率、意外发生率、离职率、旷工率、损失工时、劳保给付、保险支出等）显得格外重要。职业健康心理学学术研究与实践的开展必须兼顾个人与企业双方的利益和平衡，通过慎重选用某些硬性效标，凸显出职业健康心理学的价值和效益，以便在企业中深入推广职业健康的理念。当然，除了照顾企业利益和方便自身研究之外，更要通过选择软性效标为促进工作者的心理健康服务，从而达到理论与实践并进、企业与个人共赢的境界。

在职业健康心理学的应用和实践中，欧洲很早就开始了对职业健康心理学的应用并取得了积极的成效。比较美国和欧洲的职业健康心理学发展，可以发现美国职业健康心理学发展的主要动力之一是对工作者健康支出的成本-效益进行分析。由于工作者的健康护理成本包括疾病和劳动能力丧失赔偿在内，是由工作组织本身负担的，因此美国企业界是推动职业健康心理学发展的有生力量。而欧洲国家实行高福利政策，劳工组织的势力很大，国家和劳工组织通过立法和相关行业政策保护工作者享有幸福和健康生活的权利，因此欧洲的国家政府和劳工组织是推动职业健康心理学发展的主要力量。美国和欧洲职业健康心理学发展的不同，很值得全世界职业健康心理学的研究者和企业界深思，因为这涉及把劳动者看作“工具”还是“人”的价值观念分歧。究竟采用美国的模式和价值观念还是欧洲的，将直接关系到职业健康心理学的未来发展方向和研究重心。现今关于职业健康心理学的研究在工作压力与应对，与职业安全和健康相关的社会、组织及个人因素，工作与家庭的互动和冲突，工伤康复，工作场所暴力与性骚扰等方面已取得初步的研究成果。但是伴随着工作环境和工作形态的巨大变化，仍然有许多重要的问题尚待探讨，如组织中的反生产行为、工作中的易受伤害群体、工作相关疾病问题（如物质依赖和成瘾）、工作者的安全问题、员工的情绪困扰问题、情绪智力在组织中的作用、与文化相关的组织现象等。此外，由于职业健康的定义内涵和产生机制还会受到社会文化和价值观念的调节或影响，因此职业健康心理学研究必须以文化语境为出发点和归宿，在具体的文化语境中进行研究。在真实的语境中进行研究就可以保证研究对象的真实性，使研究结果更符合实际情形，生态效度相对较高。所以，跨文化和本土化的研究取向也是未来重要的研究方向。从理论意义上讲，职业健康心理学的研究完全顺应了世界卫生组织关于健康的积极定义，即“健康是一种身体上、精神上和社会适应上的完好状态，而不仅仅是没有疾病及虚弱现象”。

伴随着积极心理学研究思潮的兴起，未来的职业健康心理学将实现研究范式的转变，将从以往的疾病研究模式逐步转向包括积极情绪（快乐、喜悦、愉快、自豪）、乐观、信赖、投入、敬业、自我满足、自我实现、主动行为、创新行为、适应性行为等在内的健康研究模式，职业健康心理学的作用也将从把工作者作为实现生产率提高的手段转向真正为提升工作者的幸福和健康而服务。结合国外的研究与实践经验，我国职业健康心理学的发展应当重点关注以下问题。

### （一）积极与消极的视角并举

职业活动对于从业人员个体健康的消极影响以及由此带来的巨大经济损失是职业

健康心理学快速发展的主要社会动因。早期的职业健康心理学研究集中于职业影响个体健康的病因机制，实践者也聚焦于职业健康与安全的预防和干预策略。需要说明的是，参加职业活动对个体健康的作用并不总是消极的。21世纪初，随着积极心理学的快速发展，职业活动对于个体健康的积极促进作用引起了国外学者的关注。以工作压力研究为例，传统的职业健康心理学研究认为工作压力是个体资源与环境要求不匹配所导致的身心紧张状态，重在考察工作压力与各种身心健康问题（如焦虑、抑郁）之间的关系。但近来的研究多主张将工作压力进一步区分为消极压力（distress）和积极压力（eustress），后者反映的是某一情境或事件是否给个体带来利益或者提升其幸福感的认知评价水平。由于积极压力与消极压力是明显不同的、互相独立的工作要求，它们影响个体健康的形式和机制也会有所差异，因此，只有积极与消极的视角并举，我们才能更好地了解工作压力与个体健康之间的关系。

### （二）现状调查与预防、干预、促进研究并重

回顾职业健康心理学的发展历程可见，在职业健康心理学发展之初，进行大规模的现状调查是非常必要的。现状调查能够提供关于某一职业健康问题的具体信息和翔实数据，但其本身并不是重点或终点，预防、干预乃至促进才是研究的根本目的。我国学者在对职业健康心理学这一学科有所了解并充分认识到职业健康心理学对于提升从业人员的工作生活质量与幸福感的重要性之后，首先应当开展多方面的现状调查研究，在对各行各业从业人员的职业健康问题有比较系统全面的了解的基础上，才能进一步开展预防、干预和促进性的研究。只有现状调查与预防、干预、促进研究并重，才能促进我国职业健康心理学的健康发展。

### （三）关注文化和职业的特异性

现有研究表明，各种职业因素与个体健康后果之间的关系受到国家、地区因素的调节。因此，在欧洲职业健康心理学会组织出版的书籍中，既有从欧洲视角审视职业健康问题的，也有从全球视角对其进行考察的。究其实质在于文化的差异性。例如，在工作-家庭关系的研究中发现，西方文化比较强调家庭活动的私密性，反对将工作活动带入家庭；而在中国，为了工作而牺牲家庭在很长一段时期内被认为是工作勤奋的表现。

职业不同，职业对于从业人员的要求自然也有所差异，职业活动对于个体健康的影响方式和作用途径也会有所差异。举例来说，对于护士而言，轮班和职场欺负是一种典型的工作压力源；但对于石油工人来说，单调和无聊则是最难以忍受的压力源。护士从业人员以女性为主，石油工人则基本上为男性，前者面临的问题是职业活动影响家庭责任的履行，后者则严重缺乏与家人团聚的机会。因此，职业的特异性也是职业健康心理学未来研究中应当重视的问题。

### （四）人工智能与职业健康心理学实践

随着人工智能（AI）和大数据等新兴技术的发展，职业健康心理学正经历着前所未有的变革。以 ChatGPT 为代表的生成式人工智能技术提供了更个性化的方式来评估和干预员工的心理健康问题。人工智能与职业健康心理学相互融合，助推产生了一大批新的创业公司，如国外的 Meru Health、Lyra Health、Spring Health 以及我国的创新型企业“简单心理”和“好心情”等。AI 技术不断应用于职业健康心理学领域，助力改善员工的心理健康。

Meru Health 是一家致力于通过数字化手段改善心理健康的公司，它利用 AI 和大数据技术为用户提供个性化的心理健康支持。Meru Health 通过一个整合了治疗师、心理治疗课程和生物反馈设备的平台，来帮助用户应对焦虑、抑郁和职业倦怠等问题。AI 技术在这里的应用主要体现在数据的收集和分析上，通过手机应用和可穿戴设备，Meru Health 可以实时收集用户的生理数据（如心率、睡眠模式等）和心理状态数据。这些数据通过 AI 算法进行分析，从而为用户提供个性化的治疗方案。这种方法的优势在于，AI 能够快速处理大量数据，并识别出传统方法可能忽略的微小变化。例如，Meru Health 的系统可以检测到用户的心率变异性与心理压力之间的关联，从而在用户出现严重心理健康问题之前提供预警。这不仅提高了干预的及时性，还使得干预措施更加精准，减少了不必要的治疗。

Lyra Health 则是另一家利用 AI 和大数据来改善员工心理健康的领先公司。Lyra Health 为企业提供全面的员工心理健康支持服务，包括在线咨询、治疗和预防性心理健康计划。Lyra Health 通过 AI 技术对员工的心理健康状况进行评估，帮助企业制定适合其员工的心理健康计划。AI 可以分析员工的行为数据，如请假记录、工作效率变化等，结合心理健康评估问卷的结果，生成个性化的干预建议。这些建议可能包括推荐特定的心理治疗师、提供冥想练习或建议改变工作环境。通过这些技术，Lyra Health 能够为企业提供定制的心理健康计划，从而提高员工的心理健康水平，减少心理问题导致的缺勤和离职。这种基于大数据的个性化干预措施与传统的“一刀切”的心理健康计划相比，显得更加有效和经济。AI 和大数据在职业健康心理学中的应用不仅限于评估和干预，还为未来的发展提供了无限的可能。例如，未来的 AI 系统可能会通过自然语言处理技术分析员工的电子邮件、聊天记录等非结构化数据，进一步评估他们的心理健康状况。这将使得心理健康评估更加全面和细致。此外，随着可穿戴设备的普及，更多的生理数据（如皮肤电反应、血氧水平等）将被用于心理健康的评估。这些数据的实时监控和分析，结合 AI 的预测模型，能够在员工尚未意识到自己的心理健康出现问题时就提前介入，进行有效的预防和干预。

Spring Health 是近年来成长迅猛的职业健康心理学国际级企业。Spring Health 最具优势之处是利用 AI 技术来匹配员工与最适合的心理健康资源，如治疗、辅导、药物管理等。该平台首先通过一个简短的 AI 驱动评估来识别员工的心理健康需求，这个评估基于经过科学验证的问卷，并通过大数据分析进行优化。完成评估后，AI算法会分析员工的反应，推荐个性化的护理计划，可能包括治疗课程、自我指导练习或其他健康资源。Spring Health 的独特之处在于其使用大数据来持续提升推荐的准确性。通过分析数百万次匿名交互的数据，Spring Health 的 AI 系统能够学习哪些干预措施对不同的员工最为有效。这意味着，随着时间的推移，该平台可以提供越来越精确的建议，满足员工的独特需求。实施 Spring Health 解决方案的公司的报告显示，员工的幸福感和工作满意度都有所提升。此外，Spring Health 还为雇主提供实时分析，帮助其了解员工队伍中的心理健康趋势。这些数据可以指导企业开展全公司的健康计划，从而更为主动地管理心理健康问题。Spring Health 的另一个优势在于其与现有医疗系统的无缝整合。该平台确保需要临床护理的员工能够顺利地从数字资源过渡到面对面的治疗。这种整合由 Spring Health 的心理健康服务提供者提供网络支持，他们与 AI 驱动的平台合作，提供全面的护理服务。

“简单心理”是一家心理健康服务创新型企业，它通过 AI 和大数据为用户提供广泛的心理健康服务。“简单心理”专注于心理咨询师与用户的连接，通过线上平台提供高质量的心理咨询服务，并通过数据分析优化匹配过程，提升服务效果。“简单心理”利用 AI 技术为用户智能匹配最适合的心理咨询师。用户在平台上进行心理健康评估后，AI 系统会根据用户的具体需求、心理状态和个人偏好，推荐几位最适合的心理咨询师。这种匹配方式大大提高了咨询效果，减少了用户寻找合适的咨询师的时间和精力。“简单心理”通过大数据分析用户的心理健康状况和咨询过程，优化咨询服务。平台通过收集用户的反馈和咨询数据，不断改进 AI 匹配算法，确保用户获得最佳的心理健康支持。“简单心理”还建立了一个丰富的心理健康资源库，包括各种心理健康课程、文章和自助工具。用户可以根据自己的需求，学习和应用这些资源，提升心理健康水平。这些资源的内容和形式都经过精心设计，以确保用户获得有效的帮助。此外，“简单心理”还与多家企业合作，为企业员工提供心理健康服务，有效提升了员工的心理健康水平和工作满意度。“简单心理”通过将技术与心理健康服务

“简单心理”建立的线下体验机构——简单森林

相结合，不仅提高了服务效率，也扩大了服务的覆盖范围。用户可以通过简单的在线操作，快速找到适合的心理咨询师，并随时随地接受心理咨询服务。近年来，“简单心理”新开辟了线下服务体验空间——简单森林，线上+线下融合发展，使得“简单心理”在我国心理健康服务市场中占据了重要位置。

## 基本概念

心理健康　　职业健康心理学

## 本章要点

**要点一：职业健康心理学服务于国家与社会发展的实践需求**

职业健康心理学的出现有助于解决长期困扰政府和企业界的职业疾病与工作安全问题，为促进工作者和组织两方面的健康成长做出了积极的贡献。将心理学引入职业安全与健康领域的原因主要有三个：作为职业健康问题的与应激相关的心理失调的增多和确认；对心理社会因素在职业安全与健康问题中所扮演角色的逐渐接受；导致工作应激与健康和安全问题的组织近期出现的许多变革等。

**要点二：职业健康心理学服务于个体健康与幸福感提升的实践需求**

职业健康心理学对于提高职业人士的健康、安全和幸福感方面的巨大作用尚未引起研究者和实践者的普遍重视。职业健康心理学研究还应注意以下几个方面的问题：理论与研究方法、实践与研究价值、领域与研究范式。

## 复习思考

1. 综合分析职业健康心理学出现的原因。
2. 请尝试提出职业健康心理学的未来发展方向。

## 拓展阅读

杜江红，李永鑫.(2014). 2004—2013年《职业健康心理学杂志》论文分析. *中国心理卫生杂志*，*28*（8），602-607.

李永鑫，李艺敏.(2015). 职业健康心理学：一个新兴的应用心理学领域. *四川师范大学学报（社会科学版）*，*42*（5），146-152.

欧文·山姆·舍恩菲尔德，张黛西.(2022). *职业健康心理学：工作、压力和健康*（王大伟，胡艺馨译）. 上海：华东师范大学出版社.

NICE.(2022). *Mental wellbeing at work*. https://www.nice.org.uk/guidance/ng212.

Heilman，M.E.，Caleo，S.，& Manzi，F.(2024). Women at work：pathways from gender stereotypes to gender bias and discrimination. *Annual Review of Organizational Psychology and Organizational Behavior*，*11*（1），165 - 192.

Khalid，A.，& Syed，J.(2024). Mental health and well-being at work：a systematic review of literature and directions for future research. *Human Resource Management Review*，*34*（1），100998.

第二章

# 职业健康心理学研究方法

**【学习目标】**

通过本章的学习，希望达到以下四个目标：

1. 了解职业健康心理学中测量的相关问题。
2. 掌握职业健康心理学适用的研究方法。
3. 初步掌握职业健康心理学中常用的自变量、因变量。
4. 掌握职业健康心理学中常用的统计方法。

**章节导引**

盘膝而坐，闭上眼睛，把注意力集中在呼吸上……近年来，冥想等正念（mindfulness）练习的方式愈发流行，成为很多人调适心灵的重要途径。通过手机等设备上的各种正念APP，人们能够随时随地在引导下进入凝神内观的境界，完成一次冥想练习。虽然这种源自佛教静坐传统的正念练习通常被认为具有促进精神稳定、减少焦虑、提升专注力等好处，但仍然缺乏科学的证明。除此之外，与长期的、有专人指导的正念练习项目相比，通过软件等方式进行短期自主练习的效果更是众说纷纭。

"尽管（一些正念软件）拥有数百万用户，但它们的有效性仍有争议。至少还有两个关键的经验问题尚未得到解答。首先，这些类型的干预是否真的能有效降低压力水平？其次，在众多的自我管理正念练习中，哪些可能最有效？"研究者们写道。

在上述案例中，加入研究者希望评估正念训练的有效性问题，这就涉及职业健康心理学中实验设计的问题，即以正念训练作为干预措施，探讨正念训练前后员工的焦虑情绪状态变化情况。当然，评估焦虑情绪状态就涉及心理测量方法。

资料来源：《自然》，https://www.nature.com.

## 第一节　职业健康心理学测量方法

心理测量的目的在于获取对所测量的心理变量具有信度（reliability）和效度（validity）

的度量指标，这指的是测量结果的一致性、稳定性和可靠性。在心理学和社会科学研究中，信度是一个重要概念，用于评估测量工具（如问卷、测试或实验）能否产生一致的结果。如果一种测量工具具有高信度，那么在重复测量相同构念（construct）时，它应该产生相似的结果。效度指的是测量工具或测试是否真正测量了它所设计要测量的概念、特质或能力。换句话说，效度是关于测量的准确性和恰当性。在心理学、教育学和其他社会科学领域，效度是评估研究工具和方法质量的一个重要标准。

心理测量通常没有绝对度量单位。在绝大多数情况下，测量的是心理变量的相对指标，这些指标大多以感知觉为基础。由于没有绝对的度量指标，这个相对指标的信度和效度通常需要用间接的方式确认。例如，测量工具的信度一般要通过重复测量并比较测量结果来得出。如果多次测量的结果误差在很小的范围内，则认为测量工具是有信度的。信度可以通过以下几种方式来评估。

● 重测信度（test-retest reliability）：通过在不同时间点对同一组参与者进行两次或多次测量，然后计算测量结果之间的相关性来评估。

● 内部一致性（internal consistency）：评估测量工具各个部分之间的一致性。例如，一个问卷的各个问题是否都测量了相同的概念。

● 分半信度（split-half reliability）：将测量工具分为两半，然后计算两半测量结果之间的相关性。

● 克隆巴赫 $\alpha$ 系数（Cronbach’s alpha）：作为内部一致性的一种常用指标，其值越高表示信度越高。

● 复本信度（parallel forms reliability）：如果有两个等价的测量工具，可以通过比较两个工具的测量结果来评估信度。

信度是科学研究中评估测量有效性的关键标准，但高信度并不能保证测量工具的有效性。一种测量工具可能非常一致地测量错误的东西，这在心理测量中称为“垃圾进，垃圾出”（garbage in，garbage out，GIGO）现象。例如，如果一份问卷被设计用来测量工作满意度，但问卷中的问题却主要关注员工的工作环境而不是他们的工作满意度，那么这份问卷可能会在重复使用时产生高度一致的结果（高信度），但这些结果并不能准确反映员工的工作满意度（低效度）。即使测量工具的信度很高，也需要通过效度评估来确保它真正测量了它所设计要测量的构念。因此，效度是另一个重要的考量因素。效度指的是测量工具是否真正测量了它所声称要测量的构念。

测量工具的效度有几种不同的类型。

● 内容效度（content validity）：指的是测量工具是否全面覆盖了所要测量的构念的内容领域。例如，如果一项测试旨在评估学生的数学能力，那么它应该包含一系列覆盖数学各个领域的题目。

● 构念效度（construct validity）：指的是测量工具是否真正测量了它所声称要测

量的理论构念。构念效度可以通过多种方法来评估，如探索性因子分析、确认性因子分析等。

● 准则效度（criterion validity）：准则效度评估的是测量工具与某个外部标准之间的关系。它可以分为以下两种类型：

① 同时效度（concurrent validity）：测量结果与某个已知的、已经建立的测量工具或标准的结果进行比较，以评估它们的一致性。

② 预测效度（predictive validity）：测量结果与未来某个标准或结果的关联程度。

● 表面效度（face validity）：指的是测量工具从表面上看是否与所要测量的构念相关。虽然表面效度不是一种正式的统计评估，但它影响参与者对测量工具的第一印象。

● 区分效度（discriminant validity）：当一个测量工具能够区分它应该测量的构念与其他构念时，它具有区分效度。

● 生态效度（ecological validity）：指的是研究结果的外部有效性，即研究结果在现实世界中的普遍适用性。

效度是研究中的关键概念，因为它关系到研究结果的可信度和实用性。一种有效的测量工具应能够提供准确的数据，帮助研究者更好地理解研究问题。

## 一、心理指标与生理指标

在职业健康心理学的研究中，有一些变量是可以同时通过主观心理和客观生理指标来测量的。变量可以测量主观指标，如压力感受和抑郁水平等。比如，员工的压力感受可以通过压力知觉量表来测量，也可以通过客观指标测量的员工的肾上腺素分泌或血压来测量。同样，员工的抑郁程度可以通过临床量表来测量，也可以通过记录睡眠的生理学指标来测量。客观生理指标一般对这些变量的变化较敏感，不会受被测者主观偏见的影响。但生理指标的测量结果往往只能反映变量在一个较短的时间段内的值，要进行长期推论，需要对生理指标进行多次重复的测量。这不仅在程序上比较复杂，也会导致较高的费用。与生理指标不同，主观心理指标一般可以较稳定地反映被测者的主观体验。因此，如果测量目的是了解被测者在当前时间点上变量的状态，那么使用生理指标是首选。但如果测量的目的是对被测者的长期状态进行推论，那么使用心理指标更合适。

例如，如果研究要考察某个工作环节对员工压力的影响，那么最好的测量方法是测量员工在进行这个工作环节时的血压，或这个工作环节结束后的肾上腺素水平。如果研究要考察工作压力对员工生活满意度的影响，那么使用心理指标测量员工工作压力的一般状态更合适。

## 二、主观指标与客观指标

在职业健康心理学的研究和实践中，通常会同时用到主观指标和客观指标。

**1. 主观指标**

在职业健康心理学的研究中，主观指标的使用是至关重要的，它们通常以两种形式出现：平均评分和分布评分。平均评分要求评估者回顾并综合考虑受评者在某一心理现象或行为上的表现，然后给出一个总体的评价。这种方法有助于获得对个体在一段时间内表现的全面认识。而分布评分则更为细致，它要求评估者将受评者可能的表现分为不同的类别，然后评估受评者在每个类别中表现的百分比。这种方法有助于深入了解个体在不同方面的表现和能力。

平均评分是一种常用的方法，它基于对受评者一段时间内表现的观察和记忆，给出一个综合性的评分。这个过程涉及对多个维度的综合考量，包括工作绩效、工作态度、团队合作能力等，最终形成一个全面的评估结果。这种方法的优点在于能够捕捉到个体在一段时间内的整体表现趋势，为管理者提供一个宏观的视角来审视员工的工作状态。

分布评分则是一个更为精细化的评估过程，它要求评估者将受评者的表现划分为多个维度或类别，并对每个维度上的表现进行百分比的评估。这种方法能够揭示个体在不同领域的表现差异，例如，一个员工可能在团队合作方面表现出色，而在时间管理上则表现平平。通过这种方式，能够更精确地识别员工的强项和待改进的领域。

此外，主观指标还包括对员工自我报告的评估，如问卷调查和面试。这些方法能够让员工直接表达自己的感受和看法，提供宝贵的第一手资料。然而，也必须意识到主观指标的局限性，如评估者的偏见和个人差异可能对评估结果产生影响。因此，在实际应用中，通常会结合客观指标，如生理测量和行为记录，来增强评估的准确性和可靠性。

**2. 客观指标**

在职业健康心理学中，客观指标主要有两种类型：客观生理指标和客观记录数据。

第一种客观指标是客观生理指标。客观生理指标的测量是职业健康心理学研究中不可或缺的一部分，因为它们提供了一种超越主观报告的量化数据，能够更客观地反映个体的生理状态和对工作环境的生理反应。以下是一些常用的客观生理指标。

- 皮质醇水平：皮质醇是肾上腺皮质释放的主要压力激素，通常用于测量应激反应。它可以从血液、唾液和尿液中测量得到，其中唾液测量最为简便，因而被广泛应用于职业压力研究。
- 心率和血压：心率和血压主要受自主神经系统的交感神经和副交感神经某些分支的支配，它们易受到压力、饮食、身体健康状况、药物滥用等生物心理社会因素的影响，与健康具有直接的、可量化的联系。

● 心率变异性：心率变异性是指逐次心跳周期差异的变化情况，作为敏感的无创性检测心脏自主神经系统活动的定量指标，已被公认且日益受到重视，尤其是在职业压力的测量中。

● 皮肤电：皮肤电活动可以用于考察被试情绪及认知状态的变化，是一种常用的生理指标，尤其是在情绪研究中。

● 脉压：脉压是指收缩压和舒张压之间的差异，它可用于心血管疾病以及愤怒、抑郁、焦虑等情绪的研究。

● 血氧饱和度：血氧饱和度是指血液中氧气的饱和程度，可用于情绪变化的研究。

这些客观生理指标的测量虽然能够提供更客观、更真实的数据，但取样过程较为复杂，可能会给研究者带来较高的人力、物力和财力成本。因此，在设计时，研究者需要权衡这些指标的测量成本和研究目标，选择最适合的研究方法。

第二种客观指标是客观记录数据，即组织中客观存在的计量数据，比如代表员工离职倾向的缺勤率、员工出错率和次品率等。客观记录具有较高的信度，不易受评估者的主观偏见影响，但是客观记录的指标范围一般都比较窄，往往会有以偏概全的可能。以销售额为例，很明显这只能作为业绩指标的一个维度，并不能反映员工的整体敬业水平。

## 三、静态指标与动态指标

很多职业健康心理学的指标并不是静态的。比如，随着员工对工作内容的熟悉以及对工作知识的掌握，心理指标对实际压力源的反映程度会逐渐减弱，而生理指标对实际压力源的差异则会变得更加敏感。在这种情况下，以压力源量表得分作为指标可能更能反映新员工体验到的压力源差异，但却未必能够反映熟练工之间的压力源差异。这种指标有效性的动态变化直接影响职业健康心理学的研究结论。

目前有关动态指标的研究强调应用统计手段，建立指标随时间变化的动态模型，并找出分别影响指标中稳定因素和变化因素的变量。蒂萨克（Tisak）在研究中整合了潜在状态-特质模型和潜在曲线分析或潜在增长模型，提出了一个统一的潜在曲线和潜在状态-特质模型，重新构思了稳定性和可靠性的概念。蒂萨克发现，组织承诺的两个维度——情感承诺和持续承诺均展现出特质和状态的双重特性。情感承诺在研究的三年期间保持稳定，而持续承诺在三年后有所下降（Tisak & Tisak，2000）。

另一个观点则是基于评分者的来源综合考察变量指标的结构成分随时间的变化，以建立完整的预测模型。例如，霍夫曼（Hoffman）和沃尔（Woehr）进行了一项研究，他们想要弄清楚在工作表现评分中，不同人给出的评价（比如老板、同事和下属的评价）以及评价的不同方面（比如团队合作或解决问题的能力）是如何影响我们对员工表现的理解的。他们用一种统计方法来分析这些评分和其他一些已知的员工特质

（比如智力和性格）之间的关系。结果发现，不同个体的评价确实能揭示员工表现的不同方面，而且这些评价并不是因为偏见，而是因为每个人对员工的了解和观察都是独特的（Hoffman & Woehr，2009）。

# 第二节　职业健康心理学研究设计

## 一、质性研究设计

### （一）什么是质性研究

质性研究（qualitative research）是一种用来深入理解复杂现象的研究方法，特别适用于探索人们的主观体验、情感和社会互动。在职业健康心理学的研究中，质性研究设计可以帮助研究者探讨工作环境对员工心理健康的深层影响，揭示在量化研究中可能被忽视的细微因素。质性研究强调自然环境中的数据收集，通过与参与者的深入交流和观察，理解他们的真实感受和行为。

### （二）常见的质性研究法

**1. 深度访谈**

深度访谈是质性研究中最常用的方法之一。研究者通过与参与者进行一对一的访谈，深入探讨他们的职业经历、心理感受和行为方式。这种方法特别适用于探讨个体在特定工作情境中的心理反应和应对策略。

**2. 焦点小组讨论**

焦点小组讨论是一种通过小组互动探讨特定话题的质性研究法。研究者邀请一组有共同经历或背景的参与者，讨论他们对某个职业健康问题的看法和感受。这种方法有助于揭示群体之间的共性和差异，提供更为全面的理解。

**3. 参与观察**

参与观察要求研究者深入到参与者的工作环境中，直接观察和记录他们的行为和互动，理解工作场所对心理健康的影响。参与观察能够提供第一手的现场数据，帮助研究者理解复杂的工作环境和文化对员工心理状态的作用。

**4. 案例研究**

案例研究是一种深入分析单个或少数几个案例的质性研究法。通过对特定个体或组织的详细研究，研究者可以探讨工作压力、组织文化、领导风格等因素对员工心理健康的影响。案例研究能够提供丰富的背景信息，为职业健康心理学的理论发展提供支持。

## （三）质性研究法的优点

**1. 多学科融合的探索方法**

质性研究法是一种深受自然主义、解释学和后现代主义影响的探索世界的方法。这种方法追求在自然环境中进行研究，强调研究结果的真实性和可信度。它重视研究者与被研究者之间的互动，以及对不同观点和边缘知识的认可。

**2. 环境与事件的互动理解**

质性研究认为，要理解任何事件，都不能脱离其所处的环境。理解一个事件需要考虑整体中各部分之间的相互作用。这就像是要理解一个机器的部件，就必须先了解整个机器的运作，反之亦然。这种理解过程形成了一个不断循环的解释过程。质性研究的主要目标是解释和理解被研究者的个人经验和他们如何建构意义。

**3. 研究者与被研究者的互动**

质性研究强调研究者与被研究者之间的关系，认为这种互动是理解对方思想和行为的关键。因此，研究者在研究报告中需要反思自己的角色、身份、倾向，以及这些因素如何影响研究过程和结果。

**4. 伦理道德的重视**

由于质性研究要求研究者深入被研究者的生活，强调从被研究者的视角看问题，因此它非常注重伦理道德问题。研究者在开始研究前必须征得被研究者的同意，保护他们的隐私，并尊重他们的权利。研究者还需要与被研究者保持良好的关系，并对他们的贡献给予适当的回报。

**5. 归纳法的理论构建**

质性研究在开始之前并不设定具体的假设，而是通过分析收集到的原始数据，形成抽象的概念。这种方法依赖于归纳法，即从具体的事实中提炼出理论。研究者通过比较和检验，逐步构建和完善理论。

**6. 社会生活的复杂性与人文关怀**

社会生活是复杂和多层次的，质性研究通常描述特定社会文化和历史背景下的现象，强调个体的选择性和价值倾向。研究者作为研究的工具，深入被研究者的世界，通过观察和倾听来理解他们的生活，这体现了对生命的尊重和人文关怀。在质性研究中，研究者与被研究者共同参与研究过程，通过平等的互动，达到相互理解并进行沟通，揭示生活的意义。

## （四）质性研究法的应用

质性研究法在职业健康心理学中的应用主要有如下领域。

**1. 量表开发**

质性研究法在以量表编制为目的的量表条目开发中很有用。莫托维德罗等（Motowidlo et al.，1986）在研究中就使用了质性访谈引导医院护士们开展“小组讨论”，要求他们写下“当感到工作有压力时的简短描述语句”。随后他们对护士的描述内容进行分析，并提取了关键内容：

（1）由于额外的非日常工作任务，你落后于常规职责。

（2）你太忙了，以至于错过了与病人交谈并给予情感支持的机会。

（3）另一位护士因为一件小事叫你离开重要的工作。

（4）病人向你抱怨食物或其他你无法控制的事情。

（5）你的上级护士或主管不同意你对病人的治疗或状况的判断。

（6）医生对你言语辱骂。

（7）你执行了本应由你的上级护士完成的任务。

（8）你急需帮助时，你的常规上级护士临时不在单位。

（9）你的工作因其他单位或部门的延误而中断。

（10）你有太多事情要做，以至于不得不留下一些事情待完成。

然后，莫托维德罗从护士的描述中提炼出压力事件，并将其进一步编制为护士工作压力感知量表（Motowidlo et al.，1986）。

**2. 理论发展**

若研究者在分析数据时不带有预设的假设或期望，则往往能够在理论上取得进展，发现新的、有趣的类别；同时，质性数据本身也可能启发新的假设。质性研究不仅能为新理论或假设的提出铺平道路，还能够帮助更加详细地阐明已有的理论。比如，在天花疫苗被发现之前，人们通过观察发现，将感染者的少量脓液接种给健康人群，可以产生对这种疾病的免疫力。这些早期的观察为传染病理论的发展做出了贡献，并向当时流行的体液理论提出了挑战。段莉和王艳梅（2011）采用质性研究法，对沈阳市5个小区的14名老年人进行了半结构式深入访谈、现场录音和笔录，将获取的资料进行整理分析，采用类属分析法提炼出5个关于社区老年人拒绝敏感性问题的主要概念：工作领域或雇佣决策、与家人相处、接受社会服务、与年轻人接触、参与团体活动。研究结果找出了社区老年人拒绝敏感性问题的主要维度，为评估现阶段沈阳市社区老年人拒绝敏感性问题的现状，以及采取有效的护理干预以促进其心理健康的发展、生活质量的提高及社会健康老龄化的实现提供了科学的依据。

**3. 结果解释**

质性研究能够帮助研究者更深入地阐释研究结果。例如，1999年布辛（Bussing）和格拉泽（Glaser）联手“全面地”重新设计了病房中护士的工作，使护士对特定病人的责任感得以提升。此项工作的重新设计旨在改善护士的职业生活质量，期望在这些重新设计的病房中，护士的压力和负担水平能够降低。研究发现，与采用科学管理原则组织管理的传统病房相比，全面设计后的病房中的护士在应对时间压力、任务目标冲突和人因学相关压力源等方面的体验确实有所减少。然而，研究中出现了一个异常结果，即全面设计后的病房的护士报告了更高的情绪耗竭水平。进一步的质性研究揭示了这一现象背后的原因：整体病房的护理系统加剧了护士的情绪劳动和互动压力。与传统病房中护士与病人接触时间较为零散的情况不同，全面设计后的病房中护士与病人的接触更为持续，尤其是面对那些难以相处的病人时，他们缺少可以短暂离开的机会。这种持续的情绪劳动和互动压力最终导致了情绪耗竭的增加。

**4. 质性分析**

通过员工提供的关于压力应激状态下工作场所的详细描述，可以加深对定量数据分析的理解。1985 年，帕克斯（Parkes）在研究中招募了 206 名护理专业的学生，让他们描述最近在工作中经历的压力或应激事件。通过将这些定性描述与定量数据进行对应分析，帕克斯揭示了 6 种应激情境（如与专业技术相关的不安全因素），并获得了关于应激体验的丰富描述。例如，当面对因“小失误或小差错”而离世的病人时，忽视可能会导致紧张，甚至出现不切实际的自责情绪。

**5. 方法局限**

虽然质性研究法有很多优势，但也有一些局限性。一是研究参与者的反应。研究参与者有时会根据观察员的表现做出改变。研究参与者的反应本应受到关注，尤其是研究人员试图获得参与者的信任，从而得到准确、完整、丰富的反应之时，然而研究参与者的反应却很少为职业健康心理学的质性研究所关注。由于质性访谈和问卷调查所关注的通常是个人的详细情况，因此研究人员有责任使研究参与者在整个过程中感到自在和舒适。对研究参与者的反应应当给予尊重并且遵守保密原则。一定不能让研究参与者觉得他在被批判。二是对研究参与者的过度识别。过度关注研究参与者可能会影响研究者对质性资料的解释。我们可以通过各种方法避免或检查是否产生偏见，例如使用结构化或半结构化面试，采用多个独立的评价者进行编码从而达到评价结果的一致性。三是观点的可操作性差。格拉泽（Glaser）和施特劳斯（Strauss）（1967）提出，关于质性研究者应该从原始资料中提出理论假设的观点不能被研究者较好地控制，也不符合现实情况。那些所谓客观的观察数据往往都是被主观选择出来的。研究者应该精通并熟悉其相关研究领域的研究。此外，我们期待在新领域中有新的理论发现，不希望被先入为主的质性研究法固着限制。好的质性研究者应该坚持已有的研究数据的利用与文献中新理论假设的探究并重。四是测验因果关系的假设。一项研究能否帮助研究者得出变量之间的因果关系，研究设计的本质比研究所得到的数据是否量化具有更有意义的作用。

## 二、量化研究设计

### （一）实验研究

实验研究是一种通过控制和操纵变量来探究因果关系的研究方法，在职业健康心理学领域具有广泛的应用。实验研究的核心在于通过严格的实验设计来验证假设，揭示不同工作环境、管理方式或个人因素对员工心理健康的影响。相比其他研究方法，实验研究具有较高的内部效度（internal validity），能够更有效地排除混杂变量的干扰，从而得出更加明确的因果关系。

实验研究的主要应用有以下两种。

（1）工作环境对员工心理健康的影响。实验研究能够通过模拟不同的工作环境，探讨这些环境对员工的压力水平、情绪状态和工作满意度的影响。例如，研究者可以操控工作任务的难度或时间压力，观察这些变量对员工心理状态的即时影响。

（2）职业健康心理学干预措施的有效性验证。实验研究还可以用于验证不同心理干预措施的有效性。通过随机分配实验组和对照组，研究者可以评估特定干预措施（如压力管理培训、心理咨询等）在改善员工心理健康和工作表现方面的效果。

### （二）职业健康心理学典型实验研究举例

**1. 时间压力与工作绩效的关系**

在一项实验研究中，研究者探讨了时间压力对员工工作绩效和情绪的影响。研究者将参与者随机分为两组，一组在高时间压力下完成任务，另一组则在正常时间压力下完成任务。结果发现，高时间压力组的参与者报告了更高的压力水平和更低的工作满意度，但在短期内工作绩效有所提升。然而，长期来看，高时间压力对员工的心理健康产生了负面影响，表明时间压力是一把“双刃剑”（Sonnentag & Fritz，2015）。

**2. 压力管理干预的有效性**

在另一项实验研究中，范德克林克等（Van der Klink et al.，2001）对压力管理干预措施在减少员工职业倦怠方面的有效性进行了评估。研究者将参与者随机分配到干预组和对照组，干预组接受了一系列的压力管理培训，包括放松技巧、时间管理和认知行为疗法。结果显示，干预组的员工在工作满意度、心理健康和工作绩效方面均有显著提升，而对照组则没有显著变化。这一研究表明，压力管理干预措施在改善员工心理健康方面具有积极作用。

实验研究在职业健康心理学领域的应用非常广泛，能够通过精确的实验设计揭示复杂的因果关系，并为实际工作环境中的干预措施提供科学依据。通过实验研究，研究者可以更深入地理解工作环境、管理方式以及个人因素对员工心理健康的影响，并提出有针对性的改善建议。未来，随着实验研究方法的不断发展，职业健康心理学领域的实验研究将继续为提高员工心理健康和工作绩效提供重要的理论和实践支持。

### （三）问卷调查法

问卷调查法是职业健康心理学中最常用的研究方法之一。这种方法通常不涉及对自变量的操控，而是直接考察变量间的个体差异并进行推论。例如，研究者可能对员工的外向性人格与心理抗压能力之间的关系感兴趣，便会采用问卷调查法进行代表性取样，并让参与者填写测量外向性人格和心理抗压能力的问卷。通过分析每位参与者在这两个量表上的得分，研究者可以计算相关系数，从而得出这两个变量之间的关联程度。

问卷调查法的主要缺点在于其所得的相关关系无法直接用于因果推论，因为研究中并未操控自变量。为克服这一限制，近年来的研究越来越多地使用纵向设计来提高因果推论的可信度。具体来说，研究者会在两个时间点同时测量自变量和因变量，并通过控制第一次测量的因变量值来确认两次测量间因变量的变化是否由自变量引起。此外，研究者还可以考察反向因果关系，即第二次测量的自变量与第一次测量的因变量是否存在相关性。如果确实存在因果关系，基于时间顺序，其相关系数应接近零；如果相关系数显著大于零，则可能表明这两个变量存在动态的双向影响，而非简单的单向因果关系。在职业健康心理学的研究中，变量之间的动态相互影响可能是最常见的现象。因此，我们建议研究者在使用问卷调查法时，尽量采用纵向设计以获取更为可靠的结果。

### （四）密集纵向研究法

密集纵向研究法（intensive longitudinal method，ILM）是指在较短的时间内对同一被试进行多次、密集的数据收集，以捕捉心理和行为过程的动态变化。该方法包括生态瞬时评估（ecological momentary assessment，EMA）、经验取样法（experience sampling method，ESM）和日记法（diary method）等。在职业健康心理学领域，密集纵向研究法为研究者提供了深入理解员工工作压力、情绪波动、疲劳与恢复等动态过程的有力工具。

**1. 密集纵向研究法的优势**

作为一种动态数据收集方法，密集纵向研究法具有许多显著的优势，使其在职业健康心理学的研究中得到了广泛应用。下面以密集纵向研究法中的经验取样法为例，总结其几个主要优势。

一是具有高生态效度。经验取样法在参与者的自然环境中进行数据收集，避免了实验室研究中的人为干扰。这种方法能够真实地反映个体在日常生活中的情感、行为和心理状态，因此具有较高的生态效度。研究者能够捕捉到参与者在真实生活情境中的即时反应，从而获得更加可靠和真实的数据。

二是可以减少回忆偏差。传统的问卷调查和访谈方法通常依赖于参与者对过去事件的回忆，这可能会导致记忆偏差，尤其是在涉及情感或压力体验时。经验取样法通过实时或接近实时的方式收集数据，显著减少了回忆偏差的影响。参与者在接收到采样提示时立即报告他们的感受和行为，确保了数据的准确性。

三是可以捕捉动态变化。经验取样法允许研究者在多个时间点收集同一参与者的数据，从而能够深入探讨个体在不同情境或时间点的心理和行为变化。这种方法不仅能揭示群体间的差异，还能捕捉到个体内部的动态过程。例如，研究者可以观察到某员工在一天内不同时间段的情绪波动以及这些波动与特定工作任务之间的关系。

四是增强因果推论。尽管经验取样法本质上仍然是相关性研究，但由于其数据收集的频繁性和时间维度，研究者可以更好地推断出因果关系。通过分析不同时间点上变量的变化，研究者可以探讨某一变量的变化是否可能导致另一变量的变化。这种时间序列数据为因果关系的推断提供了更强的依据。

五是具有灵活性和适应性。经验取样法具有高度的灵活性，能够适应不同研究需求和情境。例如，研究者可以根据研究目标，灵活调整采样频率、时间和内容。此外，随着移动技术的发展，经验取样法的实施变得更加便捷和高效。参与者可以通过手机或其他便携设备随时填写问卷，使得数据收集更加即时和无缝。

六是收集多维度数据。经验取样法允许研究者同时收集多个维度的数据，包括情感、行为、环境因素等。通过多维度的数据分析，研究者可以更全面地理解复杂的心理现象和行为模式。例如，在职业健康心理学的研究中，研究者可以同时收集员工的情绪状态、工作任务和社交互动数据，从而全面分析这些因素对员工心理健康的综合影响。

经验取样法因其具有高生态效度、减少回忆偏差、捕捉个体内动态变化、增强因果推论能力、具有灵活性和适应性以及收集多维度数据等优势，已成为职业健康心理学研究中的重要工具。通过这一方法，研究者能够获得更加精细和真实的数据，为深入理解工作场所中复杂的心理过程和行为提供坚实的基础。未来，随着技术的进一步发展，经验取样法的应用将继续拓展，并为职业健康心理学的研究带来更多的创新和突破。

**2. 数据类型**

密集纵向研究法主要收集三种类型的数据：区间性数据、信号性数据和事件性数据（Wheeler & Reis，1991）。

第一种是区间性数据。区间性数据是指研究参与者在规定的时间间隔内定期报告他们的心理或行为状态。这种数据类型的时间间隔通常是“理论上或逻辑上有意义的时间单位”。例如，研究者每 2 小时记录一次参与者的情绪状态及其情感调节策略，探讨个体在一段时间内的情绪波动及其规律性变化，通过时间序列分析和周期性模式变化的评估，研究者可以更好地理解情绪与环境因素之间的动态关系（Totterdell & Parkinson，1999）。区间性数据的一个重要优势是其能够捕捉个体在不同时间点上的变化，这对于研究如工作压力的日内波动或情绪周期性变化的课题非常有用。通过分析这些数据，研究者可以识别出某些规律性模式，如情绪在一天中的波动曲线，并探讨这些模式背后的潜在机制。这种数据类型的分析不仅可以帮助我们理解个体情绪的自然变化，还可以为开发针对性的干预措施提供实证支持。

第二种是信号性数据。信号性数据是指参与者在接收到特定信号（如手机提醒或警笛声）时，即时报告他们的心理或行为状态。信号可能按照固定的时间表出现，也可能是随机的，或者在固定的时间范围内随机出现。这种方法旨在捕捉参与者在特定时间点的瞬时状态，尤其是当这些状态受到环境或情境因素的影响时。信号性数据的一个主要优势是其灵活性和即时性，能够有效减少参与者的记忆偏差。这种数据类型常用于研究不同活动或情境中的行为或心理状态的比较。例如，研究者通过信号性数据研究了吸烟者在日常生活中的吸烟欲望变化，并分析了不同情境对吸烟行为的影响（Shiffman et al.，2008）。通过这种实时数据收集方式，研究者能够更准确地捕捉到情境因素与个体心理状态之间的复杂互动。信号性数据还可以帮助研究者理解环境因素对个体心理状态的即时影响。这种数据类型在需要高频测量和快速反应的研究中具有重要的应用价值，尤其是在探讨压力反应、情绪波动以及其他快速变化的心理现象时（Csikszentmihalyi & Larson，2014）。

第三种是事件性数据。事件性数据是指研究参与者在特定事件发生时报告他们的体验和感受。这些事件通常是事先规定好的，研究者希望通过这种方式捕捉某类特定事件或状态的即时影响。例如，研究者可能要求参与者在与上司发生争吵后立即记录他们的情绪状态和应对策略（Reis & Gable，2000）。事件性数据的一个显著特点是其针对性强，特别适合研究那些罕见但对个体心理影响深远的事件。这类数据能够帮助研究者深入理解特定事件如何影响个体的情绪和行为反应，以及这些反应的持久性。事件性数据的应用对于研究罕见或具有特殊意义的事件尤为重要，它可以帮助研究者识别出某些事件中相对少见的因素，进而揭示这些因素在特定情境下的独特作用。通过对事件性数据的分析，研究者能够更加精准地预测和解释个体在面对特殊事件时的反应，从而为干预措施的设计提供依据。

**3. 密集纵向研究设计**

密集纵向研究法通过在短时间内对同一被试进行多次测量，捕捉其心理和行为过程的动态变化。以下是进行密集纵向研究设计的主要步骤。

第一步，明确研究要探讨的核心问题和目标。例如，研究工作压力如何在一天中影响员工的情绪变化。这有助于确定测量的频率和内容。

第二步，选择适合的密集纵向研究法。包括：

- 生态瞬时评估（EMA）：实时收集被试在自然环境中的状态。
- 经验取样法（ESM）：在随机时间点提醒被试记录体验。
- 日记法：要求被试在特定时间（如每天结束时）记录当天的经历。

适合方法的选择取决于研究问题和被试的可行性（Csikszentmihalyi & Larson，2014）。

第三步，确定测量频率和持续时间。根据研究目的，决定数据收集的频率（如每天数次）和总持续时间（如两周）。需要在数据丰富度和被试负担之间取得平衡。

第四步，设计测量工具。开发简明、有效的测量工具，包括问卷、量表等。题目数量应控制在被试可接受的范围内，避免疲劳效应。可以使用电子设备（如手机应用程序）来提高便利性。

第五步，选择样本。确定适当的样本量和被试特征。密集纵向研究通常所需的样本量较小，但数据点丰富。确保样本具有代表性，以提高研究的外部效度。

第六步，考虑伦理。包括：

- 知情同意：详细告知研究目的、流程、可能的风险和收益。
- 隐私保护：确保数据保密，使用匿名或编码方式存储数据。

第七步，预研究。在正式研究前进行试点，测试测量工具的可靠性和有效性，确保被试理解题目，流程顺畅（Bolger & Laurenceau，2013）。

第八步，收集和管理数据。包括：

- 技术支持：使用可靠的技术平台，确保数据准确收集和传输。
- 数据监控：定期检查数据的质量，及时处理缺失数据和异常值。

第九步，分析数据。包括：

- 多层次模型：由于数据具有嵌套结构（测量点嵌套于个体），使用多层线性模型（HLM）或增长曲线模型进行分析（Hedeker & Gibbons，2006）。
- 时间序列分析：捕捉变量随时间的动态变化和因果关系。

第十步，解读和报告结果。在解释结果时，考虑个体间差异和个体内变化。讨论研究的理论和实践意义，以及可能的局限性。

**4. 密集纵向研究法的理论贡献**

在职业健康心理学的发展过程中，研究者认识到情绪或其他心理体验会随着时间的推移而变化。因此，他们使用多种理论来试图解释情绪如何随时间变化，其中最具影响力的理论之一是情感事件理论（affective events theory，AET）。AET 认为，个体在工作场所中经历的事件会引发情感反应，而这些情感反应反过来会影响个体的行为和工作态度（Weiss & Cropanzano，1996）。通过使用密集纵向研究法（如经验取样法（ESM））实证研究，研究者可以进一步验证理论，证实情绪在时间上具有波动性，而这些情绪反应模式显著影响了个体对工作的整体感受和行为表现。因此，AET 的基本假设与经验取样法的应用紧密相关。AET 的一个核心观点是，情绪反应不仅是瞬时的，而且随着时间的推移，它们会累积并影响个体的工作态度和行为。通过经验取样法，研究者能够实时捕捉个体在工作情境中的情绪变化，从而深入理解情感事件如何塑造个体的工作体验。经验取样法的应用使研究者能够追踪情绪随时间的波动，提供了对 AET 更为细致的验证。例如，研究发现，工作中的微小事件（如同事间的互动或日常任务的完成情况）都会在短期内影响员工的情绪状态。这些短期的情绪波动积累起来可能会显著影响员工的长期工作态度和行为。除了 AET，经验取样法在其他传统的职业健康心理学理论研究中也表现出了强大的实用性。例如，压力认知评价理论探讨了个体在应对压力时的短期认知过程（Lazarus & Folkman，1984）。该理论的核心在于个体如何评估压力源（原发性评估）以及如何选择应对策略（继发性评估），这些过程决定了压力的最终影响。经验取样法为研究这些短期认知过程提供了理想的方法。通过经验取样法，研究者可以实时收集参与者在工作中的即时反应数据，分析他们如何评估工作中的压力源，以及如何在短期内调整应对策略。这种方法不仅可以捕捉到个体认知和情感的动态变化，还能够揭示不同个体在面对相似情境时的差异。

### （五）大数据研究法

随着信息技术的飞速发展，大数据研究法在职业健康心理学领域的应用日益广泛。大数据研究法通过分析大规模数据集，为职业健康心理学提供了新的研究手段和工具。这种方法能够揭示传统研究方法难以发现的模式和关联，从而为职业健康心理学的理论和实践提供新的视角和支持。大数据研究法在职业健康心理学中的应用主要体现在以下几个方面。

● 行为模式分析：通过分析员工的工作行为数据，研究者可以更好地理解员工的工作习惯、压力源和健康风险因素。例如，通过手机定位数据，研究者可以探讨员工的工作、住房和通勤选择的关系，为工作和住所之间的距离选择提供建议。

● 预测模型构建：大数据研究法可以用于构建预测模型，预测员工的健康问题、工作满意度、离职意愿等。这些模型可以帮助组织提前采取干预措施，改善员工的健康状况和提高工作效率。

● 因果关系探索：尽管大数据研究法主要提供相关证据，但通过结合其他研究方法，如纵向研究和实验设计，可以探索变量之间的因果关系。这种方法有助于更准确地理解职业健康心理学中的心理和生理过程。

● 客观生理指标整合：大数据研究法还可以与客观生理指标的测量相结合，如皮质醇水平、心率变异性等，提供更全面的健康评估。这种方法可以减少主观评价的偏差，提高研究的客观性和准确性。

● 实时监测和干预：利用可穿戴设备和移动应用，研究者可以实时监测员工的生理和心理状态，并及时提供干预。这种实时监测和干预方法有助于提高职业健康干预的有效性。

大数据研究法在职业健康心理学领域展现了广阔的应用前景。通过分析海量、多样的数据，研究者可以深入理解工作环境、组织文化与员工心理健康之间的复杂关系，并开发出更为精准的预测模型和干预策略。然而，随着大数据技术的不断发展，研究者还需面对数据隐私、伦理和技术成本等挑战。未来，大数据研究法将继续为职业健康心理学的理论研究和实际应用提供重要支持。

### （六）人工智能研究法

随着 AI 技术的迅猛发展，AI 工具在职业健康心理学领域的应用越来越广泛。AI 能够通过处理和分析海量数据，识别出人类难以察觉的模式和趋势，从而为心理健康评估、干预策略制定和工作环境优化提供有力支持。AI 工具不仅提高了研究的效率，还为理解复杂的心理和行为现象提供了新的视角。

**1. AI 与心理预测和干预**

AI 工具在心理健康预测和干预中展现出了巨大的潜力。通过机器学习算法，AI 可以分析员工的历史数据（如工作记录、健康检查结果、社交互动等），预测其心理健康状况，识别出可能面临心理问题的高风险群体。这些预测可以帮助组织提前采取干预措施，如提供心理咨询或调整工作任务，以减轻员工的心理压力和提升工作满意度。例如，情感分析工具可以通过分析员工的电子邮件、社交媒体帖子或工作日志，评估他们的情绪状态，进而预测心理健康问题的发生。这类工具可以自动处理大量文本数据，为组织管理者提供实时的情感反馈，帮助他们及时识别和应对潜在的心理健康问题。布朗（Brown）等（2021）利用 AI 情感分析工具分析了公司员工在工作期间的电子邮件通信，研究发现，使用负面情感词汇的员工更容易表现出焦虑和抑郁的症状。基于这些发现，研究者开发了一个实时监控系统，帮助管理者识别出心理健康状况不佳的员工，并为他们提供相应的心理健康支持。

**2. 个性化心理健康干预**

AI 还能够为员工提供个性化的心理健康干预方案。基于大数据分析，AI 可以生成个性化的建议，帮助员工更好地管理压力、改善情绪状态。AI 驱动的心理健康应用程序可以根据用户的日常活动、心率、睡眠模式等数据，提供定制化的放松训练、正念冥想或情绪调节建议。这些应用程序还可以通过与用户的互动来持续学习和优化干预方案，从而提供更加精准和有效的心理健康支持。通过个性化的干预，员工不仅可以得到及时的心理帮助，还能够在工作中保持更高的生产力和满意度。例如，庞佐（Ponzo）等（2020）研究探讨了 AI 在个性化压力管理中的应用。研究中，AI 应用程序通过收集用户的日常行为数据（如运动、睡眠、心率等），可以提供个性化的压力管理建议。结果显示，使用该应用程序的员工在工作中的压力水平显著降低，工作满意度也有所提升。这一研究表明，AI 在个性化心理健康干预中的应用具有良好的效果。

**3. 员工行为与绩效监测**

AI 工具在员工行为与绩效监测中也发挥了重要作用。通过自然语言处理（NLP）和计算机视觉等技术，AI 可以实时分析员工的工作行为和绩效数据，从中提取出影响员工表现的关键因素。这些工具能够帮助组织识别出工作流程中的瓶颈和问题，并提出相应的优化建议。例如，计算机视觉技术可以通过分析工作场所的监控视频，评估员工的工作姿势和行为习惯，识别出可能导致身体不适或工作效率下降的问题。通过这些分析，组织可以改善工作环境，减少工作中的健康风险，提高整体生产力。Li 等（2023）在他们的研究中应用 AI 工具，分析了员工的工作流程和绩效数据。通过机器学习算法，AI 能够自动识别出工作流程中的低效环节，并提出优化建议。研究结果表明，经过 AI 建议优化的工作流程不仅提高了员工的工作效率，还减少了工作过度导致的疲劳和倦怠。

AI工具在职业健康心理学领域展示了广阔的应用前景。通过情感分析、个性化干预和行为监测等技术，AI为员工心理健康的评估和改善提供了新的方法。然而，随着技术的进步，研究者和实践者还需要面对隐私、伦理和技术成本等挑战。未来，AI工具将在职业健康心理学的理论研究和实践应用中继续发挥关键作用，为提升员工的心理健康水平和工作效率提供重要支持。

# 第三节 职业健康心理学结果变量

职业健康心理学的最终目标是维护职业工作的安全与健康，即构建一个个体能够发挥潜能、获得卓越绩效和高工作满意度、低职业事故率并带来幸福人生的职场。职业健康心理学的结果变量从个体水平、组织水平两个角度，可以分为员工的心理健康指标（如焦虑、抑郁、心理困扰）、生理健康指标（如血压、心率、胆固醇水平）、工作绩效、工作满意度、工作投入、工作场所的安全行为等。这些变量可以是定量的，也可以是定性的，取决于研究的具体目标和方法。

## 一、个体水平变量

### （一）幸福感

2023年，泰（Tay）等指出，传统的组织科学过于专注于将工作绩效作为最终目标，而忽视了组织行为中其他重要的评估指标，如幸福感（well-being）。幸福感是个体和组织达到最佳状态的核心指标，应该成为组织绩效评估与职业健康心理学研究的新标准。他们批评了在组织研究中长久以来以绩效为核心的观点，这种观点往往优先考虑盈利和生产力。这种做法存在局限性，因为它没有充分考虑到人在工作中的复杂体验。因此，泰和杨六琴等学者倡导一种以幸福感为中心的研究方法，这种方法不仅关注个体绩效，还涵盖了个人、团队、组织乃至整个社会层面的各种影响因素，探讨了以幸福感为标准可能带来的挑战和机遇。例如，员工的幸福感通常与组织的成功相辅相成，但在某些情况下，如财务绩效与环境可持续性之间，可能会出现矛盾。他们建议，解决这些矛盾需要采用创新的方法，如帕累托优化，以在多个目标之间找到平衡。总的来说，泰和杨六琴等呼吁在组织科学中进行一次重大的转变，将幸福感作为核心标准。这种转变不仅能扩展研究和实践的范围，还能使组织科学更加符合社会需求和心理学的总体目标（Lu et al.，2023）。

**1. 幸福感的概念**

幸福感是一个多维度的心理概念，通常指个体在生理、心理、社会等方面的整体积极状态。幸福感不仅仅是短暂的快乐或满足感，而是更为持久和全面的主观体验，包括生活的满足感、个人成长和社会适应性等因素。它是衡量一个人生活质量和心理健康的重要指标，广泛应用于心理学、社会学以及公共卫生等领域。

**2. 幸福感的维度**

幸福感通常包括以下几个主要维度。

● 主观幸福感（subjective well-being）：主观幸福感是指个体对其生活质量的主观评价，通常包括情感体验和生活满意度两个方面。情感体验指的是个体在日常生活中感受到的积极情绪和消极情绪（如快乐、满足、焦虑或悲伤等）的比例。生活满意度则指的是个体对其生活整体状况的认知评估，即他们认为自己的生活是否达到期望和理想。研究表明，主观幸福感与心理健康有高度的相关性，是衡量幸福感的重要维度。

● 心理幸福感（psychological well-being）：心理幸福感关注的是个体的个人成长、自我实现和心理功能的良好状态。这一维度包括对自我接纳、个人发展、生活目标和自主性的积极体验。心理幸福感较高的人通常认为自己有能力应对生活中的挑战，并能从中获得意义和价值感。他们不仅在日常生活中表现出色，还能在面临困境时展现出较强的复原力。

● 社会幸福感（social well-being）：社会幸福感指的是个体在社会关系和社会功能方面的积极体验，包括与他人的关系质量、社会支持、社会角色的适应度以及对社会的归属感。社会幸福感较高的人通常拥有良好的人际关系网络，他们能够从社会互动中获得支持和认可，这种积极的社会互动有助于提升整体幸福感。

**3. 幸福感的影响因素**

幸福感受到多种内外部因素的影响，例如：

● 个性特质：研究发现，性格开朗、乐观以及情感稳定的人通常会报告较高的幸福感。这些个体更容易感受到积极情绪，并对生活中的挑战持积极态度。

● 社会经济地位：尽管收入和物质条件的改善能够提高幸福感，但研究表明，在满足基本生活需求之后，收入的增加对幸福感的提升作用逐渐减弱。这表明幸福感并非完全依赖于物质财富，而是更为复杂的心理和社会因素的综合结果。

● 社会关系：家庭、朋友和同事等社会关系的质量直接影响着个体的幸福感。拥有良好社会支持系统的人更容易感受到幸福，因为他们在遇到困难时能够获得情感上的支持和帮助。

幸福感是一个复杂且多维的概念，涵盖了情感、心理和社会等多个方面。它不仅影响个体的生活质量，还与整体心理健康密切相关。通过理解幸福感的构成和影响因素，个人和社会都可以采取积极措施，促进幸福感的提升，从而改善整体生活质量。幸福感不仅是个人追求的目标，也是社会政策和公共健康研究的重要领域。

### （二）工作满意度

工作满意度（job satisfaction）是指员工对其工作和工作环境的总体评价和情感

体验（Locke，1976）。理解工作满意度的内涵、影响因素和结果对于提高组织绩效和员工福祉具有重要意义。以下将从工作满意度的定义、理论模型、测量等方面进行阐述。

**1. 工作满意度的定义**

工作满意度是员工对其工作经历的主观感受，反映了他们对工作各个方面的满意程度，包括薪酬、晋升机会、同事关系、工作内容和管理方式等（Spector，2022）。它既包含情感成分，也包含认知评估，是员工在工作中积极或消极情绪的综合体现。

**2. 工作满意度的理论模型**

（1）需求满足理论（need fulfillment theory）。需求满足理论由马斯洛（Maslow，1954）提出，是解释工作满意度的经典理论之一。该理论认为，员工的工作满意度源于其工作能够满足个人的多层次需求。马斯洛的需求层次理论指出，人类的需求从低到高依次为生理需求、安全需求、社交需求、尊重需求和自我实现需求。在工作场所，生理需求可能体现为薪酬和工作条件；安全需求涉及工作保障和职场的安全性；社交需求包括同事间的关系和团队合作；尊重需求涉及员工对自身价值的认可和他人的尊重；而自我实现需求则指通过工作实现个人潜能的最大化。当工作能够满足这些需求时，员工的满意度就会提高。然而，需求满足的程度是相对的，不同个体对需求的重视程度不同，就会使得同样的工作环境对不同员工产生不同的满意度影响。这一理论为理解员工在不同工作环境中的满意度提供了一个基础性框架，但它也被批评为过于简单化，忽视了个体需求的复杂性和动态变化。

（2）双因素理论（two-factor theory）。双因素理论由赫茨伯格（Herzberg，1968）提出，该理论将影响工作满意度的因素分为两类：保健因素和激励因素。保健因素是与工作环境相关的基本条件，如薪酬、工作条件、公司政策、上级关系等。赫茨伯格认为，这些因素的缺失会导致员工不满，但其存在并不会显著提升员工的满意度。换言之，保健因素的作用是预防不满意的产生。相反，激励因素与工作内容直接相关，如成就感、认可、工作本身的挑战性和责任感等。这些因素的存在能够有效提升员工的满意度，并激发他们的工作动力。赫茨伯格通过一系列访谈研究发现，保健因素和激励因素在作用机制上是相互独立的，这也解释了为什么提高薪酬等物质条件不一定能显著提升员工的满意度，而增强工作的内在激励却能有效提升员工的积极性。这一理论在管理实践中被广泛应用，为制定提升员工满意度的策略提供了有力依据。

（3）工作特征模型（job characteristics model）。工作特征模型由哈克曼和奥德汉姆（Hackman & Oldham，1976）提出，是一个系统性的工作设计理论，旨在解释工作特征如何影响员工的心理状态和工作结果。该模型认为，工作本身的五大核心特征——技能多样性、任务完整性、任务重要性、自主性和反馈会影响员工的三种心理状态：工作的意义感、对结果的责任感和对结果的认知。技能多样性、任务完整性和任务重要性会提升工作的意义感；自主性则增强了员工对工作结果的责任感；而反馈能够增加员工对其工作表现的了解。这些心理状态的改善会进一步提升员工的内在工作动机、工作满意度和工作绩效。该模型不仅提供了一个分析工作设计对员工行为影响的框架，还为实际的工作设计和改进提供了具体指导。然而，工作特征模型也存在局限性，例如它较少考虑个体差异和外部环境对工作满意度的影响。

（4）公平理论（equity theory）。公平理论由亚当斯（Adams，1965）提出，强调员工对其工作满意度的感知主要源自其投入和回报之间的比较。员工会将自己的努力（如时间、技能和经验）与所获得的回报（如薪酬、晋升机会和认可）进行对比，同时也会将这种比例与他人进行比较。如果员工认为其投入与回报的比例和他人相比是公平的，他们就会感到满意；反之，若感到不公平，则会产生不满和工作压力。亚当斯指出，不公平感可能会导致员工采取行动以恢复平衡，如减少工作投入、要求更高的回报，甚至可能导致辞职。公平理论为理解工作满意度提供了社会比较的视角，强调组织管理中公平的重要性。尽管该理论被广泛认可，但也受到批评，如忽视了个体对公平感知的主观性，以及其他非物质因素对工作满意度的影响。

**3. 工作满意度的测量**

（1）工作描述指数（job descriptive index，JDI）。它是由史密斯（Smith）等于1969 年开发的一种经典工作满意度测量工具，广泛用于评估员工对工作不同方面的满意度。JDI 主要包括五个核心维度：工作本身、薪酬、晋升机会、监督和同事关系。每个维度由若干具体项目组成，通过问卷的形式让员工对这些项目进行评价。这些项目通常采用形容词或简短的描述性语句，如“令人满意的”“有挑战性的”等，员工需对这些描述做出“是”“否”“无法判断”的选择。

JDI 的设计具有很高的内部一致性和信度，能够准确反映员工对工作各个方面的真实感受。它的应用非常广泛，不仅在学术研究中频繁使用，而且在企业实践中也常常用于员工满意度的调查。JDI 的优势在于其结构简单明了，易于实施和解读，同时也能够提供丰富的定量数据用于深入分析。不过，JDI 的缺点在于其项目较为简短，可能无法全面捕捉到员工对工作满意度的复杂情感。

（2）明尼苏达满意度问卷（Minnesota satisfaction questionnaire，MSQ）。它是由维斯（Weiss）等于 1967 年开发的一种用于评估员工工作满意度的工具。MSQ 通过衡量员工对工作不同方面的满意度，帮助研究者了解员工对工作环境、任务和报酬等方面的看法。MSQ 分为两种形式——长版（100 个项目）和短版（20 个项目），均衡量三个主要维度：内在满意度、外在满意度和总体满意度。

内在满意度涉及员工对工作本身的感受，如工作带来的成就感、责任感和挑战性；外在满意度则关注与工作条件相关的外部因素，如薪酬、晋升机会和工作环境；总体满意度是对内在满意度和外在满意度的综合评估。MSQ 以其精细的结构和广泛的适用性成为工作满意度研究的主要工具之一。其结果可用于比较不同群体的满意度水平，分析满意度与工作绩效之间的关系，以及评估组织变革对员工满意度的影响。

(3) 工作满意度调查表 (job satisfaction survey, JSS)。它由斯派克特 (Spector) 于 1985 年开发，旨在全面评估员工的工作满意度。JSS 涵盖九个维度：薪酬、晋升机会、监督、福利、奖励、工作条件、同事关系、沟通及工作的性质。每个维度包含多个项目，员工需对每个项目进行从“非常不同意”到“非常同意”的五点量表评价。JSS 的设计注重对员工满意度的多维度测量，能够深入了解员工对工作各方面的看法。

JSS 的优势在于其全面性和细致性，适用于各种组织环境。它能够帮助管理者识别员工满意度的具体问题所在，为改进组织管理和提升员工满意度提供依据。JSS 不仅在学术研究中广泛使用，在企业和公共部门中也应用广泛。由于涵盖了广泛的满意度维度，JSS 还能够帮助识别影响工作满意度的具体因素，如管理风格、工作环境和人际关系等。

工作满意度是一个复杂的多维度概念，不仅反映了员工对其工作的总体态度，还通过影响员工的工作行为对组织绩效产生重要影响。此外，工作满意度与员工的心理健康密切相关。高工作满意度的员工通常表现出较高的心理健康水平，他们在工作中感到满足和自我实现，减少了焦虑、抑郁等心理问题的发生。相反，如果员工对工作不满意，则可能会感到压力大、缺乏动力，这不仅会影响他们的工作表现，还可能导致心理健康问题的加剧，如工作倦怠、情绪低落甚至产生心理疾病。因此，管理者不仅应关注提升工作满意度，还应意识到其对员工心理健康的深远影响，采取措施打造支持性的积极的工作环境，从而提升员工的整体福祉。通过提高工作满意度，组织不仅能够提高生产力和降低离职率，还能促进员工的心理健康，形成更加健康和可持续的工作环境。

### (三) 个体的生理健康指标

员工的生理健康指标是衡量工作环境对员工身心健康影响的重要方面。这些指标可以帮助研究者和管理者了解员工在工作场所中的健康状况，并制定相应的干预措施以改善员工的健康和福祉。以下是职业健康心理学中常用的员工生理健康指标，以及它们在研究中的应用。

#### 1. 心血管指标

心血管健康是职业健康心理学研究中最常用的生理健康指标之一。这些指标通常包括血压、心率和心率变异性等。研究发现，工作压力与血压升高之间存在显著的相关性，特别是长期处于高压环境中的员工更易增加患高血压和心血管疾病的风险 (Kivimäki et al., 2012)。此外，心率变异性 (HRV) 被认为是衡量自主神经系统功能的有效指标，它可以反映员工在工作中的压力水平和身体对压力的适应能力。

#### 2. 内分泌系统指标

内分泌系统的健康指标也在职业健康心理学研究中得到了广泛应用，特别是与压力相关的激素水平，例如皮质醇。皮质醇是一种压力激素，其分泌水平可以反映员工在面对工作压力时的生理反应。研究表明，长期处于高压工作环境中的员工，其皮质醇水平往往较高，这可能会导致一系列健康问题，如免疫功能下降、代谢紊乱等。

**3. 免疫系统指标**

免疫系统的功能指标也是职业健康心理学研究中的重要内容。常用的免疫指标包括白细胞计数、C 反应蛋白（CRP）水平等。工作压力与免疫系统的功能减弱之间存在显著的相关性，尤其是在长期的高压环境中，员工更容易出现免疫力下降、感染风险增加的情况。CRP 水平是一个衡量炎症反应的标志物，研究发现，工作中的慢性压力可以导致 CRP 水平升高，从而增加患心血管疾病的风险。

**4. 睡眠质量**

睡眠质量是另一个常用的生理健康指标。良好的睡眠对于维持身体的正常功能至关重要，但工作压力、长时间工作和轮班工作等因素可能会导致员工的睡眠质量下降。睡眠质量差与多种健康问题相关，如疲劳、注意力不集中、情绪不稳定，甚至增加事故发生的风险。

**5. 体重指数和代谢健康**

体重指数（BMI）是评估身体质量的常用指标，在研究中也经常使用。工作压力与 BMI 升高之间存在显著的关联，尤其是在缺乏运动和饮食习惯不健康的工作环境中，员工更容易出现体重超标和肥胖问题。此外，代谢健康指标（如血糖、血脂水平等）也被用来评估工作压力对员工健康的长期影响。

### （四）个体健康的主观评估

员工健康状况的主观评估法是职业健康心理学中广泛应用的评估员工健康的重要工具。这种方法主要依赖于员工自我报告的方式，通过问卷调查、访谈等形式获取其对健康状况的主观感受和评价。以下是关于员工健康状况的主观评估法的几种主要工具及其在职业健康心理学中的应用的概述。

**1. 健康状况问卷**

健康状况问卷（health status questionnaire，HSQ）是由威尔（Ware）等（1996）开发的，最初用于大型流行病学研究，用以评估个体的整体健康状况。该问卷通常包含 36 个题目，涵盖 8 个健康维度：生理功能、角色限制（因生理问题）、身体疼痛、总体健康、活力、社会功能、角色限制（因情感问题）以及心理健康。每个维度的评分反映了个体在特定健康方面的状况。

**2. 主观幸福感量表**

主观幸福感量表（subjective well-being scale，SWB）由迪纳（Diener）与同事于 1984 年共同开发。该量表用于评估个体的生活满意度和情感状态。SWB 通常包括 5 道题目，测量个体对其生活的整体满意度，以及积极情感和消极情感的体验。量表得分范围为 1～7 分，分数越高表明主观幸福感越强。

**3. WHO 生存质量测定量表**

世界卫生组织（WHO）开发的生存质量测定量表（WHO quality of life questionnaire，WHOQOL）是全球范围内评估个体生存质量的重要工具。该量表的开发目标是提供一种跨文化的、普遍适用的标准化工具，用以测量个人在不同文化和背景下的生活质量。WHOQOL 特别注重从个人的主观感受出发，评估其在不同生活领域中的感受和满意度，从而得出整体的生存质量评分。量表的开发过程汇集了多个国家和地区的专家智慧，并经过了广泛的跨文化验证。它涵盖了生理健康、心理健康、社会关系、环境等多个领域，全面反映了个体在健康、心理状态、人际关系、工作和生活环境等方面的生活质量水平。WHOQOL 包括 100 项（WHOQOL-100）和 26 项（WHOQOL-BREF）两个版本，其中后者为简化版，因其简洁性而被广泛应用于研究和临床实践。WHOQOL-BREF 版本包含 4 个主要领域：生理健康、心理健康、社会关系以及环境。这些领域共同构成了对个体生存质量的综合评估。1996 年，在卫生部科教司的指导下，方积乾（中山医科大学）、佟之复（北京老年医学研究所）、叶葶葶（上海医科大学）、王家良（华西医科大学）、丁宝坤（中国医科大学）和李志刚（西安医科大学）等六个单位的研究人员共同合作，对“96 中文版”WHOQOL-100 量表进行了现场实验。中文版量表包含 103 个问题，除英文版原有问题外，另有 3 个问题是中文版所特有的。该中文版量表调查了 1 654 例资料，其中患者 877 名，正常人 777 名。现场实验的资料汇总到中山大学公共卫生学院医学统计学教研室，并寄给世界卫生组织总部。结果显示：在量表的 6 个领域中，克隆巴赫 $\alpha$ 系数在生理领域最低（0.416 9），环境领域最高（0.932 3）；除独立能力领域为 0.571 外，其他均高于 0.700 0。在量表的 24 个生存质量方面，行动能力方面最低（0.381 6），对药物及医疗手段的依赖性方面最高（0.903 4），其他方面均大于 0.650 0。这表明 WHOQOL-100 量表中文版具有好的信度（方积乾 等，1999）。

**4. 生活事件量表**

生活事件量表（life events scale，LES）由霍姆斯（Holmes）和拉赫（Rahe）于 1967 年开发，主要用于评估个体因生活事件而承受的心理压力。该量表基于一个核心理念：生活中的重大变化，无论是积极的还是消极的，都能引起压力反应，进而可能对个体的身心健康产生影响。LES 的设计包含了 43 个不同的生活事件，这些事件覆盖了个人生活的多个领域，包括婚姻状况的变化（如结婚、离婚）、职业变动（如失业、晋升）、家庭成员的去世、经济状况的波动以及健康问题等。量表中的每个事件都被赋予一个特定的“生活变化单位”（life change unit，LCU），这个单位旨在量化事件对个体可能造成的心理压力。LCU 的分值是基于广泛的人群调查得出的，其中受访者对每个事件的压力程度进行了评估。

在应用 LES 时，个体需要根据过去一年内是否经历了量表中列出的事件来进行评分。每个经历过的事件的得分会累加，形成总分。这个总分反映了个体在特定时间段内所经历的生活变化带来的总体压力水平。研究显示，LES 得分越高，个体在未来出现压力相关的健康问题的风险就越大。例如，得分超过 300 的个体在接下来的一年中出现严重健康问题的概率会显著增加。LES 因其能够量化生活事件对个体心理健康的影响而受到广泛认可。它不仅在心理健康研究领域中得到了应用，也被用于医疗、社会工作和咨询等多个领域，以评估和干预那些可能因生活事件而面临心理健康风险的个体。通过 LES，研究人员和临床医生能够更准确地识别个体的压力源，从而提供更有针对性的支持和干预措施，帮助个体更好地应对生活中的挑战，维护和促进心理健康。

### （五）工作场所的安全行为

工作场所的安全行为（safety behavior）指的是员工在工作环境中为确保自己和他人的安全而采取的行动和措施。这些行为不仅包括遵守组织的安全规章制度，还涵盖了员工在日常工作中自发采取的安全防范措施和主动参与的安全活动。下面将详细探讨工作场所的安全行为，包括其定义、分类、影响因素及测量。

**1. 安全行为的定义**

安全行为通常被定义为员工为避免事故和伤害而采取的所有行为（Neal & Griffin, 2006）。这些行为可以是反应性行为，例如遵守安全规定，也可以是主动性行为，例如发现并报告潜在的安全隐患。通过安全行为，员工不仅保护了自己，还为创建更安全的工作环境贡献了力量。

**2. 安全行为的分类**

安全行为可以分为以下几类。

- 安全合规行为（safety compliance）：指员工遵守所有相关的安全规章制度和程序，确保他们的行为不违反任何安全规范（Christian et al.，2009）。例如，正确使用个人防护设备（PPE）和遵守操作规程都属于安全合规行为。
- 安全参与行为（safety participation）：指员工超越基本要求，主动参与组织的安全管理活动，例如参加安全培训、提出改进建议或参与安全委员会的工作。这种行为有助于在工作场所形成积极的安全文化。
- 安全倡导行为（safety advocacy）：指员工主动向同事或管理层倡导安全行为，帮助他人理解和执行安全规程，从而提高整体的安全意识和行为水平。

**3. 安全行为的影响因素**

员工安全行为的影响因素可以归纳为以下几类。

- 个体因素：包括员工的安全意识、态度、知识和技能（Griffin & Neal，2000）。例如，受过良好安全教育和培训的员工更有可能表现出安全合规行为。
- 组织因素：安全文化和管理层的支持是影响员工安全行为的重要组织因素

(Zohar & Luria，2005)。重视安全的工作环境通常会促使员工采取更多的安全行为。

● 工作环境因素：物理环境的安全性、设备的安全标准以及工作环境的危险程度都会直接影响员工的安全行为。例如，在高风险的工作环境中，员工可能更倾向于严格遵守安全规章制度。

**4. 安全行为的测量**

测量安全行为的方法主要包括主观测量和客观测量。

主观测量：通常通过员工自我报告的方式进行，如问卷调查和访谈，员工被问及他们的安全行为习惯和态度（Clarke，2010）。虽然这种方法操作简便，但可能会受到社会赞许效应的影响。

客观测量：通过直接观察或记录员工的行为来获得数据，例如通过监控系统或安全审计来评估员工在工作中的安全行为（Clarke，2010）。这种方法虽然更为准确，但在实际操作中可能会受到时间和资源的限制。

### （六）工作场所的利他行为

工作场所的利他行为（altruistic behavior）通常被定义为员工在没有明确回报的情况下，主动帮助他人或超出工作要求的行为。这种行为被认为是组织公民行为（organizational citizenship behavior，OCB）的一个关键组成部分，对组织的整体绩效和员工之间的合作氛围有重要影响。

**1. 工作场所利他行为的定义**

工作场所的利他行为是指员工主动提供帮助，改善他人的工作生活质量，甚至可能牺牲自己的时间或资源而不期望任何直接回报。这些行为包括帮助同事完成任务、为他人提供支持或建议、主动承担额外工作等。利他行为通常被视为一种积极的社会行为，有助于增强组织内的信任和合作。

**2. 利他行为的理论背景**

利他行为的理论根源可以追溯到社会交换理论（social exchange theory）和社会认同理论（social identity theory）。社会交换理论认为，人在社会交往中期望回报，因此利他行为即使在没有直接回报时，也可能带来间接的社会认可或提升个人声誉。而社会认同理论则强调，员工在认同组织目标或文化时，更倾向于表现出利他行为，因为他们将组织的成功视为自己的成功。

**3. 工作场所利他行为的测量**

工作场所的利他行为通常通过组织公民行为量表中的相关条目进行测量。该量表包含多个维度，如助人行为、敬业行为和组织忠诚等。助人行为具体测量员工是否愿意帮助同事或支持团队工作，而不计较个人得失。

1983年，奥根（Organ）将组织公民行为定义为：组织成员自愿做出的行为，这些行为没有得到正式的报酬系统直接而明确的认可，但整体上有助于提高组织的效能。组织公民行为具有三个显著特征：第一，这是一种角色外行为，即不属于工作角色所要求的行为；第二，这些行为不在组织正式的赏罚标准之内；第三，这些行为对组织的整体效能具有积极作用。奥根较早提出了组织公民行为的五维结构：（1）责任意识，指超越出勤、遵守制度等最低要求的行为；（2）运动员精神，指为了工作愿意忍受不便，或做出不利于个人利益但毫无抱怨的行为；（3）文明礼貌，指为了避免不利于同事关系的问题发生，愿意主动采取行动的行为；（4）利他行为，指愿意主动帮助组织中其他人的行为；（5）公民美德，指积极参与和自觉关心组织各项活动的行为（Organ，1988）。

吴志明和武欣（2006）将组织公民行为的影响因素分为以下几个方面。

（1）个人特征：主要包括员工的态度、特质变量、个体的角色知觉等。在个人特征方面，大五人格测验的相关研究表明，宜人性和严谨性与组织公民行为正相关，而神经质与组织公民行为负相关。对于个体的角色知觉，角色模糊和角色冲突与员工的热情、文明礼貌和运动员精神负相关，但与责任感和公民美德无显著相关。

（2）工作特征：任务反馈和任务内部满足性与组织公民行为正相关，而任务程序化和常规化与之负相关。

（3）组织特征：包括组织凝聚力、组织支持、组织结构和组织权力距离等。组织凝聚力增强了成员之间的关心与信任，利于利他主义和组织遵从等组织公民行为的形成。组织支持则使成员产生对组织的认可和个人成就感，进而出现运动员精神、组织忠诚和责任意识等组织公民行为。组织结构的正规化和较小的组织权力距离使组织成员之间、上下级之间权责明确、关系融洽，有利于组织公民行为的表现。

（4）领导行为：领导行为对组织公民行为的影响最大，主要包括核心变革型领导行为和交易型领导行为两种。核心变革型领导行为是领导者向组织成员灌输思想和道德价值观，并激励成员的行为。领导者除了指导成员完成工作外，还通过激励、启发和关怀来变革成员的态度、信念和价值观，使其为了组织利益而超越个人利益，表现出组织公民行为。交易型领导行为则是通过奖励或惩罚的方式领导成员，成员完成工作任务便给予奖励，反之则给予惩罚，整个过程类似于一场交易。在交易型领导行为中，奖励性的行为与组织公民行为正相关，而惩罚性的行为与组织公民行为负相关（曾秀琴，2008）。

对组织公民行为的测量必须考虑角色内行为和角色外行为。角色内行为包括遵守规则、按时完成工作等，而角色外行为则主要包括主动承担责任等。在测量中，需要同时评估这两类行为。组织公民行为量表（organizational citizenship behavior scale）由穆尔曼（Moorman）和布雷克利（Blakely）于 1995 年编制，通过 19 道题目，从 4 个维度来评估组织公民行为，即人际帮助、个体主动性、个人努力和忠诚支持。中国组织公民行为量表（Chinese organizational citizenship behavior scale）由樊景立（Farh）等（1997）编制，通过 20 个题目从 5 个维度描述了中国社会背景下的组织公民行为，包括公司认同、同事间的利他行为、个人主动性、人际协调和保护公司资源。

### （七）工作场所的网络闲逛

网络闲逛（cyberloafing）通常是指员工在工作时间内，利用公司网络从事与工作无关的个人活动，如浏览社交媒体、购物网站或观看视频等。这种行为可能会影响员工的工作效率和整体组织绩效。

**1. 网络闲逛的类型**

网络闲逛可以分为主动型和被动型两种。主动型网络闲逛是指员工有意利用工作时间从事非工作相关的网络活动，而被动型网络闲逛则可能是在工作任务不明确或负荷较轻的情况下，自然而然地转向非工作相关的网络活动。研究表明，这两种形式的网络闲逛都可能对工作效率和员工的心理健康产生不同程度的影响。

**2. 网络闲逛的原因**

网络闲逛的原因多种多样，包括工作倦怠、缺乏工作动力、管理监督不足以及工作任务过于简单或过于复杂等。个体层面的因素如自控能力、工作满意度和心理压力也可能影响员工网络闲逛的频率和持续时间。例如，一些研究发现，当员工感到工作压力过大或对工作感到不满时，更倾向于通过网络闲逛来寻求情绪上的舒缓（Lim & Teo，2022）。

**3. 网络闲逛的影响**

网络闲逛既可能给员工的心理健康带来负面影响，也可能起到某种积极的调节作用。一方面，过度的网络闲逛可能导致工作任务堆积，增加员工的工作压力和焦虑；另一方面，适度的网络闲逛被认为可以提供一种短暂的心理放松，有助于缓解工作疲劳，提高工作满意度。然而，长时间的网络闲逛可能会削弱员工的工作动机，进而影响整体工作表现。

网络闲逛对组织的影响主要体现在工作效率的降低和信息安全的风险上。当员工花费大量时间用于非工作相关的网络活动时，工作任务的完成效率和质量可能会受到影响，进而降低整个团队的生产力。此外，员工在工作时间进行非工作相关的网络浏览也可能带来信息泄露和网络安全风险，增加企业的运营成本（Lim & Teo，2022）。为了有效管理网络闲逛行为，企业可以采取多种策略，包括加强网络使用政策的制定与宣传、引入技术手段监控网络使用情况以及提升员工的工作满意度和动力等。例如，一些企业通过限制访问特定网站或使用互联网过滤器来减少员工的网络闲逛行为。此外，提升工作内容的挑战性和趣味性或增加员工的自我效能感也被认为是减少网络闲逛的有效策略。

**4. 网络闲逛的测量**

研究者们通常采用以下几种主要工具来评估员工在工作场所的网络闲逛行为。

一是自我报告问卷。自我报告问卷是最常用的测量网络闲逛的方法之一。研究者通常设计一系列与网络闲逛行为相关的题目，要求受访者根据自己的实际情况进行自我评估。这些题目通常涵盖不同类型的网络闲逛活动，例如浏览社交媒体、查看个人邮件、在线购物等。

二是行为日志法。该方法要求参与者在一定时间内记录自己在工作中的网络使用情况，包括具体的活动内容、持续时间以及使用的设备类型。这种方法能够提供详细的行为数据，但由于其实施过程较为烦琐，通常用于小规模的研究或实验。

三是技术监测。通过技术手段监测员工的网络使用情况也是一种有效的测量方法。公司可以利用网络监控软件记录员工的网络活动，收集浏览网页的频率、时间及内容等信息。这种方法能够提供客观、精确的行为数据，但也可能引发对员工隐私权的担忧，因此在实施时需谨慎。

四是工作效率指标分析。一些研究通过间接测量员工的工作效率来推断网络闲逛的程度。例如，考察员工在规定时间内完成任务的数量或质量是否下降。如果某段时间内工作效率显著降低，而网络活动频繁，则可能存在较多的网络闲逛行为。

### （八）个体的出勤主义行为

出勤主义（presenteeism）指的是员工尽管生病或身体不适，但仍然坚持上班的行为。出勤主义行为不仅影响员工的个人健康，也可能对组织的生产力和整体绩效产生负面影响。在研究出勤主义行为时，理解其测量方法、影响因素及其对个体与组织的影响尤为重要。

出勤主义的测量主要通过自我报告问卷进行，下面是一些常用的测量工具。

(1) 斯坦福出勤主义量表（Stanford presenteeism scale，SPS）。它是由库普曼（Koopman）等于 2022 年开发的一种用于评估员工在生病时的工作表现的量表。最初的 SPS 包含 6 个项目，后来扩展为 13 个项目（SPS-13），其核心在于测量员工在生病时完成工作的难易程度以及工作质量受到的影响。该量表关注两个主要维度：一是员工尽管生病但仍能保持工作的能力，二是生病对工作产出的影响。受访者通常通过李克特量表对各项陈述进行评分，从而量化其在生病情况下的工作能力与表现。

(2) 工作限制问卷（work limitations questionnaire，WLQ）。它是由勒纳（Lerner）等于 2001 年开发的一种评估员工因健康问题而在工作中遇到的限制的工具。WLQ 包含 4 个维度：时间管理、身体需求、心理需求和产出要求。总共有 25 道题目。受访者需要评估在过去两周内健康问题对其完成工作的难易程度的影响。WLQ 的一个重要特点是，它能够帮助识别出员工在特定工作任务中的限制，从而为组织提供数据支持，以便制定更有效的员工健康管理策略。

(3) 恩迪科特工作效率量表（Endicott work productivity scale，EWPS）。它是由恩迪科特（Endicott）等于 1997 年开发的一种评估精神健康问题对工作效率的影响的工具。该量表包含 25 道题目，涵盖了员工的工作速度、专注度以及情绪状态如何影响其工作效率。与 SPS 和 WLQ 不同，EWPS 更侧重于精神健康的评估，它有助于组织了解员工的心理健康状况对工作效率的影响。受访者通过对每道题目进行自我评估，量化他们的工作表现受到情绪和心理因素影响的程度。

这些测量工具可以帮助组织更好地理解员工的健康状况对工作表现的影响，从而制定更有效的员工管理和支持策略。

## 二、组织水平变量

组织健康（organizational health）是指组织在面对各种内部和外部挑战时，能够保持持续运作的能力，提升员工的满意度，并最终实现更高生产力的一种理想状态。这个概念涉及多个关键维度，综合了组织目标的明确性、人际关系的和谐性、成员自我认知的积极性以及组织整体的掌控力。这四个维度彼此协调，形成了组织健康的核心基础，确保组织能够在复杂多变的环境中获得长期发展和成功（Macik-Frey et al.，2016）。

首先，明确的目标（purpose）是组织健康的重要基础。一个健康的组织需要有清晰的愿景和目标，这不仅为组织的运营指明了方向，也为员工提供了工作的意义和动机。当组织的目标明确时，员工能够清楚地了解他们的努力如何与组织的整体目标相一致，从而增强他们的归属感和使命感。这种目标感促使员工更加积极地参与到工作中，推动组织朝着既定的方向不断前进。

其次，良好的人际关系（relationship）是维持组织健康的重要条件。一个健康的组织应当注重内部沟通的开放性和透明度，鼓励员工之间的协作与互助。良好的人际关系不仅有助于减少内部的冲突和摩擦，还能够增强团队凝聚力，提升组织的整体效率。当员工在一个充满支持和理解的环境中工作时，他们的工作满意度往往更高，心理压力也更容易得到缓解，这对于组织的长期稳定和发展至关重要。

再次，积极的自我认知（positive self-regard）是确保组织成员保持心理健康和高效工作的关键因素。员工对自身能力的积极评价和对未来发展的信心是他们在工作中保持高水平表现的重要动力。一个健康的组织应当提供必要的支持和资源，帮助员工不断提升自我认知，增强他们的自我效能感。这不仅有助于个人的职业发展，也能够提高组织的整体竞争力。

最后，有效的掌控力（mastery）是组织健康的重要保障。掌控力指的是组织在应对变化和挑战时所表现出的适应性和灵活性。一个健康的组织应当具备快速反应和调整的能力，以应对不断变化的市场环境和内部需求。这种掌控力不仅体现在组织的决策过程和管理方式上，也体现在组织文化的塑造和员工的日常工作中。有效的掌控力使组织能够在不确定的环境中保持竞争力，并为员工提供一个稳定而有序的工作环境。

除了这四个核心维度，本尼斯（Bennis）进一步拓展了组织健康的内涵。他认为，领导者的角色是“管理梦想”，即创造并实现具有吸引力的愿景。在他看来，一个健康的组织不仅需要具备强大的创新能力和适应变化的能力，还必须在全球竞争中保持领先地位。这就要求领导者不仅要关注短期的业务目标，还必须具备长远的战略眼光，能够引导组织走向未来。同时，本尼斯强调，健康的组织必须注重员工的发展和组织文化的建设，通过培养员工的创造力和主动性，来应对不断变化的市场挑战（Bennis，1989）。由此可见，组织健康是一个组织在面对内部和外部挑战时能够维持其运作，并在提升员工的满意度和生产力的同时保持长久发展的功能状态（Adkins，1999）。

此外，时勘和郑蕊对组织健康重新进行了定义，即组织健康包括正常的心理状态、成功的胜任特征以及创新的组织文化三个维度。他们认为，正常的心理状态是组织成员在工作中应具备的基本素质，包括积极的情绪、较高的工作满意度和有效的压力管理能力。这不仅有助于促进个体的心理健康，也能够增强团队的凝聚力和组织的生产力。成功的胜任特征则强调员工在其岗位上所需的知识、技能和能力，确保他们能够高效地履行职责，并直接影响到组织的整体绩效和竞争力。创新的组织文化强调在组织内部营造一种鼓励创新、开放交流和持续学习的氛围，使组织能够在快速变化的环境中保持长期的竞争优势（时勘，郑蕊，2007）。

通过结合这些方面的观点，我们可以看到，组织健康不仅是一个静态的概念，更是一个动态的、持续发展的过程。组织健康的实现依赖于管理者对目标、关系、自我认知和掌控力的有效管理，同时还需要在快速变化的外部环境中保持内部的心理健康、能力胜任以及文化创新（Adkins，1999）。因此，管理者不仅要关注经济指标，还应更加注重员工的心理健康、技能提升和创新能力的培养，从而构建一个真正健康和可持续发展的组织（Lu et al.，2023）。

## 第四节　职业健康心理学统计方法

### 一、统计方法概述

由于职业健康心理学研究范畴的广泛性，该领域的研究往往需要考察多层次变量、事件因素以及潜在人群的影响。例如，一个研究者要考察某大型能源集团100个作业团队安全生产制度对团队成员安全生产行为的影响，这里的预测在团队层次上，结果变量安全生产行为在员工个体层次上，而个体员工嵌套在作业团队中，以团队为作业单位完成工作。在这项研究中，员工是依存于团队的，受到团队水平变量的影响。因此，在进行数据统计分析时，必须控制这样的依存性（即在同一个团队工作的员工可能受一些共同因素的影响），此时需要使用多层线性模型（hierarchical linear model，HLM）来分析数据。

此外，还要考虑变量随时间的变化。例如，研究者会关心员工的心理健康随他们在某一工作岗位的工作年限的变化，往往需要同时考察这种变化的趋势（即变量值是上升还是下降）和速度（变化的快慢）。另外，研究者还希望找出可以预测个体变化起点和变化速度的变量。这是无法用传统方法（如重复测量方差分析）完成的，需要使用潜增长曲线模型来分析数据。

职业健康心理学还需要关注人群的复杂性。我们对总体进行取样分析时，需要考虑到我们的取样实际包括多个人群的样本，这些人群对职业健康心理学变量的影响往往不是控制一两个人口学变量就可以涵盖的，而是一组变量共同作用的结果。要辨识潜在人群对变量关系的影响，并找出能够预测潜在人群的变量，就需要使用潜在类别分析。

## 二、多层线性模型

由于职业健康心理学具有系统性的研究特点，研究者不仅关心个体层面的变量关系，也关心个体所处的环境之间（部门、公司、社会制度等）的差异对个体职业健康的影响。使用多层线性模型可以帮助研究者准确地估计这类环境影响，并考察它们对个体职业健康的跨层级主效应和对个体层面变量关系的跨层级调节效应。

多层线性模型不同于简单回归和多元回归，优点在于它在多个变量层次（如个体层次、部门层次、公司层次）上都可以同时进行对应的回归预测。由于这些变量层次是由下向上逐级嵌套的，应用多层线性模型可以解决多层次变量测量间的依存性问题。下面具体介绍包含两个层次的多层线性模型。一般来说，模型的第一层是个体水平，在第一层的回归方程中考察个体水平上变量间的关系，比如估计员工工作量对其工作压力的影响，根据劳登布什（Raudenbush）和布里克（Bryk）（2002）的符号系统，第一层方程是：

$$\text{工作压力}_{ij}=\pi_{0i}+\pi_{1i}\times\text{工作量}_{ij}+e_{ij} \tag{2-1}$$

式中，下标 $i$ 代表员工所在的部门，下标 $j$ 代表员工个体，$e_{ij}$ 代表对员工工作压力预测的误差项。在第一层方程中，工作压力与工作量的线性关系由估计 $\pi_{0i}$ 和 $\pi_{1i}$ 来确定，其中 $\pi_{0i}$ 是该线性关系的截距，而 $\pi_{1i}$ 是该线性关系的斜率。在多层线性模型中，斜率和截距都可以是随机参数。我们把每个部门的员工都看作一个样本，然后对每个样本估计式（2-1），有的样本中式（2-1）的参数会比较大，有的样本中式（2-1）的参数会比较小，这样就构成了样本参数的分布。具有样本分布的随机参数有自己的分布参数，如均值和方差，所以它们都可以作为因变量在第二层的线性回归方程中被高层级（如部门级）的自变量预测。比如说，我们想要考察各部门组织支持程度（POS）对员工工作量和工作压力之间关系的影响，就可以构建以下的第二层方程：

$$\pi_{0i}=\gamma_{00}+\gamma_{01}\times \mathrm{POS}+r_{0i} \tag{2-2}$$

$$\pi_{1i}=\gamma_{10}+\gamma_{11}\times \mathrm{POS}+r_{1i} \tag{2-3}$$

部门 POS 对员工工作量和工作压力之间关系的影响由 $\gamma_{11}$ 来代表，它的估计值和统计显著性可以告诉我们部门层级上的变量对第一层考察的线性关系的影响。因此，

对 $\gamma_{11}$ 的考察往往也被称为对跨层级调节效应的考察。这里，跨层级的调节变量是部门 POS，如果参数 $\gamma_{11}$ 显著小于 0，说明 POS 越高，工作量与工作压力之间的关系越弱，即缓冲效应。参数 $\gamma_{01}$ 代表在控制了个体水平上工作量差异的影响后，部门 POS 对员工工作压力的直接影响，即跨层级主效应。如果参数 $\gamma_{01}$ 显著小于 0，说明在控制了个体水平上的工作量差异后，部门领导对员工的支持度越高，员工的工作压力就越小。$r_{0i}$ 和 $r_{1i}$ 代表了对随机参数预测的误差项。在不包括第二层自变量（即 POS）的情况下，如果它们的方差显著大于 0，说明样本的工作压力均值（截距）与工作量和工作压力之间的关系（斜率）受到员工所在部门的影响。在包括第二层自变量的情况下，如果它们的方差为 0（或显著不大于 0），则说明第一层线性方程中截距和斜率的随机分布是可以完全由第二层的预测变量预测的。

## 三、潜增长曲线模型

潜增长曲线模型（latent growth curve model，LGCM）是一种非常有用的统计工具，用来研究时间对某个变量的影响。可以把它想象成一种特别的数学方法，它能够帮助研究者看到员工的某些状态或行为是如何随着时间的推移而发生变化的。这个模型实际上是结构方程模型（SEM）的一种扩展形式。结构方程模型是一种功能完善的统计方法，用来分析复杂的数据以及多变量数据。LGCM 在此基础上更进一步，它可以分析在不同时间点上收集的数据，帮助我们理解那些看不见但真实存在的“潜在”变化。我们可以把 LGCM 想象成一个工具箱，它结合了因子分析和路径分析的工具，用来处理那些随时间变化的数据。在使用 LGCM 时，需要满足一些基本的前提条件，比如数据需要遵循正态分布、独立性以及方差齐性，这些是保证模型能够正确运行的基本要求。

LGCM 的一个重要特点是它可以被视为重复测量方差分析的一个延伸。在传统的重复测量方差分析中，我们通常只能看到总体的平均变化情况，并假设这种变化对每个人都是一样的。但是 LGCM 不同，它不仅能看到总体的平均变化，还能看到每个人的变化，并且可以分析这些变化是否存在个体差异。这就意味着我们不仅能知道总体上某个变量是如何随时间变化的，还能了解这些变化是如何在个体之间有所不同的。LGCM 通过同时考虑成长因子的均值和方差，提供了关于组和个体变化的详细信息。成长因子的均值可以告诉我们一组人总体的变化趋势，而方差则可以告诉我们这些人之间在变化速度上的差异。简单来说，均值代表整体趋势，方差代表个体差异。通过构建多个代表重复测量数据的因子，LGCM 能够模拟不同层次的变化，不论是线性的变化还是更复杂的变化。在最简单的情况下，我们只需要两个因子，一个代表截距（即起点），另一个代表斜率（即变化的速度），用式（2－4）表示：

$$Y_{it} = \eta_{0k} + \eta_{1k}t + \varepsilon_{itk} \tag{2-4}$$

式中，$\eta_{0k}$ 是初始状态的截距，$\eta_{1k}t$ 是成长率，$\varepsilon_{itk}$ 是误差项。

例如，如果我们想了解退休人员在退休前后生活压力的变化情况，则可以在他们退休前一年、退休时、退休后一年和退休后两年这四个时间点上测量他们的生活压力。这四次测量的数据分别用 $Y_1$、$Y_2$、$Y_3$ 和 $Y_4$ 表示。在 LGCM 中，截距因子代表这些退休人员在第一个时间点（即退休前一年）生活压力的状态。由于假设每个人在第一个时间点的起点状态相同，因此这四次测量在截距因子上的负荷（即对截距因子的影响）都被固定为 1。这意味着我们认为所有人的起点状态是一致的。截距因子的均值（$\mu_1$）代表所有退休人员在起点时的平均生活压力水平，而截距方差（$\sigma_i^2$）则反映了不同个体在这个起点状态下的差异。如果截距方差显著，则说明这些退休人员在起点时的压力水平存在显著差异。斜率因子代表生活压力状态随时间变化的速度。通常情况下，我们会将第一次测量（$Y_1$）和第二次测量（$Y_2$）之间的差异固定为衡量变化速度的标准单位。因此，$Y_1$在斜率因子上的负荷为 0，而 $Y_2$、$Y_3$的负荷为 1。这样，我们就可以利用这个固定的差异来衡量每个人的压力变化速度。对于第三次测量（$Y_3$）和第四次测量（$Y_4$），负荷通常可以自由估计，而不必固定。负荷值的差异反映了研究者在时间变化单位上的选择。

斜率因子同样有两个参数：斜率均值（$\mu_s$）和斜率方差（$\sigma_s^2$）。斜率均值表示这些退休人员生活压力变化的总体平均速度，而斜率方差则表示不同个体在这一变化速度上的差异。如果斜率方差显著，则表明不同退休人员在生活压力变化速度上存在显著差异。此外，截距因子和斜率因子之间的协方差（$\sigma_{si}$）可以揭示起点状态和变化速度之间的关系。如果协方差显著，则表示起点压力水平与压力变化速度之间存在一定的关联。通过标准化协方差，我们可以获得起点状态和变化速度的相关系数，这有助于更好地理解两者之间的关系。

如果发现截距方差和斜率方差显著，这就意味着个体之间在起点状态和变化速度上存在显著差异。为了更深入地理解这些差异，研究者可以在模型中加入更多的预测变量，以解释这些差异的原因。比如说，可以加入退休前的工作压力作为一个预测变量，来检验它是否能够解释这些退休人员在起点状态和变化速度上的差异。假设那些在退休前工作压力较大的员工起点压力水平较高，且在退休后他们的生活压力减轻速度会比那些工作压力较小的员工更快，因为从高压力的工作中退休对他们来说可能是一种解脱。这种假设可以通过在 LGCM 中加入回归分析来检验，即将截距因子和斜率因子作为因变量，分析哪些因素能够显著影响这些因子的变化。通过这种方式，LGCM 不仅能帮助我们理解整体的变化趋势，还能深入分析个体之间的差异，这对于那些希望研究时间对员工职业健康心理状态影响的议题非常有用。

## 四、潜在类别分析

潜在类别分析（latent class analysis，LCA）是一种用来识别和区分不同人群的统计方法。它的主要目标是通过分析人们的行为、状态或其他特征，来发现那些我们无法直接看到的“潜在人群”。这种技术包括多种分析方法，比如潜在分组分析、潜在混合模型、潜在转换分析和成长混合模型。尽管这些方法的侧重点不同，但它们的共同点都是试图通过对人群进行分类，来解释我们观察到的个体差异。简单来说，LCA可以帮助我们理解为什么在看似相似的一群人中，有些人会表现出不同的行为或反应。

为了更好地理解这一点，我们可以通过增长混合模型（growth mixture model，GMM）来举例说明。这种模型通常用于分析像退休人员生活压力这样的时间变化数据。假设我们认为存在多个潜在人群，每个群体中的人都有不同的生活压力变化模式。因为这些潜在人群是“潜在”的，也就是说看不见、摸不着，所以我们需要通过辨识不同的成长曲线来识别这些人群（张洁婷 等，2010）。在这种情况下，我们假设存在一个潜在分组变量 $c$，它代表每个退休人员属于哪个潜在人群。假设有 $K$ 个不同的潜在人群，那么每个退休人员 $i$ 的 $c_i$ 值可以是 $1\sim K$ 之间的任意一个值。增长混合模型的核心就是利用这些潜在人群来估计每个人在不同时间点上的生活压力变化。潜在增长混合模型会生成一个方程，来描述每个潜在人群中生活压力的变化情况。

比如，我们计算某组织中退休人员 $i$ 在时间点 $t$ 的生活压力感受 $Y_{Kit}$，公式可以表示为：

$$Y_{Kit}=\eta_{Iki}+\eta_{Ski}\lambda_{SKt}+\xi_{Kit} \tag{2-5}$$

式中，$\eta_{Iki}$ 和 $\eta_{Ski}$ 分别代表截距和斜率，$\lambda_{SKt}$ 是斜率因子的负荷，$\xi_{Kit}$ 是测量误差。截距和斜率的均值可以表示为：

$$\eta_{Iki}=\mu_{IK}+\zeta_{Iki}\eta_{Ski}=\mu_{SK}+\zeta_{Ski} \tag{2-6}$$

式中，$\mu_{IK}$ 和 $\mu_{SK}$ 分别是截距和斜率的均值，而 $\zeta_{Iki}$ 和 $\zeta_{Ski}$ 的方差则反映了不同潜在人群的截距方差（$\sigma^2_{IK}$）和斜率方差（$\sigma^2_{SK}$）。这些方程展示了每个潜在人群的成长曲线可能会有不同的起点（截距）和变化速度（斜率），并且这些特征可能在不同人群中有所不同。通过估计增长混合模型的参数，我们可以绘制出每个潜在人群的成长曲线。这不仅可以帮助我们理解不同人群在时间上的变化模式，还可以让我们进一步研究哪些因素影响了这些变化模式。比如，我们可以考察退休前的工作压力是否会影响一个人属于哪个潜在人群。为了做到这一点，我们可以使用多重 Logistic 回归来预测潜在分组变量 $c$ 和工作压力之间的关系。这种分析方法让我们能够更好地理解不同人群形成的原因，并为这些人群设计更有针对性的干预措施。

此外，辨别不同的潜在人群还可以帮助我们考察职业健康心理学中的不同理论是否适用于这些人群。有时，一种理论可能只适用于某个特定的人群，而不适用于另一个人群。通过使用潜在分组技术，我们可以探索如何将多种理论结合起来，更全面地解释职业健康心理学中的现象。这对于那些试图将理论应用于实践的研究者来说尤其重要。通过这种方法，我们不仅能更好地理解个体差异，还能制定更有效的干预策略，帮助人们更好地应对压力。

## 基本概念

信度 效度 质性研究法 经验取样法

## 本章要点

**要点一：职业健康心理学的测量指标**

职业健康心理学的测量指标是评估员工健康状态的工具，涵盖生理、心理、主观和客观等多个维度。这些指标有助于全面了解员工的健康状况。

**要点二：职业健康心理学的研究设计**

职业健康心理学的研究设计采用质性和量化方法，质性研究揭示个体经历，而量化方法通过随机实验和准实验探究因果关系，确保研究结果的准确性。

**要点三：职业健康心理学研究中常用的因变量**

因变量包括个体健康如工作满意度和组织承诺，以及组织健康状态，这些变量反映了员工和组织层面的健康状态，是评估干预效果的关键指标。

**要点四：职业健康心理学研究中常用的统计方法**

由于职业健康心理学研究范畴的广泛性，该领域的研究往往需要考察多层次变量、事件因素以及潜在人群的影响，因此需要根据研究设计和假设检验，针对性地选择适用的统计分析方法，如多层线性模型、潜增长曲线模型或潜在类别分析等。

## 复习思考

1. 质性研究法有哪些优缺点?
2. 密集纵向研究法有哪些优势?
3. 为什么要使用自我报告法? 哪些情况适用?
4. 职业健康心理学中常用的因变量有哪些? 如何测量?
5. 如何对个体健康进行自我评估?

## 拓展阅读

Csikszentmihalyi, M., & Larson, R. (2014). *Flow and the Foundations of Positive Psychology*. Springer.

He, Q., Fu, J., Wu, W., & Feng, S. (2024). "Thriving at work" or not? Research on the effects of performance pressure based on achievement motivation theory and two-factor theory. *Journal of Managerial Psychology*, *39* (2), 146 - 161.

Heilman, M. E., Caleo, S., & Manzi, F. (2024). Women at work: pathways from gender stereotypes to gender bias and discrimination. *Annual Review of Organizational Psychology and Organizational Behavior*, *11* (1), 165 - 192.

Khalid, A., & Syed, J. (2024). Mental health and well-being at work: a systematic review of literature and directions for future research. *Human Resource Management Review*, *34* (1), 100998.

Podsakoff, P. M., Podsakoff, N. P., Williams, L. J., Huang, C., & Yang, J. (2024). Common method bias: it's bad, it's complex, it's widespread, and it's not easy to fix. *Annual Review of Organizational Psychology and Organizational Behavior*, *11* (1), 17 - 61.

第三章

# 工作压力与员工

**【学习目标】**

通过本章的学习，希望达到以下四个目标：

1. 熟悉工作压力以及工作压力的测量方法。
2. 了解工作压力的相关理论。
3. 掌握工作压力的来源及其后果。
4. 识别有效的工作压力应对策略。

## 章节导引

中国网心理中国消息：人力资源服务商前程无忧发布的《2023 职场人情绪状况调查》显示，“情绪正在成为第一生产力”。越来越多的打工人和毕业生把“好工作”定义为：低竞争，与个人生活愉快共存，保持心理健康且有价值。受访者中 56%认为 2023 年的情绪状况不如上一年。情绪上的受压感方面，男性的感受比女性强烈得多。24 岁以下的年轻人表示“情绪状态好于 2022 年”的人数占比最高，工作几年后的 25～29 岁的职场人则多数心境相反，相较之下，年过三十的职场人出于家庭和企业内的职责加重、波动的环境和模糊的职业前景，感受到的情绪压力最为沉重。

工作不稳定成为引发情绪不佳的首要因素。过半职场人表示“想加薪，但可能性不高”。调查发现，2023 年，职场人心思稳成为第一主题。半数以上的受访者在 2023 年对跳槽和晋升没有强烈意愿，更多人渴望在现有企业和工作中获得薪酬增加，但难以如愿。24 岁以下的受访者中，77%的人表示“想加薪，但可能性不高”。企业中存在感低、工作收入低、家庭职责和负担少，使得该年龄段群体对企业的依赖性低，长期成为主动离职率最高的人群，但约 1/3 的 24 岁以下的受访者表示“想跳槽，但机会不多”。

前程无忧每年评选出约 150 家中国典范雇主，其中七成左右为当年的《财富》500 强。2023 年的上榜企业中，加薪 8%及以上的雇主占 9%，为 3 年来最低，2022 年和 2021 年分别为 18%和 15%。仅 6%的职场人认为雇主重视员工的心理健康。24 岁以下的人更愿意为情绪健康买单。事实上，74%的 HR“意识到员工的情绪倦怠”，62%的雇主已经采取了一些干预措施，包括引入或者增加 EAP 投入、主管职责中添加或者增加员工沟通和情绪管理的比重等。但本次调查显示，只有6%的受访者认为雇主重视（在乎）员工的心理健康。

因员工情绪不佳带来的服务质量恶化、懈怠、缺勤和离职正在挑战企业既有和即将开展的商业战略。46%的受访者认为工作压力和薪酬福利水平造成了最多的情绪问题，企业应该改善和解决。另有42%的受访者认为，在企业自身难保的情况下，解决情绪问题基本靠自己。但同时，半数以上的受访者表示需要学习情绪调节的方法。

资料来源：中国网心理中国，http://psy. china. com. cn.

在竞争激烈的职场环境中，员工和管理者均承受着巨大的工作压力。这种持续的压力不仅会削弱个体的生理功能，还可能加速疾病的进程，对个体的身心健康构成严重威胁。伴随着工业化、城市化和全球化的快速发展，工作压力已经成为一个全球性的研究课题，引起了广泛的关注。面对这一挑战，我国对社会心理服务体系的建设给予了高度重视，并出台了一系列政策措施。例如，2016年国家卫计委等部门联合发布了《关于加强心理健康服务的指导意见》。该指导意见强调了建立健全心理健康服务体系的重要性，旨在提高公众的心理健康意识，预防和减少心理行为问题的发生。指导意见中还提出了具体措施，包括加强心理健康教育、培养专业人才、完善心理健康服务网络等。在企业层面，政府鼓励企业建立员工心理健康关怀机制，提供心理咨询服务，帮助员工缓解工作压力，从而提高工作满意度和生活质量。此外，政府还支持社会组织和专业机构开展心理健康宣传和教育活动，以提高公众对心理健康问题的认识和重视。

本章将深入探讨工作压力及其对个体和社会的影响，以及如何采取措施进一步提高个体的幸福感和功能完整性，以促进读者更好地理解工作压力的来源和后果，为制定有效的干预策略提供科学依据。

## 第一节　工作压力的概念界定

### 一、压力的经典定义

早期的压力界定有大量学者做出了贡献，但是最著名的应属坎农和谢耶。20世纪初，沃尔特·坎农（Walter Cannon）等提出，压力是对体内平衡（体内环境）造成威胁的各种因素，包括生理和心理方面的挑战。此后，坎农用战斗-逃跑反应（fight-or-flight response）来解释压力反应的生理和心理机制（Cannon & Lissak，1939）。

#### （一）坎农战斗-逃跑反应

（1）压力反应的生理机制：坎农认为，当个体面临威胁时，交感神经系统迅速激活，导致肾上腺素和去甲肾上腺素的释放。这些激素会引发一系列的生理反应，如心率加快、血压上升、呼吸频率增加和血流重新分配（例如，增加肌肉的血流，减少内脏器官的血流），从而为身体提供快速反应所需的能量。

（2）压力反应的心理机制：坎农强调，战斗-逃跑反应不仅是生理上的适应，也是心理上的反应。它使个体能够在面对威胁时提高警觉性和注意力，以便更好地识别和应对危险。这种反应机制在进化过程中对生存具有重要意义。

（3）内环境稳态：坎农的内环境理论强调，生物体需要维持内部环境的稳定，而战斗-逃跑反应是实现这一目标的关键机制。它通过调节生理变量（如血糖和体温）来确保个体在危险情境中能够有效应对（Cannon & Lissak，1939）。

坎农的研究为后来的应激理论奠定了基础，影响了心理学、生理学及相关领域的研究。例如，后来的研究探讨了战斗-逃跑反应在现代社会中如何适应心理压力，如焦虑和恐惧等。

### （二）谢耶的压力界定

汉斯·谢耶（Hans Selye）是压力研究领域的奠基者之一，他在1974年对压力的界定极大地推动了实践领域对压力这一现象的理解，因此是科研和实践领域广泛使用的定义。谢耶认为，压力是有机体对任何需求的非特异性反应（Selye，1974）。

那么压力是如何形成的呢？1936年，谢耶在《自然》杂志发表研究时提出了“一般适应综合征”（general adaptation syndrome，GAS），描述了生物体在面对刺激时所经历的阶段性反应（Selye，1936）。

**知识拓展**

在大鼠身上的实验表明，如果生物体受到如寒冷、手术伤害、脊髓休克（脊髓横断）、过度肌肉运动或各种药物（如肾上腺素、阿托品、吗啡、甲醛等）的亚致死剂量的急性非特异性有害刺激的严重损害，会出现一种典型的综合征，其症状与损伤因素的性质或所用药物的药理类型无关，而是代表了对损伤本身的反应。

这种综合征分为三个阶段发展。在第一阶段，即初次受伤后6～48小时内，可以观察到胸腺、脾脏、淋巴结和肝脏的体积迅速减小；脂肪组织消失；胸腺和松散的腹膜后结缔组织中形成水肿；胸膜和腹膜渗出液积聚；肌肉张力丧失；体温下降；消化系统出现急性侵蚀，特别是在胃、小肠和阑尾；肾上腺皮质脂质和嗜铬物质丢失；有时皮肤温度降低、眼球突出、泪液和唾液分泌增加。在特别严重的情况下，观察到肝脏局灶性坏死和晶状体混浊。在第二阶段，即受伤后48小时开始，肾上腺显著增大但恢复了脂质颗粒，而髓质嗜铬细胞出现空泡化；水肿开始消失；脑垂体中出现许多嗜碱性细胞；甲状腺表现出增生倾向（在豚鼠中更为明显）；全身生长停止，性腺萎缩；在哺乳动物中，乳汁分泌停止。看来，垂体前叶停止了生长激素和性腺激素以及催乳素的产生，而增加了甲状腺激素和肾上腺激素的产生，后者在紧急情况下可能更为急需。如果治疗继续使用相对较小剂量的药物或相对较轻的伤害，动物将建立起这样的抵抗力，以至于在第二阶段的后期，它们的器官的外观和功能几乎恢复正常。但如果治疗继续下去，经过1～3个月的时间（取决于损伤因素的严重程度），动物将失去抵抗力，并出现与第一阶段相似的症状，这一衰竭阶段被认为是综合征的第三阶段。我们认为第一阶段是生物体在突然面临危急情况时的一般警报反应的表现，因此称之为“一般警报反应”。由于整个综合征似乎代表了生物体适应新条件的一般努力，故可以被称为“一般适应综合征”。

(Selye，1936)

按照谢耶的研究视角，生物体在面对压力刺激时，会自动做出一系列调整，以应对外部环境的变化。压力并不仅仅是负面情绪或神经紧张（strain）的结果，而是一种常态的生理反应。事实上，压力是生命进程中的一种必然现象，完全无压力的状态实际上意味着死亡。

著名压力研究者汉斯·谢耶的纪念邮票

谢耶用“一般适应综合征”描述了生物体在面对压力源时所经历的三个阶段。

● 警觉反应阶段。当个体首次受到压力源刺激时，身体进入警觉状态。这一阶段通常表现为肾上腺素分泌增加、心率加快、血压升高等生理变化，准备应对外界的威胁。

● 抵抗阶段。在压力源持续存在的情况下，个体进入抵抗阶段。此时，身体继续维持警觉状态，同时开始动员更多的内部资源以应对压力。然而，随着时间的推移，如果压力源未能消除，身体的资源将逐渐耗尽。

● 衰竭阶段。当压力持续过长时间且个体无法有效应对时，身体将进入衰竭阶段。此时，生物体的生理功能逐渐崩溃，可能导致严重的健康问题，如心血管疾病、消化系统紊乱以及心理疾病等。

1974年，谢耶进一步提出，压力具有普遍性，是生活中无处不在的常态。无论是在日常生活中还是在工作中，人们都会面对各种压力刺激。因此，压力是个体面对外部或内部挑战时一种普遍的生理和心理反应，通常可以分为积极压力和消极压力。适度的压力可以促进生理和心理的适应与成长，而过度的压力则可能导致负面影响和健康问题。他还强调，压力的体验因个体的生理状态和心理应对方式而异。谢耶指出，例如，金融家担忧股市波动、工人面临繁重的工作负荷、学生备战考试或者家庭生活中出现了矛盾，都会引发不同程度的压力反应。压力本身并非完全负面的现象，它是生物体适应环境变化的自然反应。通过谢耶的工作，我们认识到压力并非必须避免的现象，而是一种自然的生理反应。但我们可以更好地管理压力，从而维持生理和心理的平衡。在当今社会，压力管理不仅对于个体的健康至关重要，对于整个社会的和谐发展也具有重要意义。

## 二、压力概念的演进

从上面坎农和谢耶对压力的界定可见，压力作为一个心理学和生理学领域的重要概念，其研究已有数十年的历史。在压力研究中，学者们提出了多种理论流派，每一种都从不同的角度解释了压力的本质、来源以及个体对压力的反应。这些理论为我们理解压力现象及其对个体健康和行为的影响提供了重要的框架。

### （一）压力是外部环境中的特定事件或刺激

压力的刺激说是最早提出的压力理论之一，由汉斯·谢耶在 20 世纪中期发展而来。谢耶认为，压力是一种外部环境中的特定事件或刺激，这些刺激会进一步诱发生理和心理反应，这些事件或刺激被称为压力源（stressor）。压力源是指任何能打破个体内在平衡状态（也就是坎农描述的有机体“内稳态”）的外部环境中的特定事件或刺激因素，如噪声、工作负荷过重、重大生活变故等。在这一理论中，压力被视为个体对外部环境变化的非特异性反应，强调了生物体在面对压力源时所产生的普遍适应性反应。这一理论的核心在于，压力源的本质并不重要，重要的是个体对这些刺激的生理反应过程。

### （二）压力是个体内在的情绪和生理反应

与压力的刺激说不同，压力的反应说更侧重于个体在面对压力源时的生理和心理反应。该理论由梅森（Mason）等（1975）提出，他们认为压力并非由外部事件本身引起，而是个体对这些事件的情绪和生理反应。换句话说，压力是个体在感知到威胁性或不愉快的因素时所表现出的反应，这种反应可以是生理性的（如心率加快、血压升高）或心理性的（如焦虑、恐惧）。这一理论强调个体的主观体验和情绪状态在压力反应中的重要性，揭示了个体在应对压力源时复杂的生理和心理机制。

### （三）压力是个体的特征与需求之间的失衡

压力的主体特征说将压力的产生归因于个体的特征与需求之间的失衡。当个体面对的需求超过其自我感知的能力时，就会产生压力。这一理论由麦克格拉斯（McGrath）于 1976 年提出，他认为，压力是个体在需求和能力处于失衡状态时产生的。这种失衡可能来自工作中的高要求或个人生活中的复杂挑战。主体特征说强调了个体的主观认知在压力感知中的核心作用，即个体如何评估自己应对外部要求的能力以及这种评估如何影响其心理状态。

### （四）压力是个体与环境之间的动态交互作用

压力的交互作用说由库珀（Cooper）和拉扎勒斯（Lazarus）等发展，是一种综合性的压力理论。该理论强调个体与环境之间的动态交互作用，认为压力既不是完全由个体的内在特质决定的，也不是单纯由外部环境决定的，而是个体对环境的主观评价与环境本身的相互作用的结果。在这一理论框架下，压力被视为一种互动过程，个体对压力源的认知评价、应对策略以及环境的反馈共同决定了压力的产生和后果。拉扎勒斯提出了认知评价理论（cognitive appraisal theory），强调个体对压力源的评估以及他们的应对资源在决定压力感知中的关键作用（Lazarus & Folkman，1984）。

### （五）压力的多维定义视角

2010 年乔治·芬克（George Fink）在《压力：概念和历史》（Stress：definition and history）一文中，对压力的界定进行了系统回顾。芬克认为，压力是个体应对外部环境或内部需求变化而引发的综合性生理和心理反应。这一定义不仅强调了压力的多维性，也指出了它在不同层面上对个体的影响（Fink，2010）。

维度 1：压力是一种复杂的适应性反应，旨在应对内外部的挑战性或威胁性事件。压力源既可以是外部的物理、社会或环境的威胁，也可以是内部的生理或心理需求失衡。这些压力源会引发一系列的生理反应，如激素的释放、免疫系统的激活以及行为和情绪的变化。

维度 2：压力被视为机体在应对威胁或需求变化时产生的应激反应。芬克强调，压力反应是机体保持生理平衡（homeostasis）的重要机制。当个体感知到威胁时，身体会自动启动应激反应，包括交感神经系统（SNS）的激活、肾上腺素的分泌以及皮质醇等应激激素的释放。芬克认为，短期的应激反应是积极的、保护性的，有助于个体应对挑战并恢复平衡。然而，当压力持续存在或应激反应过度时，便可能导致一系列的健康问题，包括慢性疲劳、焦虑、抑郁以及免疫功能的降低。

维度 3：压力对生理系统的影响。芬克指出，当个体面临压力时，最先被激活的是下丘脑-垂体-肾上腺轴（HPA 轴）。下丘脑会释放促肾上腺皮质激素释放因子（CRF），刺激垂体分泌促肾上腺皮质激素（ACTH），进而刺激肾上腺分泌皮质醇。皮质醇作为一种主要的应激激素，能帮助机体动员能量、增加血糖、提升免疫反应等，但长期过量的皮质醇分泌则可能会导致免疫抑制、代谢紊乱等问题。除了肾上腺轴，交感神经系统在压力反应中也起着重要作用。交感神经系统的激活会引发肾上腺素和去甲肾上腺素的释放，导致心率加快、血压上升等典型的战斗-逃跑反应。这些生理变化使个体能够迅速应对外部威胁，但长期的交感神经系统激活则会增加患心血管疾病的风险。

维度 4：心理压力与个体感知。芬克指出，压力并不仅仅取决于外部压力源的客观强度，还与个体的主观感知密切相关。不同个体对同一压力源的反应可能截然不同，这取决于个体的认知评价、应对能力以及过去的经验。例如，一些人可能会将某一事件视为挑战，而另一些人则可能将其视为威胁，从而引发不同的应激反应。

维度 5：心理压力的长期积累会导致慢性压力。在这种状态下，个体可能会感到情绪疲惫、沮丧，甚至出现抑郁症状。此外，长期的心理压力会干扰个体的认知功能，影响工作效率和生活质量。

维度 6：压力的积极与消极效应。压力并非全然消极。适度的压力可以激发个体的潜能，提升创造力和适应能力。然而，压力的消极效应主要出现在过度或长期的压力状态下。过度的压力会削弱个体的健康，降低工作绩效，甚至导致严重的心理和生理问题。芬克还强调了压力管理的重要性，他认为通过良好的压力管理和应对策略，个体可以将压力控制在可接受的范围内，从而避免其带来的负面影响。压力管理策略包括时间管理、放松训练、社交支持等方法。

芬克对压力的定义为理解压力的复杂性提供了一个多维视角。压力是一种适应性反应，旨在帮助个体应对外部和内部的需求变化。然而，长期的或过度的压力反应会对健康产生负面影响。通过科学的压力管理，个体可以有效地应对压力，减少其对身心健康的不良影响（Fink，2010）。

这五种压力理论流派各有侧重，但它们并非相互排斥，而是可以相互补充。刺激说为我们理解压力源的普遍性提供了基础，而反应说则深入探讨了个体在压力面前的具体生理和心理反应。主体特征说强调了个体主观认知的重要性，而交互作用说则将压力视为个体与环境之间的复杂互动。这些理论共同构建了一个多维度的压力理解框架，帮助我们更全面地认识压力在生活和工作中的表现形式及其对健康的影响。在现代心理学和医学实践中，这些理论被广泛应用于压力管理和心理健康干预。例如，认知行为疗法（CBT）在处理压力相关的问题时，综合了认知评价理论的观点，通过改变个体对压力源的认知，来减轻压力感受和改善应对策略。了解这些理论的背景和应用有助于更有效地应对和管理压力，提高个体的心理健康水平。

## 三、什么是工作压力

工作压力（job stress）是一个广泛的概念，它描述了工作环境中各种可能对员工的心理健康和身体健康产生负面影响的压力因素。这些压力因素可以是物理的，如噪声、不良的照明或温度条件，也可以是心理社会因素，如工作量过大、工作与个人生活不平衡、角色冲突、工作不安全感、人际关系问题等，这些诱发压力的刺激物统称为工作压力源（job stressor）。工作压力源累积到一定程度后会进一步诱发员工的心理和生理反应，也就是诱发工作紧张（job strain）。工作紧张是指员工对工作压力因素的心理和生理反应，它通常被视为工作压力的结果，反映了个体在面对工作压力时的体验状态。工作紧张可能表现为焦虑、沮丧、疲劳、肌肉紧张或睡眠障碍等。简而言之，工作紧张是员工对工作压力的个人感受和反应。

布利斯（Bliese）等回顾了《应用心理学杂志》（JAP）自1917年创刊以来关于工作压力和幸福感的研究历史，通过分析606篇与压力相关的JAP文章的摘要，布利斯定义了三个研究时代：1917—1966年的50年时代、1967—1996年的30年时代以及1997—2016年的20年时代。每个时代的文章发表数量和研究主题都有显著差异。布利斯认为，尽管JAP早期的文章中可以找到压力研究的踪迹，但直到理论的进一步发展，特别是角色压力理论（Kahn et al.，1964）、压力认知评价理论（Lazarus & Folkman，1984）以及资源保存理论（Hobfoll，1989）的出现，工作压力研究才真正兴起。此外，研究还发现，社会事件（如大萧条和两次世界大战）在工作压力的早期研究中涉及不多，后期研究则更多地关注工作-家庭冲突、工作压力与健康之间的关系。布利斯认为，理论建构对于推动工作压力研究很重要。其中，压力认知评价理论对理解压力过程发挥了重要作用，而资源保存理论中的资源损失（resource loss）是理解工作压力产生的关键因素（Bliese et al.，2017）。

有时，工作压力的概念经常与挑战相混淆，但这两个概念并不相同。挑战能从心理和生理上激发我们的活力，促使我们学习并掌握新的工作技能。当挑战得到满足时，我们会感到轻松和满足。因此，挑战是健康和高效工作的重要因素。当人们说“有点压力对你有好处”时，指的可能是挑战在我们的工作和生活中的重要性（NIOSH，2023）。

研究者对工作压力的不同定义表明工作压力是一个多维度的概念。但不同的定义使得研究之间缺少可比性，影响研究者之间的交流，因此系统梳理相关概念，初步形成工作压力的概念共识，将有助于工作压力研究的顺利推进。

### （一）工作压力是工作中的角色模糊-冲突-超载

角色压力理论（role stress theory）由卡恩（Kahn）等于1964年提出，该理论主要关注工作中角色的模糊和冲突如何导致工作压力（Kahn et al.，1964）。在角色压力理论中，工作压力的概念界定主要涉及以下几个方面。

● 角色模糊（role ambiguity）：指个体对于自己的工作职责、期望以及工作绩效的标准缺乏清晰的了解。当员工不清楚自己的角色要求时，可能会感受到压力，因为他们难以确定哪些行为是适当的，以及如何有效地完成工作。

● 角色冲突（role conflict）：发生在个体在工作角色中面临相互矛盾的要求时。这可能包括时间冲突、价值观冲突或行为规范冲突。例如，一个员工可能同时被要求提高工作效率和降低成本，这两项要求可能难以同时满足，从而产生压力。

● 角色超载（role overload）：指工作要求超出了个体的能力或资源。这可能包括过多的工作量、不切实际的截止日期或对工作成果的过高期望。角色超载可能导致员工感到不堪重负，从而产生压力。

角色压力理论认为，工作压力主要源于角色模糊、角色冲突和角色超载。这些角色相关的问题会导致员工在心理上感受到压力，影响他们的工作满意度和身心健康（Kahn et al.，1964）。角色压力理论为理解工作压力提供了一个重要的视角，特别是在分析工作设计、组织结构和沟通流程如何影响员工压力方面。通过识别和减少角色相关的压力源，组织可以采取措施减轻员工的压力，提高工作满意度和绩效。

### （二）工作压力是工作中威胁性刺激与自身资源的认知评价

拉扎勒斯和福克曼认为，认知评价在个体感知和应对压力的过程中具有核心作用。个体对潜在压力源的认知评价是决定压力对个体影响的关键因素。他们提出了两种形式的认知评价——初级评价（primary appraisal）和次级评价（secondary appraisal），以及两种应对策略（Lazarus & Folkman，1984）。

● 初级评价：在初级评价阶段，个体评估潜在的压力源是否对自己构成威胁、产生挑战或有益。这一评价过程涉及判断事件对个体目标的利害关系，以及事件的紧迫性和重要性。

● 次级评价：次级评价关注个体对应对策略的认知评估，即个体认为自己能够采取哪些行动来管理或缓解压力。这包括评估个体的资源、应对能力和对压力情境的控制。

● 应对策略：应对风格是个体差异的体现，描述了人们通常如何应对压力；而应对过程则关注个体在特定压力情境下采取的具体应对行为。拉扎勒斯和福克曼进一步将应对策略分为问题导向应对（problem-focused coping）和情绪导向应对（emotion-focused coping）。问题导向应对涉及直接处理压力源，而情绪导向应对则旨在减轻压力引起的情绪反应。

压力源和压力反应之间的关系并不是直接和必然的，而是通过个体的认知评价和应对策略来调节的。有效的应对策略可以减少压力源对个体的负面影响，而无效的应对策略可能会导致压力反应加剧。认知评价理论为理解工作压力提供了一个综合性的视角，强调了个体在压力过程中的主动性和能动性。这一理论不仅促进了对工作压力认知评价的深入研究，也为组织提供了设计有效的压力管理和应对干预措施的理论基础。

### （三）工作压力是资源损失的连锁反应

资源保存（conservation of resources，COR）理论为工作压力与员工心理健康之间的关系提供了视角。在资源保存理论中，资源被定义为个体所珍视的任何事物，无论是物质的还是非物质的，包括个人特质、条件、能量、个人关系、工作资源等。这些资源可以为个体提供支持，帮助他们应对压力、实现目标（Hobfoll，1989）。

● 资源损失：压力发生在个体面临资源损失或资源被威胁时。资源损失可以是实际的，也可以是感知的，它会导致个体感受到压力。这种损失可能来自工作环境，如工作量过大、角色冲突，也可能来自个人生活，如家庭问题。

● 资源投入与收益：个体在面对压力时会评估资源的投入与潜在收益。如果投入大于收益，或者资源损失大于资源获得，个体可能会感受到压力。

● 资源的保护与投资：个体会努力保护和增加他们的资源，以减轻压力和提升福祉。在工作环境中，这可能意味着寻求更多的支持、更好的工作条件或更多的控制权。

● 资源损失的连锁效应：资源损失可能会引发连锁效应，导致更多的资源损失和更大的压力。例如，工作场所的冲突可能导致工作满意度下降，进而影响家庭关系和个人健康。

### （四）挑战性压力源与阻碍性压力源

挑战性压力源与阻碍性压力源的概念最早由卡瓦诺（Cavanaugh）等于2000年提出。挑战性压力源是指那些能够促进个人成长、发展和学习的压力源，如工作的责任和时间压力，它们通常被视为一种积极的压力，可以激发员工的潜力和动力。而阻碍性压力源则是指那些阻碍个人成长和工作表现的压力源，如角色冲突和工作过度，它们通常被视为消极的压力，可能导致员工的疲劳和工作满意度下降（Cavanaugh et al.，2000）。

**1. 挑战性压力源**

挑战性压力源（challenge stressors）是指那些虽然可能带来较高的工作要求，但同时也为员工提供了成长和发展的机会，能够激励员工表现出更高水平的工作投入和积极的工作态度。这类压力源包括：

● 高工作负荷（heavy workload）：需要员工投入更多的时间和精力，但可以通过有效的时间管理和努力工作实现目标。

● 时间压力（time pressure）：尽管时间紧迫，但可以通过高效工作来克服，并有助于提升个人成就感。

● 工作复杂性（job complexity）：涉及需要高水平认知能力和技能的任务，能够为员工提供挑战并促进他们的职业成长。

虽然挑战性压力源可能会增加短期的压力感，但它们通常与积极的工作结果相关，如更高的工作满意度、职业成就感和更好的工作绩效。

**2. 阻碍性压力源**

阻碍性压力源（hindrance stressors）则被定义为那些妨碍员工工作表现、阻碍个人成长或导致负面情绪的工作要求。这类压力源包括：

● 组织政治（organizational politics）：涉及不公平的权力斗争或内部斗争，通常会引发员工的防御性行为和不满情绪。

● 角色冲突（role conflict）：当员工面对互相冲突的任务要求或职责时，容易导致心理压力和资源耗尽。

● 资源不足（resource inadequacy）：缺乏完成任务所需的必要资源或支持，导致工作困难加剧并阻碍工作目标的实现。

阻碍性压力源通常与负面的工作结果相关，如降低的工作满意度、增加的工作倦怠和更高的离职意图。阻碍性压力源在工作环境中更可能导致员工的心理困扰和职业倦怠。

## 四、工作压力的测量

### （一）库恩的压力知觉量表

库恩（Cohen）的压力知觉量表（perceived stress scale，PSS）是一种广泛用于测量个体主观感知压力程度的心理评估工具。该量表由库恩等在 1983 年开发，旨在评估个体在过去一个月内感知到的压力水平，尤其是他们认为生活中不可控、不可预测或过度负担的情况。PSS 共有 10 个题项，每题采用李克特 5 点评分（0＝从未，4＝非常频繁）来测量。该量表不要求评估具体事件，而是关注个体对这些事件的主观感受与反应，因此适用于广泛的人群和不同的情境。PSS 已在多种文化背景下被翻译和验证，具有良好的信度和效度。它不仅用于一般的健康研究，还常用于压力相关疾病的预测与诊断，如焦虑、抑郁等心理问题的筛查。在职业健康心理学中，PSS 常用于研究工作压力与员工心理健康的关系，为制定干预策略和改善员工的工作环境提供科学依据。作为职业健康心理学的重要工具，PSS 有助于理解员工的压力体验，并为心理干预提供目标导向（Cohen et al.，1983）。

### （二）库珀的工作压力指标量表

库珀（Cooper）的工作压力指标（occupational stress indicator，OSI）量表是一种专门设计用于评估个体在工作环境中感知的压力及其应对方式的测量工具。该量表由库珀等于 1988 年开发，旨在全面评估工作中的压力源、个体对这些压力源的反应以及相关的工作和个人健康结果。OSI 量表广泛应用于职业健康心理学领域，特别是研究工作压力、工作满意度、心理健康和职业倦怠等方面。OSI 量表包括如下六个主要维度。

（1）工作压力源：评估工作中可能引发压力的具体因素，如工作负荷、角色冲突、角色模糊、职业前景、工作环境等。

（2）个体特质：探讨个人的性格特点、应对策略、心理弹性等个体差异对压力反应的影响。

（3）应对策略：评估个体在面对工作压力时所采用的不同的应对方式，如问题解决、情感宣泄、回避行为等。

（4）工作满意度：衡量个体对其工作环境、职业发展、同事关系等方面的满意程度。

（5）心理和生理健康：评估个体在面对工作压力时所体验到的心理和生理症状，如焦虑、抑郁、睡眠问题、胃肠道不适等。

（6）职业倦怠：测量个体在长期压力下可能产生的情感疲劳、去人性化和成就感降低等症状。

OSI量表的设计目的是帮助组织识别员工所面临的主要工作压力源，以及员工如何应对这些压力，从而制定有效的压力管理策略，改善员工的工作环境和心理健康。这一量表被广泛应用于职业健康心理学的研究与实践，为组织提供了重要的评估工具，有助于提升员工的工作满意度和整体福祉。

### （三）工作压力评估量表

福隆（Frone）归纳汇总了既往研究中测量工作压力、缺乏自主性和角色模糊的题目，编制了工作压力评估量表（Frone et al.，1995）。该量表共包含三个维度。

（1）工作压力（work pressure）：该量表包含8个题项，反映了个体因工作负荷和责任感到的压力频率，其内部一致性系数（alpha）为0.78。

（2）缺乏自主性（lack of autonomy）：该量表包含6个题项，评估个体在工作中感受到的自主性限制，其内部一致性系数为0.77。

（3）角色模糊（role ambiguity）：该量表同样包含6个题项，评估个体对工作目标和日常任务的清晰度，其内部一致性系数为0.71。

该量表使用李克特4点评分来衡量每个题项的频率。评分范围：1＝从不；2＝很少；3＝有时；4＝经常。受试者可以根据自己在工作中遇到的具体情况选择最符合的频率选项。最终的量表得分是各题项得分的均值。

在工作压力的测量上，大多数研究侧重于评估压力的长期影响，即在事件发生后的较长时间对研究参与者进行测量。然而，这种做法可能忽略了工作中压力事件对压力造成的短期影响。事实上，更细致地检测研究参与者对压力事件的即时反应对于理解工作压力的动态过程至关重要。

# 第二节　工作压力的理论模型

## 一、个体-环境匹配理论

个体-环境匹配理论（person-environment fit theory）最初由弗伦奇（French）和卡普兰（Caplan）于1972年提出，是工作压力研究领域中最为广泛运用和接受的理论之一。该理论的核心观点是，压力的产生并不仅仅源于环境或个体的单方面因素，而是由二者之间的不匹配所导致的（French & Caplan，1972）。具体而言，工作压力常常起因于个体的能力、技能或需求与工作要求之间的不匹配（misfit）。当个体特征与工作环境相匹配（fit）时，个体会表现出较好的适应性和工作绩效。

帕克斯（Parkes）等通过实验研究对个体-环境匹配理论进行了验证。他们设计了一项计算机任务实验，其中，参与者需根据模拟信封上的地址，按下相应的邮政编码键。为了测试工作要求与工作控制的影响，参与者被随机分配到三种不同的工作条件下：快速工作条件、慢速工作条件和自控速度条件。在任务开始前，研究者要求参与者填写一个测量“理想工作”特点的量表。结果显示，理想的工作要求水平与实际工作控制之间的匹配对参与者的工作表现（准确性和速度）有显著影响。特别是在自控速度条件下，当工作要求和控制与参与者的理想状态相符时，他们的表现最佳。该实验不仅验证了个体-环境匹配理论的核心观点，还揭示了工作控制的重要性，即当个体拥有对工作进程的控制权时，工作压力的影响可被显著降低。与此相反，当个体的理想工作状态与实际工作要求不匹配时，压力水平显著提高，进而导致工作表现的下降（Parkes，1990）。

## 二、工作需求-控制模型

工作需求-控制模型（job demand-control model，JDC 模型）是由卡拉塞克（Karasek）于 1979 年提出的一个重要理论框架，用于研究工作环境对员工的健康和福祉的影响。该模型被广泛应用于工作压力和职业健康领域，成为理解工作需求与工作控制之间复杂关系的基础性理论。随着时间的推移，JDC 模型得到了扩展和完善，加入了社会支持这一关键维度，形成了工作需求-控制-支持模型（job demand-control-support model，JDCS 模型），进一步丰富了对工作压力源的理解（Karasek，1979）。

JDC 模型的核心假设是，工作环境中的两个关键因素——工作需求和工作控制会对员工的心理压力和生理健康产生直接影响。工作需求是指工作任务的复杂性、时间压力、角色冲突等因素，它们代表了员工在工作中所面临的挑战和负担。工作控制则是指员工在工作中对自身工作任务和决策过程的控制程度，包括技能使用和决策自主权两个方面。根据 JDC 模型，高工作需求和低工作控制的组合被视为产生工作压力的主要来源。当员工在高需求的工作环境中缺乏足够的控制权力时，他们更容易产生心理压力和健康问题。这种工作环境通常被称为“高压力工作”，与较高的工作压力、较低的工作满意度以及多种心理和生理健康问题相关联。

20 世纪 80 年代，JDC 模型得到了扩展，加入了社会支持这一维度，从而形成了 JDCS 模型。社会支持是指员工从同事、上司或外部社会网络中获得的情感支持和实际帮助。在 JDCS 模型中，社会支持被视为一个缓冲变量，可以减轻高工作需求对员工健康的负面影响。因此，高需求、高控制和高支持的工作环境被认为是最有利的，这种环境不仅能促进员工的学习和技能发展，还能有效减少工作压力对健康的负面影响。

JDC模型不仅在学术研究中发挥了重要作用，还为职业健康管理提供了理论指导。企业管理者可以根据该模型，通过增强员工的工作控制和社会支持来改善员工的心理健康、提高工作满意度。例如，一些干预措施如增加员工的决策参与、提供技能培训、建立良好的同事支持网络等，都可以帮助减轻工作压力，提高工作绩效和员工的整体福祉。然而，JDC模型在实际应用中也面临着挑战。首先，不同职业和文化背景下的工作需求和控制可能存在显著差异，这使得模型的普适性受到限制。其次，社会支持的作用在不同情境下的效果可能不尽相同，如何有效整合这些因素仍需进一步研究。此外，未来的研究应更加注重纵向设计，以便更准确地捕捉工作环境的动态变化对员工健康的长期影响。

## 三、压力的认知评价理论

拉扎勒斯的理论通常被称为认知评价理论。这一理论强调个体如何通过认知评价来判断情境的意义以及自己的应对能力，从而决定是否产生压力和如何应对压力。同时，该理论也包含了交互过程的元素，早期，拉扎勒斯将自己的工作压力理论称为交互模型（transactional model），但更常见的称呼还是认知评价理论。

拉扎勒斯认为，传统的工作压力研究往往将环境条件和个体特点看作是分离且固定的，这种观点未能充分揭示工作压力的复杂性。虽然个体-环境匹配理论在某种程度上改进了传统观点，通过考虑个体与环境之间的互动来解释工作压力的产生，但它仍然倾向于将个体和环境视为静止不变的因素。为此，拉扎勒斯提出了交互模型，其核心原则包括：（1）当个体面对一个情境时，个体与环境之间存在着相互影响的动态关系；（2）个体与环境的关系不仅仅是两者简单相加，而是一个不断变化的过程。如果个体与环境的关系是有压力的，那么首先，个体必须认为所面临的情境对自己具有重要意义；其次，当个体认为外部或内部的需求超出了自己的资源时，心理压力就会产生（Lazarus，2020）。因此，压力并不是个人特点或环境本身的直接产物，而是个体对环境可能带来的威胁进行评价后所产生的结果。在交互模型中，压力被视为一个动态过程，这一过程随着时间的推移以及任务的变化而不断演变。个体与环境的关系，以及二者的匹配程度，无论是在时间上还是在任务或活动上，都不是固定不变的。

自20世纪60年代以来，拉扎勒斯根据他的交互模型进行了大量研究，证明了人们对事件的评价方式以及应对策略直接影响心理压力的产生及其强度（Lazarus & Folkman，1984）。他指出，人们对所发生的事件的评价通常分为三种类型：伤害、威胁和挑战。

- 伤害：指已经发生的损失，例如失去工作、受到不公平的评估、未获得预期的晋升或遭到上级或同事的批评。

● 威胁：指尚未发生但预料未来可能出现的损失，这种预期的损失会引发焦虑和不安。

● 挑战：指一种高要求的情境，个体在这种情境中强调掌握所提出的要求、克服困难，并通过应对挑战实现个人成长和发展。与威胁相比，挑战通常会带来积极的心理状态，激发热情和投入感。

根据交互模型，压力的产生取决于两个关键评价过程：第一次评价中，个体评估所面临情境的重要性；第二次评价中，个体评估自己应对这些情境的资源和能力。研究表明，应对策略是一个随着情境变化而动态变化的过程，而非固定不变的个性特征或行为模式。例如，当个体认为所面临的问题可以通过自己的行为加以控制时，通常会采取以问题为中心的应对策略；而当个体认为无法改变局势时，则更可能采取以情绪为中心的应对方式。拉扎勒斯的研究强调了应对方式的灵活性和多样性，随着压力情境的变化，应对策略也应有所调整（Lazarus & Folkman，1984）。

## 四、压力的资源保存理论

资源保存理论由心理学家霍布福尔（Hobfoll）于1989年提出，是理解压力及其应对机制的重要理论框架。该理论的核心假设是，个体和群体通过努力获取、维护和保护他们认为重要的资源来应对生活中的各种挑战。压力的产生源自这些关键资源的威胁、丧失或未能如愿获得的情况（Hobfoll，1989）。

**1. 资源的定义与分类**

在资源保存理论中，资源被广泛定义为能够帮助个体实现目标、应对压力或提升整体福祉的任何事物。根据霍布福尔的分类，资源主要包括以下四类。

● 客观资源：客观资源是指那些能够直接满足物质需求的资源，如金钱、住房、食物等。这类资源通常是个体生存和生活质量的基础。

● 个人特质资源：个人特质资源涉及个体的心理和情感特质，如自尊、乐观、韧性等。个人特质资源帮助个体在面对挑战时保持积极的心态，并提升应对压力的能力。

● 条件资源：条件资源包括与个体所处环境相关的资源，如就业状况、婚姻关系和社会支持网络。这类资源往往通过环境的稳定性和人际关系的支持来缓解压力。

● 能量资源：能量资源主要指时间、知识和技能等，这些资源为个体的日常运作和目标达成提供了必要的支持。当时间紧张或技能不足时，个体可能会感到压力增大（Hobfoll et al.，2018）。

**2. 资源损失与压力**

根据资源保存理论，压力的主要来源是资源的损失或资源受到威胁。霍布福尔提出，资源的损失对个体的负面影响往往比资源的获得更为显著。因此，个体在面对压力时，更倾向于优先避免资源的损失，而非主动获取新资源。资源的损失可以是直接的，如失去工作、财产等；也可以是间接的，如时间紧迫导致的心理压力增加。资源的损失不仅会影响个体的当前状态，还可能导致更多资源的进一步损失，形成一种恶性循环，这种现象称为资源堆积效应（Hobfoll，1989）。

**3. 资源保护与应对策略**

为了应对压力，个体会采取多种策略来保护现有资源或获取新资源。以下是几种常见的应对方式。

个体会尽力防止资源的进一步损失。例如，在面临财务压力时，个体可能会通过减少不必要的支出来保护现有的经济资源。个体可能会通过投入现有资源来获取更多资源。例如，为了增强就业竞争力，个体可能会花费时间学习新技能或进修课程，这一过程尽管需要投入时间和精力，但最终可以带来更大的回报。在压力情境下，资源的损失往往是累积的。例如，当个体失去重要的条件资源（如社会支持）时，可能会感到更加孤立无助，这种状态会进一步削弱其应对其他压力源的能力，导致更多资源的损失。

虽然资源的损失对个体的影响更为显著，但资源的获得与恢复在缓解压力时也同等重要。通过积极获取新资源或恢复已损失的资源，个体可以重新建立心理平衡，减少压力的负面影响。例如，社会支持网络是一个重要的资源恢复途径，通过家人、朋友或同事的情感支持，个体可以重新获得自尊和信心，从而有效缓解心理压力。

资源保存理论在各种情境下得到了广泛应用，尤其是在工作压力管理、创伤后应激障碍（PTSD）研究以及心理治疗中的资源恢复策略方面。该理论有助于解释员工如何通过资源管理来应对工作中的高压情境，并为设计有效的压力干预措施提供了理论依据。例如，在职场中，资源保存理论可以指导企业通过提供员工培训、增强社会支持网络等方式，帮助员工更好地管理工作压力，提升职业满意度和整体福祉。资源保存理论为理解压力及其应对过程提供了一个结构化的框架，强调了资源的核心地位。通过识别和管理关键资源，个体可以在面对挑战时更好地维持心理和生理健康。未来的研究和应用可以进一步探索如何在不同的文化背景下和工作环境中优化资源管理策略，帮助个体和组织更有效地应对压力（Hobfoll et al.，2018）。

## 五、压力理论的发展趋势

压力作为心理学和健康领域的核心议题之一，已经催生了诸多理论模型和研究方法。从早期的刺激反应模型（stimulus-response model）到更为复杂的资源保存理论和认知评价理论，研究者们通过这些理论框架探索了压力的多维度性质。然而，随着社会和技术的不断进步，压力的理论研究也需要与时俱进，以应对新时代所带来的挑战和机遇。以下是压力理论未来发展的几个关键方向。

(1) 工作压力的交叉学科整合趋势。未来的工作压力研究将更加注重跨学科整合。压力的产生和应对不仅涉及心理学，还与神经科学、生理学、社会学和环境科学等多个学科密切相关。神经科学的发展，例如功能性磁共振成像（fMRI）和脑电图（EEG）的进步，为揭示压力对大脑功能的即时影响提供了新的工具。这些技术可以帮助研究者更加深入地理解压力反应的神经机制，从而为压力管理提供更为精准的干预策略。此外，社会学的理论和方法可以帮助我们理解不同社会群体如何在不同的文化和社会环境中体验和应对压力。例如，文化心理学可以揭示不同文化背景下的压力源和应对方式的差异，为跨文化压力管理提供理论支持。

（2）工作压力的个性化与精准干预趋势。随着人工智能和大数据技术的进步，未来的压力理论将更加注重个性化和精准干预。这些技术使得我们能够收集和分析大量的个体生理数据、行为数据以及环境数据，从而为每个人量身定制压力管理方案。例如，基于机器学习的算法可以预测个体在特定情境下的压力水平，并自动推荐适当的应对策略。这种个性化的干预方法不仅可以提高压力管理的效果，还能够帮助识别和提前干预高风险人群，防止压力累积到不可控的程度。未来的压力管理将不再局限于事后干预，而是更加强调预防性措施，通过持续的监测和干预，帮助个体在压力源出现之前就做好应对准备。

（3）工作压力的生态系统视角。传统的压力理论大多聚焦于个体层面的应对策略和资源管理，而未来的研究可能会更多地采用生态系统视角。这种视角强调压力的产生和应对不仅是个体行为的结果，还受到家庭、社区、工作场所和社会政策等多个层面的影响。在这一框架下，未来的压力研究将更加关注社会支持网络、工作环境、家庭动态以及政策制度对压力管理的影响。例如，工作场所的压力不仅取决于个人的工作负荷和控制感，还受到组织文化、领导风格和同事关系的影响。从生态系统的角度出发，研究者可以设计出更加全面的压力干预措施，既关注个体的需求，也考虑到外部环境的影响。

（4）工作压力的动态与长期视角。未来的压力理论将更加注重动态与长期视角。传统的压力研究多是基于横断面研究，即在特定时间点对个体的压力状态进行测量和分析。然而，压力是一个动态过程，随着时间的推移，个体的压力源、应对策略以及资源状况都会发生变化。因此，未来的研究需要更多地采用纵向研究设计，追踪个体在不同时间点的压力变化轨迹，从而更好地理解压力的长期影响。此外，动态系统理论可能为压力研究提供新的视角。这一理论强调系统内各因素之间的相互作用和反馈机制，适用于解释压力过程中的非线性变化。例如，个体的压力反应可能受到多个因素的共同影响，而这些因素之间的相互作用可能导致压力水平的突然提高或降低。通过研究这些动态变化，研究者可以更好地预测和控制压力的恶化过程。

（5）工作压力的数字化与虚拟环境理论。随着数字技术的迅速发展，虚拟现实（VR）和增强现实（AR）技术在压力研究中的应用也将日益广泛。这些技术可以模拟真实世界中的压力情境，为研究者提供一个安全、可控的环境来研究个体的压力反应和应对策略。例如，虚拟现实技术可以用于模拟工作场所的高压情境，观察个体在面对挑战时的生理和心理反应，从而为设计更有效的压力管理方案提供依据。此外，数字化平台还为压力管理提供了新的工具，如基于应用程序的压力监测和干预系统。这些平台不仅能够实时监测用户的压力水平，还可以提供即时的应对建议和心理支持，帮助用户在数字环境中有效管理压力。

（6）中国本土文化压力理论构建。在中国文化中，压力源与应对机制往往具有独特的表现形式。儒家文化强调集体主义、家庭责任和社会角色，这使得中国人更容易在社会关系中体验到压力。比如，面对来自家庭、工作和社会的多重责任，中国人可能会感受到“面子”压力，即为了维持社会形象和家庭荣誉所感受到的压力。与此相关的压力源还包括家庭期待、婚姻压力和教育压力，尤其是在计划生育政策背景下，独生子女常常承受着较大的学业和职业压力。中国文化中的压力应对策略也具有其独特性。例如，“忍耐”和“内敛”是许多中国人面对压力时经常采取的应对策略。与西方文化中常见的直接表达压力或寻求外部帮助不同，中国人更倾向于通过自我调节、情感抑制和耐心等待来应对压力。这种应对方式虽然能够暂时缓解压力，但也可能导致长期的情感积累和心理健康问题。在中国文化背景下，构建具有本土特色的压力理论至关重要。以下是几个可能的发展方向。

- 文化适应与压力：文化适应理论可以成为本土文化压力理论的重要组成部分。在现代社会的快速变迁中，许多人面临着文化冲突和适应问题。特别是在中国，城镇化进程中的农村-城镇迁移现象使得大量人口在新环境中面临文化适应压力。研究如何帮助这些人群更好地适应城镇生活，减少文化冲突引发的压力，将是未来的重要课题。
- 社会支持与家庭网络：与西方个人主义社会不同，中国文化中家庭和社会支持网络在应对压力中发挥着重要作用。本土文化压力理论应进一步探讨家庭支持在减轻压力中的具体机制，以及如何通过增强家庭和社区支持网络来有效缓解个体的心理压力。研究表明，强大的家庭支持可以显著降低个体在面对经济、工作和健康问题时的压力感受。
- 传统文化与心理韧性：中国传统文化中有许多有助于增强心理韧性的元素，如“中庸之道”“阴阳平衡”等理念，这些文化价值观可以被整合进本土文化压力理论中，帮助解释中国人在面对逆境时独特的应对方式。例如，“中庸之道”强调适度和谐的生活方式，有助于个体在压力情境中寻求平衡，避免极端情绪和行为的产生。
- 时间贫困与稀缺资源：在中国本土文化中，珍惜时间是一个深刻的价值观，被视为个人成功和家庭责任的核心要素。基于这一文化背景，未来时间贫困、时间压力理论可以从将时间作为稀缺资源的角度出发，探讨个体如何在面对多重社会期待和家庭责任时感受到时间压力，并研究这种压力如何影响心理健康和工作效率。

## 第三节　个体差异与工作压力

工作压力是多种因素共同作用的结果，这些因素主要来自个体、组织两个层面。

## 一、个体差异

### (一)人格特质

在职业健康心理学中,我们经常讨论职业压力对员工的健康和工作满意度的影响。但你可能不知道的是,每个人的人格特质,也就是“大五人格”,在面对职业压力时会起到不同的作用。大五人格包括五个主要维度:外向性(extraversion)、神经质(neuroticism)、尽责性(conscientiousness)、宜人性(agreeableness)和开放性(openness)。

研究发现,不同的人格特质对员工的健康和工作满意度有着直接的影响。比如,神经质,也就是容易情绪波动、担忧和感到压力的人,往往在工作中感到更大的压力,这会导致他们的身体健康状况较差,工作满意度也较低。相反,外向性强的人更乐观、善于社交,通常表现为身体更健康和具有更高的工作满意度。然而,并不是所有的人格特质都表现出明显的直接影响。比如,尽责性(即一个人是否认真负责)对健康和工作满意度的影响并不显著。而宜人性和开放性在面对职业压力时也没有表现出显著的影响。

除了直接影响外,人格特质还可以通过影响我们对压力的感知和应对方式,间接影响我们的健康和工作满意度。研究发现,神经质高的人更容易感知到工作中的各种压力,比如角色冲突(工作中职责不清或任务冲突)和对未来的不确定性。这种高压力感知不仅会使他们的健康状况变差,还会降低他们对工作的满意度。例如,一个神经质较高的人,可能会因为对未来的不确定性而感到焦虑,甚至会觉得自己在工作中没有被充分利用。这些感受会进一步加剧他们的压力,导致更差的健康状况和更低的工作满意度。

有趣的是,有些人格特质还可以调节压力与应激之间的关系。比如,研究发现,尽责性可以在一定程度上减弱角色模糊性(即不知道自己具体要做什么)对工作满意度的负面影响。这意味着,如果一个人非常尽责,那么即使工作职责不明确,他们也不容易感到压力。但并不是所有的人格特质都起到积极的调节作用。研究还发现,在角色冲突的情境下,尽责性反而可能会加剧压力对工作满意度的负面影响。这是因为非常尽责的人在面对冲突时,可能会更努力去平衡这些冲突,导致他们的压力进一步增加。

### (二)认知能力

认知能力(cognitive ability,CA)通常被定义为个体在信息加工、问题解决和决策制定方面的能力。认知能力高的个体在面对复杂和高压力的工作环境时,往往具有更好的行为表现(李英武 等,2015)。

**1. 认知能力与工作压力应对的关系**

认知能力高的个体通常能够更有效地应对工作压力。这主要体现在他们能够更快地识别压力源，并运用复杂的认知策略来解决问题和缓解压力。例如，高认知能力的员工在面对时间紧迫或任务复杂的工作时，能够通过有效的时间管理和优先级排序来减轻压力。这种能力使他们在高压力情境下仍能保持较高的工作效率和维持良好的心理健康状态。此外，高认知能力的个体更倾向于采用主动应对策略，如解决问题和寻求支持，而不是回避或情绪应对。这种应对方式有助于他们在压力环境中维持较好的情绪状态，并减少焦虑和抑郁等负面情绪的发生。

**2. 认知能力对工作压力的缓冲作用**

认知能力还可以作为一种缓冲因素，减少工作压力对心理健康的负面影响。研究发现，认知能力高的个体在面对高要求的工作时，能够利用其认知资源更好地调节情绪和行为，从而减少工作压力带来的消极后果。这种缓冲作用尤其在面对持续性和复杂性的压力源时表现得尤为明显。例如，高认知能力的个体能够重新评估工作压力源，将其视为挑战而非威胁，从而在心理上降低压力感知。

**3. 认知能力与工作绩效的关系**

高认知能力不仅有助于应对工作压力，还与更高的工作绩效密切相关。研究表明，认知能力高的员工在复杂任务中的表现优于认知能力低的员工，他们更能够在高压力环境下保持较高的专注力和任务执行力。这种表现差异在信息量大、任务难度高的工作环境中尤为显著。认知能力高的个体能够更快地学习新知识，适应变化，进而提高工作绩效，并在面对挑战时表现出更强的职业适应性。

尽管认知能力高的个体在应对工作压力方面表现出了一定优势，但其作用并不绝对。一些研究指出，在极端高压或资源严重不足的情况下，即使是高认知能力的个体，也可能会因为过度耗竭认知资源而出现心理健康问题。此外，认知能力并不是应对工作压力的唯一因素，情感智能、社会支持和工作环境等也在很大程度上影响个体的压力应对表现。

对于组织来说，了解认知能力与工作压力的关系具有重要意义。组织可以通过甄选和培养高认知能力的员工来增强整体抗压能力。此外，为员工提供认知培训（如时间管理和问题解决技巧）也可以帮助他们更好地应对工作压力。然而，组织还应注意平衡工作要求与员工的认知资源，以防止高认知能力的员工因过度承担任务而产生职业倦怠。

## （三）心理资本

心理资本（psychological capital，PsyCap）被认为是增强个体应对工作压力的能力的重要资源。心理资本主要包括四个核心要素：自我效能感（self-efficacy）、希望感（hope）、韧性（resilience）和乐观感（optimism）（Luthans et al.，2008）。

**1. 心理资本与工作压力的关系**

研究表明，心理资本高的个体在面对工作压力时表现出更强的应对能力。

自我效能感高的个体通常对自己的能力充满信心，他们相信自己能够有效处理工作中的挑战和压力源（Bandura，1977）。这种信心使他们更倾向于采取积极的应对策略，如主动解决问题和寻求支持，从而减少压力的负面影响。

希望感较高的个体通常会设定明确的目标，并积极寻找实现目标的多种途径。在面对工作压力时，这些个体不会轻易放弃，而是会保持动力，寻找解决问题的有效方法，这种积极的心态有助于降低由压力引起的挫败感和焦虑感。

韧性是心理资本的另一个重要组成部分，指的是个体在面对逆境和压力时迅速恢复和适应的能力。心理资本高的个体通常表现出更高的韧性，他们能够迅速从挫折中恢复，并在压力环境中保持心理平衡和积极的工作态度。

乐观感使得个体在面对压力时，能够以积极的方式看待问题，并相信未来会有好的结果。这种乐观的态度不仅能缓解当前的压力，还能增强个体的长期心理健康和提升职业满意度（Luthans et al.，2007）。

**2. 心理资本在工作压力中的缓冲作用**

心理资本不仅直接影响个体的应对能力，还通过缓冲作用减少工作压力对心理健康的消极影响。研究发现，心理资本高的个体在面对高压工作环境时，能够利用其内在资源更好地调节情绪，减少压力对心理健康的消极影响。例如，在高工作量和时间压力下，心理资本高的个体能够保持冷静和专注，避免压力过大导致的情绪失控或效率下降（Luthans et al.，2005）。

**3. 心理资本与工作绩效的关系**

心理资本高的个体不仅能更好地应对工作压力，还会表现出更高的工作绩效。研究表明，心理资本与工作满意度、组织承诺和工作绩效之间存在显著的正相关关系。高心理资本的个体在工作中更具主动性和创新性，他们能够将压力源作为推动力，提升工作表现和职业成就感。

**4. 心理资本的培养与提升**

鉴于心理资本在应对工作压力中的重要作用，组织可以通过各种干预措施来提升员工的心理资本。例如，通过培训和发展计划，组织可以帮助员工增强自我效能感、希望感、韧性和乐观感，从而提升其应对工作压力的能力（Luthans et al.，2008）。研究表明，心理资本的提升不仅能够增强员工的压力应对能力，还能提高组织的整体绩效和员工的职业幸福感。心理资本高的个体在应对工作压力方面表现得更为出色。他们通过高自我效能感、希望感、韧性和乐观感来积极应对工作中的各种压力源，从而减少压力对心理健康的负面影响并提高工作绩效。组织应重视心理资本的培养，通过适当的培训和发展计划，帮助员工提升其心理资本，从而提高组织的抗压能力和工作效率。

## 二、组织情境特征

组织情境特征对员工的工作压力产生了深远的影响。组织情境特征是指工作环境中的结构性、文化性和功能性因素，这些因素通过不同的途径影响员工的压力感知和心理健康。

**1. 组织结构与工作压力**

组织结构是影响员工工作压力的重要因素之一。研究表明，过于层级化的组织结构可能导致信息沟通不畅和决策过程僵化，进而增加员工的工作压力（Mintzberg，1980）。在这种结构中，员工的自主性和决策权通常较低，面对复杂任务时缺乏灵活性，这容易导致角色冲突和角色模糊，进而加剧压力感受。另外，扁平化的组织结构虽然能够增强员工的自主性和参与感，但如果缺乏明确的职责分工和支持系统不良工作设计（poor work design），也可能增加员工的工作负荷和责任感，导致工作压力的增加。因此，组织结构的设计需要在权威与灵活性之间取得平衡，以减轻员工的工作压力。

**2. 组织文化与工作压力**

组织文化是指组织内普遍认同的价值观、信念和行为规范，它对员工的工作体验和压力感知具有重要影响。研究表明，支持性和包容性的组织文化能够显著降低员工的工作压力。在这种文化中，员工感受到来自同事和领导的关怀与支持，更容易形成良好的心理安全感，从而减少由压力引起的负面情绪。然而，强调竞争和结果导向的组织文化可能会增加员工的压力感受。在这种文化中，员工常常面临高绩效要求和激烈的竞争，这不仅会导致工作倦怠，还可能引发焦虑和抑郁等心理健康问题（Hobfoll，1989）。因此，组织文化的塑造应注重平衡工作绩效和员工福祉，以避免过度压力的产生。

**3. 工作特征与工作压力**

工作特征模型指出，工作任务的多样性、意义、任务完整性、自动性和反馈性是影响员工工作压力的重要因素。例如，工作任务的复杂性和高要求通常被视为压力源，特别是在员工缺乏相应技能或资源支持的情况下（Karasek，1979）。然而，当员工对工作有较高的控制感和能获得及时的反馈时，他们往往能够更好地应对压力，并保持较高的工作动机和满意度（Hackman & Richard，1980）。

**4. 领导风格与工作压力**

领导风格也是组织情境特征中不可忽视的因素。变革型领导（transformational leadership）通过激励员工、赋予他们自主权和提供支持，能够显著降低工作压力（Bass，1995）。研究表明，领导者的关怀和支持行为可以增强员工的心理安全感，并在员工面对工作挑战时提供重要的心理支持，从而减少压力的负面影响。相反，专制型领导（authoritarian leadership）可能会增加员工的工作压力。专制型领导往往强调控制和服从，限制了员工的自主性和创新性，这种领导风格容易导致员工的心理压力和不满情绪。

**5. 组织资源与工作压力**

组织资源的可获得性对员工的工作压力有直接影响。资源保存理论认为，当员工感知到资源的缺乏或流失时，工作压力会显著增加（Hobfoll，1989）。这些资源包括物质资源（如设备和工具）、社会资源（如支持网络）和个人资源（如技能和能力）。研究表明，充足的组织资源能够帮助员工应对工作压力，减少资源短缺导致的焦虑和工作倦怠。

**6. 工作负荷与工作压力**

工作负荷又称工作量，是最直接、最常见的工作压力来源之一。过高的工作量往往意味着员工需要长时间加班，面对紧迫的截止日期，他们会感到身心俱疲。如果任务量超出了员工的能力范围，无法在规定时间内完成，压力就会进一步增加。同时，工作量不足也可能导致压力，员工可能会感到无所事事或缺乏挑战，从而产生焦虑感。长期处于高压或低动力的工作状态会降低员工的工作积极性和效率，甚至可能导致职业倦怠。

工作复杂性也是影响工作压力的重要因素。如果工作任务过于复杂，需要处理大量的信息或面临高难度的决策，员工可能会感到不堪重负。特别是当工作内容要求跨越多个领域的知识和技能时，员工会因感到无法胜任而产生强烈的压力感。相反，工作过于简单、重复性高则可能会让员工感到无聊和缺乏成就感，这种心理上的不满足同样会演变为一种隐性的压力。

**7. 工作条件与工作压力**

工作条件包括物理环境、工作时间安排、工作地点等多方面的内容。这些条件不仅影响员工的工作效率，还直接关系到他们的身心健康。例如，嘈杂的工作环境、极端的温度、过度的光照或长期暴露于有害物质中，都会对员工的身体健康造成威胁，同时导致心理压力。此外，频繁的出差、长时间的通勤和不合理的工作时间安排也是常见的压力来源。这些因素会打乱员工的生活节奏，削弱他们与家人和朋友的联系，从而导致生活质量下降。在现代职场中，远程工作和弹性工作时间的流行也带来了新的与工作条件相关的压力源。虽然这些安排为员工提供了更多的自由，但也模糊了工作与生活的界限，增加了工作时间的延展性，导致员工难以彻底放松，始终处于工作状态。这种长期的压力累积可能会影响员工的身心健康，降低他们的工作满意度和生活幸福感。

**8. 职业发展的不确定性与工作压力**

职业发展的不确定性是另一重要的工作压力来源。员工在职业生涯中的成长需求如果得不到满足，或者在晋升过程中遭遇障碍，则往往会感到挫败和焦虑。特别是在组织进行结构性调整、裁员或缩减中层管理职位的背景下，员工可能会对自身的职业前景产生不安。这种不确定感不仅会影响他们的工作态度，还可能导致离职率的上升。

此外，职业发展停滞（career stagnation）也是一个值得关注的压力源。那些在职业生涯中难以获得新机会的员工，可能会感到工作缺乏意义和动力，从而产生强烈的压力感。对于一些具有高成就动机的员工来说，晋升受阻或无法实现职业目标会导致更大的心理压力，影响他们的工作表现和整体幸福感。

**9. 工作与生活的平衡**

工作与生活的平衡是现代职场中一个重要且常见的压力源。随着工作要求的增加，员工往往需要投入更多的时间和精力来完成任务，这使得他们在家庭和工作之间难以找到平衡。当工作侵占了个人时间，导致与家人、朋友的相处时间减少时，员工会感到生活质量下降，压力随之增加。此外，工作与生活平衡的失调还可能导致员工出现健康问题。长期加班、缺乏足够的休息和放松时间会让员工感到身心俱疲，削弱免疫力，增加疾病的风险。与此同时，工作压力还会影响员工的心理状态，增加焦虑、抑郁等心理问题的发生概率。为了维持工作与生活的平衡，许多组织已经开始实施灵活的工作时间和远程工作政策。然而，这些政策在某些情况下反而可能导致压力增加，因为它们模糊了工作与休息的界限，使员工难以真正放松。因此，管理者需要在提供灵活性的同时，确保员工能够在工作和生活之间找到合适的平衡点，以减轻压力。

**10. 信息过载与技术压力**

随着技术的飞速发展，工作中的信息量和复杂性也在增加。信息技术的普及虽然提高了工作效率，但也带来了信息过载的问题。员工需要处理大量的电子邮件、报告和数据，这种信息洪流不仅增加了工作负担，也容易让人感到困惑和不知所措。此外，技术进步还带来了工作时间的延展性。智能手机和笔记本电脑的普及使得员工可以随时随地工作，这在一定程度上模糊了工作与生活的界限，使得员工难以完全脱离工作，长期处于高压状态。

工作压力的来源多种多样，涉及工作量、工作条件、职业发展、人际关系、角色冲突与模糊、工作与生活的平衡、组织文化与变革以及技术进步等多个方面。这些因素往往相互交织，形成复杂的压力源，影响着员工的心理健康和工作表现。为了有效管理和缓解工作压力，组织需要采取综合性措施，包括合理分配工作量、优化工作条件、支持员工职业发展、促进良好的人际关系、明确角色职责、帮助员工平衡工作与生活、建立健康的组织文化以及合理利用技术工具。通过这些努力，组织可以为员工创造更健康、可持续的工作环境，从而提高整体生产力和员工满意度。

## 第四节　工作压力的综合影响

### 一、对个体的影响

工作压力对员工生理健康的影响已成为一个广泛研究的课题。工作压力不仅会影响员工的心理状态，还会对其生理健康产生显著的负面作用（Ganster & Rosen，2013）。

## （一）工作压力与职业人群生理健康

### 1. 工作压力与心血管疾病的关系

工作压力与心血管疾病之间的关系已经成为心理学、医学和公共卫生领域的重要研究课题。长期暴露于高压力的工作环境中可能会显著增加个体患心血管疾病的风险。工作压力通过多种生理机制影响心血管的健康。首先，工作压力往往会引发个体的应激反应，即身体对威胁或挑战的自然反应。这种反应由交感神经系统激活，导致肾上腺素和皮质醇等压力激素的分泌增加。若长期处于这种应激状态，则过量的皮质醇会导致血压升高、血糖增加，并促进脂肪在腹部的积累，而这些都是心血管疾病的重要风险因素。其次，工作压力还可能通过影响个体的自主神经系统，导致心率变异性减少。心率变异性是心脏健康的一个重要指标，较低的心率变异性通常与更高的心血管疾病风险相关。压力激素的长期作用还会损害血管内皮的功能，增加动脉硬化的风险，这是患冠状动脉疾病的主要原因之一。

除了直接的生理效应，工作压力还通过影响个体的健康行为间接增加患心血管疾病的风险。研究表明，工作压力与不健康的应对行为密切相关。例如，在高压工作环境中，员工更倾向于吸烟、酗酒或暴饮暴食以缓解压力，这些行为都被证明与心血管疾病的发病率密切相关。吸烟是已知的心血管疾病的主要危险因素之一。工作压力不仅会促使一些人继续吸烟，还可能导致戒烟失败。虽然有研究发现，较低的工作压力有助于戒烟，但整体而言，吸烟与工作压力之间的关系较为复杂。肥胖和体重增加也是工作压力的常见结果。工作压力可能通过增加皮质醇的分泌，促进腹部脂肪的堆积。同时，压力可能导致暴饮暴食或选择不健康的食物，这进一步加剧了肥胖的风险。肥胖不仅增加了患心血管疾病的风险，还与糖尿病、高血压等其他慢性疾病密切相关。

### 2. 工作压力与免疫系统功能的关系

工作压力对免疫系统的功能也有显著影响。长期的工作压力会抑制免疫系统的正常功能，使个体更容易患上感染性疾病。工作压力与免疫标志物如C反应蛋白和白细胞介素-6（IL-6）的水平升高有关，这些标志物与炎症反应密切相关。此外，工作压力还会影响免疫细胞的活性，降低身体对病毒和细菌的抵抗力，使员工更容易生病。

### 3. 工作压力与消化系统疾病的关系

工作压力还会对消化系统产生负面影响。长期的工作压力会导致胃肠道功能紊乱，易患消化系统疾病，如胃溃疡、胃食管反流病（GERD）和肠易激综合征（IBS）等。压力不仅会通过神经系统直接影响胃肠道的运动和分泌功能，还会通过改变饮食习惯和生活方式（如增加吸烟、饮酒和不健康饮食）进一步加剧患消化系统疾病的风险。

**4. 工作压力与睡眠问题的关系**

睡眠问题是工作压力影响生理健康的重要表现之一。研究表明，高工作压力与失眠、多梦、睡眠质量差等睡眠问题密切相关。工作压力通过增加应激激素的分泌，使得员工难以放松和进入深度睡眠，从而导致长期的睡眠剥夺。这种情况不仅降低了员工的日常工作效率，还可能增加患肥胖、高血压和糖尿病等慢性疾病的风险（Litwiller et al.，2017）。

**5. 工作压力的累积效应与慢性疾病**

工作压力的累积效应会对员工的生理健康产生深远的影响。长期处于高压环境中的员工容易出现慢性疲劳综合征，这种状态不仅影响员工的工作表现，还增加了其患慢性疾病的风险。此外，工作压力的累积效应还可能通过增加应激反应的频率和强度，导致内分泌失调、代谢综合征和精神健康问题（Ganster & Rosen，2013）。

工作压力对员工生理健康的影响是多方面的，并通过多种机制相互作用。高工作压力不仅增加了患心血管疾病、消化系统疾病、免疫系统功能紊乱和睡眠障碍的风险，还通过累积效应对慢性疾病的产生起到了推动作用。为减轻工作压力对生理健康的负面影响，组织应采取措施改善工作环境，并提供员工健康管理和心理支持服务，以帮助员工有效应对压力，维持良好的生理健康（Ganster & Rosen，2013）。

## （二）工作压力与职业人群心理健康

工作压力是现代社会中影响个体心理健康的重要因素。无论是教师、护士还是军人，不同职业群体面临的压力都可能导致精神障碍、自杀风险和身体健康问题。

**1. 教师的心理健康问题**

教师作为教育工作者，长期面对学生、家长和社会的高期望，加上繁重的工作任务，容易产生心理压力。研究表明，幼儿园和特殊教育教师的抑郁症发病率显著高于其他职业群体。这些教师面临的挑战不仅包括教育和管理学生，还涉及处理复杂的家庭和社会问题，这些因素可能导致他们的心理健康受到影响。然而，值得注意的是，不同教育阶段的教师在心理健康状况上存在差异。

**2. 护士的心理健康问题**

护士是医疗体系中不可或缺的角色，但他们的工作性质决定了其面临的心理压力极大。护理工作要求护士具备高度的情感投入和职业责任感，尤其是在应对患者死亡、高强度的工作以及与医生合作时，护士的心理健康问题尤为突出。研究显示，护士群体中的抑郁、自杀风险高于普通人群，尤其是女护士，她们更容易因接触到致命药物而面临自杀风险。此外，护士的工作压力还可能导致心血管疾病，例如在夜班后，护士的冠状动脉微循环可能受到损害，这表明轮班工作对她们的生理健康产生了负面影响。

**3. 军人的心理健康问题**

军人的职业特点决定了他们所面临的压力与其他职业群体截然不同。长期暴露在高强度的战斗环境中，军人更容易患上创伤后应激障碍（PTSD)。这种心理疾病表现为个体在经历过极端压力或创伤事件后，反复出现创伤的回忆，甚至导致严重的心理功能障碍。研究表明，参与战斗的次数与PTSD的发生率呈正相关，这意味着军人暴露在战斗环境中的时间越长，其患PTSD的风险就越高。此外，PTSD还可能与其他心理问题并发，如抑郁症和自杀倾向，这使得军人群体的心理健康问题更加复杂。

**4. 公职人员的心理健康问题**

工作压力是现代社会中一个普遍存在的问题，在公务员群体中表现得尤为突出。公务员作为国家行政管理的重要执行者，其工作性质复杂多样，责任重大，面临的压力常常超出其他职业群体。研究表明，工作压力不仅影响公务员的工作效率，还对其心理健康产生了深远的负面影响。

首先，工作压力对公务员的心理健康有显著的负面影响。研究表明，高水平的工作压力会导致公务员产生焦虑、抑郁、疲劳等负面情绪。这些负面情绪不仅会降低公务员的工作满意度，还可能导致职业倦怠。职业倦怠是一种慢性心理应激状态，表现为情感耗竭、去人格化和个人成就感下降。对于长期承受高压的公务员而言，职业倦怠可能进一步演变为严重的心理健康问题，如焦虑症、抑郁症，甚至自杀倾向。

其次，工作压力对公务员的社会关系也产生了不利影响。公务员在面对繁重的工作任务和高强度的工作压力时，往往会忽视家庭和社交生活，这可能导致家庭矛盾增加、社交关系疏离，进一步加重心理压力。缺乏社会支持的公务员更容易感到孤独和无助，心理健康状况也更容易恶化。尽管工作压力对公务员的心理健康有显著的负面影响，但心理资本作为一种积极的心理资源，可以在一定程度上缓解这种影响。心理资本包括自我效能感、希望感、韧性和乐观感，这些积极的心理特质能够帮助公务员在面对压力时保持积极的态度，增强其应对挑战的能力。研究表明，心理资本较高的公务员在面对压力时能够更好地调节自己的情绪，保持工作热情，从而减少工作压力对心理健康的负面影响。例如，自我效能感可以帮助公务员相信自己有能力完成工作任务，从而减少因无法应对工作压力而产生的焦虑感。乐观感和希望感则使公务员在面对困难时能够保持积极的预期，减少消极情绪的产生。

然而，值得注意的是，心理资本虽然能够在一定程度上缓解压力，但并非万能。马爽等（2015）的研究显示，随着工作压力的增加，即使是心理资本较高的公务员，其工作满意度也会显著下降，离职意向显著增加。这表明在高强度的工作压力下，心理资本的调节作用也会受到限制。因此，仅仅依靠心理资本来应对工作压力是不够的，组织层面的支持同样至关重要。

了解这些职业群体的心理健康问题对于制定有针对性的心理干预措施至关重要，从而能够帮助他们更好地应对工作压力，维护心理健康。

## 二、对组织的影响

**1. 工作压力对员工绩效的影响**

员工的工作绩效是组织有效性的核心要素之一，工作压力直接影响员工的工作绩效。适度的压力能够激发员工的斗志，使其在挑战中找到动力，从而提升工作效率。然而，当工作压力超过员工的承受能力时，就会导致绩效下降。高压力环境下，员工往往会出现焦虑、疲劳和注意力不集中等问题，进而影响其工作质量和效率。此外，长期的高压工作可能导致员工的职业倦怠，表现为情感耗竭、去人格化和成就感下降，这些都会严重削弱员工的工作能力和创造力，进而影响组织的整体绩效。

**2. 工作压力对员工的工作满意度和离职率的影响**

工作压力还对员工的工作满意度和离职率产生显著影响。研究表明，过高的工作压力会导致员工的工作满意度下降。当员工感到工作负担过重、压力难以承受时，他们对工作的积极性和忠诚度会明显降低，这不仅会影响员工的工作表现，还可能导致员工对组织产生负面情绪。长期处于高压状态的员工往往会考虑离职，从而导致组织面临高离职率的风险。高离职率不仅增加了组织的人力资源成本，还可能导致组织知识的流失，影响组织的可持续发展和竞争力。

**3. 工作压力对团队协作的影响**

团队协作是组织有效性的重要组成部分，而工作压力对团队协作有着深远的影响。在高压环境下，员工往往更容易产生焦虑和不满的情绪，这些负面情绪会影响团队成员之间的沟通和合作。高压力还可能导致员工之间的竞争加剧，削弱团队的凝聚力。团队中的个体在面对压力时，可能会将注意力集中在个人的生存和表现上，而忽视团队的整体目标和利益，这将直接影响团队的合作效率和整体成果。此外，工作压力还可能导致团队成员之间的冲突增多，进一步破坏团队的合作氛围，降低组织的有效性。

**4. 工作压力对组织文化的影响**

组织文化是维持组织有效性的重要因素，而工作压力对组织文化的塑造有着不可忽视的影响。在充满压力的工作环境中，组织文化往往会变得更加紧张和消极。如果组织无法有效管理工作压力，员工之间可能会形成一种“压力文化”，即以高压力、高强度为导向的工作氛围。这种文化会导致员工在工作中忽视彼此的支持和协作，而更加关注个人的绩效和成就，使得组织内部的合作精神逐渐削弱。长此以往，这种消极的组织文化不仅会影响员工的工作体验，还会阻碍组织的创新和发展。

综上所述，工作压力对组织有效性有着多方面的影响，包括员工绩效、工作满意度、离职率、团队协作和组织文化等方面。过度的工作压力不仅会降低员工的工作效率和满意度，还可能破坏团队的合作氛围，削弱组织的整体竞争力。因此，组织应积极采取措施来管理和缓解工作压力，从而提升组织有效性，实现可持续发展。通过提供支持、优化工作流程和营造积极的组织文化，组织可以有效减少工作压力的负面影响，促进员工的身心健康和组织的长远发展。

## 第五节 工作压力的应对策略

随着对工作压力研究的深入，学者们提出了多种应对策略，以帮助个体和组织更好地管理压力。本节旨在梳理既往研究进展，从个体层面和组织层面探讨工作压力的应对策略。

### 一、个体层面的应对策略

#### （一）运动锻炼

越来越多的研究表明，运动锻炼对缓解工作压力和改善心理健康具有显著作用。工作压力是现代职场中的普遍现象，长期的高压力不仅会影响员工的工作表现，还可能对其身心健康造成负面影响。运动锻炼作为一种有效的压力管理策略，已被广泛应用并得到研究支持。

**1. 运动锻炼缓解工作压力的机制**

运动锻炼通过多种机制缓解工作压力。首先，运动能够促进身体内分泌系统的调节，增加内啡肽的分泌，这种被称为“快乐激素”的物质能够改善情绪，减少压力感。其次，运动锻炼有助于降低应激激素（如皮质醇）的水平，从而减少生理上的应激反应。最后，运动锻炼还能增强自我效能感和自尊心，帮助个体更好地应对压力源。

**2. 运动锻炼对心理健康的积极影响**

研究表明，规律的运动锻炼对心理健康有多方面的积极影响。首先，运动可以有效预防和缓解焦虑、抑郁等常见的心理问题。既往元分析发现，运动对轻度至中度抑郁症患者具有与药物治疗相当的效果，且副作用较少。其次，运动锻炼能够改善睡眠质量，睡眠不足或睡眠质量差常常是工作压力导致的后果，而良好的睡眠又反过来能够增强个体的心理韧性（Craft & Perna，2004）。

**3. 运动锻炼对工作表现的间接促进作用**

运动锻炼不仅直接影响心理健康，还通过改善心理健康间接提升工作表现。研究发现，参加运动的员工表现出更高的工作满意度和更低的缺勤率。此外，运动还能增强注意力和认知功能，使员工在面对复杂任务时表现得更加高效。这些效果的叠加使得运动成为一种促进工作效能的有效工具。

**4. 不同类型运动的效果差异**

不同类型的运动对工作压力和心理健康的影响可能存在差异。研究指出，有氧运动（如跑步、游泳）对减少焦虑和抑郁的效果最佳，而力量训练则对增强自我效能感和改善身体形象有更大帮助。此外，结合了身体和心灵调节的运动形式（如瑜伽和太极拳）不仅可以保持身体健康，还能够通过冥想和深呼吸等方法有效减轻工作压力。

**5. 运动锻炼的频率与强度**

运动锻炼的频率和强度是影响效果的重要因素。世界卫生组织（WHO，2022）建议，成人每周至少进行 150 分钟中等强度的有氧运动或 75 分钟的高强度运动，同时结合两次力量训练，以达到最佳的健康效果。研究显示，适度的运动频率（如每周 3～5 次）能够显著减轻工作压力，并在长期内改善心理健康状况。然而，过度运动可能会导致身体过度疲劳，反而增加压力和心理负担，这强调了适度的重要性。

为了最大化运动锻炼的效果，越来越多的企业开始在工作场所引入运动干预措施。这些措施包括设立健身房、提供运动课程、鼓励员工参加运动俱乐部等。这些干预措施不仅能促进员工的身体健康，还能够增强团队凝聚力，改善工作氛围。

## （二）情绪调节

情绪调节（emotional regulation）是理解工作压力与心理健康之间关系的关键因素。情绪调节是指个体通过调控自己的情绪体验和表达方式，来适应环境需求和维持心理平衡的过程（Gross，1998）。工作压力常常会引发一系列负面情绪反应，如焦虑、抑郁、愤怒和挫败感。这些情绪反应如果得不到有效调节，就可能导致严重的心理健康问题。个体在面对相同压力源时，其情绪反应和最终的心理健康结果会因情绪调节策略的不同而异（Gross，1998）。

**1. 情绪调节策略的分类**

情绪调节策略通常分为两类：功能性情绪调节和非功能性情绪调节。功能性情绪调节策略（如认知重评（cognitive reappraisal）和问题解决（problem-solving））有助于减少负面情绪的影响，促进心理健康。认知重评是一种常用的功能性情绪调节策略，个体通过重新解读压力源的意义，将其从威胁转变为挑战，从而降低负面情绪的强度。相反，非功能性情绪调节策略（如情绪抑制（emotional suppression）和逃避（avoidance））则往往会加剧工作压力对心理健康的负面影响。情绪抑制是指个体压抑或隐藏自己的情绪表达，尽管这种策略在短期内可以减少冲突，但长期来看可能会导致心理耗竭和抑郁症状（Gross，1998）。

**2. 情绪调节在工作压力与心理健康间的中介作用**

情绪调节在工作压力与心理健康之间起到了重要的中介作用。研究发现，当个体面临高工作压力时，使用功能性情绪调节策略可以有效缓冲压力对心理健康的负面影响。例如，个体通过认知重评来重新解构消极认知，从而降低焦虑和抑郁的发生率。

相反，使用非功能性情绪调节策略的个体在高压环境中更容易出现情绪失调和心理健康问题（Gross，1998）。

**3. 情绪调节能力的训练与提升**

鉴于情绪调节在工作压力与心理健康中的关键作用，情绪调节能力的训练成为心理健康干预的重要内容。研究表明，通过情绪调节训练（如正念训练、认知行为疗法等），个体可以学会更有效地应对工作压力，从而改善心理健康状况。正念训练通过提高个体对情绪的觉察和接受能力，帮助个体在面对压力时不被情绪困扰，从而更好地应对工作中的挑战。

**4. 工作场所中的情绪调节干预**

在工作场所中，组织可以通过提供情绪调节培训和支持系统来帮助员工应对工作压力。这些干预措施包括压力管理工作坊、心理咨询服务和员工帮助计划等。研究表明，组织提供的情绪调节资源不仅能减轻员工的工作压力，还能提升员工的工作满意度和增强组织承诺（Grandey et al.，2005）。

**5. 情绪调节与文化差异**

情绪调节策略的选择和效果也受文化因素的影响。研究表明，不同文化背景下，个体对情绪调节策略的偏好及其对心理健康的影响存在显著差异。例如，在集体主义文化中，情绪抑制可能会被视为一种保持人际和谐的功能性策略，而在个人主义文化中，则可能会导致心理压力的增加（Butler et al.，2007）。

情绪调节在工作压力与心理健康的关系中起着至关重要的作用。功能性情绪调节策略能够有效缓冲工作压力对心理健康的负面影响，而非功能性情绪调节策略则可能加剧这种负面影响。情绪调节能力的训练和工作场所中的干预措施可以有效提升员工的心理健康水平，帮助他们更好地应对工作中的各种压力。未来的研究应进一步探索情绪调节在不同文化背景下的作用，以及如何更有效地将情绪调节干预融入组织管理实践。

### （三）正念训练

近年来，正念训练（mindfulness training）在应对工作压力方面受到了越来越多的关注。正念训练通过培养个体对当前时刻的觉察和接纳，帮助员工降低焦虑和压力感。正念训练的核心在于通过冥想、呼吸控制等技术，提升个体对情绪和思维的管理能力，减少因工作压力而产生的负面情绪。

研究表明，正念训练能够显著减少员工的情绪耗竭和压力感知，并增强其情绪调节能力。接受正念训练的员工在情绪稳定性和工作满意度方面表现出显著改善，特别是在高压工作环境下，正念训练的效果尤为突出（Kabat-Zinn，2003）。

### （四）社会支持

社会支持（social support）是指个体从他人那里获得的情感性、信息性或工具性帮助（Cohen & Wills，1985）。社会支持网络通常指个体在社会环境中，通过亲密关系、朋友、同事以及社区组织等途径所获得的情感支持、信息支持和实际帮助（Cohen，2004）。研究表明，强大的社会支持网络可以显著减少工作压力对心理健康的负面影响，从而提升员工的工作满意度和整体生活质量。

**1. 社会支持的类型与功能**

社会支持通常划分为三种主要类型：情感支持、信息支持和工具性支持。情感支持指的是来自家人、朋友或同事的关怀和理解，这种支持能够缓解员工在面对压力时的孤独感和无助感。信息支持则包括提供建议、指导和应对策略，有助于员工更好地应对工作中的困难和挑战。工具性支持则指的是实际的帮助，如同事代为承担部分工作任务或提供资源支持等，这种支持可以直接减轻工作负荷，从而减少工作压力（Cohen & Wills，1985）。

**2. 社会支持网络的缓冲作用**

社会支持网络在工作压力与心理健康的关系中具有明显的缓冲作用，通常被称为"缓冲假说"（buffering hypothesis）。该假说认为，社会支持可以缓冲压力源对个体的负面影响，特别是在压力水平较高的情况下，社会支持的作用更加明显。具体而言，当员工面临高工作压力时，来自同事和上级的支持可以增强员工的应对能力，减少压力对心理健康的侵害。例如，在高压工作环境中，获得良好社会支持的员工比缺乏支持的员工表现出更轻的焦虑和抑郁症状（Cohen & Wills，1985）。

**3. 社会支持网络的构建与维护**

构建和维护强大的社会支持网络是提高员工抗压能力的重要策略。组织可以通过多种方式促进社会支持网络的建立，如鼓励团队合作、开展社交活动以及设立员工帮助计划。这些措施不仅有助于增强员工之间的凝聚力，还可以改善工作场所的整体氛围，减轻员工因孤立而感受到的压力。此外，组织领导者在提供情感支持和指导方面也扮演着关键角色，他们的领导风格和支持行为对员工的压力感受和心理健康具有直接影响。

**4. 不同文化背景下的社会支持差异**

社会支持网络在不同文化背景下的表现和效果可能存在显著差异。在集体主义文化中，社会支持通常被认为是理所当然的，个体更倾向于依赖群体支持来应对压力。例如，在东亚文化中，社会支持更多体现在家庭和社区中，员工在面对工作压力时往往会寻求家人的帮助。相比之下，在个人主义文化中，个体更倾向于自主解决问题，而不是依赖他人的支持，这可能导致社会支持网络对缓解压力的作用相对较弱。

**5. 社会支持网络对心理健康的长远影响**

长期来看，社会支持网络不仅能够缓解工作压力的即时影响，还对员工的长期心理健康具有深远影响。持续的社会支持可以帮助员工在面对职业生涯中的各种挑战时保持心理韧性，并减少长期压力积累导致的慢性健康问题。研究表明，具有强大社会支持网络的员工，其职业倦怠和心理健康问题的发生率显著低于缺乏支持的员工。此外，社会支持还可以增强员工的职业承诺和提升员工的工作满意度，从而降低员工离职意图，提高组织效能（Ng & Sorensen，2008）。

社会支持网络在工作压力与心理健康的关系中发挥着至关重要的作用。通过提供情感、信息和工具性支持，社会支持网络不仅能够缓解工作压力对心理健康的负面影响，还能够提升员工的整体幸福感和工作绩效。不同文化背景下，社会支持的表现和效果可能有所不同，这需要在实践中予以考虑。未来的研究应进一步探讨如何在组织中有效构建和维护社会支持网络，以促进员工的心理健康和职业发展。

## 二、组织层面的应对策略

### （一）工作设计优化

工作设计优化（job design optimization）是从源头上减轻工作压力的关键策略。合理的工作设计可以减少角色冲突和角色模糊性，提高员工的自主性和工作控制感（Karasek，1979）。根据卡拉塞克的工作需求-控制-支持模型，在高要求的工作环境中，如果员工能够获得较高的控制感和社会支持，其压力感受将显著降低。提高工作自主性和决策参与度可以有效缓解高要求工作环境中的压力感。此外，工作设计优化还可以通过增加任务多样性和反馈机制来提高员工的工作满意度和内在动机，从而减少重复性高、复杂性低的任务所带来的压力和倦怠感。

### （二）压力管理培训

压力管理培训（stress management training，SMT）是组织层面的重要干预措施，旨在为员工提供识别和应对工作压力的技能。SMT 通常包括时间管理、放松训练、认知重构和社交支持等内容。通过这些培训，员工可以学习如何更有效地组织工作、调整情绪和应对压力源，从而减少工作压力对其健康和绩效的负面影响。元分析研究表明，SMT 在降低工作压力、提升心理健康方面具有显著效果。接受 SMT 的员工在压力感知和心理健康方面表现出明显改善，特别是在高压工作环境下，SMT 的作用尤为显著。此外，SMT 还能够提高员工的自我效能感，增强其对工作环境的控制感，从而进一步缓解工作压力（Richardson & Rothstein，2008）。

### （三）员工帮助计划

员工帮助计划（EAP）是一种由组织提供的专业咨询和支持服务，旨在帮助员工应对工作和生活中的压力源。EAP 通常包括心理咨询、法律援助、财务指导和健康管理等多种服务。研究表明，EAP 能够显著降低员工的工作压力，提升其心理健康和工作表现。例如，EAP 提供的心理咨询服务可以帮助员工识别和管理压力源，学习有效的应对策略。此外，EAP还可以通过财务指导和法律援助减轻员工在生活中遇到的其他压力，从而进一步削弱工作压力的影响。EAP对员工心理健康和工作表现的提升具有显著效果，特别是在长期压力管理方面（Attridge，2023）。

工作压力的应对策略应从个体和组织两个层面综合考虑。通过认知行为干预、心理资本建设、压力管理培训、工作设计优化、员工帮助计划、社会支持、正念训练以及组织文化和领导力的改进，员工可以更有效地应对工作中的压力，提升心理健康和工作表现。这些策略的实施不仅有助于员工的个人发展，也能为组织的长远发展提供坚实的基础。

## 基本概念

工作压力　　压力源　　压力交互模型　　工作需求-控制模型

## 本章要点

**要点一：工作压力的相关理论**

常见的工作压力理论包括传统理论、个体-环境匹配理论、工作需求-控制模型、交互模型。传统理论是从较广泛的社会层面对各个独立的与压力有关的概念进行确认和测量，并考虑其对个体及组织的影响作用。个体-环境匹配理论认为引起压力的因素不是单独的环境因素或个人因素，而是个人和环境相联系的结果，产生工作压力是由于个体能力与工作要求不匹配。工作需求-控制模型包含工作环境中两个重要的方面——工作需求和工作控制，对工作过程有所控制可以减轻员工的压力，促进他们的学习；而工作需求既增加学习也增加工作压力。拉扎勒斯的交互模型认为压力不是个人特点的产物，也不是环境的产物，压力的产生是某一种环境与某一种人所做的对环境可能产生的威胁的评价相结合的结果。

**要点二：工作压力的来源和后果**

工作压力的来源主要包括两个层次：个体影响因素和组织情境特征。其中个体影响因素包括人格特征、认知能力以及心理资本。组织情境特征则包括组织结构、工作量、工作条件、角色冲突与角色模糊、职业发展、组织内部的人际关系、工作与其他角色的冲突。工作压力产生的后果包括对个体的影响和对组织绩效及其人力资源成本的影响。其中对个体的影响包括：长期的工作压力损害个体健康；工作压力影响个人心理健康；工作压力影响个体在组织中的行为。而工作压力对组织绩效及其人力资源成本的影响包括：迟到早退现象增多；不良的人际关系与组织氛围；员工流动性大；产品质量下降；工伤数量上升，医疗费用加大。

**要点三：工作压力的应对策略**

工作压力的应对策略包括组织中工作压力的个体调控、工作压力的组织层面管理。组织中工作压力的个体调控的方法包括降低员工的期望、提高员工的适应性、改变员工的认知、帮助员工减轻工作压力。工作压力的组织层面管理方式包括结构重组与工作再设计、提供职业发展的平台、改变工作量和完成时间、避免超负荷工作、消除组织中的不确定因素、增加沟通渠道、提供社会支持。

## 复习思考

1. 什么是工作压力？它包括哪些维度？
2. 如何看待工作压力相关的理论？
3. 工作压力的来源有哪些？后果又是什么？
4. 如何应对压力？有哪些可行的策略？
5. 简述员工帮助计划的内容和过程。

## 拓展阅读

Chen, P. Y. (2024). *Occupational Stress*. Hogrefe Publishing.

Dong, M., Ren, Z., Li, Y., & Ye, Q. (2024). Stress begets distress: the association of job stress with psychological distress among prison police officers. *Psychology, Crime & Law*, 1-19.

He, Q., Fu, J., Wu, W., & Feng, S. (2024). "Thriving at work" or not? Research on the effects of performance pressure based on achievement motivation theory and two-factor theory. *Journal of Managerial Psychology*, *39* (2), 146-161.

Khalid, A., & Syed, J. (2024). Mental health and well-being at work: a systematic review of literature and directions for future research. *Human Resource Management Review*, *34* (1), 100998.

## 第四章
# 工作与家庭关系

**【学习目标】**

通过本章的学习，希望达到以下五个目标：

1. 了解什么是工作-家庭平衡和工作-家庭冲突。

2. 理解并熟练掌握工作-家庭平衡的相关理论，注意不同理论之间的联系和矛盾。

3. 结合相关研究，掌握影响工作-家庭冲突的因素，了解冲突产生的结果。

4. 初步掌握促进工作-家庭平衡的方法。

5. 掌握工作-家庭平衡研究的局限性和发展方向。

### 章节导引

一直以来，人们都认为工作与家庭的冲突主要困扰的是女性，毕竟她们承担了更多家庭生养和照料的使命。但令人意外的是，一项近期发表于《应用心理学》杂志的研究指出，男性面对的工作与家庭的冲突，与女性差不多。心理学家花好几年时间检索了过去30多年的350多项科研报告，数据来自全球25万余名被试者。结果令人惊讶：男性和女性在工作与家庭的冲突方面几乎不存在差异。这和大众的认知截然相反。

先前的研究发现，男性通常不习惯谈论工作与家庭的困扰，因为他们怕被别人嘲笑，或是给自己的事业带来不利影响。但该研究主持肖克利博士表示，男性更可能会在各类研究匿名、保密的问卷调查中坦率地描述自己所经历的冲突。此项研究参考的既往研究中，有约半数是在美国开展的，其余的则分散在欧洲和亚洲各国之中。研究者也分析了这些国家的性别平等性评级。他们意外地发现，无论男女两性所在国家的性别平等状况如何，男性自述的工作与家庭冲突程度都相差无几。不过，当研究数据继续被分成不同小组时，男女两性间一些细小的差异开始显现出来。有孩子的女性和双职工家庭中的女性，家庭事务干扰工作的程度较男性更高，而在同一类岗位上，双职工家庭中的男性觉得工作干扰家庭生活的程度更高。

资料来源：马晓晨.(2018). 工作家庭平衡 男性也困惑. 中青在线. https://news.cyol.com/yuanchuang/2018-07/20/content_17398900.htm.

# 第一节　工作-家庭冲突的基本概念

家庭中的父母工作很累，心力交瘁，这种疲惫感会产生何种影响？仅影响他们自己，还是可能影响到家里的每个人，特别是家庭中的孩子？研究发现，当父母感到特别疲惫和压力大时，这种情绪可能会传递给孩子，让子女在学校里也感到累和压力大。这项研究还提到了一个有趣的现象，就是孩子们可能会从父母那里学到所谓的“表面扮演”，即使内心不开心，但表面上还是装作一切正常。如果父母经常这样做，孩子们也可能学会这种行为（Tong et al.，2024）。这项研究告诉我们，如果工作场所能采取措施帮助员工减轻压力和疲惫，那么不仅员工自己会感觉更好，他们的家人，特别是孩子们，也会受益。该研究就是职业健康心理学领域的经典问题，即工作-家庭冲突问题。

## 一、什么是工作-家庭冲突

工作-家庭冲突（work-family conflict，WFC）指的是工作和家庭角色之间的冲突，这种冲突会导致一个角色的需求影响另一个角色责任的履行（Greenhaus & Beutell，1985）。研究表明，工作压力较大的员工往往难以在工作与家庭之间取得平衡，导致工作时间的增加和对家庭事务的忽视。这种冲突不仅影响员工的心理健康，还可能导致婚姻关系紧张和家庭幸福感下降（Frone，2015）。

## 二、工作-家庭冲突的类型

工作-家庭冲突往往源于时间、压力或行为上的不兼容。工作-家庭冲突的类型主要包括时间型冲突、压力型冲突和行为型冲突。理解这些冲突的类型及其对员工的影响对于帮助员工更好地平衡工作和家庭责任具有重要意义。

**1. 时间型冲突**

时间型冲突（time-based conflict）是一种最常见的工作-家庭冲突类型。这种冲突发生在工作和家庭活动需要占用相同的时间资源时。例如，长时间的工作或频繁的加班可能导致员工无法参加家庭活动或履行家庭责任，从而引发时间型冲突（Greenhaus & Beutell，1985）。时间型冲突与员工的心理压力、情绪倦怠和工作满意度下降有显著关联。此外，这种冲突还可能影响家庭关系的质量，增加婚姻不和谐和家庭冲突的风险（Sanz-Vergel et al.，2024）。

**2. 压力型冲突**

压力型冲突（strain-based conflict）指的是一种角色中的压力和紧张情绪影响了

另一角色的表现。这种冲突的典型表现是，员工在工作中感受到的压力和焦虑被带入家庭生活，导致他们难以在家庭中保持平静和专注。压力型冲突不仅影响家庭生活的质量，还可能对员工的整体心理健康产生负面影响。压力型冲突与抑郁、焦虑和职业倦怠之间存在显著的正相关关系。当工作中的压力源持续存在时，员工更容易在家庭中有易怒、疲惫和缺乏耐心的行为表现，这进一步加剧了工作与家庭之间的冲突。

**3. 行为型冲突**

行为型冲突（behavior-based conflict）是指一种角色所需的行为模式与另一角色所期望的行为模式之间的不一致。例如，工作中要求的权威、控制和竞争性行为可能与家庭中需要的温柔、合作和支持性行为不相容，从而导致行为型冲突。这种冲突常常使员工感到行为角色转变困难，尤其在从工作场所回到家庭环境时。研究表明，行为型冲突与员工的角色模糊、角色冲突以及生活满意度的下降有密切关联（Greenhaus & Beutell，1985）。

工作-家庭冲突的三种类型往往不是孤立存在的，而是相互交织、共同作用的。时间型冲突可以导致压力型冲突，而压力型冲突又可能进一步引发行为型冲突。这种综合影响使得工作-家庭冲突成为员工心理健康的一个重要风险因素。长期处于工作-家庭冲突中的员工，心理健康状况往往较差，表现为更高的焦虑、抑郁以及工作满意度和生活满意度的显著下降（Cobb et al.，2022）。

## 第二节　工作-家庭冲突的影响因素

工作-家庭冲突受到多方面因素的影响，既包括个体的生理特征（如性别、年龄），又包括个性特征，还受到个体的教育水平和收入水平的影响。同时，家庭和工作的客观特征也会影响工作与家庭领域的交互作用。

### 一、人口统计学变量

#### （一）性别

性别是工作-家庭冲突中研究最多的社会人口统计特征。因为在被广泛认同的社会角色期待中，男性应主要为工作负责任，而女性应主要为家庭负责任（Frone，2015）。有研究者认为，女性更多地经受“家庭负性地影响工作”，男人更多地经受“工作负性地影响家庭”。另一些研究认为，女性比男性经受更多来自工作领域（而不是家庭领域）的负性影响，因为她们在家庭领域有更多的投入，而男性经受更多来自家庭的负性影响，因为他们对工作投入更多。但是，大多数研究结果显示，工作-家庭冲突没有性别差异（Demerouti et al.，2001）。

但之后的研究发现，工作-家庭冲突有性别差异。例如，有研究在控制了家庭儿童数量和配偶工作时长等变量后，发现女性相较于男性更多地感受到了工作-家庭冲突所带来的压力。此外，工作场所的社会支持与工作-家庭冲突压力之间呈现出明显的负相关关系，特别是在男性群体中，这种关系更为突出。然而，家庭领域的社会支持对女性而言并未表现出更强的负相关性，意味着家庭支持并未为女性缓解工作-家庭冲突压力提供额外的帮助。与此相对照，家庭领域的社会支持在降低家庭-工作冲突压力方面与工作领域的社会支持相比，呈现出更明显的负相关性。这表明，对于男性而言，工作场所的社会支持在减少工作-家庭冲突方面更为有效。在该研究中，女性并未从管理者和同事提供的社会支持中获得预期的益处。相反，当她们感受到来自管理层的社会支持时，反而会经历更多的工作-家庭冲突压力。这可能是因为女性员工感到需要以某种方式回报管理者的支持，从而增加了时间压力，导致了更多的工作-家庭冲突。相比之下，男性则能够从工作场所的社会支持中获益，这有助于他们更好地处理工作-家庭冲突（van Daalen et al.，2006）。

### （二）年龄

年龄是影响工作-家庭冲突的重要因素之一。随着年龄的增长，个体在工作和家庭角色之间的平衡面临着不同的挑战和压力。年龄较大的员工通常面临更多的工作-家庭冲突。随着年龄的增长，家庭责任（如照顾子女或年迈的父母）往往增多，导致家庭角色的要求更加复杂。这些变化可能增加家庭对个体的时间和精力的需求，从而加剧工作-家庭冲突。此外，老年员工在工作中的角色可能会发生变化，例如担任更高的职位或承担更多的责任，这也可能导致更大的工作压力和冲突。随着年龄的增长，个体在工作-家庭冲突中的应对策略和适应能力也有所变化。较年长的员工可能更善于管理时间和应对压力，这有助于减少工作-家庭冲突的负面影响。然而，这种应对能力的提升可能不足以完全消除工作和家庭责任增加所带来的冲突。此外，研究还表明，不同年龄段的员工对工作-家庭冲突的感知和反应存在差异。年轻员工可能更容易感受到工作-家庭冲突，因为他们正处于职业发展和家庭建设的关键时期，面临较高的职业要求和家庭期望。相反，随着年龄的增长，个体可能对工作-家庭冲突的容忍度有所提高，或者他们可能会调整自己的职业和家庭目标，以实现更好的平衡（Michel et al.，2011）。

### （三）教育水平

教育水平不仅影响个人的职业发展和收入水平，也在一定程度上影响个体在工作和家庭之间的平衡能力。教育水平较高的员工通常拥有更高的职业技能和更多的资源，这可能帮助他们更有效地管理工作-家庭冲突。具备高教育水平的员工往往能够获得更灵活的工作条件，如弹性工作时间和远程工作机会，这些都有助于减少工作-家庭冲突。此外，较高的教育水平可能赋予个体更强的时间管理和问题解决能力，使他们在面对多重角色时能更有效地进行角色转换和协调。然而，也有研究表明，较高的教育水平并不一定总是能够减少工作-家庭冲突。一方面，高教育水平通常与高职业期望和责任相关联，这可能增加个体的工作压力和对工作的投入，从而减少他们在家庭中的时间和精力。另一方面，教育水平较高的个体通常会有更大的工作野心，这可能导致他们在职业生涯中投入更多的时间，进而影响家庭生活的质量。此外，教育水平较低的个体可能面临较少的工作-家庭冲突，但这并不意味着他们的整体生活质量更高。较低的教育水平通常伴随着较少的职业机会和较低的收入，这可能导致经济压力增加，进而影响家庭关系和个人的心理健康。在这种情况下，工作-家庭冲突的表现形式可能不同，更多的是由于经济压力和资源匮乏而非角色冲突所导致的心理压力。

教育水平在工作-家庭冲突中的作用是复杂且多维的。教育水平较高的个体可能拥有更多的资源和策略来应对工作-家庭冲突，但也可能因为高职业要求和责任感而增加冲突的风险。理解这一复杂关系对于制定有效的工作-家庭平衡政策具有重要意义（Michel et al.，2011）。

## 二、个性特征

个性特征在很大程度上影响个体如何应对工作与家庭之间的压力，以及如何在两者之间取得平衡（Bruck & Allen，2003）。首先，神经质是与工作-家庭冲突最密切相关的个性特征之一。神经质高的人通常情绪不稳定，更容易感受到压力和焦虑，这使得他们在面对工作和家庭的双重责任时，更容易感到不堪重负。这种高神经质水平使得他们难以有效应对冲突，进而导致更多的工作-家庭冲突。其次，外向性也在工作-家庭冲突中扮演着重要角色。外向性强的人通常社交能力强，积极主动，并且具有较强的适应能力。这些特质有助于他们更好地管理工作与家庭之间的需求，从而减少冲突的发生。然而，外向性强的人也可能因社交活动多而在时间管理上面临挑战，进而增加工作-家庭冲突的风险。再次，尽责性与工作-家庭冲突之间的关系也值得关注。尽责性高的人通常有很强的自律性和责任感，他们更倾向于通过良好的时间管理和高效的工作方式来减少工作-家庭冲突。然而，尽责性高的人往往对工作要求严格，这可能导致他们在工作上花费了更多的时间和精力，从而增加了家庭生活的负担（Bruck & Allen，2003）。最后，宜人性与开放性也与工作-家庭冲突有一定的关联。宜人性高的人通常人际关系处理得当，善于协商，这有助于缓解工作-家庭冲突。开放性强的人则具有创造性和灵活性，能够在工作和家庭之间找到创新性的解决办法，从而减少冲突（Bruck & Allen，2003）。

## 三、职业特征

职业特征通常涉及工作内容、工作时间、工作控制、职业地位以及社会支持等方面，这些因素都会影响员工在工作和家庭之间的平衡。

工作内容的复杂度与工作-家庭冲突之间存在显著的关系。复杂且高要求的工作往往需要员工投入更多的时间和精力，这会减少他们在家庭事务上的投入，进而增加工作-家庭冲突的可能性。例如，管理职位通常需要员工在工作之外也进行决策和规划，这种高负荷的工作内容容易导致工作时间的延长和家庭时间的减少，从而引发冲突（Michel et al.，2011）。

工作时间的不规律也是工作-家庭冲突的一个重要因素。需要长时间工作或轮班的职业（如医疗、消防和航空等行业）通常会打乱员工的日常生活安排，特别是与家庭成员的时间协调。工作时间越不规律，员工感到工作与家庭难以兼顾的可能性就越大（Allen et al.，2000）。

工作控制也与工作-家庭冲突密切相关。工作控制指的是员工在工作中对任务安排和工作节奏的掌控程度。研究表明，拥有较高工作控制的员工能够更灵活地管理工作时间和履行家庭责任，从而减少工作-家庭冲突。相反，缺乏工作控制的员工可能会因为无法调整工作安排而感到无助，进而增加冲突的发生。

职业地位也会影响工作-家庭冲突的程度。通常，高职业地位的员工可能会有更好的资源和支持系统来管理工作-家庭冲突。然而，这些员工往往也面临着更高的职业期望和压力，这可能在另一层面上增加工作-家庭冲突（Greenhaus & Beutell，1985）。

工作中的社会支持对工作-家庭冲突也有调节作用。来自同事、主管的社会支持可以缓解工作压力带来的工作-家庭冲突。例如，工作环境中良好的团队合作和理解可以帮助员工更好地平衡工作与家庭责任，从而减少冲突的发生。

## 四、工作-家庭冲突的结果

工作-家庭冲突作为一个研究领域，已经吸引了大量学者的关注，并在多个方面取得了显著的研究成果。其结果主要体现在心理健康、身体健康、工作满意度、家庭满意度、工作绩效、家庭绩效等多个方面。以下是关于工作-家庭冲突结果的整理与分析。

### （一）心理健康

工作-家庭冲突与员工的心理健康存在显著的负相关关系。工作-家庭冲突会导致心理压力增大、焦虑和抑郁症状加重。这种冲突的长期存在可能会引发严重的心理困扰，使员工处于高度紧张的状态，进而影响其整体的心理健康状况。此外，工作-家庭冲突与低主观幸福感之间存在显著联系。

### （二）身体健康

工作-家庭冲突不仅影响心理健康，还会对员工的身体健康产生负面影响。持续的工作-家庭冲突会增加患心血管疾病、高血压等生理疾病的风险。这些身体健康问题与长期的压力状态相关，特别是当员工在工作和家庭之间难以找到平衡时，身体健康状况往往会恶化。

### （三）工作满意度

工作-家庭冲突还会显著影响员工的工作满意度。工作-家庭冲突增加时，员工对工作的满意度往往会下降。这种现象主要是由于员工感到无法平衡工作和家庭责任，进而对工作产生负面情绪。此外，工作-家庭冲突还会导致员工对组织的认同感降低，影响其工作积极性和忠诚度。

### （四）家庭满意度

类似于工作满意度，工作-家庭冲突也会对家庭满意度产生负面影响。当工作-家庭冲突水平较高时，家庭成员之间的关系质量可能会受到影响。这种冲突会导致员工在家庭中的时间和精力投入不足，从而降低家庭生活的质量和幸福感，甚至可能引发家庭矛盾和婚姻问题。

### （五）工作绩效

工作-家庭冲突对工作绩效的影响也是研究的重点之一。工作-家庭冲突与工作绩效之间存在负相关关系。员工在处理工作-家庭冲突时，往往会因为精力分散而难以专注于工作任务，导致工作绩效下降。此外，高水平的工作-家庭冲突还可能导致员工的职业倦怠，进一步降低其工作表现。

### （六）家庭绩效

工作-家庭冲突对家庭绩效的影响也不容忽视。工作-家庭冲突会影响家庭中的角色履行，导致员工无法有效承担家庭责任，如照顾子女和参与家庭活动。这种情况下，家庭绩效会受到显著影响，进而影响整个家庭的和谐与幸福。

### （七）行为问题

除了上述影响外，工作-家庭冲突还可能引发一系列的行为问题，如酗酒、吸烟等不良行为。这些行为往往是员工在面对冲突时采用的应对机制，但长期来看，这些行为会进一步损害员工的健康和职业发展。

## 第三节　工作-家庭冲突的理论视角

人们试图从各个方面来分析和研究工作角色和家庭角色之间的关系，有关理论可以大体分为早期研究和近期研究，早期研究多是解释工作角色和家庭角色关系的基本类型，而近期研究则试图从更为整合和动态的角度来分析二者之间的关系。

## 一、非因果模型

非因果模型认为，尽管工作和家庭之间存在相关性，但二者之间并没有明确的因果关系。早期的非因果关系模型主要包括隔离模型（segmentation model）、一致性模型（congruence model）和整合理论（integration theory）。

### （一）隔离模型

隔离模型主张工作和家庭之间没有直接关系，每个领域对个体有不同的要求，二者彼此隔离、互相独立，并且相互之间没有显著的影响。该理论认为，个体能够在工作与家庭之间设立明确的心理和行为边界，使得工作中的压力和挑战不会渗透到家庭生活中，反之亦然。隔离模型尤其适用于蓝领工人群体。研究者解释说，这可能是因为工人试图通过将工作与家庭生活严格分离来避免工作压力对家庭生活的干扰。

### （二）一致性模型

一致性模型指出，尽管工作和家庭之间可能存在正向或负向的相关关系，但这种相关性可能并非因果关系，而是由于二者受某个共同的第三变量的影响所致。因此，工作变量与家庭变量之间的关系可能是一种伪相关。例如，工作满意度和家庭满意度之间的相关性可能并不是直接相互影响的结果，而是受第三变量（如个性倾向性、情绪稳定性或社会文化力量）共同影响所致。一致性指的是由于这些普遍存在的第三变量，工作与家庭之间的相似性得以体现。

### （三）整合理论

整合理论认为，工作和家庭之间的关系非常紧密，二者整合为一个整体，难以完全割裂。例如，在家族企业或非常强调家庭观念的企业中，工作与家庭的界限变得模糊，二者相互交织。这种整合意味着工作中的事件和压力会直接影响家庭生活，反之亦然。在这种情境下，工作和家庭的角色和责任常常是交错的，难以区分。

这些非因果模型提供了对工作与家庭关系的不同视角，揭示了在不同情境下工作与家庭之间可能的复杂互动。无论是隔离、伪相关还是整合，这些理论都有助于理解个体如何在工作与家庭的双重角色中寻找平衡，以及这些角色如何相互影响。

## 二、因果模型

因果模型是早期关于工作与家庭关系的理论之一，强调生活领域中的事件会对另一个领域（如工作）产生直接的因果影响。与非因果模型不同，因果模型认为工作与家庭之间存在相互作用，这种相互作用可以是正向的，也可以是负向的。常见的因果模型包括溢出模型（spillover model）、补偿模型（compensation model）、角色压力假设（role strain hypothesis）、角色增强假设（role enhancement hypothesis）、资源保存理论以及边界理论（boundary/border theory）。

### （一）溢出模型

溢出模型认为工作和家庭之间存在正相关关系，即一个领域的变化会导致另一个领域的相应变化。所谓溢出，指的是工作中的经验、情感或行为模式延续到家庭生活中，或反之亦然。例如，一个在工作中从事单调、重复性任务的个体，可能会在家庭生活中表现出类似的行为模式。相反，如果一个人在工作中学会了新的技能或行为模式，这些积极的变化也可能在家庭生活中得以延续，从而提升其在家庭中的表现。溢出过程不仅涉及技能和行为模式（如活动的类型）的溢出，还包括情感、信念和态度的溢出。溢出模型与工作需求-控制模型的积极学习行为假设相一致，即工作中的新行为模式和技能的学习可以与休闲活动中更高的多样性相联结。因此，个体在工作中表现出的多样性行为可能会扩展到日常生活的休闲活动中，进而导致休闲活动的多样性上升。

### （二）补偿模型

补偿模型主张工作和家庭之间存在负相关关系，即一个领域的变化会导致另一个领域出现相反的变化。补偿指的是个体在一个领域中所经历的剥夺或不满，会通过在另一个领域中寻求补偿来进行弥补。例如，如果一个人在家庭生活中感到不满足或压力过大，则可能会减少在家庭角色上的投入，而将更多的时间和精力转向工作，反之亦然。

补偿模型强调，当个体在一个领域无法满足其需求时，他们会在另一个领域中寻找平衡或满足。例如，工作中缺乏挑战的个体可能会通过参与具有挑战性的休闲活动来补偿其在工作中的不足。同样，家庭中的压力和情感缺失可能会推动个体在工作中寻求更多的成就感和满足感。

由于溢出模型和补偿模型分别描述了家庭和工作领域的经历如何相互延续或补偿，因此这两种理论经常被对照使用。通过分析自主权（autonomy）、多样性（variety）、技能使用（skill utilization）、压力（pressure）和社会交互作用（social interaction）五个维度的工作和家庭活动情况，卡巴诺夫和奥布赖恩（Kabanoff & O'Brien, 1980）对补偿模型和溢出模型进行了进一步扩展，提出了工作-家庭关系模型，如图 4-1 所示。他们强调，个体在工作、家庭两个领域的活动模式可以揭示出工作与家庭之间复杂的相互作用。

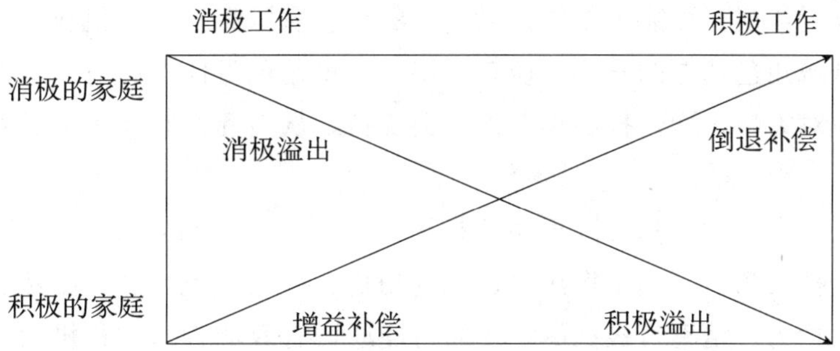


**图 4-1　工作-家庭关系模型**

资料来源：Kabanoff & O'Brien，1980.

研究发现，图 4-1 中的四种行为模式都很普遍，但是适用于不同人群：(1) 消极溢出适用于收入水平和教育水平低、外在动机强的男性；(2) 增益补偿适用于收入水平低、年龄较大的女性；(3) 积极溢出更普遍存在于收入水平和教育水平相对较高、内在动机强的人群；(4) 倒退补偿则在外在动机强的男性中更普遍。

现实生活中可能存在着大量不同的工作-家庭关系模式，其中有的符合经典的补偿模型和溢出模型，有的不符合。工作-家庭关系的类型依赖于所研究人群的特质(年龄、性别、教育、收入、工作定位、家庭定位)。与其把注意力集中在发展一个比较有代表性的理想模型或者证明一个工作-家庭模式的存在上，不如将未来的研究聚焦于生活在不同领域中的人们怎样平衡需要、欲望和满足，这对我们未来的研究有很大的启示。

## (三) 角色压力假设

角色压力假设，也称为密歇根组织压力模型（Michigan organizational stress model），是职业健康心理学研究中的经典理论之一。该假设提出，在工作-家庭冲突中，一个人同时承担多个角色时，管理这些多重角色是极其困难的，而这些多重角色不可避免地会对个体产生"压力"，从而导致工作和家庭领域间的冲突。基于这一理论，工作-家庭冲突被定义为一种角色冲突，即来自工作和家庭领域的角色压力在某些方面存在互不相容的情况。研究发现，个体的工作角色使得履行家庭角色的责任变得更加困难，反之亦然（Greenhaus & Beutell，1985）。该理论的核心假设是：人们的时间和精力资源是有限的，而履行多重角色的责任会导致这些有限资源的分配不足。因此，为了防止严重的工作-家庭冲突，个体必须在工作和家庭的多重角色中合理分配有限的资源，以使角色压力维持在可承受的范围内。然而，角色压力假设和溢出模型之间的界限并不总是清晰的，因为角色压力也可以视为负性溢出的一种形式。

## (四) 角色增强假设

角色增强假设，也称为正性溢出、角色增强或角色促进，是对多重角色参与的积极影响的理论解释。该假设认为，个体参与多个角色（如工作和家庭角色）不仅不会导致资源的耗竭，反而可能为个体提供大量的机会和资源，这些机会和资源可以提升个体在其他领域角色功能的发挥。换句话说，多重角色责任的履行可能有助于个体发展出更好的应对策略、增强技能和获得社会支持，从而提升整体生活满意度和改善心理健康状况。

角色增强假设的理论基础源于角色扩展模型（expansionist approach）。该理论认为，参与多个社会角色（如工作角色、家庭角色、社交角色）并不必然导致个体的资源（如时间、精力、情感）被耗尽，反而可能通过有效的管理和积极的参与促进资源的生成和个人的发展。人类能量的生成和消耗是密不可分的。尽管履行多重角色的责任需要投入时间和精力，但这种投入本身可以通过创造积极的体验和更高的成就感反过来促进更多能量的生成。换句话说，多重角色的参与不是一个简单的资源耗竭过程，而是一个动态的、能够增强个体能力和资源的过程。角色扩展模型强调，多重角色可以为个体提供多样化的机会和资源。这些资源包括社会支持、技能的提升、自我效能感的增强以及心理上的满足感。这些积极因素不仅有助于个体更好地应对生活中的挑战，还可以提高整体的生活满意度和心理健康水平。适当管理的多重角色参与可以实现角色之间的平衡，从而减少角色冲突的可能性，并促进个体的全面发展。通过合理的时间管理和优先级设定，个体可以在多个角色中找到一种和谐状态，使得各个角色之间相互促进而非冲突。多重角色不仅不会增加个体的压力，反而可以通过扩展个人资源和社会网络来促进个体的发展。

近年来的研究逐渐偏离了传统的补偿模型和溢出模型的二分法，而是发展出了更为整合的观点，认为这两种过程在概念上和经验上并不能完全分割，可能会同时存在。具体而言，个体差异（如个性特质、性别）、家庭环境（如父母地位）和工作特征（如高压力职业）等因素都会影响多重角色的表现形式。一些个体可能在多重角色中体验到正性的角色增强效果，而另一些个体则可能更倾向于经历角色冲突或压力。总之，角色增强假设强调了多重角色的积极潜力，提示我们在考虑工作-家庭平衡时，不应仅关注可能的冲突和压力，还应关注可能的增长和发展机会。

### （五）资源保存理论

资源保存理论认为，个体的主要动机是获取、维护和保护资源（如时间、精力、支持等），这些资源对于应对生活中的各种挑战至关重要。在工作与家庭关系的研究中，资源保存理论被广泛应用于解释为何工作中的压力和资源损失可能会影响家庭生活，反之亦然（Hobfoll，1989）。资源保存理论中的“资源”指的是对个体具有价值的任何事物，这些资源可以帮助个体实现其目标和应对压力。资源可以分为四大类：（1）对象资源：如金钱、房屋、交通工具等物质资产；（2）条件资源：如稳定的工作、婚姻、社会地位等；（3）个人资源：如自尊心、乐观的性格、技能等内在特质；（4）能量资源：如时间、精力、知识等。这些资源对于个体在工作和家庭生活中的平衡至关重要。

个体通过管理和保护这些资源，来应对工作和家庭中的各种需求和挑战。资源的损失对个体的影响大于资源的增益。因此，个体在面对工作与家庭的双重责任时，资源损失可能会带来更大的压力和负面情绪，而资源增益则有助于缓解这些压力。例如，在工作中遭遇失败或压力增大时，个体可能会感到资源被耗尽，这种资源的损失可能进一步影响其在家庭中的表现，导致工作-家庭冲突的加剧。相反，资源的增益，如获得家庭的支持或在工作中获得成就感，可以帮助个体恢复和增加资源储备，从而更好地应对工作与家庭的双重挑战（Hobfoll et al.，2018）。因此，资源的保护和增益对维持工作与家庭的平衡具有重要意义。

资源保存理论还探讨了工作与家庭关系中的资源互补与冲突。资源互补是指工作中的资源（如收入、成就以及荣誉）可以对家庭生活形成反哺，而家庭中的成就也会促进工作。例如，工作中的收入可以为家庭提供经济支持，而家庭中的情感支持可以帮助个体更好地应对工作压力（Grandey et al.，2005）。然而，当工作和家庭竞争同一资源时，就会发生资源冲突。例如，个体在工作中投入大量时间和精力可能会导致家庭角色的资源不足，进而导致工作-家庭冲突（Carlson et al.，2000）。这种资源的冲突不仅影响个体的心理健康，还可能影响其工作表现和家庭生活质量。

### （六）边界理论

自工作与家庭边界理论提出以来（Nippert-Eng，1996），不少学者对其进行了探索与发展。对边界理论进行回顾后发现，该理论的视角主要集中在工作和家庭边界本身具有的属性，以及工作与家庭领域中边界维护者对边界跨越者的角色要求。以往在这两方面的研究是相对独立的，而事实上这两方面有着一定的内在联系：工作和家庭边界本身具有的属性可以看作工作-家庭冲突形成的外在条件，而工作与家庭领域中不断提高的角色要求可以看作工作-家庭冲突形成的内在条件。

**1. 工作与家庭具有相对独立的边界**

工作和家庭各自角色范围的边界具有渗透性（permeability）和灵活性（flexibility）两种属性，该理论旨在解释个体如何在工作与家庭之间管理角色冲突和协调角色期望。边界理论的核心观点是工作和家庭是两个不同的生活领域，个体通过设立和管理边界来平衡这些领域之间的要求和期望。工作和家庭的边界可以是物理的、心理的或社会的。物理边界包括办公场所与家庭空间的分离，心理边界则涉及个体在工作与家庭之间的心理转换，而社会边界则指的是社会规范和文化对工作与家庭角色的规定（Ashforth et al.，2000）。在这种框架下，个体的边界管理风格可以分为整合型（integrators）和分割型（segmentors）两种。整合型个体倾向于模糊工作与家庭之间的边界，允许角色之间的交互与重叠。而分割型个体则更倾向于明确划分工作与家庭，避免一方对另一方的干扰。研究表明，边界的管理方式对个体的工作-家庭冲突和心理健康有显著影响。

**2. 工作与家庭的边界存在一定的强度**

边界强度（boundary strength）指的是个体设立的工作与家庭边界的清晰度和刚性程度。强边界意味着工作与家庭之间的区隔非常明显，角色转换较为困难；而弱边界则意味着工作与家庭之间的区隔不明显，角色转换较为容易。研究发现，强边界可能有助于减少工作与家庭之间的角色冲突，但也可能导致资源的低效利用和适应能力的降低。相反，弱边界可以促进资源在工作和家庭之间的共享，但也可能增加角色混淆和冲突的风险。因此，个体在设定边界时需要根据自身的需求和环境进行平衡。

**3. 工作与家庭之间的界限不清晰导致边界模糊**

边界模糊指的是工作与家庭之间的界限不清晰，导致工作事务侵入家庭生活或家庭事务干扰工作。例如，工作邮件在非工作时间的处理，或是家庭问题在工作时间的持续影响，都是边界模糊的表现。边界模糊与工作-家庭冲突之间存在显著的正相关关系。个体在处理工作与家庭的边界时，如果缺乏有效的管理策略，则容易导致时间压力增加、角色冲突加剧，进而影响心理健康和生活满意度。

学者基于工作与家庭边界理论解释了信息与通信技术（ICT）需求对员工心理健康的影响（Bufquin et al.，2021）。研究以 546 名小学教师为样本，通过为期 5 周的周记调查，分析了 ICT 需求（即通过 ICT 在工作时间之外保持工作联系的需求）对教师心理健康的影响，包括负面沉思、负面情绪和失眠等症状。研究结果表明，ICT 需求作为一种工作侵入家庭的形式，是员工每周压力的重要来源。教师采用的技术边界策略（如关闭手机中的工作邮件提醒）与每周 ICT 需求的减少有关。同时，学校校长的工作-家庭支持与教师每周 ICT 需求的减少有关，而家长对教师下班后边界期望的增加则与教师每周 ICT 需求的增加有关。此外，教师的边界控制感是影响教师 ICT 需求与负面沉思之间关系的中介机制，即那些收到较少边界期望和更多工作-家庭支持的教师具有更强的边界控制感，这反过来又缓解了 ICT 需求与负面沉思之间的关系（Bufquin et al.，2021）。

## 三、理论拓展

### （一）生态系统理论

生态系统理论（ecological systems theory）是一种用来理解个体在不同环境系统中的发展和行为的理论框架。该理论强调，个体的发展和行为是由多层次的环境系统相互作用决定的。在工作与家庭关系的研究中，生态系统理论提供了一个全面的视角，用来分析工作和家庭如何通过不同层次的环境系统相互影响。生态系统理论将个体的发展置于由微观系统（microsystem）、中观系统（mesosystem）、外观系统（exosystem）、宏观系统（macrosystem）和时间系统（chronosystem）构成的生态环境中，每个系统都对个体的工作与家庭关系产生影响（Bronfenbrenner，2005）。

● 微观系统：包括个体直接接触和参与的环境，如家庭、工作场所、学校等。微观系统中的互动最为频繁，对个体的影响也最为直接。

● 中观系统：指的是不同微观系统之间的关系，如家庭与工作场所之间的互动。中观系统通过连接不同的微观系统来影响个体在工作与家庭之间的平衡。

● 外观系统：包括个体不直接参与但却影响其生活的环境，如公司政策、社会支持系统、经济条件等。外观系统中的变化（如组织变革或经济压力）可以间接影响个体的微观系统，进而影响其工作与家庭之间的关系。

● 宏观系统：包括文化、社会规范、法律等广泛的社会层面因素。这些因素决定了社会对工作与家庭的期望和支持程度，例如在不同文化背景下，对家庭责任的期待可能会有所不同。

● 时间系统：指的是个体经历的生活事件及其在不同时间点的变化。时间系统强调了随着时间的推移，个体的工作与家庭关系会如何演变。

在微观系统层面，个体的家庭和工作场所构成了最直接影响其工作与家庭关系的环境。例如，家庭中的支持和关怀可以缓解工作带来的压力，反之，工作中的紧张和挑战也可能渗透到家庭生活中，导致家庭冲突。因此，理解微观系统中的互动对于调节工作与家庭关系至关重要。

中观系统连接了不同的微观系统，并通过这种连接对个体产生影响。例如，个体如何在工作和家庭之间分配时间和精力取决于工作与家庭系统之间的互动质量。如果工作场所的要求与家庭责任发生冲突，这种中观系统中的不协调就可能导致工作-家庭冲突的加剧。相反，当工作与家庭关系和谐时，个体则更有可能在这两个领域中获得满足感和成就感。

外观系统通过影响微观系统和中观系统，间接影响个体的工作与家庭关系。例如，公司的家庭友好政策（如弹性工作时间、带薪家庭假）可以通过提供更多的资源和支持，帮助员工更好地平衡工作与家庭。此外，社会经济状况的变化，如经济衰退或繁荣，也会通过影响家庭收入、就业稳定性等因素，对个体的工作与家庭关系产生重要影响。

宏观系统中的文化和社会规范在很大程度上决定了工作与家庭的期望和管理方式。例如，在一些文化中，强调个人成就和职业成功可能导致个体在工作中投入更多的时间和精力，进而影响家庭生活质量。而在其他文化中，家庭被视为核心，个体可能更倾向于在家庭生活中投入更多的资源和时间，这反过来可能影响其工作表现。

时间系统强调了个体的工作与家庭关系的动态变化。例如，随着个体职业生涯的发展，工作责任可能会增加，家庭角色也可能发生变化（如孩子的出生或长大成人），这些变化会不断重新塑造工作与家庭之间的平衡。此外，社会和经济环境的变化（如科技进步或全球化）也会影响个体如何在工作与家庭之间找到平衡。

生态系统理论为理解工作与家庭关系提供了一个多层次的视角，强调了不同环境系统如何相互作用并影响个体的工作-家庭平衡。通过全面分析微观、中观、外观、宏观和时间系统的影响，我们可以更好地理解工作与家庭之间复杂的相互关系，并开发出更有效的策略，帮助个体实现工作-家庭平衡。

## （二）努力-恢复模型

努力-恢复模型（effort-recovery model，ERM）是理解工作与家庭关系的重要理论框架之一。该模型强调个体在工作中的努力与工作后的恢复过程之间的动态平衡，认为当工作压力和需求增加时，个体需要足够的恢复时间来重新积蓄能量，以应对未来的工作挑战。若恢复不充分，则会导致慢性疲劳、心理健康问题，并可能加剧工作-家庭冲突（Meijman & Mulder，1998）。

### 1. 努力与恢复的基本概念

在努力-恢复模型中，努力指的是个体在工作中为完成任务而付出的生理和心理资源。这些资源的消耗包括注意力集中、体力消耗、情感投入等，而恢复则指的是个体在工作结束后通过休息、放松、参与家庭和社交活动等方式，恢复这些被消耗的资源。该模型的核心假设是：如果个体在工作后能够获得足够的恢复时间和空间，那么即使工作强度较高，个体的健康和工作表现也能得到维持。然而，如果个体在工作后没有足够的时间和机会恢复，那么工作压力将累积，导致心理和生理上的问题，并可能进一步影响家庭生活质量。

### 2. 工作与家庭关系中的努力-恢复过程

工作与家庭关系在很大程度上受到努力-恢复过程的影响。在工作日结束后，个体需要通过家庭活动、社交和休息来恢复工作中消耗的资源。然而，如果工作压力过大或者工作时间过长，个体可能无法充分恢复，从而将未恢复的压力带入家庭生活。这不仅会导致个体的心理健康问题，还可能引发工作-家庭冲突。此外，家庭生活本身也可能成为恢复的一种重要资源。例如，家庭中的情感支持、愉快的家庭互动等都可以帮助个体更好地恢复工作中的消耗，提高整体的生活满意度。然而，当家庭环境充满冲突或压力时，家庭生活可能无法提供有效的恢复，反而成为额外的压力源，进一步加剧工作-家庭冲突。研究表明，员工在工作后能够获得足够的恢复，不仅有助于其心理和生理健康，还有助于提高工作表现和工作满意度。因此，组织应当重视员工的恢复过程，提供适当的政策和环境支持，帮助员工在工作和家庭之间找到平衡（Bennett et al.，2017）。

努力-恢复模型为理解工作与家庭关系提供了一个重要的理论框架，通过关注工作中的努力和工作后的恢复过程，解释了工作压力如何影响个体的健康和家庭生活。通过有效的恢复策略和组织支持，个体可以更好地管理工作与家庭之间的平衡，减少工作-家庭冲突，提高整体生活质量。

## （三）匹配模型

工作与家庭之间关系的匹配模型（fit model）是一种用于解释工作与家庭之间关

系的理论框架。该模型着眼于个体在工作和家庭领域中的需求与资源之间的匹配程度，认为工作和家庭之间的良好匹配能够减少冲突，促进个体的幸福感和生活满意度。匹配模型关注的是如何在工作和家庭的双重角色中实现资源和需求的平衡。

**1. 匹配模型的基本概念**

匹配模型的核心是需求-资源匹配（demand-resource fit）。需求是指个体在工作和家庭中需要完成的任务和责任，资源则是指个体拥有的能力、时间、精力、支持等能够用来满足这些需求的要素。当工作和家庭的需求与个体的资源匹配良好时，个体能够有效地应对双重角色的挑战，减少冲突并提高生活质量（Edwards and Rothbard, 1999）。

**2. 工作与家庭的需求-资源匹配**

在匹配模型中，工作与家庭的需求-资源匹配被认为是影响个体心理健康和生活满意度的重要因素。例如，当个体的工作要求较高，而家庭支持不足时，个体可能会感到压力增加，进而影响其在工作和家庭中的表现。相反，当工作和家庭的资源能够满足个体的需求时，个体更容易在这两个领域中找到平衡，从而减少工作-家庭冲突。

匹配模型还指出，不仅是资源的绝对量，资源类型和个体需求的特定匹配性也很重要。例如，一位需要情感支持来应对工作压力的员工，如果在家庭中能够得到足够的情感支持，就更有可能在工作和家庭之间取得平衡。这种资源类型与需求的特定匹配性对于减少冲突、提升幸福感至关重要。

**3. 工作与家庭关系中的适配性**

适配性（congruence）是匹配模型中另一个重要的概念，指的是工作与家庭之间的契合程度。当个体的职业角色与家庭角色之间存在较高的适配性时，工作与家庭之间的冲突会显著减少。例如，一个工作时间灵活且具有家庭友好政策的工作环境，可能更容易与个体的家庭需求相适应，从而减少产生工作-家庭冲突的可能性。

此外，适配性还可以体现在个体的价值观和目标与工作、家庭环境之间的契合度上。当个体在工作和家庭中的价值观相互支持而非冲突时，个体更有可能在这两个领域中感到满足和获得成就感。这种价值观的适配性是实现工作-家庭平衡的关键因素之一。

匹配模型不仅提供了理论框架，也为实际应用提供了指导。例如，组织可以通过提供灵活的工作安排、家庭支持计划等资源来帮助员工更好地平衡工作和家庭需求。这种资源的提供可以减少工作与家庭之间的需求差距，增强匹配性，从而提升员工的工作满意度和生活质量。个体也可以通过自我调节策略来提高工作与家庭的匹配度。例如，通过合理的时间管理、寻求社会支持、调整期望等方式，个体可以更好地平衡工作与家庭的需求，减少冲突并提高生活满意度。

匹配模型为理解工作与家庭关系提供了一个重要的理论框架，通过关注需求与资源之间的匹配性，解释了工作-家庭冲突的来源及其对个体生活的影响。通过有效的资源管理和环境调节，个体和组织都可以促进工作与家庭之间的良好匹配，从而提高整体生活质量和心理健康水平。

## 第四节 工作-家庭平衡的促进措施

工作-家庭平衡是职业生活中一个重要且复杂的课题。在快速变化的社会经济环境中，员工不仅需要在工作中表现出色，还要在家庭中承担重要的责任。实现工作-家庭平衡对于员工的心理健康、生活满意度以及整体幸福感至关重要。然而，由于工作要求和家庭责任的双重压力，许多员工面临如何在这两个领域之间找到平衡的挑战，要想家庭工作两不误何其之难（高中华，赵晨，2014）。

### 一、组织策略

组织在帮助员工恢复工作-家庭平衡方面起着关键作用。提供灵活的工作安排、带薪家庭假、员工帮助计划等支持性政策可以为员工创造更有利于平衡工作与家庭的环境。研究表明，组织支持不仅能够减轻员工的工作负担，还能够提高员工的工作满意度和忠诚度，从而促进工作-家庭平衡。

**1. 灵活的工作安排**

灵活的工作安排是组织干预工作-家庭冲突的一个重要策略。通过提供弹性工作时间、远程办公选项以及压缩工作周等措施，组织可以帮助员工更好地平衡工作与家庭的责任。研究表明，灵活的工作安排能够显著减少员工的工作-家庭冲突，提升员工的工作满意度和整体幸福感。这些安排允许员工根据家庭需要调整工作时间，从而避免时间冲突导致的压力。此外，灵活的工作安排不仅有助于增加员工在家庭生活中的投入，还能够提升员工在工作中的生产力和创造力。远程办公选项尤其适用于那些在家庭中有照顾责任的员工，他们可以在不牺牲工作质量的情况下，灵活地安排工作和家庭事务。

**2. 家庭支持性政策**

组织可以通过实施家庭支持性政策（如带薪家庭假、育儿补贴以及提供家庭照顾资源）来帮助员工更好地管理工作-家庭平衡。这些政策不仅直接减轻了员工的家庭责任压力，还传递出组织对员工家庭生活的重视。家庭支持性政策有助于增强员工的归属感和忠诚度，从而提高工作投入度和组织绩效。例如，带薪家庭假能够使员工在家庭中发生重大事件时，安心地离开工作岗位，专注于家庭事务，从而减少因家庭问题未得到妥善处理而引发的工作-家庭冲突。育儿补贴和公司内设立的托儿设施也能有效帮助有小孩的员工减少家庭照顾负担，进而提升他们的工作表现。

**3. 员工帮助计划**

员工帮助计划（EAP）是组织提供的一种支持服务，旨在帮助员工解决个人和工作中的问题，特别是在工作-家庭平衡方面。EAP 通常包括心理咨询、财务指导、法律咨询、家庭服务等。通过这些服务，员工可以获得专业的帮助，解决工作与家庭中遇到的困难，从而减少工作-家庭冲突的发生。EAP 的优势在于其全面性和隐私保护。员工在使用这些服务时，可以在一种安全和保密的环境中处理个人问题，无须担心被组织或同事知晓。这种隐私保护能够鼓励更多员工主动寻求帮助，从而更有效地管理他们的工作与家庭之间的关系。

**4. 促进工作-家庭平衡的组织文化**

组织文化在工作-家庭平衡中扮演着至关重要的角色。一种支持性的组织文化能够帮助员工在工作与家庭之间找到更好的平衡。这种文化强调家庭的重要性，鼓励员工优先处理家庭事务，并通过各种形式的支持措施帮助员工实现工作与家庭的协调。组织可以通过领导的示范效应、正式的政策声明以及非正式的文化传播来推动这种支持性的文化。例如，组织领导层可以公开支持并实践工作-家庭平衡，通过合理安排工作和家庭责任，传递出组织对员工家庭生活的重视。这种文化不仅能够减少员工的工作-家庭冲突，还能够提升员工的工作满意度和组织承诺。

**5. 技术管理与界限设定**

随着信息技术的发展，组织需要在技术管理和员工的工作与家庭界限设定方面采取积极的干预措施。在数字化时代，工作与家庭的界限变得越来越模糊，员工经常在非工作时间处理工作事务，导致工作压力渗透到家庭生活中。组织可以通过设定明确的技术使用政策，如规定下班后不回复工作邮件来帮助员工更好地区分工作与家庭的界限。这种干预措施能够帮助员工在下班后真正放松和恢复，从而提高工作效率和家庭生活质量。通过技术管理和界限设定，组织不仅能够帮助员工恢复工作-家庭平衡，还能够减少过度工作所导致的倦怠和健康问题。

## 二、个人策略

**1. 时间管理与优先级设定**

时间管理是个人恢复工作-家庭平衡的关键策略之一。有效的时间管理包括制定明确的日程安排、设定优先级以及合理分配时间和精力。通过时间管理，个体可以更好地平衡工作与家庭的需求，减少时间冲突带来的压力。设定优先级是时间管理中的核心部分。个体需要根据任务的重要性和紧急性，合理安排时间，以确保在履行工作责任的同时，不忽视家庭责任。例如，个体可以在每天的日程中划出特定时间段，专门用于家庭活动，如陪伴孩子或处理家庭事务。这种有计划的时间分配能够有效减少时间冲突引发的工作-家庭冲突。

### 2. 情感调节与情绪管理

情感调节是指个体通过调整和控制自己的情绪反应来应对工作和家庭中的压力。情感调节能力强的个体能够在面对压力时保持情绪稳定，从而更好地处理工作-家庭冲突。情感调节策略包括认知重评、情绪表达和积极的自我对话等。认知重评是一种有效的情感调节策略，它通过重新解释压力源来减少负面情绪的影响。例如，个体可以将工作中的挑战视为学习和成长的机会，而不是压力和负担。这种积极的认知方式能够帮助个体在压力环境中保持积极的情绪状态，从而减少工作-家庭冲突的负面影响。

### 3. 社会支持的利用

社会支持是恢复工作-家庭平衡的重要资源。社会支持包括家人、朋友、同事和社区的帮助与支持，它可以提供情感慰藉、实际帮助以及信息支持。拥有强大社会支持网络的个体在面对工作与家庭的压力时，更容易找到平衡点，减少冲突的发生。个体可以通过积极寻求和利用社会支持来应对工作与家庭中的挑战。例如，在家庭中，个体可以与伴侣共同分担家庭责任；在工作中，个体可以寻求同事的支持，减轻工作负担。此外，参加社区活动或融入社交圈子也能够扩大社会支持网络，提供更多应对压力的资源。

### 4. 恢复策略：放松与休闲活动

恢复策略是指个体通过休闲和放松活动来恢复体力和心理资源。努力-恢复模型强调，工作中的努力必须通过工作后的恢复来平衡，否则会导致资源耗竭和心理健康问题。因此，参与放松和休闲活动（如运动、冥想、旅行等）是帮助个体恢复精力、减轻压力的重要方式。规律的运动和休闲活动不仅有助于个体从工作压力中恢复，还能够提升心理健康水平和生活满意度。此外，参与积极的社交活动也能够帮助个体缓解工作带来的孤独感和焦虑，促进心理恢复和情感调节。

### 5. 自我效能感的提升

自我效能感是指个体对自己能够成功应对某一任务的信念（Bandura，1999）。在工作与家庭之间的关系中，拥有高自我效能感的个体更有信心处理工作-家庭冲突，并且能够更有效地使用时间和资源来维持平衡。提升自我效能感的方法包括设定现实的目标、进行积极的自我对话以及逐步积累成功经验。例如，个体可以通过分解复杂的任务，设定可行的小目标，并在完成每一个小目标后给予自己积极的反馈，来逐步增强自我效能感。这种逐步积累成功经验的方法能够帮助个体在面对工作与家庭的双重责任时保持信心和积极性，从而更好地实现平衡。

### 6. 技术使用的自我管理

随着信息技术的广泛应用，个体需要学会使用自我管理技术，以避免工作事务侵入家庭生活。合理设定技术使用的界限，如下班后关闭工作邮件通知，不在家庭时间处理工作任务，能够帮助个体更好地区分工作与家庭的界限（Bennett et al.，2017）。

这种自我管理不仅有助于恢复工作-家庭平衡，还能够减少过度工作所导致的倦怠和健康问题。

## 基本概念

工作-家庭平衡　　工作-家庭冲突

## 本章要点

**要点一：工作-家庭冲突的理论假设**

工作-家庭冲突基于角色压力假设，认为个体在社会中扮演着多种角色，如员工、配偶、父母等。这些角色之间可能存在冲突，因为它们对个体的时间、精力和情感等资源的需求可能会相互竞争。

**要点二：工作-家庭冲突的影响因素**

工作-家庭冲突的影响因素众多，可以从个体、工作和家庭三个层面进行分析。

**要点三：工作-家庭冲突的应对策略**

工作与家庭是现代生活中的两个核心领域，它们对个体的幸福感和心理健康有着深远的影响。然而，当工作和家庭角色的需求发生冲突时，个体可能会经历工作-家庭冲突，这不仅会影响工作效率，还可能对家庭关系和个人健康造成负面影响。为了有效应对这一挑战，采取一系列策略至关重要。

## 复习思考

1. 如何理解工作-家庭冲突和工作-家庭平衡？
2. 如何看待工作-家庭冲突相关的理论模型？
3. 工作-家庭冲突的影响因素有哪些？
4. 如何应对工作-家庭冲突？有哪些可行的策略？
5. 有关工作-家庭平衡的研究有哪些局限性？未来应该如何发展？

## 拓展阅读

高中华，赵晨.(2014). 工作家庭两不误为何这么难？基于工作家庭边界理论的探讨. *心理学报*，*46*（4），552－568.

田惠东，徐强强，张玉红，王东荣，魏轶昕.(2024). 工作家庭冲突与乡村教师消极工作情绪：正念教学的中介作用和心理安全感的调节作用. *心理科学*，*47*（1），170－177.

曾练平，王语嫣，曾垂凯，黄亚夫，赵守盈.(2021). 工作自主性对中小学教师幸福感的影响：工作重塑与工作家庭平衡的链式中介效应. *心理科学*，*44*（3），705－712.

第五章

# 组织氛围与心理健康

**【学习目标】**

通过本章的学习，希望达到以下三个目标：

1. 熟悉组织氛围的定义以及经典的理论。
2. 掌握组织氛围对职业心理健康的影响。
3. 掌握组织安全氛围与员工行为的关系。

**章节导引**

《南华早报》记者：华为的企业文化是比较特殊的。说到企业文化，有些员工批评了华为的所谓“狼文化”，说科技领域有“996”的说法，华为似乎是“007”，0点工作到0点，每周7天，没有休息的时间。您个人觉得在中国企业界，生活跟工作之间的平衡把握得如何？

任正非：我们没有“996”的说法，不知道是哪个公司的说法，更没有“007”。我们在劳动合同方面高于国家标准，因为要接受欧盟调查，如果我们加班过多，他们（欧盟）没有加班那么多，这对欧盟劳动者不公平，会制约。所以我们最基层的员工想多加一点班也不行，超过一定小时数以后原则上是不再给报酬的。至于少数科学家、少数特别高端的人员，在有使命感的情况下多一些时间工作是有可能的，这也是有时段的。他们经常去有樱花的国家在树下开会，在法国熏衣草丛中开学术会，半休息、半开会、半聊天，头脑风暴几天再回来，也是有弹性的。“狼文化”可能是被外界曲解了，其实就是三种精神：敏感性、团队性、不屈不挠性。我们既没有“996”，也没有“007”。

资料来源：华为心声社区，https://xinsheng.huawei.com.

## 第一节　组织氛围与组织文化的异同

在职业健康心理学研究中，组织氛围（organizational climate）和组织文化（organizational culture）是两个紧密相关但又有区别的重要概念。理解这两个概念的差异对于有效的组织管理和员工心理健康的研究与教学均具有重要意义。在本节，我们将基于研究文献详细探讨组织氛围与组织文化的区别，并结合实际案例进行说明。

## 一、组织氛围与组织文化的概念

### （一）组织氛围

组织氛围指的是组织成员对组织环境中的事件、实践和程序的共同认知。具体来说，组织氛围是一种共享的认知结构，反映了组织成员对工作环境的理解，并影响着他们的态度和行为。个体感知在组织氛围形成中起着关键作用，即不同的个体可能对相同的环境特征有不同的感知，但在特定的情境下，某些感知会在组织内形成一致性，这种一致性即为组织氛围的核心（James & Jones，1974）。

组织氛围可以分为内容维度和感知水平两个方面。内容维度是指员工感知的特定工作环境特征，例如任务特征、管理风格、沟通方式等；感知水平则是指员工对这些环境特征的主观评价。组织氛围的形成源于个体对环境的认知加工过程，通过这一过程，个体将复杂的环境信息简化为几类主要的环境特征，然后基于这些特征形成一致的组织氛围感知。

之后，研究者对组织氛围的定义进行了进一步的扩展和实证研究。例如，组织氛围不仅是员工对工作环境的认知，还包括员工对于这些环境特征对其行为影响的理解。组织氛围不仅影响员工的工作满意度和绩效，还在很大程度上决定了员工的组织承诺和离职倾向（Parker et al.，2003）。

此外，施耐德（Schneider）等在研究中重新审视了组织氛围的定义，提出了一个动态的视角。他们认为，组织氛围是一个多层次的概念，涉及个体、群体和组织三个层次的交互作用。这种多层次的视角揭示了组织氛围不仅仅是个体感知的集合，更是群体互动和组织结构的产物。因此，组织氛围的形成不仅取决于个体感知，还与组织的领导风格、文化和政策密切相关（Schneider et al.，2017）。

### （二）组织文化

相比之下，组织文化是指在组织中长期形成的共享价值观、信仰、规范和传统。埃德加·沙因（Edgar Schein）认为，组织文化是组织成员在应对外部适应和内部整合的过程中形成的基本假设，这些假设在组织成员之间形成共识并传承下来。组织文化具有深层次和持久性的特征，通常难以在短期内发生变化（Schein，2010）。

组织文化对组织的决定和行为具有重要的影响，因此可以把组织看作一个共享某些价值观的团体。例如，麦肯锡（McKinsey）组织文化 7－S 模型（见图 5－1）说明了一种观点，即共有的价值观不仅是公司策略、结构和系统的基础（企业的硬件），也是公司的技能、员工的风格的基础（企业的软件）。组织文化决定“在这里我们怎样做事”。文化知识通常在一定程度上是无意识或下意识传承的。文化往往通过潜移默化的社会化过程传递给群体组织的新成员（Peters & Waterman，1982）。

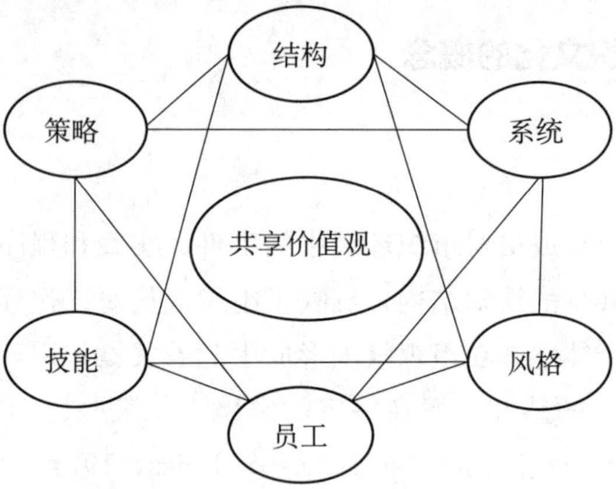


**图 5－1　组织文化 7－S 模型**

资料来源：Peters & Waterman，1982.

## 二、组织氛围与组织文化的区别

组织氛围与组织文化是组织健康心理学中两个密切相关但又有所区别的概念。组织氛围的形成通常与组织的日常运营和管理实践紧密相关，它可以通过员工的互动和组织的政策直接影响员工的感知。

组织文化的形成则更为复杂，它不仅包括组织的表面实践，还包括深层的价值观和信仰，这些往往需要较长时间才能形成和改变。两者可在时间维度、内容维度以及操作维度上进行区分（段锦云 等，2014）。

**1. 时间维度**

组织氛围通常反映的是组织在特定时间内的现状，是一种即时的、可变的现象。相比之下，组织文化则代表了组织历史的积淀，是长期形成和演变的结果。组织氛围可以随着领导风格、政策变更等因素的影响而迅速改变，组织文化则更加稳定，通常需要较长的时间才能发生显著变化（Denison，1993）。

例如，某高科技企业在面临市场竞争压力时，通过引入新的绩效考核机制和员工激励政策，迅速改变了组织氛围，使员工感受到更强的目标导向性和竞争压力。然而，这种组织氛围的快速调整虽然在短期内提升了生产效率，但也导致了员工心理压力的增加，影响长远的组织文化建设。

再如，某传统制造企业在经历了一次重大财务危机后，通过重塑企业文化，强调诚信和质量的重要性，逐步改变了组织的行为模式。虽然这一过程历时十年，但最终该组织文化成功地提升了企业的市场声誉和员工的忠诚度。

**2. 内容维度**

组织氛围主要涉及员工对组织政策和实践的主观感受，如员工对公平性、支持性、创新性的感知。组织氛围反映了员工对组织当前状态的评价，是员工与组织互动的结果。而组织文化则更为深层次，涉及组织成员在长期互动中形成的共享价值观和行为规范。组织文化是一种潜在的、隐性的力量，塑造了组织成员的思维方式和行为模式（Schein，2010）。

**3. 操作维度**

组织氛围更容易通过问卷调查等方式进行测量和操作。

组织氛围测量（organizational climate measure，OCM）问卷由帕特森（Patterson）等编制，包含 17 个量表，分为 4 个维度：人际关系（human relation）、内部过程（internal process）、开放系统（open system）和理性目标（rational goal）。

帕特森认为组织氛围包含强烈的评价性或情感性成分。组织氛围与个体、团队和组织层面的重要结果（如领导行为、工作满意度、个人工作绩效和组织绩效）相关联，需要采用全面且灵活的方法来评估组织成员的体验（Patterson et al.，2005）。

此外，有学者建议采用心理氛围（psychological climate）来对组织氛围进行操作化定义。所谓心理氛围，是指员工对其工作环境的主观感知和解释，它涉及员工如何感知和体验组织中的政策、实践和程序对个人福利、成长和绩效的影响。心理氛围通常被视为个体层面的现象，是员工对其周围工作环境的主观评价。心理氛围不同于客观的组织氛围。组织氛围指的是在组织层面上，对环境因素的客观描述，如公司政策、程序、管理风格等。相比之下，心理氛围更注重个人对这些环境因素的感知和解读。例如，两个员工在同样的组织环境下工作，可能会因为他们各自的背景、经验或个性差异，对同一政策或实践有不同的心理感受。据此，研究建议采用组织心理氛围问卷（psychological climate questionnaire，PCQ）来测量组织氛围（Koys & DeCotiis，2016）。组织的心理氛围涵盖多个维度，包括以下这几个方面。（1）支持性：员工是否感到组织支持他们的个人发展和需求。（2）创新性：员工是否感到鼓励创新和接受新想法。（3）公正性：员工是否感到组织在政策和决策中是公平的。（4）压力：员工是否感到工作压力适中且可以管理。（5）工作自主性：员工是否感到在工作中有足够的自主权和控制感。

心理氛围对员工的工作满意度、动机、绩效以及组织承诺等有重要影响。正面的心理氛围通常与更高的工作满意度、更强的组织承诺和更好的工作绩效相关，而负面的心理氛围可能导致员工的工作倦怠、离职意向增加等负面结果。

组织文化由于其深层次的特性，通常需要通过质性研究（如访谈和案例分析）来进行理解和操作（Denison，1993）。在实际的组织管理中，理解组织氛围与组织文化的区别与联系对于制定有效的管理策略具有重要意义。例如，在进行组织变革时，管理者往往需要首先改善组织氛围，通过调整领导风格、优化工作条件来迅速提升员工的工作满意度和组织承诺。然而，要实现组织文化的转变，则需要长期的努力，需要改变组织的核心价值观和行为规范，逐步内化为组织成员的共识。

## 三、组织氛围与组织文化的相互作用

尽管组织氛围与组织文化存在上述区别，但二者之间并非完全独立，而是相互影响、相互作用的。组织文化往往为组织氛围提供了基本框架，决定了组织氛围的形成和发展方向。例如，一种以创新为核心价值的组织文化往往会营造一种开放、支持创新的组织氛围。同时，组织氛围的变化也可能反过来影响组织文化的发展。当组织氛围中的某些特征得到长期保持和强化时，它们可能逐渐内化为组织成员的共享价值观，最终成为组织文化的一部分。若员工在较长时间内感受到某种一致的氛围特征（如高支持性或高压力），这种特征就可能演变为组织文化中的一部分（Patterson et al.，2005）。

# 第二节　组织氛围对心理健康的影响

## 一、积极的组织氛围特征

研究表明，积极的组织氛围对员工心理健康的影响在职业健康心理学领域已被广泛研究。积极的组织氛围指的是在工作环境中存在支持性领导、良好的人际关系、明确的角色期望以及公平的薪酬和福利制度等，这些因素能够共同促进员工的心理健康和工作满意。以下将详细论述积极的组织氛围如何通过不同的机制促进员工的心理健康。

**1. 支持性领导**

支持性领导是积极的组织氛围的一个重要组成部分，它指的是领导者能够给予员工必要的帮助和指导，关心员工的需求，并为员工提供职业发展机会。研究表明，支持性领导能够显著降低员工的工作压力，提升员工的心理健康水平。当领导者表现出关心和支持时，员工会感受到组织的归属感和认同感，这种归属感可以减少员工的孤独感和焦虑感，从而促进心理健康。此外，支持性领导还能够通过增强员工的自我效能感来促进心理健康。自我效能感是指个体对自己在某一特定情境中完成任务的能力的信心。当员工感受到领导者的信任和支持时，他们往往会更加自信地应对工作中的挑战，这种自信心能够帮助员工有效地应对工作压力，减少心理困扰。

**2. 良好的人际关系**

工作场所中的人际关系质量对员工的心理健康有着重要的影响。积极的组织氛围通常伴随着良好的人际关系，员工之间能够相互支持、信任和合作。研究表明，良好的人际关系能够提供情感支持和实际帮助，降低员工的工作压力，提高员工的心理健康水平。当组织氛围强调团队合作和互助时，员工之间的关系更加和谐，工作满意度显著提高，心理健康状况也随之改善。良好的人际关系不仅有助于员工在遇到困难时得到及时的帮助，还能够减少工作中的孤独感和排斥感，这对于维护员工的心理健康至关重要。

**3. 明确的角色期望**

明确的角色期望也是积极的组织氛围中的一个关键因素。明确的角色期望指的是员工清楚地知道他们在组织中的职责和工作目标。研究表明，当员工对自己的工作要求和期望有明确的理解时，他们的工作压力通常较小，心理健康水平较高。明确的角色期望能够帮助员工有效地规划和管理自己的工作，避免任务不清或角色冲突带来的不必要的压力。角色期望明确的员工在工作中表现出更高的工作投入度和心理健康水平。此外，明确的角色期望还能够减少员工的工作倦怠，提升他们的工作积极性和心理韧性。

**4. 公平的薪酬和福利制度**

公平的薪酬和福利制度是积极的组织氛围的重要体现。研究表明，当员工感受到组织在薪酬和晋升等方面的公平性时，他们的工作满意度和心理健康水平都会显著提高。公平性不仅体现在物质待遇上，还包括工作中的机会平等、透明的沟通机制以及对员工贡献的认可。组织中的公平性能够增强员工的组织承诺感和归属感，从而减少工作压力和心理困扰。当员工感受到组织对他们的公平对待时，他们会更加愿意投入工作，心理健康水平也会随之提升。

综合来看，积极的组织氛围通过支持性领导、良好的人际关系、明确的角色期望以及公平的薪酬和福利制度等多方面共同作用，显著提升了员工的心理健康水平。这种氛围能够减轻工作压力，增强员工的工作满意度和归属感，最终促进员工的整体心理健康。

## 二、消极的组织氛围特征

消极的组织氛围通常包括高压管理、模糊的角色期望、不良的人际关系以及缺乏公平和支持的工作环境。这些消极因素会显著增加员工的心理压力，导致一系列心理健康问题。下面将详细探讨消极的组织氛围如何影响员工的心理健康。

**1. 高压管理**

严格控制性特征是职业健康心理学领域典型的高压管理组织氛围特征，属于典型的消极的组织氛围，它指的是组织通过严格的控制和过度的工作要求来管理员工。研究表明，高压管理不仅会增加员工的工作负荷，还会导致严重的心理健康问题。持续的高压环境下，员工容易产生工作倦怠、焦虑和抑郁等心理问题。

当员工感到自身对工作环境缺乏控制时，他们往往会体验到更大的工作压力，进而影响心理健康（Theorell et al.，1990）。这种压力积累到一定程度后，可能导致严重的情绪困扰，如长期的焦虑和抑郁症状。

**2. 模糊的角色期望**

角色期望的不明确也是消极的组织氛围的一个显著表现。模糊的角色期望意味着员工对其工作职责和目标缺乏清晰的理解，导致工作出现困惑和不确定性。研究表明，模糊的角色期望会增加员工的心理压力，降低工作满意度，并可能导致心理健康问题。

**知识拓展**

角色冲突＋角色模糊＝员工压力反应和心理健康问题。

（Jackson & Schuler，1995）

当员工不确定自己在工作中的职责和期望时，他们更容易感到焦虑和困惑，这种情绪长期积累可能引发心理健康问题，如焦虑症和抑郁症。

**3. 不良的人际关系**

不良的人际关系是消极的组织氛围中另一个常见的问题，它指的是工作场所中缺乏信任、支持和合作，员工之间的关系紧张甚至敌对。这种不良的人际关系不仅会增加员工的心理压力，还会削弱他们的情感支持系统，导致心理健康问题。

不良的人际关系与员工的心理健康有直接的负相关关系。工作场所的欺凌行为、骚扰行为均与员工的心理健康问题（如抑郁、焦虑和创伤后应激障碍）密切相关（Einarsen et al.，1994）。长期处于不良人际关系中的员工容易产生孤立感和无助感，这些负面情绪进一步恶化了他们的心理健康状况。

艾纳森（Einarsen）等开展了一项调查，想要弄清楚为什么有些人在工作时会被别人欺负或者受到骚扰（如职场中有人故意说难听的话，嘲笑你，或者故意排挤你，让你觉得自己被大家排除在外，或者不停地说你的工作做得不好）。研究者给 6 个不同工会的 4 200 名成员和挪威雇主联合会的 500 名代表发放了问卷，想知道他们是怎么看待这种情况的。最后，有 2 215 人回答了问卷，这个比例大概是 47%。研究结果发现，工作环境的好坏与员工是否遭受欺负和骚扰有很大关系。特别是当员工对领导、对工作的控制感、同事之间的关系不满意，尤其是当员工觉得自己的角色和职责不明确时，更容易发生欺负和骚扰的情况。不同的工作环境和组织文化也会导致欺负和骚扰的发生。总的来说，工作环境的质量对员工是否受到欺负和骚扰有很大的影响（Einarsen et al.，1994）。

**4. 缺乏公平和支持的工作环境**

缺乏公平和支持的工作环境也是消极的组织氛围的重要组成部分。公平感是员工对组织分配结果和程序公正性的主观感受，而支持感则是指员工感受到组织和上级的关心与帮助。研究表明，缺乏公平和支持的工作环境会导致员工出现心理健康问题，如抑郁、焦虑和工作倦怠。

**知识拓展**

组织中缺乏程序公平性＋缺乏组织支持＝员工压力反应和心理健康问题。

（Greenberg，1987）

组织中的程序公平性与员工的心理健康密切相关（Greenberg，1993）。当员工认为组织在资源分配、晋升和奖惩等方面不公平时，他们往往会体验到更大的工作压力和更低的心理健康水平。此外，缺乏组织支持的员工更容易感到被忽视和孤立，这种感觉会进一步恶化他们的心理健康状况。

总体而言，消极的组织氛围通过高压管理、模糊的角色期望、不良的人际关系以及缺乏公平和支持的工作环境等多方面因素，显著损害了员工的心理健康。消极的组织氛围会增加员工的工作压力，降低工作满意度，并可能导致一系列严重的心理健康问题，如焦虑、抑郁和工作倦怠。

## 三、不同类型的组织氛围与员工心理健康的关系

安全氛围（safety climate）是组织氛围的一种类型，主要涉及员工对组织安全政策和实践的感知。研究表明，良好的安全氛围可以减轻员工的职业压力和心理负担。当员工认为组织高度重视安全时，他们的心理健康水平较高，工作压力较低（Zohar，2002）。鉴于组织安全氛围的重要意义，在后面的章节，我们将更详细地介绍组织安全氛围与员工心理与行为的关系。

创新氛围强调组织对创新的支持和鼓励。创新氛围有助于员工在工作中获得成就感和满足感，从而减少心理压力和焦虑。员工在鼓励创新的环境中更容易感受到工作的意义和价值，这对他们的心理健康有着积极的影响（Amabile & Conti，1999）。

公平氛围指员工对组织中公平对待和资源分配的感知。公平氛围与员工的心理健康密切相关。当员工感受到组织的公平对待时，他们的心理健康水平更高，压力和焦虑感较低。相反，不公平的组织氛围可能导致员工产生心理健康问题，如抑郁和工作倦怠（Cropanzano et al.，2007）。

## 四、组织氛围对不同员工群体心理健康的影响

组织氛围对不同层级的员工的影响存在差异，但是管理职级与心理健康之间并非呈现简单的线性关系。不同职级的管理者“家家有本难念的经”，各有各的难处。

高层管理者通常面临较强的决策压力和责任感，这些因素可能导致其心理健康状况较差。他们常常面临战略性决策的压力，这种压力源自平衡企业的长期发展与短期

绩效的矛盾。此外，高层管理者的角色孤立感较强，他们往往缺乏足够的社会支持，容易导致情绪倦怠和心理疲惫。中层管理者在组织中承上启下，他们既要执行高层的决策，又需要管理基层员工，因此往往感受到多方的压力。研究表明，中层管理者由于必须在资源有限的情况下完成上级的任务，同时要处理下属的需求和问题，因而容易产生工作倦怠和焦虑。这种角色冲突和压力的双重作用常常导致中层管理者出现心理健康问题（Hobfoll et al.，2018）。基层管理者直接与员工接触，他们的工作主要集中在监督和执行任务。尽管基层管理者的决策压力较小，但他们面临的日常事务性压力和与员工之间的矛盾处理可能影响他们的心理健康。研究指出，基层管理者由于频繁处理员工问题和面对工作场所的直接挑战，容易产生短期压力和焦虑。然而，与高层和中层管理者相比，基层管理者通常拥有更多的资源和社会支持，可以部分缓解他们的心理压力。总的来说，管理者在不同职级上的心理健康受到多种因素的影响。高层管理者面临的战略性决策压力和孤立感可能对其心理健康产生负面影响，中层管理者因角色冲突和资源有限性而感受到的压力较大，而基层管理者则在日常事务性压力和员工管理中可能遇到心理挑战。

组织氛围对不同性别员工的心理健康也有不同影响。研究发现，女性员工在面对不公平的组织氛围时，心理健康问题的发生率高于男性。这可能与女性在组织中通常处于相对弱势的地位有关，因此她们在不良的组织氛围中更容易感到无力和挫败。

不同职业类型的员工对组织氛围的反应也不尽相同。医生、教师等职业通常承受较高的工作压力，因此在消极的组织氛围中更容易出现心理健康问题。此外，这些职业的员工在面对要求高而支持低的组织氛围时，更容易产生职业倦怠和心理困扰（Cabaços et al.，2023）。

### 五、组织氛围与员工心理健康的调节因素

员工的个人特质（如自尊、抗压能力等）可以调节组织氛围对心理健康的影响。研究发现，高自尊的员工在面对消极的组织氛围时，心理健康受影响的程度较低，而低自尊的员工则更容易受到负面影响（Spector & Fox，2005）。此外，工作自主性也是调节组织氛围与心理健康关系的重要因素。当员工具有较高的工作自主性时，他们能够更好地应对工作中的压力，即使在消极的组织氛围中，也能保持较好的心理健康。

## 第三节　组织氛围对安全行为的影响

组织有多重目标和实现目标的途径，因此高层管理者必须在各个方面建立起具体的政策和工作流程，这就形成了多种具体的氛围（Griffin & Neal，2000）。组织安全

氛围是指员工对组织中安全相关的政策、制度和文化的共同认知（Zohar，2002）。

组织安全氛围的建设不仅仅是为了减少事故的发生，更是为了在更广泛的层面上提升组织的整体表现。通过改善安全氛围，组织不仅可以确保员工的安全和健康，还能提升员工的工作满意度和增强组织承诺，从而推动组织长远发展。管理者应当持续关注和优化安全氛围的各个要素，以确保组织在安全和绩效方面都能取得卓越的成就（Griffin & Curcuruto，2016）。

## 一、组织安全氛围的意义

**1. 提高员工的安全意识**

良好的安全氛围能够显著提升员工的安全意识，促使他们在日常工作中更加重视安全行为。当员工感受到组织对安全的重视时，他们会更倾向于遵守安全规程，减少违规行为，从而降低事故发生率（Zohar & Luria，2005）。这种氛围还可以增强员工的责任感，促使他们主动参与安全改进活动，进一步提升整体的安全绩效。

**2. 减少工作场所的事故和伤害**

安全氛围对减少工作场所的事故和伤害有直接影响。安全氛围能够通过影响员工的安全行为来减少事故的发生。当组织明确表示安全优先，并通过管理者的言行来贯彻这一理念时，员工会更加重视自己的安全，进而减少工作中的危险行为。良好的安全氛围不仅能降低直接的事故成本，还能减少事故引发的间接损失，如生产中断、人员流失等（Zohar，2002）。

**3. 提高工作满意度和增强组织承诺**

安全氛围不仅影响员工的安全行为，还对其工作满意度和组织承诺有重要影响。员工在感受到组织对其安全的关心和支持后，会对组织产生更强的归属感和更高的忠诚度。研究显示，良好的安全氛围能够提升员工的工作满意度，并增强他们对组织的承诺（Griffin & Neal，2000）。这种心理安全感让员工更加愿意留在组织中，积极参与组织活动，有助于组织的长期发展和稳定。

**4. 提高组织整体绩效**

组织安全氛围与整体绩效之间存在密切的联系。良好的安全氛围不仅能促进员工的安全行为和提高工作满意度，还能通过减少事故和提升工作效率来提高组织的整体绩效。当员工感受到组织在安全方面的投入时，他们的工作热情和生产效率会显著提升，这对组织的盈利能力和竞争力都有积极作用。

**5. 符合法律规定**

在现代企业的运营中，履行法律义务和社会责任是不可或缺的一部分。良好的安全氛围能够帮助企业有效遵守相关法律法规，避免安全事故导致的法律诉讼和经济损失。此外，安全氛围也是企业履行社会责任的重要体现，表明企业对员工的健康和安全的重视，提升企业的社会形象和公信力。

组织安全氛围对员工和企业的多方面都有重要影响。从促进安全行为、减少事故发生到提升工作满意度和整体绩效，良好的安全氛围都是不可或缺的因素。通过持续优化安全氛围，企业不仅能够确保员工的安全和健康，还能在激烈的市场竞争中立于不败之地。因此，企业管理者应高度重视安全氛围的建设，将其作为提升企业核心竞争力的重要手段。

## 二、安全行为的概念与测量

### （一）安全行为的概念

安全行为（safety behavior）通常指的是员工在工作中采取的能够减少事故发生、降低风险的行为模式（Zohar，2002）。它不仅是企业安全管理的重要组成部分，也是影响工作场所整体安全绩效的关键因素。安全行为可以分为两大类：遵从性行为（compliance behavior）和参与性行为（participation behavior）。

**1. 遵从性行为**

遵从性行为是指员工遵守组织制定的安全规章制度和操作规范的行为。这种行为包括佩戴个人防护装备、遵守安全操作程序、报告安全隐患等。遵从性行为通常是员工在面临直接监督或明确规定时的反应，因此受到组织文化和管理实践的强烈影响。

**2. 参与性行为**

参与性行为则超越了基本的遵从要求，员工主动参与到组织的安全改进和优化过程中。这种行为包括提出安全改进建议、参与安全培训、积极参与安全管理活动等。参与性行为往往源于员工对组织安全文化的高度认同和对工作场所安全的责任感。

安全行为对于减少事故发生、降低工作场所风险具有重要作用。研究表明，良好的安全行为可以显著降低工作场所的事故发生率。例如，员工在操作重型机械时，遵循安全操作规程能够有效减少机械故障和操作失误，从而降低事故发生的概率（Griffin & Neal，2000）。此外，安全行为还与员工的工作满意度和心理健康密切相关。当员工感觉到组织重视安全时，他们更愿意遵循安全规章，并表现出更高的工作满意度和心理安全感。这不仅有助于提升员工的工作效率，也有助于降低员工的职业倦怠和离职意向（李永娟 等，2011）。

### （二）安全行为的测量

在职业健康心理学中，安全行为的测量是评估工作场所安全管理效果的重要手段。它不仅可以帮助组织了解员工在工作中的安全行为，还能为安全改进提供数据支持。随着研究的发展，安全行为的测量方法变得越来越精确和多样化，下面是几种常见的安全行为测量方法。

**1. 问卷调查法**

问卷调查是最常见的安全行为测量方法之一。通过设计详细的问卷，组织可以评估员工的安全态度、行为习惯以及对安全规程的遵守情况。常用的问卷包括安全行为问卷（safety behavior questionnaire，SBQ），它涵盖了员工的安全遵从性行为和参与性行为两方面（Griffin & Neal，2000）。问卷调查的优点在于它能够覆盖广泛的人群，操作简便，且可以收集到员工的主观感受数据。然而，问卷调查也存在一定的局限性，如员工可能会由于社会期望效应而倾向于报告更为积极的安全行为。

**2. 行为观察法**

行为观察法是一种通过观察员工在实际工作环境中的行为来评估安全行为的方法。观察者通常经过专业训练，能够准确记录员工的安全行为和不安全行为。这一方法的优势在于能够获取员工在实际工作情境下的行为数据，避免了问卷调查中的主观偏差。然而，行为观察法也存在一定的挑战，例如观察者的主观性可能会影响结果的准确性，且这一方法的实施成本较高。

**3. 自我报告法**

自我报告法是指员工通过自我评估的方式报告自己的安全行为。这种方法通常通过访谈或问卷的形式进行。自我报告法的优势在于可以深入了解员工的安全行为和心理状态，但由于它依赖于员工的自我认知，因此可能存在记忆偏差或报告偏差。

**4. 安全绩效记录法**

安全绩效记录法通过分析组织中的历史安全记录，如事故报告、工伤记录等，来评估员工的安全行为和组织的安全氛围。这种方法具有客观性强的优点，因为数据来自实际记录，能够反映出安全行为的实际结果。然而，它也存在时间滞后性，难以实时反映当前的安全状况。

**5. 行为抽样法**

行为抽样法是一种通过随机抽取员工的工作行为样本来进行观察和评估的方法。研究者会选择特定的时间段和行为类型进行记录，然后通过统计分析得出员工的安全行为水平。这一方法的优势在于可以较为全面地评估员工的安全行为，但其准确性依赖于抽样的代表性和观察者的客观性。

准确测量员工的安全行为对于工作场所的安全管理至关重要。通过安全行为测量，组织可以识别出安全管理中的薄弱环节，及时采取有针对性的改进措施。此外，安全行为测量还可以帮助组织监控安全文化的发展，为安全培训和教育提供依据。

安全行为的测量不仅仅是为了评估当前的安全水平，更是为了促进持续改进和提升工作场所的整体安全绩效。研究表明，通过定期的安全行为测量和反馈，员工的安全行为可以得到显著改善，从而降低工作场所的事故发生率。安全行为的测量是职业健康心理学中不可或缺的一部分。通过问卷调查、行为观察、自我报告、安全绩效记录和行为抽样等方法，组织可以全面了解员工的安全行为现状，并采取有效的措施提升工作场所的安全水平。未来的研究应进一步优化这些测量工具，提高测量的准确性和实用性，从而为工作场所的安全管理提供更强有力的支持。

## 三、组织安全氛围与员工行为

组织中与安全相关的政策、程序和实践的共同感知和态度不仅影响员工对安全重要性的认知，还会直接影响他们在工作中的安全行为。组织安全氛围的强度决定了员工在工作中采取的行为模式，尤其是与安全相关的行为。安全氛围越强，员工越倾向于采取积极的安全行为。研究发现，员工对安全氛围的积极感知与他们的安全行为呈正相关。这意味着在一个重视安全的组织中，员工更有可能遵守安全规程，减少工作中的危险行为。此外，元分析研究进一步支持了这一观点，发现安全氛围与员工的安全行为之间存在显著的正相关关系（Christian et al.，2009）。

**1. 安全氛围维度对员工行为的影响**

安全氛围并非单一维度的概念，而是由多个维度构成的，包括管理对安全的承诺、工作压力的管理、工友间的支持、培训和教育等。研究表明，不同维度的安全氛围对员工行为的影响不同。例如，管理层对安全的承诺是影响员工安全行为最关键的因素之一。当管理层表现出对安全的重视并投入资源时，员工更可能遵守安全规定。此外，员工之间的互助和支持也对安全行为有重要影响。员工感受到来自同事的支持和鼓励时，他们在工作中更倾向于采取安全的操作方式。这种同事间的支持能够增强员工的安全感和责任感，从而促进更安全的工作行为（Christian et al.，2009）。

**2. 安全氛围与不安全行为的关系**

如果组织安全氛围较弱，员工更可能表现出不安全行为。在安全氛围较差的组织中，员工更可能忽视安全规程，采取快捷但不安全的操作方式，增加事故发生的可能性。这种情况通常发生在安全规程被视为次要或者管理层对安全问题表现出忽视的情况下。组织安全氛围通过影响员工对安全的认知、态度以及动机（蒋丽，李永娟，2012）来进一步影响他们的行为。积极的安全氛围能够促使员工采取更安全的操作方式，减少工作中的危险行为。而消极的安全氛围则可能导致员工忽视安全规程，增加不安全行为的发生。因此，提升组织安全氛围是促进员工安全行为的重要途径。

组织和团队层面的安全氛围感知是否一致？有研究通过问卷调查了55家制造公司的6 869名员工，以探究组织氛围与安全行为之间的多层次关系。研究结果揭示了组织层面和团队层面的氛围在总体上是相互一致的，并且组织氛围对安全行为的影响主要是通过团队氛围来实现的。此外，研究还发现，即使在同一组织内，不同团队的氛围也存在显著差异，这主要取决于主管在执行与安全和生产力等目标相关的正式程序时所拥有的自由裁量权（Zohar & Luria，2005）。

## 四、组织安全氛围与员工心理健康

组织安全氛围不仅影响员工的行为，还对他们的心理健康有显著的影响。安全氛围能够消解工作中的安全压力，进而保护员工的心理健康。当员工感受到组织对安全的重视时，他们会体验到更少的焦虑和压力，这有助于减少心理健康问题的发生。

**1. 安全氛围与工作压力的关系**

工作压力是影响员工心理健康的重要因素，而组织安全氛围在缓解工作压力方面起着关键作用。在安全氛围良好的组织中，员工报告的工作压力水平显著降低。这是因为重视安全的工作环境能够减少员工对工作中的危险和不确定性的担忧，进而减轻他们的心理负担。

**2. 安全氛围对员工心理健康的间接影响**

安全氛围还可以通过影响员工的工作满意度、组织承诺等间接影响员工的心理健康。良好的安全氛围能够提升员工的工作满意度和增强组织承诺，而这两者都与心理健康密切相关。工作满意度高的员工通常报告更好的心理健康状态，而组织承诺高的员工则更容易应对工作中的压力和挑战。

**3. 不良安全氛围对心理健康的负面影响**

相反，如果组织安全氛围较差，员工可能会面临更高的心理健康风险。在安全氛围较差的组织中，员工往往面临更大的工作压力和更强的焦虑感，这不仅影响他们的工作表现，还可能导致长期的心理健康问题，如抑郁和倦怠。此外，安全氛围的缺失还可能加剧员工之间的紧张关系，进一步损害他们的心理健康。

**4. 文化背景对安全氛围与心理健康关系的调节作用**

文化背景可能会调节安全氛围与员工心理健康之间的关系。不同文化背景下，员工对安全氛围的感知和反应可能有所不同。例如，在一些强调集体主义的文化中，员工可能更依赖组织提供的安全感，安全氛围对他们的心理健康的影响也会更加显著。因此，在研究安全氛围与心理健康的关系时，文化背景是一个需要考虑的重要因素。

组织安全氛围不仅是影响员工行为的因素，还与员工的心理健康密切相关。良好的安全氛围能够减轻工作压力，提升工作满意度和增强组织承诺，从而保护员工的心理健康。相反，较差的安全氛围可能会增加员工的心理压力，甚至导致严重的心理健康问题。因此，提升组织安全氛围不仅有助于改善员工的工作表现，还有助于促进他们的整体心理健康。

## 基本概念

组织氛围　　组织文化　　组织安全氛围　　安全行为

## 本章要点

**要点一：组织文化的概念**

组织文化是由一些基本假设所构成的模式，这些假设是由某个团体在探索解决对外部环境的适应和内部统合问题这一过程中所发现、创造和形成的，如果这个模式运行良好，可以认为是行之有效的，是新成员在认识、思考和感受问题时必须掌握的正确方向。

**要点二：组织文化与心理健康的关系**

组织文化对心理健康有很大的影响。负面的组织文化会导致下属高水平的情感耗竭、离职倾向、工作-家庭冲突以及低水平的工作满意度和组织承诺，进而影响工作绩效；工作中的人际问题、生活满意度、压力感与工作场所的欺凌行为显著相关。

**要点三：组织安全氛围在组织管理中的地位**

组织氛围是指组织成员对组织基本性质的共有知觉，这些基本性质包括政策、流程、制度等。组织安全氛围对安全行为和整体绩效都有影响。

## 复习思考

1. 研究组织安全氛围的意义是什么？
2. 组织安全氛围如何影响员工的安全行为？
3. 组织安全氛围如何影响员工的心理健康？

## 拓展阅读

Griffin, M. A., & Curcuruto, M. (2016). Safety climate in organizations. *Annual review of organizational psychology and organizational behavior*, *3* (1), 191 - 212.

Neal, A., & Griffin, M. A. (2006). A study of the lagged relationships among safety climate, safety motivation, safety behavior, and accidents at the individual and group levels. *Journal of Applied Psychology*, *91* (4), 946 - 953.

Zohar, D. (2000). A group-level model of safety climate: testing the effect of group climate on microaccidents in manufacturing jobs. *Journal of Applied Psychology*, *85* (4), 587 - 596.

# 第六章
# 工作场所设计与心理健康

**【学习目标】**

通过本章的学习，希望达到以下三个目标：

1. 理解环境心理学的定义以及基本理论框架。
2. 了解压力理论在环境心理学中的作用。
3. 了解物理工作特征对心理健康的影响。

## 章节导引

作为全球领先的专业服务公司之一，安永中国一直致力于为员工创造一个促进创新、协作和生产力的工作环境。随着公司业务的不断扩展和员工队伍的壮大，2022年，安永中国决定对办公区进行重新装修，以适应新的工作需求和员工结构的变化。在这次办公空间的改造中，安永中国采取了一项创新性的空间分配策略。公司高层决定将朝阳的空间分配给一线员工和新员工，而合伙人和高层经理的办公室调整至不朝阳的空间。这一决策是基于对员工工作习惯、健康需求和心理舒适度的深入洞察。朝阳的空间通常被认为能够提供更充足的自然光照，有助于提高员工的工作热情和工作效率。新员工作为公司的新鲜血液，需要更多的激励和支持来快速融入公司文化并提升工作表现。因此，将朝阳的空间分配给他们不仅能够提升他们的工作体验，还能够显示出公司对他们的重视和投资。安永中国的办公空间变革是一个成功的案例，它展示了如何通过办公环境的设计来提升员工的工作体验和组织效能。这一策略的成功实施不仅提升了员工的满意度和生产力，还强化了公司的品牌形象和市场竞争力。

在上述案例中，我们讨论的是办公室里的各种物理条件，比如声音、光线、温度等，这些条件对我们工作时的心情和行为有什么影响？这些研究都属于一个称为“职场环境心理学”的领域，这个领域研究我们工作的地方如何影响我们的心理和健康。虽然现在越来越多的人开始关注工作和健康之间的关系，但是“职场环境心理学”这个领域相对来说还是比较新的，还有很多我们不知道的东西。所以，接下来在本章中，我们尝试梳理既往文献，整理出一个框架，帮助我们更好地理解办公室里的这些物理条件如何影响员工的心理健康。

# 第一节　工作环境与心理概论

现代企业越来越注重员工导向的管理方式，企业管理人员通常尽力为员工创造出一种舒适的工作氛围，以期提高员工的工作效率和工作满意度。既往探索环境与人的心理和行为之间关系的领域称为环境心理学或生态心理学。环境心理学拓展至工作场景，涉及工作场所环境特征，本章所讲的环境虽然也包括社会环境，但主要是指工作场所的物理环境，包括工作场所设计需要注意的物理因素，例如噪声、拥挤、空气质量、温度、建筑设计、个人空间等。这一节我们便将探讨工作场所特征与员工心理健康的关系问题，帮助未来的组织管理者、职业健康实践者全面了解工作场所的物理特征，为工作场所设计提供心理学建议，进而帮助各类型组织洞悉物理特征意义，打造健康型组织，使员工以健康、安全、幸福和高生产力的方式有效地完成任务。

## 一、环境心理学视角

想象一下，你乘坐复兴号从北京到上海，长路漫漫，正好阅读论文。于是你打开笔记本电脑，开始阅读一篇复杂的科学论文，其中涉及大量的统计学与心理测量学模型内容，你多么希望拥有一个相对安静的环境，把注意力完全集中在文章上。然而，此时坐在附近的一位男士正在用手机播放音乐，尽管音量不大（实际你能听到的声音很小），但播放的轻快音乐声很快让你心神不安，逐渐分散了你的注意力，妨碍了你的阅读。这恰好说明，人与环境的关系是动态的、互相影响的。现在我们就来对一些早期的模式、理论和概念做一个简要的回顾。环境心理学家曾经尝试用它们解释物理环境对人类在工作场所或其他地方的行为的影响。

**1. 工作场所的环境会影响员工的行为**

工作场所的环境对员工的行为和心理有着深远的影响。物理环境的特征，如噪声、光线、温度、空气质量和空间布局等，都会影响员工的工作绩效、满意度和心理健康。例如，开放式办公室设计虽然有助于促进员工之间的沟通与合作，但也可能由于噪声和私密性缺乏而导致员工的压力增加和工作效率降低。此外，工作场所的空气质量和温度调节不当可能会导致员工身体不适，从而影响其工作积极性和表现。这些研究表明，工作场所的环境因素不仅影响员工的工作效率，还可能对其身心健康产生显著影响（Khazanchi et al.，2018）。

**2. 员工的行为会对工作场所环境的塑造和改变产生影响**

员工的行为同样在不断塑造和改变工作场所的环境。环境心理学研究指出，员工不仅是被动适应环境的个体，他们的行为也会主动影响和改变工作环境。例如，员工对办公空间的个性化布置、团队协作方式的选择，以及在开放式办公室中如何使用公共空间等，都会对工作场所的整体环境产生影响（Khazanchi et al.，2018）。此外，员工的行为规范和文化氛围也会影响工作场所的物理环境，比如团队合作精神强的组织可能更倾向于设计开放式的工作空间，而重视隐私和个人空间的企业则可能更倾向于使用封闭式或分隔明确的办公区域。这些互动关系表明，工作场所的环境和员工的行为之间存在双向影响（Oldham & Fried，1978）。

**3. 工作场所设计应服务于健康组织建设和员工个性化的基本需求**

为了促进组织的健康发展，工作场所的设计应当服务于建设健康组织的目的。健康的工作环境不仅要满足员工的基本需求，还应促进员工的心理健康和提升工作满意度。研究指出，注重员工心理健康的工作场所设计可以显著提升员工的工作绩效和组织忠诚度。例如，提供良好的自然光线、安静的工作区域、适当的私人空间以及符合人体工程学的办公设备等，都有助于减轻员工的工作压力，提升其工作满意度和整体幸福感。此外，工作场所设计还应考虑到员工的个体差异和组织的具体需求。例如，对于创意性工作的团队，开放式办公室设计可能更为合适，因为它促进了创意的分享和团队合作；而对于需要高集中度和低干扰的任务，分隔明确的工作空间则更能满足员工的需求。通过科学合理的工作场所设计，企业不仅能提升员工的工作效率，还能推动组织的可持续发展和竞争力提升（Khazanchi et al.，2018）。

## 二、环境与行为关系理论

下面主要探讨理解人和物理环境之间相互作用的理论的发展沿革。这些理论的含义是什么？这些早期理论观点有哪些局限性？

### （一）唤起水平理论

关于物理环境如何影响人类的行为，一直以来的一个重要理论是唤起水平理论。唤起是指一个人从睡眠到高度警觉状态之间的变化过程，这个过程会涉及生理、行为和心理方面的变化，比如心率、运动能力和情绪反应等。环境条件可以显著影响唤起水平。例如，在拥挤的公共交通工具上，我们可能会感到不舒服和烦躁，这是因为唤起水平过高。而当我们在公园里散步时，心情放松，唤起水平则显著降低。实质上，唤起是连接环境刺激和行为反应的一个中介变量。

唤起模型特别重要的一点在于，它可以预测唤起水平对工作绩效的影响。根据耶基斯-多德森定律，唤起与工作绩效之间呈现倒U形关系。也就是说，当唤起水平处于中等状态时，工作绩效最佳；而当唤起水平过高或过低时，工作绩效则会下降。然而，最佳的唤起水平在很大程度上取决于工作任务的性质。例如，誊写笔记相对容易，不需要很高的唤起水平，而进行复杂的数学计算则需要较高的唤起水平以确保最佳绩效。这种理论已经在工作场所得到了应用。比如，开放式办公室的设计可能会增加员工之间的社会互动和环境中的声音刺激，导致唤起水平上升（Maher & von Hippel，2005）。这种环境的效果最终取决于任务的复杂性、员工的经验和处理干扰的能力。

### （二）环境负荷理论

环境负荷理论（environmental load theory）用于解释个体在面对过量环境刺激时的心理和行为反应。该理论最早由心理学家米尔格拉姆（Milgram）于1970年提出，并用于解释大城市生活中的社会行为，例如个体对过度社会刺激的适应和反应（Milgram，1970）。环境负荷理论特别关注在过度的环境刺激下，人类的认知系统如何处理信息，以及这种处理过程如何影响个体的行为和心理健康。

环境负荷理论认为，人类的认知系统有一定的容量限制，当外界环境中的信息量或刺激量超过个体的处理能力时，便会产生"过载"现象。这种过载会导致个体出现一系列的适应性行为，例如选择性注意、忽略无关刺激，甚至完全关闭感知通道以减少认知负荷。米尔格拉姆认为，在大城市的生活中，个体通常面临大量的社会刺激，如噪声、人群、交通等。这些刺激会对个体的认知系统造成负担，进而影响个体的行为。例如，当城市居民面对过多的社会刺激时，可能会表现出冷漠、不关心他人等行为，这被认为是环境负荷过大的结果（Milgram，1970）。

长期暴露在高负荷环境下可能对个体的心理健康产生不利影响。例如，长期生活在高噪声或拥挤环境中的人群，往往会表现出较高的压力水平，增加焦虑和抑郁的风险。此外，环境负荷还可能导致个体的认知功能下降，如注意力不集中、决策困难等。当个体感知到的环境负荷超出其应对能力时，便会产生较大的心理压力。这种压力不仅会影响个体的情绪状态，还可能导致一系列的生理反应，如心率加快、血压升高等。

环境负荷理论在工作场所的研究中也得到了广泛应用。工作场所中的物理环境因素（如噪声、温度、光线等）都会对员工的认知负荷产生影响。当工作环境中的刺激超过员工的处理能力时，便可能导致工作绩效的下降。例如，研究表明，在开放式办公室中，员工往往面临较高的噪声和干扰，这些环境负荷会导致员工的注意力分散，进而影响工作效率和工作质量。此外，当员工感到环境负荷过大时，可能会产生习得性无助（learned helplessness）的心理状态，即认为无论如何努力都无法改变现状，从而丧失工作动机。开放式办公室中的高环境负荷不仅影响员工的工作绩效，还可能增加员工的心理压力，进而影响其整体的心理健康。

为了减轻环境负荷对个体的负面影响，研究者和实践者提出了多种管理策略。例如，在工作场所中，管理者可以通过优化空间布局、减少噪声干扰、提供安静的工作区等方式来降低环境负荷。此外，个体可以通过提高自我调节能力、增加应对资源等方式来适应环境负荷。此外，个体的自我调节能力在应对环境负荷中起着关键作用。通过训练和发展自我调节技能，个体可以更好地管理环境负荷，减少其对心理健康和工作绩效的负面影响。

## （三）适应水平理论

适应水平理论（adaptation-level theory）由哈里·赫尔森（Harry Helson）于1947年提出，是一个解释人类如何根据环境刺激进行心理适应和行为反应的理论框架。该理论的核心观点是，人类对环境的感知和反应并不是静态的，而是随着时间的推移以及环境的变化而不断调整的。

### 1. 适应水平理论的基本概念

适应水平理论认为，个体对刺激的反应是基于一个适应水平，该水平是个体根据过去的经验、当前的情境和个体特质所形成的对某一刺激的心理基准。适应水平是动态的，会随着个体接触到新的刺激而不断调整。当外部刺激接近适应水平时，个体对其感知较为中性；当外部刺激超过适应水平时，个体可能会感到不适应，从而产生积极或消极的情绪反应。例如，如果一个人长时间处于噪声环境中，刚开始可能会感到不适，但随着时间的推移，适应水平会上升，这个人会逐渐习惯噪声，不会再感到不适。这种适应机制可以帮助个体在不断变化的环境中保持心理稳定。

### 2. 适应水平理论与工作环境

在工作场所中，适应水平理论同样具有重要的应用价值。工作环境中的物理因素，如温度、照明、噪声等都会影响员工的适应水平，从而影响他们的工作表现和心理健康。

当员工进入一个新的工作环境时，他们的适应水平会根据新的工作条件进行调整。如果工作环境中的刺激（如噪声或光线）超出了他们的适应水平，员工可能会感到不适，导致工作效率下降。然而，随着时间的推移，员工会逐渐适应这些条件，适应水平上升，不适感减弱，工作表现得以恢复。适应水平理论还可以解释员工对工作环境和工作条件的满意度如何随着时间变化。例如，当工作环境中的某些条件（如办公设备或福利待遇）改善时，员工的满意度可能会暂时提升，但随着他们适应了新的标准，这种满意度可能会逐渐回落到适应水平。

适应水平理论也对理解工作压力的管理具有重要意义。员工的适应水平在面对工作压力时会发生调整，如果压力持续且超出个体的适应水平，员工可能会感到不堪重负，导致心理健康问题。因此，管理者应关注员工的适应水平，提供必要的支持和资源，帮助他们更好地适应工作压力。

尽管适应水平理论为理解人类的适应过程提供了重要的理论框架，但它也存在一些局限性。首先，适应水平理论主要关注个体对环境刺激的适应过程，但未能充分解释个体差异和情境因素对适应过程的影响。其次，适应水平理论假设个体的适应水平是逐渐上升的，但在某些情况下，适应水平可能会下降或出现波动，这需要进一步的研究。

## （四）行为约束模型

行为约束模型（behavioral constraint model）是环境心理学领域中一种用于解释

个体在面对受限的环境条件时心理与行为反应的理论框架。该模型由斯坦利·斯塔克（Stanley Stokols）于20世纪70年代提出，其核心观点是：个体在面对物理或社会环境中的限制时，会产生一系列心理和行为上的反应，这些反应直接影响其适应水平、压力感知及行为表现（Stokols，1976）。

**1. 行为约束模型的基本概念**

当个体意识到他们的自由行为受到了限制时，会产生一种心理抵抗，称为心理抵制（psychological reactance）。这种抵制会促使个体尝试恢复被剥夺的自由，或者通过其他途径寻求弥补。例如，当员工感到工作环境中过多的规则和规定限制了他们的行为自由时，他们可能会表现出对这些规则的反抗行为，或者寻找其他方式来恢复自己的自主性。

**2. 行为约束模型的主要过程**

根据行为约束模型，个体在面对环境限制时通常会经历以下三个主要过程。

● 感知失去控制：当个体感知到他们的行为受到环境的限制时，他们首先会体验到一种失去控制的感觉。这种感觉会引发不安、焦虑等负面情绪，进而影响个体的心理健康和工作表现。例如，当员工感到自己的工作节奏被外界环境（如严格的时间管理或不合理的工作要求）控制时，可能会出现焦虑、压力等负面反应。

● 尝试恢复控制：感知到失去控制后，个体通常会尝试通过各种方式恢复对环境的控制。这一过程包括寻找新的策略来应对限制，或者通过改变自己的行为来适应环境。例如，员工可能会通过提高工作效率来减轻环境限制带来的压力，或者在无法改变环境的情况下，通过调整自己的期望来适应现有的工作条件。

● 习得性无助：当个体多次尝试恢复控制失败后，可能会产生一种习得性无助状态。在这种状态下，个体认为无论自己如何努力，都无法改变现状，因此会逐渐放弃对环境的控制，表现出消极、被动的行为。例如，长期处于高压工作环境中的员工，如果多次尝试改善工作环境均未成功，可能会逐渐失去工作动机，表现出工作倦怠或辞职的倾向。

在职业健康心理学领域中，行为约束模型被广泛应用于研究工作环境对员工心理健康和行为表现的影响。研究表明，工作环境中的物理和社会因素，如噪声、工作负荷、不合理的工作要求等，都会限制员工的行为自由，进而影响他们的心理健康。例如，研究发现，当员工感到他们无法控制工作中的噪声或工作负荷时，往往会表现出较高的工作压力和较低的工作满意度。这种压力可能会进一步导致员工的工作效率下降，甚至引发更严重的心理健康问题，如焦虑症、抑郁症等。此外，行为约束模型还被用于研究组织政策和管理方式对员工行为的影响。例如，当组织采用严格的控制和监督机制时，员工可能会感到行为受限，从而表现出反抗或消极的工作态度。在这种情况下，组织需要通过调整管理方式来提升员工的自主性和控制感，以提高工作满意度和增强组织承诺。

尽管行为约束模型在解释环境对个体行为的影响方面具有重要意义，但也存在一定的局限性。首先，该模型主要关注个体在面对环境限制时的消极反应，而对个体如何通过积极的策略来应对环境挑战关注较少。其次，该模型较少考虑个体的性格特质、社会支持等内外因素对行为反应的调节作用。近年来，随着对工作环境与员工心理健康关系研究的深入，行为约束模型也在不断发展。研究者开始关注如何通过组织干预措施来减少行为制约的负面影响，例如通过改善工作环境、增加员工的自主性来提高工作满意度。此外，研究还表明，社会支持可以缓解环境限制对个体行为的负面影响，提高员工在压力环境下的应对能力。

行为约束模型为我们理解环境限制如何影响个体行为提供了一个有力的框架。在职业健康心理学领域，该模型不仅揭示了工作环境与员工心理健康之间的复杂关系，还为组织改善员工工作环境、提升员工心理健康水平提供了重要的理论依据。通过有效的管理和干预措施，组织可以减少环境限制对员工的负面影响，提升员工的工作表现和整体幸福感。

## 三、工作场所环境与压力

工作场所环境在压力理论中占据了关键位置。所有生物系统，包括人类，都必须不断适应和调整，以应对所处环境的变化（Evans & Johnson，2000）。压力源是个体对环境条件的评估和反应。当人们认为环境条件威胁到他们的健康、完整性或生存时，压力就会产生。如果环境条件被视为有害的，或者人们感到应对这些条件的资源有限、不足或无法使用，压力感知就会加剧。换句话说，压力常常源于个体在情境需求与应对能力之间的认知失衡。当需求超过了个体认为可以应对的能力（即超载）或者个体的能力无法满足工作要求（即欠载）时，压力就会产生（Cox & Flin，1998）。因此，压力是一个动态过程，是情境需求与应对能力之间关系的产物，而非某种固定不变的实体。

任何影响需求与应对能力之间平衡的因素都可能成为压力的一部分。在工作相关的压力模型中，社会支持的利用率、组织政策的制约和个人的预期都被认为是影响需求与应对能力平衡的重要因素。

物理环境可能通过以下三种方式导致压力。

- 直接负荷：物理环境因素（如噪声和空间不足）会增加系统的负荷或压力，就像人口拥挤带来的过度刺激一样。
- 破坏应对资源：长期暴露在不良物理环境中（如持续噪声）可能会导致习得性无助，即个人觉得无力改变现状。
- 引发不健康的应对策略：例如，在嘈杂的工作环境中工作可能会导致员工更容易依赖物质来应对压力（Evans & Johnson，2000）。

拉扎勒斯和福克曼将应对资源分为两类：个人属性和环境属性。在职业压力研究中，环境属性通常被理解为社会支持，但同时也应考虑工作场所的设计和可供性。例如，一个开放且安静的工作环境可以在需要集中精力时提供帮助，这就是物理环境通过间接方式减轻压力的例子（Lazarus & Folkman，1984）。

## 第二节　物理环境与心理健康

在现代工作场所中，物理环境的设计和布局被认为是影响员工心理健康的重要因素。尽管历史上，工作场所的物理环境设计通常由研究人员和从业人员主导，员工往往只能被动接受并适应这些设计，但是，越来越多的研究表明，物理工作环境对员工的幸福感、工作表现以及心理健康产生了显著影响。本节将探讨工作场所的物理环境，尤其是开放式办公室设计、工作场所的照明（尤其是窗户）和噪声对员工心理健康的影响。

### 一、空间开放特征

越来越多的组织将职员搬入开放式的大办公室，关于这种工作环境对工作生活质量的影响以及其是否能有效提高工作绩效的问题引起了广泛关注。完全开放式办公室是一种共享空间，工作站之间没有隔断，员工之间的互动没有物理障碍。相比之下，半开放式办公室使用隔板将工作空间分隔开，而传统的封闭式办公室则通过从地板到天花板的墙壁和门提供独立的工作空间，确保私密性。

**1. 开放式办公室设计相对经济**

开放式办公室设计是基于工程和经济因素的考量。简单来说，这种设计能够在较小的空间内容纳更多的员工，从而降低建筑、维护和运营成本。另外，开放式布局的灵活性允许根据工作需求轻松调整工作间的配置，从而减少建设和更新的时间成本。

**2. 开放式办公室设计便于沟通互动**

除了经济利益之外，许多人认为，员工之间没有物理障碍的开放式设计有助于改善员工的互动、沟通和社交，这可能会提高员工的满意度、士气和生产力。然而，开放式办公室设计也带来了诸多负面影响，如噪声增加、干扰增多、注意力分散、工作频繁中断、私密性缺乏以及空间拥挤感。这些问题往往会导致工作效率下降、员工满意度降低，并增加了员工的生理和心理压力（Zahn，2016）。

**3. 办公环境需要与工作任务相匹配**

有研究发现，对于从事复杂工作的员工而言，开放式办公室对满意度的负面影响最大，因为复杂工作对干扰和分心更加敏感。研究者发现，办公环境需要与员工所从事的工作任务相匹配。不同的任务可能需要不同的环境设置，例如，文书工作需要的环境与经理工作不同。关键在于，特定的办公环境是否提供了完成任务所需的私密性、安静以及免受干扰的独立空间。受干扰的独立工作条件对工作绩效和满意度有着极大的影响（Maher & von Hippel，2005）。然而，开放式办公室由于内在空间的缺乏和无法避免的同事接触，往往会引发员工的负面反应，并使他们难以维持个人私密性。私密性不仅取决于空间的封闭程度，还受工作职位的影响。较高的职位通常伴随着更强的社交控制力，因此，经理通常比秘书更能控制他们的私密空间。此外，个体差异也是影响开放式办公室体验的重要因素。例如，个体的抗干扰能力，即选择性注意的能力，也影响了他们对开放式办公室的反应（Maher & von Hippel，2005）。

## 二、工作场所照明

人们普遍对工作场所的窗户有所期待，一般离窗户比较近的大楼用户往往会给予“比较舒服”的评价。另外，没有窗户或地下工作场所会引起许多负面反应，包括工作满意度下降和身体不适增加。员工调查表明，有许多理由说明人们对窗户的迫切要求，这些理由包括天气信息、照明、光线、好心情的影响、美感和外观、通风、温度控制和外界信息等。

事实证明，窗户的设置并不只是一个简单的喜好问题。在各种各样的环境设施中，包括医院、监狱以及工作场所，自然元素的景观始终有利于健康。人们对窗户的需求如此强烈，以至于那些在没有窗户的办公室工作的人试图用“自然主题”（诸如风景画之类的东西）装点办公室的墙面，用隔板分隔工作室等方法来弥补他们的缺失。

后期的研究结果印证了这个观点，研究发现，工作场所的窗户影响健康和行为可能通过三个路径：一般水平的照明、照明质量（阳光的穿透力）和视野（能够进入视线的生态元素比例）。与工作位置远离窗户的员工相比，工作位置靠近窗户的员工对工作地点的认知更积极一些。而且那些离窗户远的员工则多抱怨受到同事的不断打扰；那些可以随意走近窗户的员工，工作空间中高高的隔断让他们有了适度的私密性，他们对工作地点的满意度比较高。能够靠近窗户，似乎有助于抵消开放式办公室的负面效应（Yildirim et al.，2007）。

## 三、工作场所噪声

噪声通常被定义为不需要的声音。虽然噪声本质上是一种客观现象，但它对我们产生的影响却高度依赖于个体的主观感受。换句话说，噪声之所以让人感到不愉快或分心，取决于我们当时的目标和所处环境赋予噪声的意义。噪声不仅仅是因为它的音量大，还在于它打断了我们当前的活动或目标。这就是噪声常被视为一种环境压力源的原因。

接触到这样的噪声压力源可能会带来一系列负面影响。首先，它可能损害我们的身体健康，比如引起听力受损、神经系统的应激反应增加、心血管反应加剧，甚至可能导致高血压和缺血性心脏病。其次，噪声也可能会损害心理健康，导致情绪不稳定、抑郁、全身的紧张感、愤怒和攻击性行为增加。此外，噪声还可能影响我们的生活质量，例如干扰日常活动和导致睡眠紊乱。对于儿童来说，噪声还可能影响他们的语言发展、认知能力和学习效率。

除了对听觉的直接影响外，噪声还会对动机和工作表现产生非听觉的影响。研究显示，长期暴露在无法控制的噪声中可能会导致一种称为习得性无助的状态，人们可能会因此对后续的工作任务失去动力和信心。这种情况尤其常见于那些对噪声敏感或从事高要求工作的个体。研究还表明，如果人们能够控制噪声的强度或来源，那么噪声对动机和工作表现的负面影响会大大减少。

噪声对非听觉影响的研究往往集中于高强度噪声，例如住在机场附近的居民或在工厂中工作的员工。近年来的研究也开始关注现代办公室中普遍存在的低强度噪声，如空调系统的嗡嗡声或同事的谈话声是办公室中最常见的压力源之一。

首先，噪声对员工的生理健康产生了显著影响。长期暴露在噪声环境中可能会导致生理应激反应的增加，例如心率加快、血压升高以及神经内分泌系统的改变。这些生理变化与压力反应有关，长期的生理应激反应会对身体健康造成损害，如增加患心血管疾病的风险。此外，噪声还可能干扰睡眠，进而影响员工的恢复能力和总体健康状况。

其次，噪声对心理健康的影响也不容忽视。多项研究表明，持续的噪声暴露可能导致心理压力增加，表现为焦虑、抑郁和情绪不稳定。噪声不仅影响员工的情绪状态，还可能影响认知功能，例如降低注意力和工作效率（Stansfeld et al.，2017）。开放式办公室中的低强度背景噪声（如同事之间的谈话声）显著降低了员工的任务完成速度和准确性。这种认知功能的下降不仅影响了工作质量，还可能加剧员工的工作压力，形成一个恶性循环（Haapakangas et al.，2018）。此外，噪声对工作满意度的影响也得到了广泛关注。噪声水平与员工的工作满意度呈负相关，即噪声水平越高，工作满意度越低。在开放式办公室中，员工经常报告由于噪声干扰而难以集中注意力，这不仅降低了工作效率，还导致他们对工作环境的不满增加，这种不满情绪进一步降低了员工的工作积极性和对公司的忠诚度。

最后，噪声还可能通过与其他工作环境因素的相互作用进一步加剧员工的压力。例如，当员工在高噪声环境中工作且缺乏社会支持时，他们更容易感到孤立和无助，这种感觉会增加心理压力。因此，改善工作场所的噪声管理和加强社会支持网络对于减轻噪声带来的心理压力至关重要。

埃文斯（Evans）和约翰逊（Johnson）于2000年进行了一项研究，比较了在嘈杂（55分贝）和安静（40分贝）的环境中工作对人的影响。实验结果显示，在接近3小时的工作后，暴露在嘈杂环境中的研究参与者肾上腺素分泌显著增加，并且他们的任务完成能力也显著下降。尽管他们的主观压力感和皮质醇水平没有明显变化，但肾上腺素的增加表明，低强度噪声也会对人体产生生理上的影响。研究还发现，噪声的强度并不是影响心理和生理健康的关键因素，噪声是否可控才是决定其影响的重要因素（Evans & Johnson，2000）。

上述研究结论值得注意的是，噪声的可控性在减少其负面影响方面发挥着关键作用。当员工感到他们能够控制或减少噪声时，噪声对他们心理健康的负面影响会显著减少。由此可见，公司通过提供噪声消除耳机或创建安静的工作区来帮助员工处理噪声问题可以极大改善他们的工作体验。

## 第三节　工作环境与工作绩效

绩效一直是企业关心的问题。如何提高绩效也是领导者每天思考的问题。目前提高工作绩效的方法越来越多，而越来越多的人认为通过设计工作环境来改善工作绩效是最方便、最直接也是最必要的方法。即便再独立、再强大的人也会受到环境的影响，良好的工作环境能为每个员工提供合适的工作基础。

### 一、工作环境

工作环境包括工作的物理环境、安全环境和社会环境。物理环境是指工作人员周围的设施、建筑物等物质系统，也包括工作人员周围的温度、湿度、照明度、震动、噪声、异味粉尘、空间、油渍以及工作人员每天与这些因素接触的时间。安全环境是指工作人员所处的环境存在的各种安全因素。社会环境是指工作人员周围互相作用的人的集合，它包含了各种社会关系和社会因素。

安全环境是由工作本身的性质决定的。有的工作危险性小，有的工作危险性大。社会环境是互动双方构成的，需要双方交流、行动才能形成。良好的社会环境形成还需要以提高全体员工的素质为前提。工作的物理环境相对独立，只要领导者重视，就可加大投入来建设，准确、积极、方便地营造环境，改善环境，从而达到提高工作绩效的目的。

### 二、工作绩效

工作绩效（job performance）是指员工在工作场所中的行为表现及其对组织目标实现的贡献（Campbell，1999），它通常被视为衡量员工价值和生产力的关键指标。工作绩效的概念并非单一维度，而是由多个互相关联的维度构成的，其中最常见的划分是任务绩效（task performance）和周边绩效（contextual performance）。

任务绩效指的是员工完成工作职责和任务的效率与效果。它直接与工作职位的核心职能相关（Campbell，1999）。例如，对于一名销售人员，任务绩效可能包括完成销售目标、开发新客户以及提高客户满意度等具体任务。坎贝尔（Campbell）认为，任务绩效的高低通常取决于员工的知识、技能和动机。换句话说，具备充足的专业知识和技能的员工更有可能在任务绩效上表现出色。任务绩效不仅是对工作完成情况的反映，还包括员工是否遵循组织的标准和流程。例如，生产线上工人的任务绩效可能涉及生产效率、产品质量以及工作安全性的维持。因此，任务绩效是评价员工是否能胜任其核心工作职责的一个重要指标。

周边绩效指的是与任务无关但对组织有效运作至关重要的行为。这些行为通常包括帮助同事、支持团队目标、积极参与组织活动等。周边绩效对团队协作和组织氛围的改善有积极作用，这对于提升整体组织绩效非常重要。尽管任务绩效直接影响组织的核心业务成果，但周边绩效对于构建积极的工作环境、提高员工满意度和组织效能同样不可忽视（Borman & Motowidlo，1997）。

此外，工作绩效还可以按照个体适应行为水平进行评估，形成所谓的适应性绩效（adaptive performance）。适应性绩效是指员工在工作环境中应对变化、复杂性和不确定性时所表现出的灵活性和有效性（Pulakos et al.，2000）。随着现代工作环境的不断变化，适应性绩效逐渐成为评估员工能力的关键维度之一。适应性绩效通常分为八个维度，包括解决工作中的非例行问题、处理工作中的紧急情况、学习新的工作任务、适应他人的个性和工作风格、应对压力和不确定性、展示文化适应性、处理工作中的模糊性以及展示自我和他人管理的适应性能力。适应性绩效在全球化和技术迅速发展的背景下变得尤为重要。它不仅要求员工具备迅速学习新技能的能力，还要求他们能够在面对新技术、组织变革和文化差异时保持高效工作。这种绩效维度能够反映员工在不确定性条件下的心理弹性和应对能力，对组织的创新和可持续发展至关重要。例如，在一个快速发展的技术公司中，员工能够迅速适应新软件的使用，并在团队合作中展示文化敏感性，这种能力对整个团队的成功有着深远的影响。

上述绩效类型是组织“期望的行为”，核心是“贡献”，与此相对应，组织内也存在着“禁止的行为”，如反生产工作行为。

反生产工作行为（counterproductive work behavior，CWB）是指员工在工作场所中故意表现出的对组织不利的行为。这些行为可能包括盗窃、欺诈、滥用资源、工作怠慢、对同事的骚扰以及违反组织的安全规定。反生产工作行为通常被视为工作绩效的负面维度，直接影响组织的效能和员工的士气。反生产工作行为通常分为两大类：对组织有害的行为（如旷工、浪费资源）和对个体有害的行为（如人际冲突、骚扰同事）。研究表明，反生产工作行为与多种因素相关，如员工的工作满意度、情绪状态、压力水平以及组织文化等。员工在感受到不公平对待或工作压力过大时，往往更容易表现出反生产工作行为。此外，反生产工作行为不仅对组织的绩效构成威胁，还可能对其他员工的心理健康和工作满意度产生负面影响。因此，理解并减少反生产工作行为是提升组织整体绩效和维护良好工作环境的重要途径（李英武 等，2021）。

总的来说，工作绩效是一个复杂且多维的概念，它不仅反映了员工在直接任务中的表现，还包括他们在更广泛的工作环境中的贡献。通过全面理解和测量工作绩效的各个维度，组织可以更有效地提升整体绩效水平并实现其战略目标。

## 三、工作环境与工作绩效

从管理学的角度来看，绩效是组织期望的结果，既包括个人绩效也包括组织绩效。个人绩效的实现是组织绩效的基础，但并不能完全确保组织绩效的达成。只有当每个员工都达到组织的要求时，组织整体的绩效才能实现。物理环境作为围绕员工个人绩效设计的关键因素，通过合理设计可以显著改善员工的工作表现。影响绩效的物理环境可以分为以下几类：工作设施、室内外环境和生态环境。

工作设施是指工作中所需的设备和工具，如办公桌椅、电脑、电话等。不同类型的工作对设施的需求不同，例如医疗工作需要医疗设备，而建筑工作则需要施工工具。合理配置工作设施是确保工作顺利进行的重要前提。室内外环境则是指员工工作的具体地点，这取决于工作的性质。不同的工作环境对员工的影响各不相同。例如，员工可能在城市中心或偏远山区工作，或者是在现代化的办公大楼或简单的工厂车间中工作。即使是在相同类型的办公室中，也会因设计风格的不同而产生不同的工作体验。生态环境包括温度、湿度、照明、噪声等因素，这些都直接影响员工的健康和工作状态。恶劣的生态环境可能导致员工健康受损，进而影响工作绩效。

### （一）工作场所绿色植物与工作绩效

越来越多的研究表明，工作场所中的绿色植物不仅可以美化环境，还对员工的工作绩效产生了积极的影响。绿色植物作为工作环境中的一部分，通过改善空气质量、调节湿度、降低噪声等方式，可以显著提升员工的工作效率、创造力以及整体的心理健康水平。

#### 1. 绿色植物对员工心理健康的影响

绿色植物对员工心理健康的影响是一个广泛研究的领域。研究表明，绿色植物能够显著降低员工的压力水平，改善其情绪状态。具体而言，绿色植物可以通过增加视觉舒适感和心理放松感来减轻员工的心理压力。研究发现，员工在有植物装饰的办公室中工作时，血压和心率都显著降低，这表明植物可以在一定程度上缓解工作压力。此外，绿色植物还有助于提升员工的幸福感和工作满意度。研究表明，办公室中的植物能够提高员工对工作环境的满意度，进而提高其整体幸福感。这种积极的心理效应不仅提升了员工的情绪状态，还对其工作绩效产生了积极影响（Bringslimark et al.，2009）。

**2. 绿色植物对员工工作效率的影响**

绿色植物不仅对员工的心理健康有益，还可以直接提升员工的工作效率。研究发现，植物通过改善空气质量和减少环境噪声，可以为员工提供一个更为舒适的工作环境，进而提高其工作效率。例如，研究显示，在有植物装饰的办公室中，员工的任务完成速度和准确性都显著提高（Brooks et al.，2017）。不仅如此，绿色植物还能够提升员工的创造力。办公室中的绿色植物能够激发员工的创造性思维，帮助他们更好地完成具有挑战性的任务。

**3. 绿色植物对员工身体健康的影响**

除了心理健康和工作效率外，绿色植物还对员工的身体健康产生了积极的影响。研究表明，办公室中的绿色植物能够显著改善空气质量，增加空气的湿度，从而减少员工的呼吸道疾病和皮肤干燥等问题。此外，植物通过减少环境中的有害物质，还能降低员工的病假率，进一步提升其出勤率和工作绩效。办公室中的植物能够显著减少员工的眼睛疲劳和头痛等症状，从而帮助他们保持较好的工作状态和较高专注度。这一发现再次证明了绿色植物对员工的身体健康和工作绩效的积极作用（Liu et al.，2022）。

**4. 绿色植物对组织氛围的影响**

绿色植物不仅影响个体员工的工作绩效，还对整个组织的氛围产生了积极影响。研究表明，办公室中的植物能够增进员工之间的互动和合作，提升团队的凝聚力。这一效应在开放式办公室中尤为明显，因为植物可以在一定程度上缓解开放式办公环境中的紧张和压力感。绿色植物还能够提升员工对组织的归属感和忠诚度。研究表明，拥有良好物理环境的工作场所（如绿色植物丰富的办公室）能够增加员工对组织的认同感，降低员工流动率，进而提升组织整体的绩效。工作场所中的绿色植物对员工的工作绩效有着显著的积极影响。绿色植物不仅通过改善空气质量和减少噪声提高了员工的工作效率，还通过缓解压力和改善心理健康提升了员工的幸福感和工作满意度。因此，企业在设计和管理工作场所时，应充分考虑将绿色植物作为环境改善的一部分，以提升员工的工作绩效和组织的整体效益。

### （二）工作场所体育设施与工作绩效

工作场所的体育设施与员工工作绩效之间的关系是近年来备受关注的研究主题。随着健康意识的提高，越来越多的企业开始在工作场所提供体育设施，以期通过促进员工的身体健康来提升其工作绩效。

**1. 体育设施对员工身体健康的影响**

体育设施的引入有助于改善员工的身体健康状况。研究表明，定期参与体育锻炼可以降低心血管疾病、肥胖症和糖尿病等慢性病的发病率，同时还可以提高免疫力。在工作场所提供体育设施，如健身房、跑步机和瑜伽室，可以方便员工在工作间隙进行锻炼，从而促进其身体健康。此外，体育活动还有助于缓解工作中的压力，减少由久坐引发的健康问题。员工参加工作场所的健身活动，不仅能够保持身体健康，还能显著降低工作压力和疲劳感。

**2. 体育设施对员工心理健康的影响**

除了身体健康，体育设施对员工的心理健康也有积极影响。体育锻炼被广泛认为是一种有效的应对压力的方式。定期的体育锻炼能够有效减少焦虑和抑郁情绪，并提高个体的整体幸福感。当员工能够在工作场所方便地进行锻炼时，他们的心理压力得到了缓解，心理状态也得到了改善，这为更高的工作绩效奠定了基础，定期锻炼的员工更有可能保持积极的心态，并在面对工作挑战时表现出更高的自我效能感。

**3. 体育设施对员工工作效率的影响**

工作场所的体育设施对提升员工的工作效率也具有显著作用。参与体育锻炼不仅能够促进员工的身体健康，还可以改善员工的注意力和专注力，直接提升工作效率。研究表明，定期锻炼的员工在处理复杂任务时能表现出更强的专注力和更高的工作效率。体育设施的存在还能够提升员工的工作满意度和忠诚度。拥有体育设施的工作场所会使员工的工作满意度和组织忠诚度更高。员工认为公司关心其健康，进而产生更强的归属感，这对提升整体工作绩效起到了积极作用（Ratey & Loehr，2011）。

**4. 体育设施对团队合作和组织氛围的影响**

体育设施还可以促进员工之间的社交互动和团队合作。通过参与集体体育活动，如篮球、足球或健身课程，员工之间的关系得到了加强，团队合作精神得到了提升。这不仅有助于构建良好的组织氛围，还能够提升整体的工作绩效。通过集体体育活动，员工之间的信任感和协作能力显著增强，这对团队工作效率的提升有着积极的影响。

工作场所的体育设施对员工的工作绩效有着广泛而深远的影响。通过改善员工的身体健康、心理健康、工作效率和团队合作，体育设施不仅提升了个体员工的绩效，还对组织整体绩效的提高起到了积极作用。因此，企业在制定健康管理策略时，应充分考虑在工作场所提供适当的体育设施，以实现更好的员工管理和组织发展（Ratey & Loehr，2011）。

### （三）工作场所抚养宠物与工作绩效

在工作场所抚养宠物是极具争议与挑战性的事情。近年来，一些创新型企业别出心裁，允许员工在工作场所抚养宠物，尤其是带宠物到工作场所，而且这样的企业变得越来越多。那么，工作场所抚养宠物对员工的心理健康和工作表现会产生何种影响？以下将对该主题进行简要综述。

**1. 抚养宠物对员工心理健康的影响**

宠物，尤其是狗和猫，常被认为是人类情感支持的源泉。工作场所中允许抚养宠物可以减少员工的压力和焦虑，增加员工的幸福感和满足感。抚养宠物有助于缓解工作中的紧张情绪，降低员工的抑郁和焦虑程度。尤其是在高压的工作环境中，宠物可以作为一种非药物的应对机制，帮助员工更好地应对日常压力。

**2. 抚养宠物对员工工作满意度的影响**

工作场所的宠物不仅能够改善员工的心理健康，还可能提高他们的工作满意度。研究发现，员工在工作场所中与宠物互动能够增强对工作的积极情绪体验，提高对工作的投入度和满意度。宠物在场的员工表现出更高的工作满意度，并且更愿意为组织贡献自己的力量。这是因为宠物的陪伴能够提供情感支持和放松的机会，使员工在工作中感受到更大的归属感和满足感（Beetz et al.，2012）。

**3. 抚养宠物对工作场所人际关系的影响**

宠物在工作场所中还能够促进员工之间的社交互动和合作关系。在有宠物的工作环境中，员工之间的互动更加频繁和积极。宠物可以成为社交润滑剂，帮助打破员工之间的隔阂，促进团队合作和提升群体凝聚力。例如，带狗上班的员工可能会因为宠物的存在而与其他同事进行更多的互动，从而增强团队的团结和合作（Beetz et al.，2012）。

**4. 抚养宠物对员工工作绩效的影响**

虽然抚养宠物在改善员工心理健康和提升工作满意度方面有显著作用，但其对工作绩效的直接影响还需要进一步研究。一些研究者认为，宠物的存在有可能会分散员工的注意力，降低工作效率。然而，也有研究发现，适度的宠物互动反而可以帮助员工在长时间的高强度工作中恢复注意力，从而提高整体工作绩效。宠物的短暂陪伴可以为员工提供微休息（micro-breaks），这种微休息有助于员工在之后的工作中保持更高的专注度和生产力。

**5. 抚养宠物的挑战和注意事项**

尽管宠物在工作场所中的许多好处已经被证实，但也存在一些挑战和注意事项。例如，不同员工对宠物的喜好和敏感度不同，宠物的存在可能会导致某些员工的过敏反应或恐惧心理。宠物的行为管理也是一个关键问题，需要确保宠物不会打扰到其他员工的工作。此外，还需要制定明确的公司政策，以规范宠物在工作场所中的行为，并保护那些对宠物不适应的员工的权益。

工作场所抚养宠物在一定条件下对员工的心理健康、工作满意度和人际关系都有积极影响，并且有可能提高工作绩效。然而，企业在引入这一举措时需要综合考虑员工的多样化需求和工作环境的特殊性，确保这一政策的实施能够真正带来工作环境的改善。

### （四）工间微休息与员工心理和行为

近年来的研究表明，工作场所中的微休息是增强员工幸福感、提高生产力的重要因素（Kim et al.，2018）。

**1. 微休息的定义与形式**

微休息通常指的是员工在工作间隙进行的短暂休息活动，持续时间通常为几秒到几分钟不等。这些活动可以包括伸展运动、喝水、走动、与同事简短的社交互动，甚至是闭目养神几秒钟。研究表明，这种短暂的休息可以有效缓解疲劳，恢复注意力，从而提升整体的工作绩效。

**2. 微休息对员工心理健康的影响**

研究显示，微休息能够显著改善员工的心理健康状况。频繁的微休息可以降低员工的压力水平和情绪疲劳，提升心理复原力。通过短暂的休息，员工可以从高度集中的工作状态中暂时抽离，缓解心理压力，减少焦虑和抑郁的发生概率。这些短暂的放松不仅有助于情绪的平衡，还能够提高员工的总体幸福感（Kim et al.，2018）。

**3. 微休息与工作场所的物理环境**

工作场所的物理环境在微休息的效果中起着重要作用。研究表明，在设计合理的工作环境中进行微休息，例如在具有自然光、绿植等元素的环境中，员工的心理恢复效果更好。光线充足、色彩柔和的环境可以增强微休息的恢复效果，使员工更快地恢复精力，减少长时间工作带来的疲劳感（Kim et al.，2018）。

**4. 微休息的双刃剑效应**

虽然这种短暂的休息可以为员工带来多种益处，但在某些情况下，它们也可能产生不利影响。理解这种双重效应对有效管理工作场所中的微休息至关重要。

- 微休息的积极效应。微休息对员工的心理健康和工作绩效具有显著的正面影响。研究表明，频繁的微休息能够帮助员工恢复认知资源，缓解精神疲劳，减少长期工作的负面效应。例如，定期进行微休息的员工在长时间工作后表现出更高的任务完成质量和更低的情绪疲劳水平。此外，微休息还能够提升员工的工作满意度。由于这些微休息通常不影响工作进度，并且可以有效缓解压力，因此它们能够提升员工的幸福感，减少倦怠感（Kim et al.，2016）。在适当安排的情况下，微休息还能够促进团队合作，通过短暂的社交互动增强同事之间的关系，从而进一步提高工作绩效。
- 微休息潜在的负面效应。微休息并非在所有情境下都产生正面效果。在某些情况下，它们可能成为分心的源头，从而降低工作效率。当微休息的频率过高或持续时间过长时，员工可能会难以重新集中注意力，导致整体工作节奏被打乱。此外，频繁的微休息可能导致工作任务的中断，尤其是在处理复杂任务或需要长时间专注时，这种中断会带来额外的认知负荷，从而影响任务完成的质量和速度。同时，微休息还可能被员工滥用，成为逃避工作压力的一种方式。如果组织缺乏有效的管理，微休息可能会成为拖延和降低生产力的借口（Kim et al.，2016）。这种滥用可能会导致整体工作效率下降，并在团队中造成不平衡感，尤其是在一些员工积极完成工作任务，其他员工却频繁休息的情况下。

为了有效管理微休息的双刃剑效应，组织需要制定明确的休息政策，确保微休息的频率和持续时间适当。管理者应通过提供适当的培训和资源，帮助员工理解如何在需要时合理利用微休息而不至于影响工作进度。此外，微休息的安排应与工作任务的性质相匹配，避免在需要高度集中注意力的任务中频繁进行微休息。总之，微休息的双刃剑效应提醒我们，在工作场所中，休息的管理应当是精细化和个性化的，以确保微休息能够最大化其益处，同时最小化其潜在的负面影响。

## 基本概念

环境心理学　　压力　　物理工作环境

## 本章要点

**要点一：环境心理学的概念**

环境心理学是研究环境与人的心理和行为之间关系的一个应用社会心理学领域，又称人类生态学或生态心理学。这里所说的环境虽然也包括社会环境，但主要是指物理环境，包括噪声、拥挤、空气质量、温度、建筑设计、个人空间等。

**要点二：环境心理学的行为-环境解释框架**

环境心理学对行为-环境的解释框架包括唤起水平理论、环境负荷理论、适应水平理论、行为约束模型等。

**要点三：物理工作环境与心理健康的关系**

开放式办公环境、工作场所的窗户以及工作场所的噪声等环境因素都会影响员工的心理健康与工作状态。

## 复习思考

1. 如何理解环境心理学的定义？
2. 如何理解压力对心理健康的影响？
3. 环境心理学如何解释环境与行为的关系？
4. 物理工作环境如何影响心理健康？
5. 物理工作环境如何影响工作绩效？

## 拓展阅读

Griffin, M. A., & Curcuruto, M. (2016). Safety climate in organizations. *Annual review of organizational psychology and organizational behavior*, *3* (1), 191 - 212.

Fredrickson, B. L., & Joiner, T. (2002). Positive emotions trigger upward spirals toward emotional well-being. *Psychological Science*，*13*（2），172－175.

Maher，A.，& Von Hippel，C.（2005）. Individual differences in employee reactions to open-plan offices. *Journal of Occupational Health Psychology*，*10*（2），126－136.

Szalma，J. L.，& Hancock，P. A.（2011）. Noise effects on human performance：a meta-analytic synthesis. *Psychological Bulletin*，*137*（4），682－707.

第七章

# 职业安全与心理健康

【学习目标】

通过本章的学习，希望达到以下四个目标：

1. 了解什么是职业安全、职业安全行为和职业安全绩效。
2. 理解并熟练掌握事故致因理论中的心理学理论内容。
3. 结合相关研究，掌握影响职业安全行为的心理因素。
4. 掌握如何从心理学视角促进职业安全行为。

**章节导引**

法国空难调查人员于2016年3月13日发布了关于2015年德国之翼航空公司空难事故的报告，建议全球航空部门制定新的规定，要求医生在飞行员可能存在威胁公共安全的心理问题时，向当局发出警告。德国之翼一架客机于2015年3月24日在法国南部坠毁，机上150人全部遇难。先前的调查显示，副驾驶安德烈亚斯·卢比茨患有精神疾病。法国民航安全调查分析局在报告中说，卢比茨接受过抑郁症治疗，空难之前数周内，曾经咨询过几十名医生。然而，许多医生并没有向当局报告卢比茨的心理健康问题。空难发生前两周，一名医生还建议卢比茨进入一家精神病医院接受治疗。民航安全调查分析局负责这场空难调查的阿诺·德雅尔丹说，“专家们发现（他那时表现出来的症状）可能和精神病发作一样”，但这一情况“并没有被告知德国之翼”。调查报告指出，由于卢比茨没有把医生的诊断结果告诉任何人，“当局或者他的雇主无法采取任何行动，禁止他继续飞行”。

资料来源：中国政协网，http://www.cppcc.gov.cn.

## 第一节　职业安全概述

随着人们对自身生命权和健康权要求的不断提高，职业健康问题也日益受到社会各界的关注。在世界范围内，很多国家和政府部门均将规划的重点由经济性规制转向重视保障劳动者和消费者的安全、健康、卫生等的社会性制度。

## 一、国内外职业安全现状

在经济全球化的背景下，为了吸引更多的海外投资，许多国家，尤其是发展中国家纷纷降低了劳工标准，放松了对生产安全与健康的规制，这就是所谓全球性的“竞争到底线的竞赛”（the global race to bottom）。国际劳工组织（ILO）2024 年公布的数据显示，全球每年发生的职业性事故高达 12 亿起，其中有 1.5 亿人遭受不同程度的职业伤害（ILO，2024）。而我国的廉价劳动力和庞大的制造市场规模吸引了大量的跨国公司将劳动密集型制造业和产业链中的制造环节转移到我国来，这使得我国在职业安全与健康方面面临着严峻的挑战。

从传统职业卫生角度来看，职业安全指职业人群安全健康保障要素的总和，它也是某个阶段、某种社会经济条件下从业人员现实安全卫生状况的反映。从管理角度讲，现代职业安全要求就业岗位（作业场所）的开创和存续，以及其现场环境和劳动条件必须符合现行法律法规和有关标准的规定，以满足从业者在生产劳动过程中的身体健康和生命安全的最低要求。

## 二、职业安全概念界定

职业安全是个体在工作过程中，有效分配注意资源，按照标准化的规程规避不安全行为以减少人为失误，在出现危险和事故时能够进行有效的行为反应和监控，并在应激事件后能有效调控心理，确保个体安全与职业良好运作的状态。

人是安全生产中最活跃的因素，在伤亡事故的发生和预防中，人的因素占有特殊的位置，人是事故中的受伤害者，同时往往又是肇事者。从国内外事故致因的统计分析中可以看到，不安全行为和人为失误占有很大比重。根据中华全国总工会统计，80％以上的事故是由于违章指挥、违章作业和设备隐患没能及时发现和消除等人为因素造成的。因此，人为失误或不安全行为是导致伤亡事故的主要原因，减少人为失误和消除不安全行为问题已成为预防事故的关键环节，对预防及减少事故发生具有重要意义。

# 第二节　事故致因理论

人的行为是复杂的，职业安全行为亦是如此。员工的职业安全不仅取决于工作场所的环境特征，还与员工的个体差异相关，也就是与法默和钱伯斯（Farmer & Chambers，1929）所说的事故倾向性（accident proneness）关系紧密。员工自身的认知能力、人格、技能、安全工作态度、情绪等心理因素均会影响其在职业安全绩效上的表现。回顾现有的国内外文献可见，职业安全的研究浩如烟海，但其中最重要的理论就是事故致因理论（accident causation theory）。该理论基于大量典型事故，对事故原因进行了大量定性和定量的分析，为事故的预测、预防和改进等安全管理工作提供了理论支持。随着科学技术和生产方式的发展，事故发生的原因也在不断变化，学者们从各个角度对事故原因进行了探讨，出现了很多有代表性的事故致因理论和事故模型。通过比较各派理论和模型，可以发现学者们对个体心理与行为因素占较大比重已达成共识。

## 一、事故因果连锁理论

### （一）海因里希事故因果连锁理论

海因里希（Heinrich）最早提出了事故因果连锁理论。安全工程师海因里希在统计灾害事件时发现，55 万起机械事故中，死亡、重伤事故 1 666 起，轻伤 48 334 起，其余则为无伤害事故（Heinrich，1941）。分析数据后，海因里希得出了一个重要结论：在机械事故中，死亡和重伤、轻伤以及无伤害事故的比例为 1∶29∶300。国际上把这一法则叫作事故法则。这个法则说明，在机械生产过程中，每发生的 330 起意外事件中，有 300 起未产生人员伤害，29 起造成人员轻伤，1 起导致重伤或死亡（Heinrich，1941）。此后，海因里希进一步阐明导致伤亡事故的各种因素以及这些因素与伤害之间的关系。海因里希的理论的核心思想是：伤亡事故的发生不是一个孤立的事件，而是一系列原因事件相继发生的结果，即伤亡与各原因相互之间具有连锁关系。

海因里希提出的事故因果连锁过程包括如下五种因素。

第一，遗传及社会环境（M）。遗传及社会环境是造成人的缺点的原因。遗传因素可能使人具有鲁莽、固执、粗心等对于安全来说不良的性格；社会环境可能会妨碍人的安全素质的培养，助长不良性格的发展。这种因素是因果链上最基本的因素。

第二，人的缺点（P）。即遗传和社会环境因素所造成的人的缺点。人的缺点是使人产生不安全行为或造成物的不安全状态的原因。这些缺点既包括诸如鲁莽、固执、易过激、神经质、轻率等性格上的先天缺陷，也包括诸如缺乏安全生产知识和技能等后天不足。

第三，人的不安全行为或物的不安全状态（H）。这二者是造成事故的直接原因。海因里希认为，人的不安全行为是由于人的缺点而产生的，是造成事故的主要原因。

第四，事故（D）。事故是一种由于物体、物质或放射线等对人体产生作用，使人员受到或可能受到伤害的、出乎意料的、失去控制的事件。

第五，伤害（A）。即直接由事故产生的人身伤害。

上述事故因果连锁关系可以用5块多米诺骨牌来形象地描述。如果第一块骨牌倒下（即第一个因素出现），则发生连锁反应，后面的骨牌相继被碰倒（相继发生），如图7-1所示。

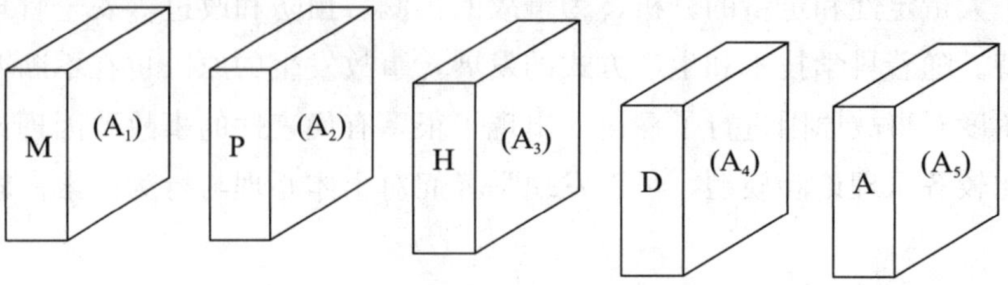


**图7-1 海因里希伤亡事故五因素图**

海因里希借助多米诺骨牌形象地描述了事故的因果连锁关系，即事故的发生是一串事件按一定顺序互为因果依次发生的结果。一块倒下将使后面的连锁倒下。这5块骨牌依次代表如下内容：M——人体本身，遗传因素；P——按人的意志进行的动作，指人为过失，人的缺点；H——人的不安全行为和不安全状态引起的危险性；D——发生事故；A——受到伤害。企业安全工作的中心就是要移去中间的骨牌，即防止人的不安全行为和物的不安全状态，从而中断事故的进程，避免伤害的发生。当然，通过改善社会环境使人具有更为良好的安全意识，通过加强培训使人具有较好的安全技能，或者加强应急抢救措施，也能在不同程度上移去事故连锁中的某一骨牌或者增强骨牌的稳定性，使事故得到预防和控制（Heinrich，1941）。

刘国愈和雷玲（2013）基于海因里希提出的理论对250名煤矿从业人员进行了实证研究，采用多元回归分析方法对个体心理因素中的世界观、人生观、价值观与安全观4个因子进行了路径分析。他们发现个体人生观对安全观的影响最大，人生观最基本的体现就是对生命的尊重，没有了生，一切都无从谈起；回归系数显示了世界观、人生观、价值观与安全观的相互联系，在控制其他变量的情况下，自变量每提升一个单位值，都对因变量有相应的系数单位值的影响，正确的安全思想直接影响个体的安全行为及物的安全状态。据此，刘国愈和雷玲（2013）提出，组织应树立正确的安全观，使正确安全观对个体的安全行为有很强的指导意义。

### （二）博德事故因果连锁理论

博德（Frank Bird）在海因里希事故因果连锁理论的基础上，提出了与现代安全观点更加吻合的事故因果连锁理论。博德的事故因果连锁过程有5个因素，见图7-2。

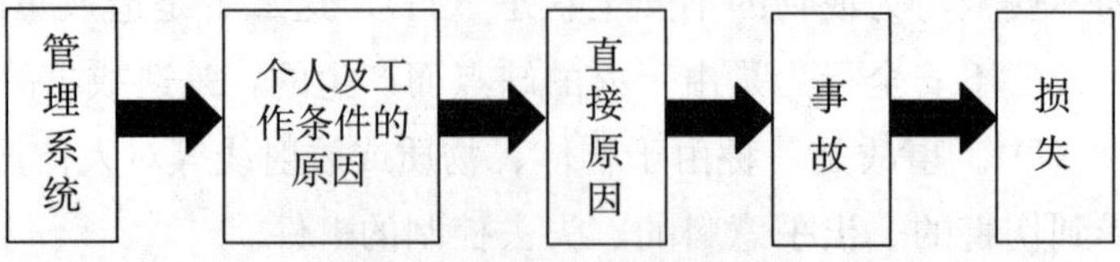


**图7-2 博德的事故因果链**

（1）管理系统（management system）。对于大多数企业来说，完全依靠工程技术措施预防事故既不经济也不现实，只能通过完善安全管理工作，才能防止事故的发生。

（2）个人及工作条件的原因（personal and working conditions）。这方面的原因是由管理缺陷造成的。个人原因包括缺乏安全知识或技能，行为动机不正确，生理或心理有问题等；工作条件原因包括安全操作规程不健全，设备、材料不合适，以及存在温度、湿度、粉尘、气体、噪声、照明、工作场地状况等有害作业的环境因素。

（3）直接原因（direct cause）。人的不安全行为或物的不安全状态是事故的直接原因，是安全管理中必须重点加以追究的。但是，直接原因只是一种表面现象，是深层次原因的表征。

（4）事故（incident）。博德使用“incident”而不使用“accident”，不排除偶然发生的事故或者人为过错造成的事故。这里的事故被看作人体或物体与超过其承受阈值的能量接触，或人体与妨碍正常生理活动的物质接触。因此，防止事故就是防止接触。可以通过对装置、材料、工艺等的改进来防止能量的释放，或者操作者提高识别和回避危险的能力，佩戴个人防护用具等来防止接触。

（5）损失（loss）。人员伤害和财物损坏统称为损失。人员伤害包括工伤、职业病、精神创伤等。

欧阳帆（2007）基于博德的事故因果连锁理论，参照其对事故的分析方法，分析了内河水上交通事故发生的原因，发现由管理造成的人、船舶、环境的缺陷可能是解释内河水上交通事故的重要原因，进一步验证了博德事故因果连锁理论在事故分析方面的重大意义。

### （三）亚当斯事故因果连锁理论

亚当斯（Adams）于 1985 年提出了一种与博德事故因果连锁理论类似的因果连锁模型，该模型以表格的形式给出，见表 7-1。

**表 7-1　亚当斯事故因果连锁模型**

| 管理体系 | 管理失误 | | 现场失误 | 事故 | 伤害或损坏 |
|---|---|---|---|---|---|
| | 领导在下述方面决策失误或未做决策： | 安技人员在下述方面管理失误或疏忽： | | | |
| 目标 | 目标 | 行为 | | 伤亡事故 | 对人 |
| | 规范 | 责任 | 不安全行为 | | |
| 组织 | 责任 | 权限范围 | | 损坏事故 | 对物 |
| | 职级 | 规则 | 不安全状态 | | |
| 机能 | 考核 | 指导 | | 无伤害事故 | |
| | 权限授予 | 主动性 | | | |
| | | 积极性 | | | |
| | | 业务活动 | | | |

在该理论中，事故和损失因素与博德事故因果连锁理论相似。这里把个体的不安全行为和物的不安全状态称作现场失误，其目的在于提醒人们注意不安全行为和不安全状态的性质。亚当斯事故因果连锁理论的核心在于对现场失误背后的原因进行了深入的研究。操作者的不安全行为及生产作业中的不安全状态等现场失误是由企业领导和安技人员的管理失误造成的。管理人员在管理工作中的差错或疏忽以及企业领导的决策失误对企业经营管理及安全工作具有决定性的影响。管理失误又由企业管理体系中的问题所致，这些问题包括：如何有组织地进行管理工作，确定怎样的管理目标，如何计划、如何实施等。管理体系反映了作为决策中心的领导者的信念、目标及规范，它决定各级管理人员安排工作的轻重缓急、工作基准及指导方针等重大问题。

赵立祥和刘婷婷（2009）对因果连锁理论进行综合评述时指出，亚当斯的事故因果连锁理论对分析煤矿事故的发生以及煤矿事故的预防有较好的借鉴作用，然而该理论较少涉及人的因素、工作条件和环境的因素，运用于工厂安全管理具有一定的局限性。

## 二、人失误事故模型

这类模型都有一个基本观点，即人失误会导致事故。而人失误的发生是由人对外界刺激（信息）的反应失误造成的。这些模型中都可以看见行为主义心理学的影子。

### （一）威格里斯沃思模型

威格里斯沃思（Wigglesworth）在1972年提出，人失误构成了所有类型事故的基础。他把人失误定义为“（人）错误地或不适当地响应一个外界刺激”。他认为，在生产操作过程中，各种各样的信息不断地作用于操作者的感官，给操作者以“刺激”。若操作者能对刺激做出正确的响应，事故就不会发生；反之，如果错误或不恰当地响应了一个刺激（人失误），就有可能出现危险。危险是否会带来伤害事故则取决于一些随机因素（Wigglesworth，1972）。

威格里斯沃思的事故模型是解释人失误导致事故的一般模型（见图7-3）。从这种事故模型出发防止伤亡事故，首先要预先熟悉并掌握来自系统及外界的各种刺激，能够正确辨识系统存在的各种危险因素，例如，声、光、温度、压力、颜色、烟雾等都意味着什么，什么样的信息表示系统正常、什么样的信息表示系统不正常。了解系统发生过什么事故，是由什么原因造成的，事故前有哪些症状等。这就要求行为者有熟练的危险因素辨识能力，特别是对行为者无刺激或刺激力很弱的危险因素，要使其刺激作用加强，能够为行为者所辨识。其次是熟练掌握对各种刺激做出正确反应的能力，防止失误发生。事故从发现苗头到发生以至结束，时间往往很短，因此，如果没有熟练形成条件反射的反应能力，则事故来不及控制就已经发生了。这就要求行为者具备很强的事故紧急处理能力。

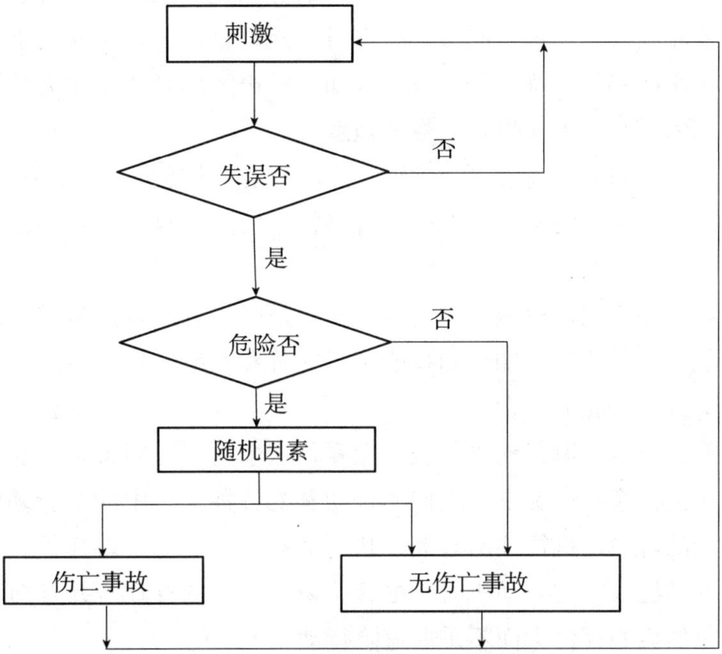


**图 7－3 威格里斯沃思模型**

## （二）瑟利模型

瑟利模型（Surry model）是在 1969 年由瑟利（Surry）提出的，是一个典型的根据人的认知过程分析事故致因的理论。该模型把人、机和环境作为一个系统，把事故的发生过程分为危险出现和危险释放两个阶段。这两个阶段各自包括一组类似人处理信息的过程，即感觉、认识和行为响应。在危险出现阶段，如果每个环节的处理都正确，危险就能被消除或得到控制；反之，就会使操作者直接面临危险。在危险释放阶段，如果人处理信息过程中的各个环节都是正确的，虽然面临已经显现出来的危险，但仍然可以避免危险的释放，不会带来伤害或损害；反之如果处理不当，危险就会转化成伤害或损害。

两个阶段具有类似的信息处理过程，每个过程均可被分解成 6 个方面的问题。下面以危险出现阶段为例，分别介绍这 6 个方面的问题的含义。

第 1 个问题：对危险的出现有警告吗？这里警告的意思是指工作环境中是否存在安全运行状态和危险状态之间可被感觉到的差异。如果危险没有带来可被感觉到的差异，则会使人直接面临该危险。在实际生产中，危险即使存在，也并不一定直接显现出来。这一问题给我们的启示就是要让不明显的危险状态充分显现出来，这往往要采用一定的技术手段和方法来实现。

第 2 个问题：感觉到了这个警告吗？这个问题有两方面的含义：一是人的感觉能力如何，如果人的感觉能力差，或者注意力在别处，那么即使有足够明显的警告信号，也可能未被察觉；二是环境对警告信号的干扰如何，如果干扰严重，则可能妨碍对危险信息的察觉和接收。根据这个问题得到的启示是：感觉能力存在个体差异，提高感觉能力要依靠经验和训练，同时训练也可以提高操作者抗干扰的能力；在干扰严重的场合，要采用能避开干扰的警告方式（如在噪声大的场所使用光信号或与噪声频率差别较大的声信号）或加大警告信号的强度。

第3个问题：认识到了这个警告吗？这个问题问的是操作者在感觉到了警告之后，是否理解警告所包含的意义，即操作者将警告信息与自己头脑中已有的知识进行对比，从而识别出危险的存在。

第4个问题：知道如何避免危险吗？这问的是操作者是否具备避免危险的行为响应的知识和技能。为了使这种知识和技能变得完善和系统，从而更有利于采取正确的行动，操作者应该接受相应的训练。

第5个问题：决定采取行动吗？表面上看，这个问题毋庸置疑，既然有危险，当然要采取行动。但在实际情况下，人们的行动是受各种动机中的主导动机驱使的，采取行动回避风险的避险动机往往与趋利动机（如省时、省力、多挣钱、享乐等）交织在一起。当趋利动机成为主导动机时，尽管认识到危险的存在，并且知道如何避免危险，但操作者仍然会心存侥幸而不采取避险行动。

第6个问题：能够避免危险吗？这问的是操作者在做出采取行动的决定后，是否能迅速、敏捷、正确地做出行动上的反应。

上述6个问题中，前两个问题都是与人对信息的感觉有关的，第3～5个问题是与人的认识有关的，最后一个问题是与人的行为响应有关的（见图7-4）。这6个问题涵盖了人的信息处理的全过程并且反映了在此过程中有很多发生失误进而导致事故的可能性。瑟利模型适用于描述危险局面出现得较慢，如不及时改正则有可能发生事故的情况。

## 三、动态变化理论

世界在不断运动变化，工业生产过程也在不断变化。针对客观世界的变化，安全工作也要随之改进，以不断适应变化了的情况。如果管理者不能或没有及时地适应变化，则将发生管理失误；如果操作者不能或没有及时适应变化，则将发生操作失误。外界条件的变化也会导致机械、设备等的故障，进而导致事故的发生。

### （一）扰动起源事故理论

1974年，劳伦斯（Lawrence）在研究伤亡事故时，提出如下假设：事故包含产生不希望的伤害的一组相继发生的事件；这些事件发生在某些活动的进程中，并伴随人员伤害和物质损失以外的其他结果。在深入研究这两个假设时，自然会得出另外的假设。例如，认为事件是导致事故的因素；每个事件的含义应该清楚，以便调查者能正确地描述每个事件。

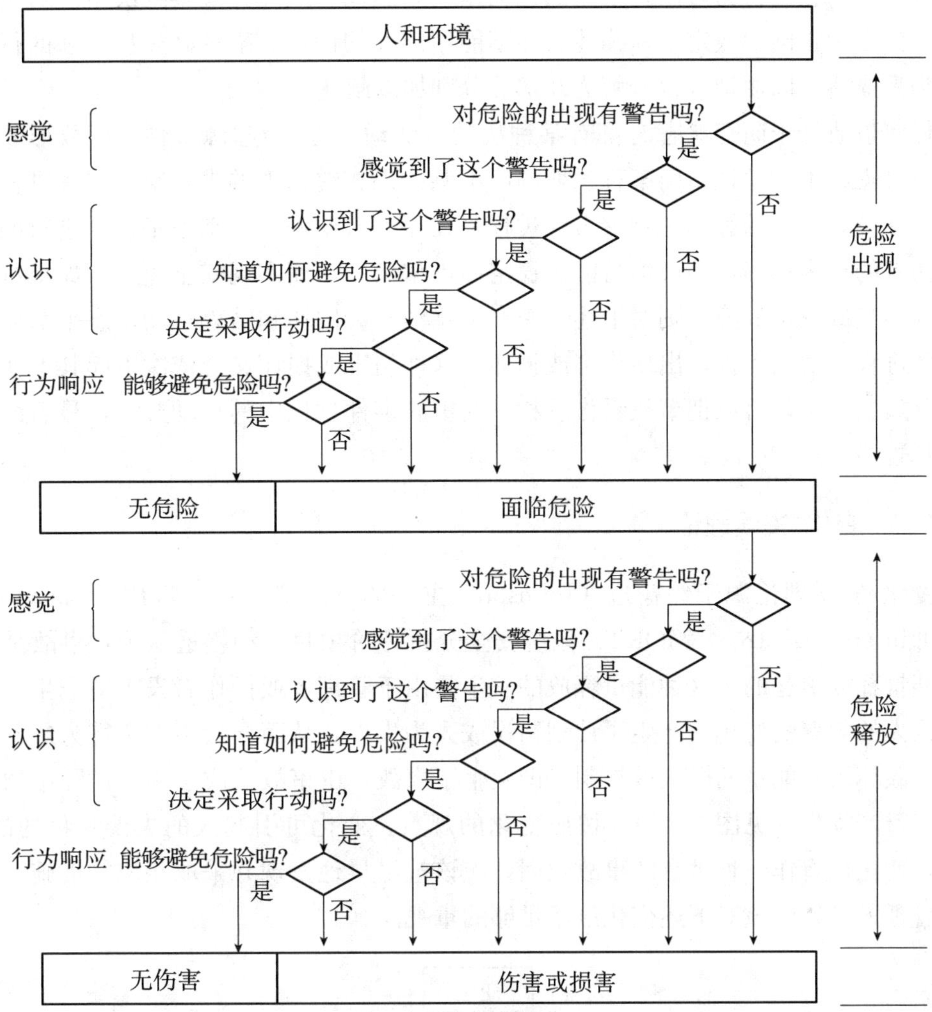


图 7-4　瑟利模型

本尼尔（Benner）提出了解释事故的综合概念和术语，以及同时把分支事件链和事故过程链结合起来用图表显示的方法。他指出，事故过程包含一组相继发生的事件。所谓事件，是指生产活动中某种发生了的事物、一次瞬间的或重大的情况变化、一次已经避免了或已经导致了另一事件发生的偶然事件。因此，可以把生产活动看作一组自觉地或不自觉地指向某种预期的或不测的结果相继出现的事件，它包含生产系统元素间的相互作用和变化着的外界的影响。这些相继事件组成的生产活动是在一种自动调节的动态平衡中进行的，在事件的稳定运动中朝预期的结果方向发展。从调查事故的目的出发，把一个事件看作某种发生了的事物、一次瞬间的或重大的情况变化、一次已避免了的或导致另一次事件发生的偶然事件。

一个事件的发生势必由有关的人或物造成。将有关的人或物统称为行为者，其举止活动（运动）则称为行为。这样，一个事件即可用术语行为者和行为来描述。行为者可以指任何有生命的载体，如司机、车工、厂长，或者任何非生命的物质，如机械、洪水、车轮。行为可以是发生的任何事，如运动、故障、观察或决策。对于行为者和行为必须正确地或定量地描述，而不能用定性的词汇。事件必须按单独的行为者和行为来描述，以便把过程分解为几部分分别加以阐述。

任何事故处于萌芽状态时都有某种扰动（活动），此为起源事件。事故形成过程是一组自觉或不自觉地指向某种预期的或不测结果相继出现的事件链。这种进程包括外界条件及其变化的影响。相继事件过程是在一种自动调节的动态平衡中进行的。如果行为者的行为得当，即可维持能流稳定而不偏离，从而实现安全生产；如果行为者的行为不当或发生故障，则对上述平衡产生扰动，会破坏和结束自动动态平衡而开始事故的进程，诱发事件，出现伤害或损坏。这种伤害或损坏又会依次引起其他变化或能量释放。于是，可以把事故看作从相继的事故事件过程中的扰动开始，最后以伤害或损坏告终。

### （二）变化-失误理论

变化-失误理论源于约翰逊（Johnson）主持的管理疏忽和危险树（management oversight and risk tree，MORT）系统安全分析评价项目。约翰逊认为：事故是由意外的能量释放引起的，这种能量释放的发生是由于管理者或操作者没有适应生产过程中物或人的因素的变化，产生了计划错误或人为失误，从而导致不安全行为或不安全状态，破坏了对能量的屏蔽或控制，即发生了事故，由事故造成了生产过程中的人员伤亡或财产损失（见图 7－5）。按照变化的观点，变化可引起人的失误和物的故障，因此，变化被看作一种潜在的事故致因，应该被尽早地发现并采取相应的措施。作为安全管理人员，应该对下述变化给予足够的重视。

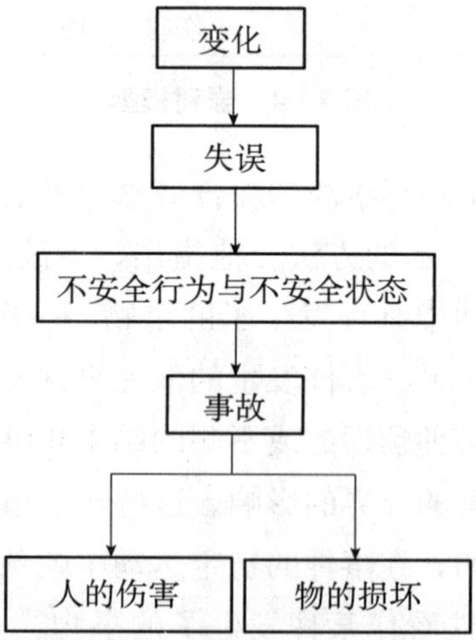


**图 7－5　约翰逊变化-失误理论**

● 企业外部社会环境的变化。企业外部社会环境，特别是国家政治或经济方针、政策的变化，对企业的经营理念、管理体制及员工心理等有较大影响，必然也会对安全管理造成影响。例如，从对新中国成立以后全国工业伤害事故发生状况的分析中可以发现，在“大跃进”和“文化大革命”时期，企业内部秩序被打乱，伤害事故均大幅增加。

● 企业内部的宏观变化和微观变化。宏观变化是指企业总体上的变化，如领导者的变更，经营目标的调整，职工大范围的调整、录用，生产计划的较大改变等。微观变化是指一些具体事物的改变，如供应商的变化，机器设备的工艺调整、维护等。

● 计划内与计划外的变化。对于有计划进行的变化，应事先进行安全分析并采取安全措施；对于不是计划内的变化，一是要及时发现变化，二是要根据发现的变化采取正确的措施。

● 实际的变化和潜在的变化。通过检查和观测可以发现实际存在的变化；潜在的变化却不易发现，往往需要靠经验和分析研究才能发现。

● 时间的变化。随着时间的流逝，人员对危险的戒备会逐渐松懈，设备、装置性能会逐渐劣化，这些变化与其他方面的变化相互作用，引起新的变化。

● 技术的变化。采用新工艺、新技术或开始新工程、新项目时发生的变化，人们由于不熟悉而易发生失误。

● 人员的变化。这里主要指员工心理、生理上的变化。人的变化往往不易掌握，因素也较复杂，需要认真观察和分析。

● 劳动组织的变化。当劳动组织发生变化时，可能引起组织过程的混乱，如项目交接不好，造成工作不衔接或配合不良，进而导致操作失误和不安全行为的发生。

● 操作规程的变化。新规程替换旧规程以后，往往要有一个逐渐适应和习惯的过程。

周博潇和朱红青（2006）对该模型进行研究分析并应用于煤矿企业时指出，它能够从微观上对各类事故的致灾原因做出解释。对于煤矿企业，由于井下开采环境条件复杂多变、各类致灾因素众多，在采掘过程中新情况、新问题经常出现，这就要求在进行管理决策时，针对这种新的变化，提出具有针对性的技术要求。另外，在进行事故调查分析时，可运用该理论的思想，识别事故发生前与正常劳动组织不同的变化，这种变化往往就是事故致灾的原因。当某一生产过程或者操作失去控制时会发生变化，变化包括预期有计划的变化和意外的变化。大多数事故原因都与变化有关。所以说，变化会导致事故的发生，但变化也可用来创造一些安全条件。变化可被用作一种判断事件因果的方法，因此，应该把变化当作一种评价事故发生可能性的依据来加以研究。在改进生产过程和建设新厂矿或新的工艺流程时，应把估计到的危险排除在系统之外，有计划地减少和避免因变化而导致发生事故隐患的可能性。

## 第三节 职业安全因素

职业安全行为指员工在工作过程中所表现出来的与职业安全相关的行为。这种行为不仅依赖于组织中的环境氛围、管理培训，还取决于个体自身的态度、经验和心理特征，这些因素互相影响、共同作用。本节所涉及的影响因素见图 7-6。

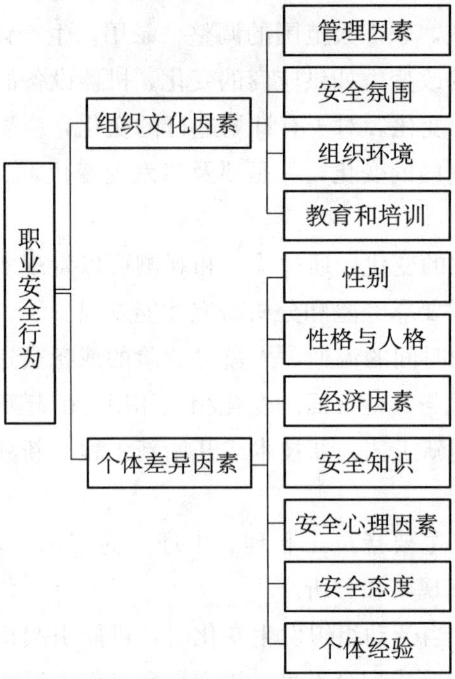


**图 7-6　职业安全行为影响因素**

事故致因理论认为，在可预防的工业事故中，多数是由人的不安全行为或物的不安全状态引起的，人的不安全行为是导致事故发生的直接原因。然而，不安全行为是能引发事故的人的行为差错，是人的一种主观行为，它的产生是多种因素造成的，不但受很多外界因素的影响，而且不同人群有不同的行为特征，由思想、情感、动机所支配，是内在心理活动的外在表现，即行为与内在因素不可分割。

## 一、人格因素

尽管人的性格很复杂，但一旦形成，人们便会以一种较为稳定的态度和行为方式去认识和对待周围的事物。国外一些研究表明，事故的发生率和员工的性格有非常密切的关系，无论操作人员的技术有多好，如果没有良好的性格特征，也常常会发生事故。莫斯科大学的社会学家对司机性格与安全驾车的研究表明，稳定的性格是安全驾车的重要保障。因此，企业通过安全教育、工作实践等途径培养员工认真负责、注重安全的性格将会给安全生产带来巨大的裨益。

霍根（Hogan）与佛斯特（Foster）认为，职业安全绩效可以分为六个维度：依从性（compliant）、自信（confident）、情绪稳定性（emotionally stable）、警惕性（vigilant）、仔细（cautious）和可训练性（trainable）。研究表明，在这几个维度上得分较高的个体相对于得分较低的个体经历了更少的职业危险和伤害（Hogan & Foster，2013）。这几个维度又分别体现在安全行为的不同方面。依从性体现在个体对规则的遵守，能够按照安全规范操作，因此更能够避免由于员工自身随意操作而产生的危险行为；自信体现在员工在压力下的平稳状态，高自信的人在高压状态下能够表现出更加安全的职业行为；情绪稳定性体现了个体对情绪（尤其是愤怒情绪）的控制，情绪稳定性高有利于员工保持冷静，因此能够表现出较高的职业安全行为；警惕性指的是员工在工作状态中能够始终保持警惕，及时发现危险状况，有效防止职业危险行为的发生；仔细指员工在工作中操作小心认真，避免因马虎等原因而出现危险；可训练性指个体的学习能力，即在接受安全培训以后能够有效而规范地进行操作的一种能力。从这项研究可以看出，不同的人格特征对应着职业安全行为的不同方面，一些特征也许可以通过培训得到提升，但另一些却不能。因此，人力资源在招聘员工时要充分考虑员工的人格特征，尽量做到性格与工作岗位的匹配。后期的研究发现，尽责性（conscientiousness）和认知失调（cognitive failure）对职业健康也有影响，尽责性越高、认知失调越低的个体职业安全性越高（Wallace & Chen，2006）。

## 二、安全知识

安全知识是安全操作的前提条件，也是预防事故发生的必备知识。生产过程中人的行为可划分为反射、规则和知识三个层次。其中知识层次的行为是最高层次的行为。操作者受已有的知识、概念左右，可能做出错误的推论或因对事故原因考虑不足而导致失误。掌握必要的安全知识对安全的操作行为具有指导意义。由于知识和经验的限制，年轻工人和新工人不安全行为出现得较多，比任一年龄组的职业伤害率都高。安全知识得分降低，个人安全行为得分也会随之降低，即安全知识掌握欠缺的职工倾向于采取不安全的操作行为。缺乏安全生产知识是不安全行为产生的重要原因。企业应该加强教育和训练，提高其知识水平和操作技能，避免不安全行为的发生。

## 三、情绪因素

人的行为是心理活动通过环境展现出的外在表现，心理与行为不可分割。不安全行为产生的原因，从主观上讲，人的心理因素占据了重要位置。事故组中情绪不稳定的职工比非事故组多。应激是情绪的一种表现形态，在紧急情况下能够采取措施化险为夷对预防事故发生具有重要意义。

## 四、安全态度

态度是影响员工行为的重要因素之一，安全态度对人的安全行为具有指导性和动力性影响，它支配着人们在企业生产活动中对待安全问题会做出何种反应及如何做出反应。在人的因素中，认识过程的心理原因、事故发生前的心理状态、不遵守操作规程的心理及个性心理等心理因素占很大比重。此外，安全心理因素对个人安全行为的影响较大，安全心理状态越积极，个体操作行为就越安全，工作中麻痹大意、对发生的小事故漫不经心是职业事故的危险因素。持积极安全态度的员工工作认真负责，严格遵守操作规程；持消极安全态度的员工则忽视安全工作，甚至为了提高效率，冒险蛮干。因此，不同的安全态度决定着人的安全行为和工作方式。忽视安全、对工作不认真负责、认为安全操作会影响工作效率的员工发生事故的危险性大。安全态度与员工的需要及其满意程度、价值观念、安全知识、工作经验、技术水平及群体的影响等因素有关（李永娟 等，2011）。

## 基本概念

职业安全　　职业安全行为　　事故致因理论

## 本章要点

**要点一：什么是职业安全**

从定义来看，职业安全指职业人群安全健康保障要素的总和。它也是某个阶段、某种社会经济条件下从业人员现实安全卫生状况的反映。而现代职业安全从管理角度讲，要求就业岗位（作业场所）的开创和存续，其现场环境和劳动条件必须符合现行法律法规和有关标准的规定，以满足从业者在生产劳动过程中的身体健康和生命安全的最低要求。

职业安全行为是人们在劳动生产过程中遵守作业规程并在出现危险和事故时能够保护自身和保护设备、工具等物资的一切行为。职业安全的一个重要体现就是安全绩效。所谓安全绩效，通常被定义为企业在安全生产管理方面的整体表现。传统的安全绩效是企业因为管理措施不当或者缺失而导致人员的伤亡、设备的损坏等情况，同时包含了安全事故的损失估计与事故处理和安全设施、安全检查的情况。

**要点二：事故致因理论**

事故致因理论是解释事故发生的重要理论，其形成了比较完善的理论体系，不同的学者从事故发生的不同方面和角度入手，分别解释了事故发生的原因。

**要点三：心理学因素对职业安全行为的影响**

职业安全行为指的是员工在工作过程中所表现出来的与职业安全相关的行为。这种行为不仅依赖于组织中的环境氛围、管理培训，还取决于个体自身的态度、经验和心理特征，这些因素互相影响、共同作用。

## 复习思考

1. 什么是职业安全与职业安全行为?
2. 事故致因理论的核心内容是什么? 不同模型之间的相同点和不同点有哪些?
3. 职业安全行为的影响因素有哪些?
4. 如何有效促进职业安全行为?

## 拓展阅读

Clarke, S., Probst, T. M., Guldenmund, F., & Passmore, J. (2015). *The Psychology of Occupational Safety and Workplace health. The Wiley Blackwell Handbook of the Psychology of Occupational Safety and Workplace Health.* John Wiley & Sons, Ltd.

Heinrich, H. W. (2011). Industrial accident prevention. a scientific approach. *Industrial & Labor Relations Review*, *4* (4), 609-609.

Kotzé, M., & Steyn, L. (2013). The role of psychological factors in workplace safety. *Ergonomics*, *56* (12), 1928-1939.

Wallace, J. C., & Vodanovich, S. J. (2003). Workplace safety performance: conscientiousness, cognitive failure, and their interaction. *Journal of Occupational Health Psychology*, *8* (4), 316-327.

# 第八章
# 职业健康与安全管理

**【学习目标】**

通过本章的学习，希望达到以下四个目标：

1. 了解职业健康与安全管理体系的基本内容。
2. 了解国外职业健康安全管理培训的发展现状。
3. 了解我国职业安全与健康培训建设的现状。
4. 了解职业安全与健康培训的基本步骤。

## 章节导引

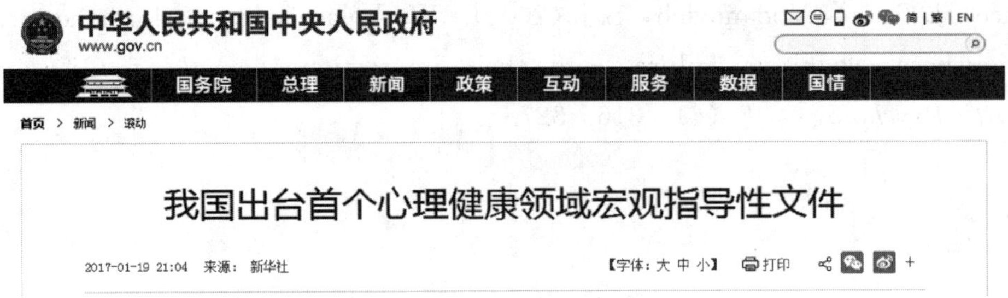


心理健康宏观政策

新华社北京1月19日电（记者 陈聪、王宾）国家卫生计生委等22个部门近日共同印发我国首个针对加强心理健康服务的宏观指导性文件，提出加强职业人群、老年人、妇女、儿童、残疾人等重点人群心理健康服务。

《关于加强心理健康服务的指导意见》提出，坚持预防为主、以人为本，党政领导、共同参与，立足国情、循序渐进，分类指导、规范发展的原则，要求到2020年，各领域各行业普遍开展心理健康教育及心理健康促进工作，全民心理健康意识明显提高；到2030年，符合国情的心理健康服务体系基本健全，全民心理健康素养普遍提升。

针对职业人群工作压力大、职业倦怠比例高的现状，意见要求各机关、企事业和其他用人单位制定实施员工心理援助计划，为员工提供健康宣传、心理评估、教育培训、咨询辅导等服务。为处于特定时期、岗位、经历特殊事件的员工，提供心理疏导和援助。

相关调查显示，老年人，孕产期及遭受性侵、家暴的妇女，留守儿童，残疾人是心理健康服务的重点对象。意见要求各级政府及有关部门通过培训专兼职社会工作者和心理工作者等途径，为重点人群提供心理辅导、情绪疏解、纠纷调解等多种形式的心理健康服务。

意见强调，各级政府要切实加强对心理健康服务工作的组织领导，相关部门要切实落实责任，推动心理健康服务科学、规范、有序发展。

资料来源：中国政府网，https://www.gov.cn/xinwen/2027-01/19/content_5161363.htm.

# 第一节 职业健康与安全管理体系

我国正处于经济社会快速发展、各项社会矛盾突出的阶段，职业健康与安全隐患积存已久，是我国生产力进一步发展以及建设以人为本的社会的一大阻碍。因此，借鉴发达国家在职业健康与安全问题上的先进经验，完善我国的安全生产管理体系、推行具有针对性的职业健康与安全培训对于当前我国经济建设至关重要。本章将简要介绍职业健康安全管理相关制度产生的背景、发达国家的经验并分析我国目前职业健康安全培训机制的现状和存在的问题。

职业安全健康管理体系（occupational safety and health management system，OSHMS）是一种科学、先进、动态的现代安全生产管理模式，是组织为提升自己的社会关注度、降低组织损失所建立的自律性的职业安全健康与环境保护的管理制度以及与此相关的完善配套体系。职业安全健康管理体系的标准自1995年从西方发达国家引入我国以来，受到了国内安全生产领域的相关部门和各层次人士的高度关注与积极响应，尤其是我国加入WTO和《中华人民共和国安全生产法》的颁布、实施，给我国职业安全健康管理工作带来了新的发展机遇和挑战。

## 一、罗本斯报告

20世纪60年代，英国正处于工业高速发展的时期，但与此同时，工作场所事故频发，职业病问题日益严重。当时的职业安全与健康立法被认为过于烦琐且零散，难以有效预防事故的发生。众多的法规和监管机构导致执行效率低下，企业和员工对安全责任的认识也存在混乱。为了解决这些问题，英国政府于1970年成立了由罗本斯勋爵领导的英国工作安全与卫生委员会（Committee on Safety and Health at Work），对英国当时的职业安全与健康立法进行全面审查，并提出改进建议。1972年，该委员会发布了具有里程碑意义的《国家职业安全健康概况》，即著名的罗本斯报告（Robens Report）。这份报告对英国乃至全球的职业安全与健康管理体系产生了深远影响。

**1. 罗本斯报告的主要发现**

罗本斯报告通过广泛的调查和研究，发现了英国职业安全与健康管理体系中存在的主要问题。

● 立法过于复杂：现有的法律法规数量众多，内容繁杂，导致企业难以全面了解和遵守，监管机构也难以有效执行。

● 责任不明确：企业、员工和政府之间的安全责任划分不清晰，导致责任推诿，影响了安全管理的有效性。

● 监管体系分散：多个监管机构职能重叠，缺乏统一协调，导致资源浪费和监管漏洞。

● 缺乏预防性措施：过于依赖事故发生后的处罚和补救，缺乏系统性的预防策略和主动管理。

**2. 罗本斯报告的主要建议**

● 简化立法，建议制定一部综合性的《工作安全与健康法》（Health and Safety at Work Act）取代现有的零散法规，实现立法的统一和简化。

● 明确各方责任，倡导自我监管，强调企业和员工应主动承担安全责任，政府应提供指导和支持，而非全面监管。

● 建议成立一个独立的国家级机构，负责职业安全与健康的监管和协调，提高监管效率。

● 倡导提高全社会的安全意识，通过教育和培训来预防事故的发生。

● 引入系统的安全管理方法，鼓励企业采用系统性的安全管理体系，持续改进安全绩效。

**3. 罗本斯报告的影响与后续发展**

罗本斯报告发布后，对英国的职业安全与健康管理产生了深远影响。

● 立法改革：1974 年，英国颁布了《工作安全与健康法》，这部法律以罗本斯报告的建议为基础，成为英国职业安全与健康领域的核心法律。

● 成立健康与安全执行局：根据报告建议，英国成立了健康与安全执行局（Health and Safety Executive，HSE），作为统一的监管机构，负责全国的职业安全与健康事务。

● 推动安全文化的转变：报告强调了预防为主、自我监管的理念，促进了企业安全文化的转变，增强了全社会的安全意识。

## 二、罗本斯报告的国际影响

罗本斯报告的理念在全球范围内得到了广泛的认可和接受。其不仅在英国国内对职业安全与健康立法有深远影响，还对其他国家的职业安全与健康管理产生了深远影响，如美国、澳大利亚、新西兰等国都参考了该报告的建议，完善了各自的安全管理体系。

### （一）美国的职业安全与健康管理体系

1970年，美国国会通过了《职业安全与健康法》，并成立了美国职业安全与健康管理局（Occupational Safety and Health Administration，OSHA）。这一立法深受罗本斯报告的影响，强调了政府、雇主和员工在确保工作场所安全和健康方面的共同责任。OSHA的成立标志着美国职业安全与健康管理的正式开始，旨在通过制定和执行标准来减少工作场所的危险，保障工人的安全和健康。

1996年，美国工业卫生协会（AIHA）在多年的职业安全与健康管理的实践基础上，制定了《职业安全健康管理体系》（OSHMS）指导性文件。这一文件的出台背景是20世纪末美国企业面临日益复杂的健康与安全问题，AIHA旨在通过这一文件帮助企业系统化地识别、评估和控制工作场所的健康与安全风险。该文件成为美国及其他国家制定类似标准和管理体系的重要参考。

### （二）澳大利亚和新西兰的职业安全与健康管理体系

1997年，澳大利亚和新西兰共同提出了《职业安全健康管理体系原则、体系和支持技术通用指南》（General Guidelines on the Principles，Systems and Supporting Techniques of Occupational Safety and Health Management Systems）草案。这一草案的制定背景是两国在20世纪90年代末对工作场所安全的日益关注。草案旨在为企业提供一个框架，帮助其在遵守国家法规的基础上，进一步提升工作场所的安全和健康标准。

### （三）日本的职业安全与健康管理体系

2001年，日本工业安全卫生协会（Japan Industrial Safety and Health Association，JISHA）制定并发布了《职业安全卫生管理体系导则》（Guidelines for Occupational Safety and Health Management Systems）。这一导则的制定背景是日本在20世纪90年代经历了经济泡沫破裂后，企业有成本控制与员工安全之间的平衡需求。JISHA的导则旨在通过系统化的管理帮助企业减少职业危害，提高生产效率，并提升员工的安全感和满意度。

### （四）挪威船级社的职业安全与健康管理体系认证标准

1997年，挪威船级社（Det Norske Veritas，DNV）制定了《职业健康安全管理体系认证标准》（Occupational Health and Safety Management System Certification Standard）。这一标准为全球企业提供了一个认证体系，帮助其达到国际认可的职业安全与健康标准。DNV 的标准强调了风险管理和持续改进的重要性，是对罗本斯报告理念的延续和发展。

### （五）英国职业安全与健康评价系列

1999 年，英国标准协会（British Standards Institution，BSI）与挪威船级社等 13 个组织联合推出了职业健康安全评价系列（Occupational Health and Safety Assessment Series，OHSAS），包括 OHSAS 18001《职业健康安全管理体系——规范》（Occupational Health and Safety Management Systems—Requirements）和 OHSAS 18002《职业健康安全管理体系——OHSAS 18001 实施指南》（Occupational Health and Safety Management Systems—Guidelines for the Implementation of OHSAS 18001）。OHSAS 18001 的制定背景是全球企业对统一职业安全健康管理标准的强烈需求。该标准提供了一个国际认可的框架，帮助企业识别和控制工作场所的风险，并持续改进其安全与健康管理绩效。

以上各国的职业安全与健康管理体系的发展都深受罗本斯报告的影响。这些体系通过不断完善和创新，为全球企业提供了有效的管理工具和标准，帮助其应对复杂的健康与安全挑战，保障员工的职业安全与健康。随着这些标准和指导文件的发布与实施，全球范围内的职业安全与健康管理水平得到了显著提升。

## 三、职业安全与健康管理的基本原则

### （一）戴明与 PDCA 循环

威廉·爱德华兹·戴明（William Edwards Deming，1900—1993）是美国著名的统计学家、教授、作家和顾问，被誉为现代质量管理的奠基人之一。他的工作在推动质量管理和管理科学的发展中发挥了重要作用，特别是在日本，戴明的质量管理理念和方法帮助日本在第二次世界大战后快速崛起为世界制造业强国。戴明出生在美国艾奥瓦州，1921 年从怀俄明大学获得电气工程学士学位，1925 年从科罗拉多大学获得数学和物理学硕士学位，1928 年从耶鲁大学获得物理学博士学位。随后，他在美国农业部、美国人口普查局等机构担任统计学家和顾问。戴明最为人知的贡献之一是 PDCA 循环，也称为戴明循环。这一循环包括计划（Plan）、执行（Do）、检查（Check）和整改（Act）四个阶段，旨在推动持续改进。PDCA 循环强调通过不断的反馈和调整来提升质量和效率。这一方法被广泛应用于质量管理、项目管理和各类业务流程的改进中。第二次世界大战结束后，戴明受邀前往日本帮助该国重建工业基础。他的统计过程控制（SPC）和质量管理方法对日本企业产生了深远影响，帮助日本企业提高了生产效率和产品质量。1950 年，他在日本经济团体联合会发表演讲，推广他关于质量管理的理念。此后，日本设立了以他命名的“戴明奖”，该奖项至今仍是日本质量管理领域的重要荣誉。戴明在晚年继续撰写关于管理和质量控制的书籍，并为世界各地的公司和政府提供咨询服务。他的著作《转危为安》（Out of the Crisis）和《新经济观》（The New Economics）至今仍被视为质量管理和企业经营的经典（Deming，1982）。戴明的思想不仅在制造业中得到了广泛的应用，还在教育、医疗、公共管理等领域产生了影响。他强调以系统思维、科学方法和数据驱动的决策为基础，持续推动改进和创新，这些理念依然在全球范围内影响着现代管理实践。

## （二）职业健康安全管理框架

职业健康安全管理体系（OHSMS）的核心是计划-执行-检查-整改（PDCA）的戴明循环原则（见图 8－1）。这一原则为企业和组织提供了一种系统化、持续改进的管理方法，旨在不断优化职业安全与健康（OSH）绩效，确保工作场所的安全性和员工健康。

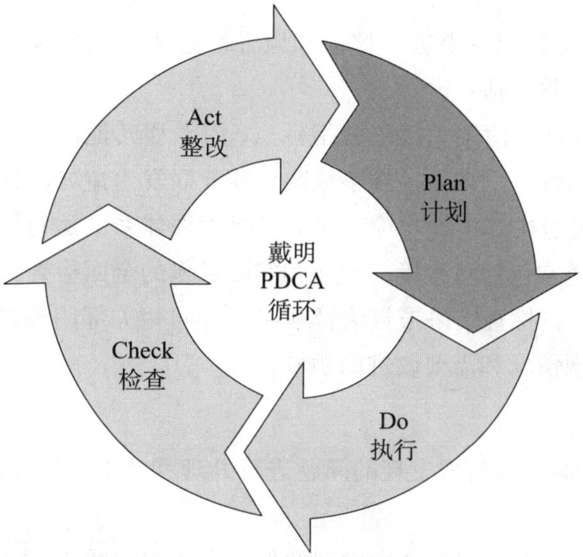


**图 8－1　戴明与 PDCA 循环**

### 1. 计划

在 PDCA 循环的"计划"阶段，组织需要识别并评估潜在的职业健康和安全风险，设定目标，并制定相应的行动计划。这一阶段的关键步骤包括：

● 风险评估：通过系统地识别工作场所的各种危害，评估其潜在影响和发生的可能性。这一过程通常包括对工作流程、设备和环境条件的详细分析。

● 法律和合规要求：了解并遵循适用的法律法规和行业标准，确保所有的安全健康措施都符合最低要求。

● 目标设定：根据风险评估结果和法律要求，设定可量化的职业安全与健康目标，例如降低事故率、减少职业病的发生等。

● 行动计划制定：设计具体的行动计划，包括分配资源、制定时间表、确定责任人等，以实现设定的目标。

**2. 执行**

“执行”阶段是将计划付诸实践的过程。在这个阶段，组织需要实施前一阶段制定的行动计划，并采取必要的措施来控制和减少职业健康与安全风险。关键活动包括：

● 实施控制措施：根据行动计划，采取预防措施或风险控制手段，例如改进设备、加强员工培训、优化工作流程等。

● 教育与培训：确保所有员工理解并能够遵循职业安全与健康政策和程序，通过培训提高他们的安全意识和技能。

● 资源配置：确保执行计划所需的资源，包括人力、物力和财力的充分配置，以支持安全健康管理的各项活动。

**3. 检查**

“检查”阶段是对执行效果进行评估和监控的过程，以确保计划的实施能够达到预期的目标。关键步骤包括：

● 绩效监控与评估：使用关键绩效指标（KPI）和其他监控工具，定期评估安全健康管理措施的有效性。例如，监控事故率、职业病发生情况、员工的安全行为等。

● 内部审核：通过内部审计，检查安全健康管理体系的运行情况，识别潜在的问题和不足之处。这通常包括对政策、程序和实际操作的全面检查。

● 报告与反馈：将检查结果报告给管理层，并向相关部门和员工提供反馈，以便他们了解体系的表现情况和需要改进的领域。

**4. 整改**

“整改”阶段是对检查阶段发现的问题进行处理和改进的过程，以实现持续优化。关键步骤包括：

● 问题纠正与预防：针对检查中发现的偏差和不足，采取纠正措施，避免问题的再次发生。同时，分析问题产生的根本原因，实施预防措施，防止类似问题的发生。

● 实施改进措施：在纠正问题的同时，寻找并实施进一步优化职业安全与健康管理的措施，例如引入新的技术、调整管理流程等。

● 重新评估和调整：对改进措施的效果进行重新评估，确保其能够有效改善安全健康绩效。如果需要，调整目标和计划，开始新一轮的 PDCA 循环。

**5. PDCA 循环的优势**

PDCA 循环的最大优势在于其连续性和系统性。通过不断的计划、执行、检查和整改，OHSMS 能够帮助组织持续识别和控制工作场所的风险，推动职业安全与健康管理的持续改进。此外，PDCA 循环也有助于增强组织的应变能力，使其能够及时应对变化的法律法规和行业标准，保持安全健康管理的合规性。PDCA 循环为职业安全健康管理提供了一个逻辑性强、结构清晰的框架，它不仅可以帮助组织系统地管理职业安全与健康问题，还促进了组织文化中安全意识的不断提升。这一原则在全球范围内被广泛应用，为许多企业和组织提供了持久的安全健康改进动力。

### （三）职业安全与健康管理的工具

在职业安全与健康管理体系中，标准化的工具和流程为组织提供了一套一致性强、易于实施的管理手段，这些工具能够有效评估和改善工作场所的安全与健康绩效。以下是 OHSMS 中常用的一些标准化工具。

**1. 风险评估工具**

风险评估工具是 OHSMS 中的核心部分，用于系统性地识别和分析工作场所中的潜在危险。常见的风险评估方法包括故障模式与影响分析（FMEA）、危害与可操作性研究（HAZOP）以及作业危害分析（JHA）。这些工具可以帮助组织确定风险的严重性和发生概率，并优先处理最关键的风险。

**2. 安全审计与检查表**

安全审计是一种用来评估组织现行的安全健康措施是否符合规定标准的工具。标准化的检查表是安全审计的重要组成部分，这些检查表涵盖了从设备安全、操作规程到员工行为的各个方面。通过这些标准化的检查表，组织能够确保审计过程的全面性和一致性，发现并纠正潜在的安全隐患。

**3. 绩效监控与报告工具**

OHSMS 中广泛使用的绩效监控工具包括关键绩效指标和安全健康信息管理系统（SHIMS）。这些工具通过定量分析员工的安全行为、事故率、职业病发生率等数据，帮助组织持续监控其安全健康管理的成效。通过定期的绩效报告，管理层可以及时发现问题，并采取必要的改进措施。

**4. 培训与能力评估工具**

OHSMS 还包括一套标准化的培训与能力评估工具，以确保所有员工具备必要的安全知识和技能。这些工具通常包括培训课程、能力测试以及评估问卷，以确保员工能够正确理解并遵循安全规程。标准化的培训内容不仅提高了培训的有效性，也有助于员工理解和执行组织的安全政策。

**5. 事故调查与根本原因分析工具**

当工作场所发生事故时，OHSMS 中的标准化工具（如根本原因分析（RCA））可以帮助组织深入调查事故原因，并制定预防措施。通过工具化的分析流程，组织能够确保每次事故调查的彻底性和系统性，避免类似事故的再次发生。

**6. 文件管理与记录工具**

标准化的文件管理系统是 OHSMS 的重要组成部分，用于管理安全政策、操作规程、培训记录和事故报告等文件。这些工具可以帮助组织保持良好的文件记录，并确保相关文件的更新和访问权限的管理。

通过这些标准化工具的使用，OHSMS可以帮助组织系统性地管理工作场所的安全健康，提升管理的效率和效果，确保组织在全球范围内的安全健康管理实践的可比性和可操作性。

# 第二节 职业安全与健康培训

发达国家通常将其国内生产总值的相当大的一部分投资于在职培训和职业教育，这反映了它们对劳动力发展的重视。例如，美国通用电气公司（GE）历史上对六西格玛培训项目进行了大量投资，在六西格玛实施高峰期，初始投资达到数亿美元的规模。这种投资水平凸显了这些组织对职业安全与健康的重视，以及它们因此积累的丰富的制度经验。在本节，我们将简要介绍几个具有代表性的国家和国际组织的职业安全与健康培训模式，为我国相关制度的建设提供思路和借鉴。

## 一、国际劳工组织的职业安全与健康模式

国际劳工组织（ILO）的职业安全与健康模式为全球的职业安全与健康管理提供了一个全面的框架。作为全球劳动权利的捍卫者，ILO通过制定国际标准、提供技术支持以及促进社会对话，推动各国政府、雇主和工人共同努力，改善工作条件，保障劳动者的安全与健康。

### （一）基本结构

ILO的职业安全与健康模式由以下几个关键部分组成。

● 政策框架：ILO鼓励各国制定全面的职业安全与健康政策。这样的政策应当基于风险评估，覆盖所有行业和劳动群体，特别关注最脆弱的劳动者。政策框架强调预防为主，通过系统的预防措施减少职业病和工伤事故的发生，从而提高整体劳动生产率。

● 法律框架：ILO的多个国际公约和建议书为全球的职业安全与健康立法提供了参考依据。《职业安全与卫生公约》（C155）和《职业卫生服务公约》（C161）是其中的代表性公约，它们为各国制定相关法律提供了详细的指导。这些公约为保障劳动者的安全与健康权利奠定了法律基础，促进了各国相应的法律体系的完善。

● 社会对话：ILO非常重视政府、雇主和工人之间的社会对话。通过这种多方参与的沟通机制，职业安全与健康政策能够更好地反映不同利益相关者的需求，并在实施过程中得到广泛支持。社会对话的核心在于确保工人在制定和执行安全与健康措施时能够有发言权，从而更好地保护自身利益。

● 技术支持与培训：ILO为各国政府和企业提供技术支持与培训，帮助其有效落

实职业安全与健康措施。这些支持涵盖技术指导、能力建设、培训课程以及示范项目等多个方面。通过系统化的培训，ILO 提升了各级管理人员和工人的安全意识和技能，从而能更有效地预防和应对工作场所的风险。

### （二）应用与挑战

ILO 的职业安全与健康模式已经在全球范围内广泛应用。例如，许多发展中国家通过 ILO 的技术支持，成功制定并实施了适合本国国情的职业安全与健康政策与法律。这些政策显著减少了职业病和工伤事故的发生，提升了劳动者的生活质量和工作满意度。

然而，ILO 也面临着挑战。新兴经济体和发展中国家在实施职业安全与健康法律方面仍存在较大差距。此外，随着新技术和新工作模式的出现，如远程办公和自动化操作，职业安全与健康领域也面临新的挑战。这些都要求 ILO 不断更新和完善其职业安全与健康标准，并为各国提供更多的技术支持。

通过与各国的合作，ILO 致力于实现职业安全与健康标准的更广泛普及，使全球劳动者在更加安全、健康和体面的工作环境中工作。这一模式的成功实施不仅有助于降低工作场所的风险，也提升了全球劳动者的幸福感和生产力，最终为社会经济发展提供强有力的保障。

## 二、美国职业安全与健康培训

1970 年美国颁布实施了《职业安全与健康法》，这是世界上第一个以职业安全与健康命名的法案，它不仅为美国的职业安全与健康法规体系奠定了基础，而且为政府、行业协会、企业等相关单位的职业安全健康培训提供了法律保障和工作指导。美国政府部门和行业协会所组织的职业安全健康培训具有鲜明的特点，其培训内容兼顾通用性和专业性、培训方式灵活实用、管理过程严谨规范、培训效果认可度较高。

### （一）美国职业安全健康培训法规

美国并未对职业安全培训工作进行单独立法，而是将其纳入职业安全健康法规的管辖范围，建立了以《职业安全与健康法》为指导和基础，以管理局系列标准为核心内容，由各州或地区结合自身情况进行调整、完善，再由行业协会进一步补充、细化的单主线、多层次的法规体系。

《职业安全与健康法》明确规定了国家及各州相关部门和人员在职业安全与健康培训中的职责，如劳工部部长、卫生与公共服务部部长及其他联邦机构人员商讨后，不仅要实施培训计划来培养各自部门的工作人员和执法人员，而且要负责建立企业雇主与雇员培训计划的运行和监督机制。

基于《职业安全与健康法》，OSHA 制定并颁布了系列标准，涵盖一般工业、建筑、农业、海事等领域，其中的专业内容已细化为专项标准，如可燃液体、受限空间作业、个人防护用品等安全健康标准。同时，OSHA系统梳理了标准中涉及的职业安全健康培训的相关内容和要求，并总结了培训组织实施的流程和步骤，编制了《OSHA系列标准中的培训要求与培训指南》，用以指导雇主对雇员开展培训。

由于美国是联邦制国家，各州或地区可根据自身情况直接采用OSHA系列标准，或颁布实施适用于本州或地区的、严于OSHA系列标准的、经过OSHA批准的职业安全健康计划。因此，各州或地区的职业安全健康的培训内容及要求等与联邦政府的OSHA系列标准一致，甚至会更加具体和严格。

美国的各行业协会对于职业安全健康及相关培训都有具体的要求，如代表石油和天然气相关企业的美国石油协会（American Petroleum Institute，API）既有独立命名的职业安全培训标准，如下水急救人员培训标准（API RP T-7）等，也有包含培训内容的安全标准，如承包商和业主安全计划实施（API RP 2221）等。行业协会标准如果没有被国家、州或地区采用，就不具有强制性，企业可自行选择是否执行。

## （二）美国职业安全健康培训体系

美国职业安全健康法规所要求的培训主要由OSHA、美国国家职业安全与健康研究所（NIOSH）及各行业协会来实施。

作为联邦政府管理机构，OSHA的主要职责是制定和执行职业安全健康的法规标准，并提供相关信息咨询、培训教育和资助项目等。在培训教育方面，OSHA设置了培训教育理事会（DTE），负责开发、指导、维护和管理全国范围内由OSHA提供的培训计划、课程、教材与相关咨询等（见图8-2）。

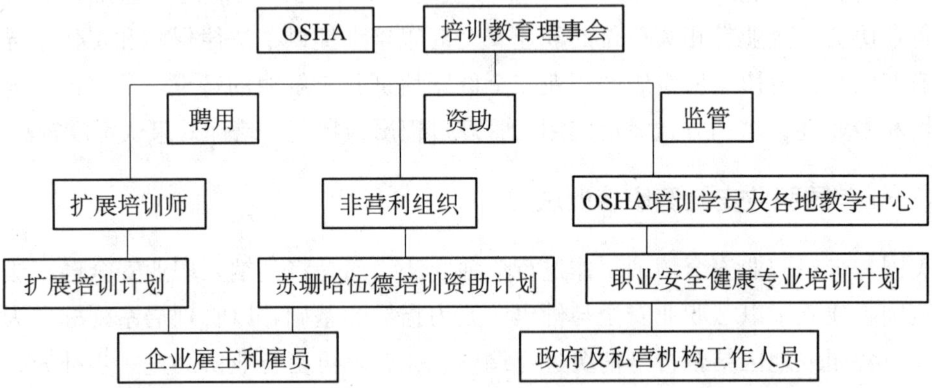


**图8-2 OSHA的培训组织机构及培训项目**

资料来源：苏国胜 等，2014.

### 1. 扩展培训计划

扩展培训计划（outreach training program）是美国OSHA主办的一项自愿性培训计划，为企业雇主和雇员提供职业安全与健康专项培训，内容涵盖了作业场所危害的识别、消减、避免和预防，以及如何提交诉状、雇员的权利和雇主的职责等。虽然企业可自由选择是否采用该培训项目，但是一旦选择就必须遵守OSHA制定的《扩展培训计划要求》。为了规范扩展培训计划的管理、确保培训质量，要求中明确规定了培训主题、方式、时间、教材以及培训班规模、师资、学员验证反馈等具体内容。

扩展培训计划的实施工作由经过OSHA培训、考核和授权的扩展培训师承担。而培训师通常是来自咨询公司等私营机构职业安全与健康领域的专职培训人员，这些人员每4年需要接受一次OSHA组织的继续教育。扩展培训计划课程分为10学时或30学时，前者适合入厂新员工，后者适合具有一定安全职责的监管人员和作业人员。鉴于良好的培训效果，部分州及地区颁布了相关法规强制执行扩展培训计划。很多企业也将OSHA扩展培训计划与自己的安全健康整体培训计划相融合。

**2. 苏珊哈伍德培训资助计划**

苏珊哈伍德培训资助计划（Susan Harwood training grant program）是由OSHA提供的一项竞争性资助计划。该计划旨在通过向非营利组织提供资金支持，帮助雇主、工人识别和预防工作场所的安全与健康危害，并告知工人他们的权利以及雇主根据职业安全健康法所承担的责任。

该计划的历史可以追溯到1978年，当时被称为“新方向”（New Directions）计划。1990年，由于资金限制，该计划进行了重组。1997年，为了纪念已故的苏珊哈伍德——OSHA健康标准局风险评估办公室的前主任，该计划被重新命名为苏珊哈伍德培训资助计划。苏珊哈伍德博士在OSHA工作了17年，帮助制定了多项保护工人免受血源性病原体、棉尘、苯、甲醛、石棉和铅等有害物质暴露的标准。

苏珊哈伍德培训资助计划提供的资金主要用于以下三个领域：

● 针对性主题培训（targeted topic training）：支持能够识别和预防工作场所危害的教育项目。

● 培训和教育材料开发（training and educational materials development）：支持开发高质量的、可直接落地课程（classroom-ready program）的培训和教育材料，以识别和预防工作场所的危害。

● 能力建设（capacity building）：支持组织开发新的培训计划，以评估需求和规划全面的安全与健康教育计划，扩大其为工人和雇主提供工作场所安全与健康培训、教育和相关援助的能力。

2022年，OSHA宣布将超过1 200万美元的资金用于该培训资助计划，其中包括针对性主题培训、培训和教育材料开发以及两种新的能力建设资助：能力建设试点和能力建设发展资助。申请者需要通过Grants. gov提交申请，并且必须在规定的截止日期之前完成。

此外，OSHA还鼓励获得授权的扩展培训机构将其培训资质、培训课程目录及培训计划发布在OutreachTrainers. org网站上，以便雇主和雇员能够根据邮编查找附近的培训点，并选择合适的机构进行培训。

苏珊哈伍德培训资助计划的培训材料和产品通常会根据各种培训受众的需求（例如工人、雇主、年轻工人、非英语和英语能力有限的工人）进行定制，并以多种格式提供，如培训手册、PPT、PDF 文件等。一些产品还提供除英语之外的语言版本，如西班牙语、越南语和普通话。

苏珊哈伍德培训资助计划通过提供培训和教育资源，帮助减少了工作场所的伤害和疾病，提高了生产力，并促进了工作场所的安全文化建设。通过这种方式，OSHA 确保了工人和雇主能够更好地理解和实施职业安全健康标准，从而保护工人的健康和安全。

**3. 职业安全与健康研究所培训计划**

美国国家职业安全与健康研究所（NIOSH）作为一个联邦机构，负责研究并提出预防工作相关伤害和疾病的建议。NIOSH 是美国疾病控制和预防中心（CDC）的一部分，位于卫生和公众服务部（HHS）之下。NIOSH 的使命是开发职业安全健康领域的新知识，并将其转化为实践，其愿景是营造更安全、更健康的工作环境。

NIOSH 提供各种培训计划，旨在提高工作场所的安全与健康水平。这些培训计划基于 NIOSH 的研究成果，可直接应用于工作场所。NIOSH 提供包括工业卫生、职业健康护理、职业医学和职业安全等领域的学术学位课程和研究培训机会。除了长期的学术支持，NIOSH 还提供一系列短期培训计划，专为专业人士设计。

NIOSH 的培训和劳动力发展项目包括广泛的研究、职业发展奖励、培训计划和小型企业创新研究项目。这些项目通过提供最先进的培训，为下一代职业安全健康领域的领导者提供支持。

NIOSH 的培训资源不仅限于传统的课堂培训，还包括在线课程和多媒体互动材料。例如，NIOSH 最近发布了一个新的针对护士的轮班工作和长时间工作的培训资源。这个培训项目是与医疗保健利益相关者（包括专业医疗保健组织和学术团体）合作数年的成果。课程内容包括轮班工作、长时间工作、睡眠和昼夜节律的科学文献。这个免费的课程分为两部分：第一部分介绍了与轮班工作和长时间工作相关的健康和安全风险，包括由疲劳引起的伤害和死亡的短期风险以及长期风险，如心血管疾病、胃肠道疾病、肌肉骨骼疾病、糖尿病、癌症、情绪障碍和不利的生殖结果；第二部分涵盖了降低风险的策略，包括改善工作时间表设计和管理策略以及护士的个人策略。

NIOSH 还通过其教育和研究中心（ERC）提供培训，这些中心在 1977 年首次获得资助，并在随后的几十年中数量逐渐增加。ERC 在准备未来的职业安全健康劳动力以应对工作性质变化带来的新挑战方面发挥着重要作用。

NIOSH 的培训和教育资源对于建设工作场所的安全文化、减少伤害和疾病、提高生产力至关重要。NIOSH 通过这些培训计划来确保工人和雇主能够更好地理解和实施职业安全健康标准，从而保护工人的健康和安全。NIOSH 的培训和教育工作是其使命的重要组成部分，旨在通过研究、教育和培训，预防工作相关的伤害和疾病。

## 三、德国职业安全与健康培训

德国的职业安全与健康培训以其系统化、全面性和高效性著称，为全球各国提供了宝贵的经验和范例。德国的职业安全与健康培训体系在国际上被广泛认可，并深刻影响了其他国家的职业安全与健康管理模式。

### （一）职业安全与健康培训的法律基础

德国的职业安全与健康培训有着坚实的法律基础，《职业安全与健康法》是其中最为核心的法律之一。该法案规定了雇主的责任，要求其为员工提供安全的工作环境，并确保员工接受足够的职业安全与健康培训。除了《职业安全与健康法》之外，德国还制定了其他相关法律，如《社会法典》和《工伤保险法》，这些法律为职业安全与健康培训提供了全面的法律框架。

### （二）德国职业安全与健康培训的实施

德国的职业安全与健康培训内容全面，覆盖了从基本安全知识到复杂操作技能的各个方面。培训形式多样，包括课堂讲座、实践操作、在线学习以及模拟训练等。培训的内容会根据行业特点和岗位要求进行调整，以确保培训的针对性和实用性。

德国的职业安全与健康培训主要通过以下几个途径实施。

- 职业健康与安全委员会：每个企业都有一个职业健康与安全委员会，由员工代表组成。该委员会的职责是监督和确保企业遵守职业健康与安全的法律规定。委员会有权要求雇主为员工提供必要的培训，并可以参与培训计划的制定和评估。
- 职业保险协会：在德国，职业保险协会是实施职业安全与健康培训的重要机构。这些协会由雇主组成，负责提供职业安全与健康服务，包括培训、事故预防以及健康检查等。职业保险协会与政府密切合作，确保培训的质量和覆盖面。
- 持续教育和培训：德国特别重视职业安全与健康领域的持续教育和培训。为了应对新技术、新设备和新工艺带来的安全挑战，员工需要定期参加培训课程，更新和提升他们的安全知识和技能。职业保险协会和雇主共同承担这些培训的组织费用。

### （三）德国职业安全与健康培训的成果与挑战

德国的职业安全与健康培训取得了显著的成果。

首先，德国的工伤事故率显著低于全球平均水平，这与其系统化的培训密不可分。通过严格的培训，员工不仅掌握了必要的安全操作技能，还提高了风险意识和应急能力，从而有效减少了工作场所的事故发生率。

其次，职业安全与健康培训提升了员工的工作满意度和忠诚度。员工认为，企业为他们提供了安全的工作环境，并通过培训帮助他们提高了专业技能，这增强了员工对企业的归属感和责任感。

然而，德国在职业安全与健康培训方面也面临着一些挑战。随着科技的发展和工作环境的变化，新兴职业带来的安全风险日益增多，传统的培训内容和方法可能不足以应对这些新挑战。因此，德国正在积极探索和引入创新的培训方式，如虚拟现实和增强现实技术，以提高培训的效果和覆盖面。

德国职业安全与健康培训体系的成功经验为其他国家提供了有益的借鉴。首先，建立一个完善的法律框架是职业安全与健康培训的基础。其次，培训内容需要针对行业特点和岗位需求进行定制，以确保其有效性。最后，职业安全与健康培训不应是一次性活动，而应是一个持续的过程，员工需要不断更新他们的知识和技能，以应对不断变化的工作环境。

总之，德国职业安全与健康培训的系统化和持续性为全球职业安全与健康领域的培训提供了宝贵的经验。这一模式不仅提高了员工的安全意识和工作技能，还促进了企业的可持续发展。未来，随着全球工作环境的进一步变化，德国的职业安全与健康培训体系将继续发挥其引领作用，为世界各国提供重要的参考和借鉴。

## 四、法国职业安全与健康培训

法国建立了国家公共安全管理委员会，总负责人是劳工部部长，成员包括安全监督管理方面的专家和其他部门的负责人。省、区、城镇也要求建立相应的机构，安全管理委员会的职责是维护职工的权益，监督企业安全培训工作，处理事故赔偿工作。企业必须设立安全委员会，它是董事会的一个下设机构，董事会必须是安全委员会的成员，安全委员会的成员必须有当地政府的监察员和医生，其资格证书是由企业所在地政府的劳动安全部门颁发的。

法国的安全培训工作由劳工部负责，劳工部有权随时过问企业的安全工作，对企业的安全行使监督、控制和管理权，可以对企业的安全工作提出建议，包括安全监督、管理和培训方面的建议。法国规定，300 人以上的企业的所有员工必须进行培训。培训可到专门的培训机构，也可以由企业和培训机构联合组织；安全监察人员则必须由专门的机构进行培训。全法国共计有 1 200 名安全监察人员，安全监察人员和企业专业人员均必须获得劳工部颁发的资格证书，这是其任职的必备条件之一。

## 五、日本职业安全与健康培训

日本的职业安全教育培训方法分为 3 个层次：一是企业自主培训教育，对象是企业的新工人和转岗工人，职业安全教育是他们走上工作岗位的第一课，并贯穿以后生产、科技（开发）活动的始终；二是院校安全知识普及教育，对象是在校学生和国外有关人士；三是政府认可资格的社团组织、中介机构等社会服务机构的培训教育，对象是企业职长以上的管理干部和执业资格证书制度管理人员，如健康管理人员、安全培训教育人员等。执行执业资格证书制度管理规定的人员必须通过执业资格培训考核，取得政府部门颁发的执业资格证书后方可持证上岗。日本企业中的安全教育在提高效率、产品质量和环境质量的同时，也以现代化安全道德规范和安全科技来教育和培训职工。企业非常注重职业安全培训技巧，对员工的培训普及程度高，所采用的方法和培训内容非常贴近生产实际，培训方式与设施大多仿真。

日本十分重视国民的安全文化教育，在很早以前就紧抓中小学生的安全教育，强调学生养成注意安全的态度和习惯，大学更是如此，例如东京大学，校、学部和系部分别设有安全或防灾委员会，编写了很多安全教育资料和教材来保证学生的安全教育；在实践中通过大众媒体进行安全教育，通过课堂教学、社会公众的专门演练等形式，有针对性地进行公众的安全技能教育，如公众灭火演练、全民交通安全教育等。进行公共安全文化建设不仅是社会公众生活安全的需要，而且可以提高全民的整体安全素质，对安全生产也将产生积极的作用。

## 第三节　我国职业安全与健康培训

### 一、我国职业健康安全管理体系

在我国，《职业健康安全管理体系　要求》（GB/T 28001）和《职业健康安全管理体系　实施指南》（GB/T 28002）实施了近 20 年，并先后经历了两次修订。大量组织已按标准要求建立了职业健康安全管理体系，并获得了 GB/T 28001—2011/ OHSAS 18001：2007《职业健康安全管理体系　要求》认证。职业健康安全管理体系现已成为我国三大重要管理体系之一。

随着经济社会的发展和国际社会对职业健康安全管理体系的广泛重视与认可，国际标准化组织（ISO）成立了职业健康安全管理技术委员会（ISO/TC 283），开始着手职业健康安全管理体系的国际标准化工作，并于 2018 年 3 月发布了国际标准《职业健康安全管理体系　要求及使用指南》（ISO 45001：2018）。随着 ISO 45001 在全球的推广和应用，OHSAS 18001 和 OHSAS 18002 已完成其历史使命并退出历史舞台。鉴于此，我国启动了对 GB/T 28001 和 GB/T 28002 的修订工作。

中国标准化研究院于 2019 年承担了该项国家标准制修订任务，牵头组织国内 25 家相关科研机构、行业协会、认证机构和企业等单位成立标准起草工作组，共同开展标准制修订工作。标准起草工作组通过翻译法等同采用 ISO 45001 中的所有技术要求，严格按照国家标准制定工作程序和相关规定，努力将 ISO 45001 转化成我国国家标准 GB/T 45001，以满足社会各界对实施 ISO 45001 和开展 ISO 45001 认证换版的迫切需求，促进我国职业健康安全管理水平的进一步提高。

### （一）标准的主要内容

《职业健康安全管理体系 要求及使用指南》（GB/T 45001—2020）是我国职业健康安全管理体系领域最新的国家标准，等同采用 ISO 45001：2018《职业健康安全管理体系 要求及使用指南》，是对 GB/T 28001—2011/OHSAS 18001：2007《职业健康安全管理体系 要求》和 GB/T 28002—2011/OHSAS 18002：2008《职业健康安全管理体系 实施指南》的修订，现已代替 GB/T 28001 和 GB/T 28002。

新标准主要包含三部分内容：标准的正文部分为职业健康安全管理体系要求，与原国家标准 GB/T 28001 相对应；标准的附录 A 部分为本标准的使用指南，与原国家标准 GB/T 28002 相对应；标准的附录 NA 部分为本标准与 GB/T 28001 之间的对应情况。新标准采用了《ISO/IEC 导则 第 1 部分》的 ISO 补充合并本附录 SL 中的统一的高层结构、相同的核心正文以及具有核心定义的通用术语。

GB/T 45001 与其所代替的 GB/T 28001 和 GB/T 28002 相比，主要技术变化包括：修改了术语和定义；采用了基于风险的思维；更加强调组织环境以及工作人员和其他相关方的需求和期望；强化领导的作用；强调工作人员协商和参与；细化了危险源辨识和风险评价的要求；对文件化信息的要求更加灵活；细化了运行控制要求；增加了采购控制、承包方控制、外包控制要求；强化了变更管理要求；更加关注职业健康安全绩效、绩效监视和测量。除上述技术变化外，GB/T 45001 还特别对 ISO 45001 中“responsibility”和“accountability”的原始含义以汉语词汇“职责”和“问责”加以严格区分，以强调安全生产的主体责任（特别强调安全生产问责制，尤其是对最高管理者以及相关责任人问责）。

### （二）标准的实施意义

随着经济的高速发展，我国已成为全球制造业大国，对职业健康安全管理工作的要求越来越高。近 20 年来，我国职业健康安全管理体系标准实践取得了丰硕成果，得到了广大组织的高度认可和一致好评。越来越多的组织主动关注并积极实施职业健康安全管理体系国家标准。新标准在原国家标准的基础上做了重大技术改进，吸收了国内外多年来丰富的实践经验。新标准通过采用先进的、系统化的科学管理技术和方法，提高了广大组织的职业健康安全管理水平，以预防和尽可能减少职业健康安全伤害和健康损害。新标准在引导和促进组织更有效地提高职业健康安全意识、构建职业健康安全文化、提升职业健康安全管理水平、保障广大职工的身心健康和生命安全、有效降低财产损失、改善职业健康安全状况等方面将发挥重要的推动作用，具有重要的经济意义和社会意义。

## 二、我国职业安全与健康培训

随着我国经济的快速发展和工业化进程的推进，工作环境日益复杂，职业安全与健康问题日益凸显。为了保障员工的身心健康，提升企业的安全管理水平，我国企业积极开展职业安全与健康培训。企业旨在通过科学的方法提高员工在安全知识、安全技能、预防能力和安全态度等四个方面的素质。

杨振宏等（2009）对我国企业安全培训模式进行了深入调研，归纳出了七种主要的培训模式。这些模式为企业提供了多样化的选择，可以满足不同的培训需求和组织特点。以下将详细介绍这七种培训模式。

### （一）系统模式培训

**1. 概述**

系统模式培训是指企业通过一系列符合逻辑的步骤，有计划地开展职业安全与健康培训。该模式强调培训的系统性、计划性和全面性，旨在通过科学的流程，提高培训的效果。

**2. 特点**

计划性：在开展培训前，企业进行全面的培训需求分析，制定详细的培训计划和目标。

系统性：培训内容按照一定的逻辑顺序排列，循序渐进，从基础知识到高级技能，层层深入。

全面性：涵盖安全知识、安全技能、预防能力和安全态度等多个方面，确保员工得到全面的提升。

**3. 实施步骤**

需求分析：确定企业和员工的培训需求。

目标设定：根据需求，设定明确的培训目标。

计划制定：制定详细的培训计划，包括时间安排、内容设置、培训方式等。

培训实施：按照计划开展培训活动。

效果评估：对培训效果进行评估，反馈并改进培训方案。

**4. 适用性**

适用于各类行业企业，在制造业，助力员工掌握复杂的生产安全规范；在建筑业，提升工人的风险应对能力；在服务业，强化员工的应急技能。不同规模的企业也均适用，能助力大企业统一标准，帮助中小企业解决关键问题，还能满足不同层级员工的安全培训需求。

### （二）过渡模式培训

**1. 概述**

过渡模式培训主要描述企业在安全战略和学习上的双环路，强调在组织变革或过渡时期开展安全培训。

**2. 特点**

灵活性：适应企业在变革时期的特殊需求，培训内容和方式具有灵活性。

双环路学习：不仅关注员工行为和技能的改变，还注重思维模式和价值观的转变。

**3. 实施步骤**

环境分析：了解企业所处的变革环境和面临的安全挑战。

培训设计：针对变革需求，设计相应的培训方案。

实施培训：在变革过程中，及时开展培训活动。

反馈调整：根据培训效果和变革进程，及时调整培训内容和策略。

**4. 适用性**

适用于企业重组、技术升级、并购等变革时期，帮助员工适应新的安全要求，确保过渡期间的安全稳定。

### （三）组合模式培训

**1. 概述**

组合模式培训将安全培训目标与组织的整体战略需求有机结合，确保培训既满足员工个人发展的需要，又符合企业的发展战略。

**2. 特点**

定制化：根据企业的战略目标和实际情况，定制培训内容和形式。

协同性：培训计划与企业的其他管理活动（如绩效考核、职业发展）相协调，形成合力。

**3. 实施步骤**

战略对接：将培训目标与企业的战略目标相结合。

需求定制：根据不同部门和岗位的需求，定制培训内容。

资源整合：利用企业内部和外部的资源，开展多样化的培训活动。

持续改进：根据企业战略的调整，持续优化培训方案。

**4. 适用性**

适用于中小企业或正在快速发展、战略调整的企业，可以帮助企业在有限的资源条件下，实现培训效果的最大化。

### （四）发展模式培训

**1. 概述**

发展模式培训是为组织的安全发展提出建议，注重长期的安全文化建设和可持续发展。

**2. 特点**

前瞻性：关注未来的安全挑战和趋势，提前进行培训布局。

建议性：针对培训过程中发现的问题，向企业管理层提出改进建议。

**3. 实施步骤**

趋势分析：研究行业发展趋势和未来可能的安全风险。

培训规划：制定长期的培训规划，涵盖未来数年的培训目标和策略。

文化建设：通过培训，培养员工的安全意识，推动安全文化的形成。

反馈建立：建立培训反馈机制，持续改进安全管理。

**4. 适用性**

适用于希望在行业内保持领先地位的企业，通过持续的培训和改进，建立先进的安全管理体系和安全文化。

### （五）顾问模式培训

**1. 概述**

顾问模式培训强调评估对安全培训的重要性，通常由外部专家或咨询机构提供培训服务。

**2. 特点**

专业性：利用外部专业力量，提供高水平的培训和咨询服务。

评估性：在培训前、中、后进行全面的评估，确保培训目标的实现。

**3. 实施步骤**

需求诊断：由外部顾问对企业的安全管理现状进行诊断。

方案制定：根据诊断结果，制定培训和改进方案。

培训实施：由专业顾问开展培训和辅导。

效果评估：对培训效果进行客观评估，提供改进建议。

**4. 适用性**

适用于需要引入先进的安全理念、解决特殊的安全问题或提升专业水平的企业。

### （六）索罗门模式培训

**1. 概述**

索罗门模式培训对安全培训需求进行明确界定，并在培训环节持续进行评估，以确保培训的针对性和有效性。

**2. 特点**

需求导向：深入分析和明确培训需求，确保培训内容切合实际。

过程评估：在培训过程中持续进行评估和反馈，及时调整培训方案。

**3. 实施步骤**

需求界定：通过问卷、访谈等方式，明确员工的培训需求。

培训设计：根据需求，设计具体的培训内容和方法。

效果评估：在培训过程中，定期评估学习效果，及时调整培训内容。

经验总结：培训结束后，总结经验，为后续培训提供参考。

**4. 适用性**

适用于新员工培训、特种作业培训或需要快速提升某方面技能的情况。

### （七）螺旋模式培训

**1. 概述**

螺旋模式培训是在不同环境时期、不同阶段、针对不同对象和培训目标，实施螺旋上升的安全与健康培训战略。

**2. 特点**

层次递进：培训内容和难度随着时间逐步提升，形成螺旋上升的趋势。

持续性：强调培训的连续性，定期开展，不断巩固和提升员工的安全素质。

适应性：根据环境变化和员工成长，动态调整培训内容和目标。

**3. 实施步骤**

阶段规划：将培训划分为多个阶段，每个阶段有明确的目标。

动态调整：根据每个阶段的培训效果和企业需求，调整后续培训计划。

全员参与：覆盖不同层级、不同岗位的员工，确保整体安全素质的提升。

反馈循环：通过反馈和评估，不断完善培训体系。

**4. 适用性**

适用于大型企业、跨国公司或处于快速发展阶段的企业，帮助员工适应不断变化的安全要求和环境。

以上七种职业安全与健康培训模式各有特色，企业可以根据自身的规模、行业特点、发展阶段和实际需求，选择适合的培训模式，或者将多种模式结合使用。通过科学合理的培训，企业可以有效提升员工在安全知识、安全技能、预防能力和安全态度等方面的水平，从而减少事故和职业病的发生，提高员工的工作满意度和企业的整体绩效。

## 三、问题与建议

我国的职业安全与健康培训虽然已经有了明显的发展和进步，但仍然存在许多亟待解决的问题。这些问题不仅制约了培训效果的进一步提升，也影响了企业安全管理水平的整体提升。因此，探讨这些问题并提出相应的解决策略对于提升我国职业安全与健康培训的质量和效果具有重要意义。

### （一）培训覆盖面依然不足

尽管我国职业安全与健康培训的总体水平有所提高，但培训的覆盖面依然不足。尤其是在一些中小企业，职业安全与健康培训常常被忽视。由于资源有限，这些企业难以投入足够的资金和人力来系统地开展安全培训。与此同时，部分企业管理者对职业安全与健康培训的重要性认识不足，认为培训只是例行公事，没有实质性的内容，从而影响了培训的广泛推广和落实。

### （二）培训内容尚需提高针对性

我国职业安全与健康培训的内容往往缺乏针对性。不同行业、不同岗位面临的职业风险各不相同，因此职业安全与健康培训需要根据具体情况进行定制。然而，在实际操作中，许多企业的安全培训内容过于通用，未能充分考虑员工的实际工作环境和岗位需求，导致培训效果不佳，员工难以将所学知识有效应用于实际工作。

为提高培训的针对性，企业应在培训前进行详细的风险评估和需求分析，根据员工的岗位特点和工作环境定制培训内容。培训内容应包括具体的操作规程、应急处理方法等实用性强的内容，确保员工能够将培训知识应用到日常工作中。

### （三）培训方式尚需增加多样性

目前，我国的职业安全与健康培训方式相对单一，多数企业仍采用传统的课堂教学或简单的宣讲方式。这种方式缺乏互动性和实操性，员工往往被动接收信息，难以充分理解和掌握所学内容。此外，部分企业在培训中使用的教材和教学资源陈旧，缺乏与时俱进的内容，无法有效应对新出现的职业安全问题。未来为增强培训效果，企业应创新培训方式，采用多样化的培训方法。例如，可以利用现代信息技术开发在线学习平台、虚拟现实培训等，使员工能够在虚拟环境中进行安全操作模拟，增加培训的互动性和实操性。此外，企业还应定期更新培训教材，确保内容紧跟行业发展，涵盖最新的安全知识和技能。

### （四）培训效果评估不足

很多企业已经认识到职业安全与健康培训的重要性，但在培训效果评估方面仍存在不足。部分企业缺乏科学的评估标准和方法，培训结束后不进行系统的效果评估，导致无法准确衡量培训的实际效果。同时，员工在培训中的学习情况、参与度等也缺乏有效的反馈机制，影响了培训效果的持续改进。后期为确保培训效果，企业应建立系统的评估机制，采用科学的评估方法对培训效果进行全面评估。评估内容应包括员工的知识掌握情况、技能运用能力以及培训对工作行为和安全绩效的影响等，可以通过考试、问卷调查、现场操作演练等方式全面评估培训效果。同时，企业应建立培训反馈机制，定期收集员工的意见和建议，根据反馈不断改进培训内容和方法。

### （五）培训与企业文化的融合不足

职业安全与健康培训的最终目标是将安全理念融入企业文化，形成员工自觉遵守安全规范的习惯。然而，在许多企业中，职业安全与健康培训与企业文化的融合度不足。部分企业将安全培训视为一种独立的活动，与日常工作和企业文化割裂开来，导致员工在培训后难以将所学知识转化为日常行为习惯。后期，为实现培训与企业文化的有效融合，企业应在日常管理中将职业安全与健康培训融入企业文化建设之中。例如，可以通过定期开展安全主题活动、树立安全标兵、加强安全意识宣传等方式，将安全理念渗透到员工的日常工作中。此外，企业管理层应以身作则，积极参与和支持安全培训，营造全员重视安全的氛围，使安全培训成为企业文化的一部分。

### （六）培训资源分布不均

我国在职业安全与健康培训方面已经取得了显著进展，但培训资源的分布依然不均。一方面，大型企业通常拥有充足的资金和人力资源，能够开展系统的职业安全与健康培训；另一方面，中小企业和偏远地区的企业由于资源有限，难以获得高质量的培训资源，导致这些企业员工的安全素质相对较低。针对培训资源分布不均的问题，政府和行业协会应加大对中小企业和偏远地区企业的支持力度。可以通过建立公共培训平台，提供免费的职业安全与健康培训课程和资源，确保所有企业员工都有机会接受高质量的培训。此外，政府还可以通过政策引导，鼓励大企业与中小企业开展合作，共享培训资源，实现资源的合理配置。

尽管我国的职业安全与健康培训取得了长足的进步，但仍然存在许多亟待解决的问题。通过扩大培训覆盖面、提高培训内容的针对性、创新培训方式、完善培训效果评估、促进培训与企业文化的融合以及优化培训资源的分布，可以进一步提升我国职业安全与健康培训的质量和效果，推动企业安全管理水平的全面提高。

## 基本概念

职业健康与安全管理体系　　职业安全与健康立法　　职业安全与健康培训模式

## 本章要点

**要点一：我国职业安全与健康培训的基本目标**

（1）充分发挥各级政府部门、生产经营单位、培训机构的作用，调动全社会的积极性，优化配置各类资源，实现全员安全与健康培训；（2）保证培训质量，增强各类人员的安全生产意识、安全知识与技能以及事故防范能力，同时提高安全生产监察人员的执法能力和监察水平；（3）加强对安全与健康培训工作的监督管理，逐步把安全健康教育培训工作纳入科学化、规范化、法制化轨道，为安全生产工作提供可靠的人力资源。

**要点二：职业安全与健康培训的影响因素**

职业安全与健康培训的效果如何既受外部因素的影响，也受内部因素的制约。外部因素一般包括法律法规、经济发展水平和科学技术发展水平三个方面。内部因素一般包括管理人员的水平、员工的素质水平、企业的前景和战略、企业的发展阶段、企业的行业特点。

**要点三：国际劳工组织培训的特色**

国际劳工组织（ILO）为各国政府和企业提供技术支持与培训，帮助其有效落实职业安全与健康措施。这些支持涵盖技术指导、能力建设、培训课程以及示范项目等多个方面。通过系统化的培训，ILO 提升了各级管理人员和工人的安全意识和技能，从而更有效地预防和应对工作场所的风险。

## 复习思考

1. 实施职业安全与健康培训的重要性有哪些？
2. 试比较中美职业安全与健康培训实施的差异。
3. 哪些行业适合运用虚拟现实技术进行培训？

## 拓展阅读

Sacks, R., Perlman, A., & Barak, R. (2013). Construction safety training using immersive virtual reality. *Construction Management and Economics*, *31* (9), 1005－1017.

Squelch, A. P. (2001). Virtual reality for mine safety training in South Africa. *Journal-South African Institute of Mining and Metallurgy*, *101* (4), 209－216.

# 第九章
# 职业倦怠

【学习目标】

通过本章的学习，希望达到以下四个目标：

1. 了解职业倦怠概念的发展历史。
2. 掌握职业倦怠的作用机制和影响因素。
3. 熟悉职业倦怠的测量方法。
4. 了解职业倦怠研究的发展趋势。

## 章节导引

前程无忧发布的《2022职业倦怠状况调查》显示，九成的受访者正在经历与工作场所、工作体验和个人生活相关的压力所带来的职业倦怠。有6.9%的受访者认为增加远程工作的占比能够改善自身的职业倦怠状态。近七成的受访者不认可仅通过跳槽就可以解决自身的职业倦怠问题。从事管理类（包括高层管理类、中层管理类、基层管理类等）工作的受访人群中不认可的比例最高。此外，随着受访者工作年限的增加，认可通过跳槽可以解决职业倦怠的比例也在不断下降。

同样在2022年2月至4月期间，麦肯锡健康促进研究院针对15个国家的近15 000名雇员和1 000名人力资源决策者开展了一项调查。调查评估的工作环境维度包括工作场所的负面行为或不良氛围、工作的可持续性、包容性和归属感、支持性的成长环境、心理疾病去污名化、组织承诺、领导问责制和资源获取，并结合4种与工作相关的结果（离职意向、工作投入度、工作满意度和对组织的认可与拥护）及4种雇员心理健康结果（焦虑、职场倦怠、抑郁和痛苦崩溃症状）对上述维度进行分析。该调查在世界各地和各类人群样本中都观察到了较高的职业倦怠比例（见图9-1）。平均而言，受访雇员中有1/4都表示出现过职业倦怠症状，中国在这一方面与全球趋势一致。另外，雇员和雇主在员工心理健康和福祉问题的看法上存在明显差异，雇主对与此相关的工作场所维度评价始终优于雇员，平均差距达22%。

上述两项调查都在探讨职业倦怠的广泛影响。本章将深入分析职业倦怠的核心概念。首先，我们将定义职业倦怠，并探讨其与工作压力和个人职业发展之间的关系。

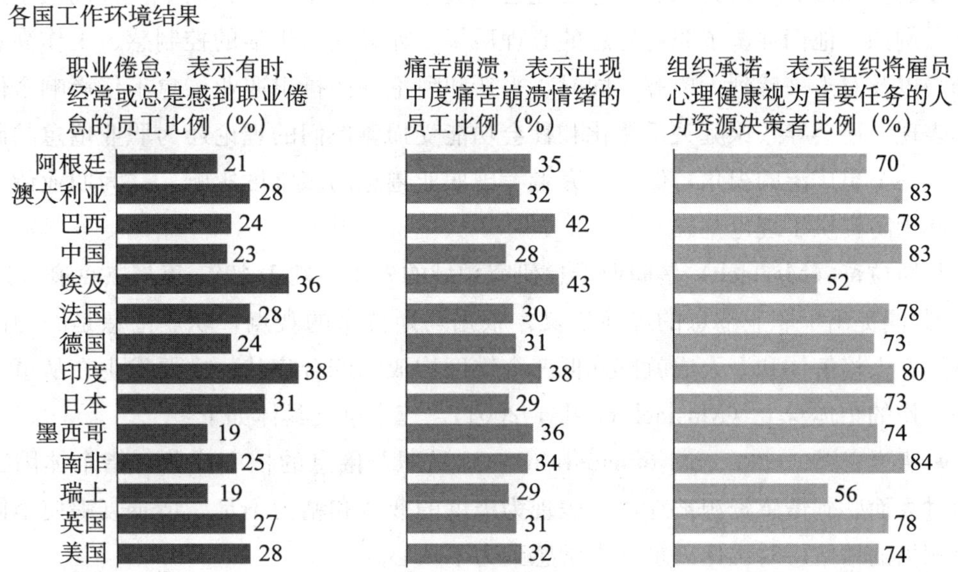


**图 9-1　职业倦怠**

资料来源：https://www.mckinsey.com.cn/.

其次，本章将介绍职业倦怠的测量方法，包括常用的量表和评估工具，以便组织和个人能够准确识别和量化职业倦怠的程度。再次，我们将详细讨论影响职业倦怠的多种因素，包括工作环境、组织文化、个人心理特质以及工作与生活的平衡。通过分析这些因素，本章旨在为读者提供一个全面的视角，以理解职业倦怠的复杂性，并为制定有效的干预策略提供理论基础。最后，我们将探讨如何通过组织和个人层面的干预来减轻职业倦怠，提高员工的工作满意度和整体福祉。

## 第一节　职业倦怠概述

### 一、职业倦怠的概念

职业倦怠（burnout）这一概念最早由弗洛伊登伯格（Freudenberger）于 1974 年提出。弗洛伊登伯格认为，职业倦怠是指个体在长期的工作压力下逐渐出现的情感衰竭、人格解体以及成就感降低的现象。这种现象通常发生在那些需要与他人密切互动的职业群体中，如教师、医护人员、社工等。

平斯（Pines）和阿伦森（Aronson）于 1988 年对职业倦怠提出了另一种经典的定义，他们认为职业倦怠是一种由长期的情绪压力引发的生理、情感和心理衰竭状态。这一定义强调了职业倦怠不仅仅局限于情感衰竭，而是包括多方面的衰竭症状。具体来说，他们指出职业倦怠是由于个体在工作中付出过多情感和精力，却没有得到足够的回报，从而导致的身心枯竭。平斯和阿伦森的理论特别注重工作中的长期压力对个体的全面影响，认为职业倦怠可能会影响个体的整个生活，而不仅仅局限于工作环境。例如，他们强调了职业倦怠的心理后果，如失去对生活的控制感、工作满意度下降，以及对未来感到无望等。同时，平斯和阿伦森还指出职业倦怠不仅影响个体的工作表现，还会导致家庭关系恶化和社会功能受损。他们的理论还为职业倦怠的研究提供了一个更广泛的视角，促使研究者考虑职业倦怠的多维度影响，并为职业倦怠的干预和预防提供了理论基础。

马斯拉奇（Maslach）是职业倦怠研究领域的先驱，她于1981年与杰克逊（Jackson）共同提出了职业倦怠的经典定义。根据马斯拉奇的观点，职业倦怠是一种由情感衰竭、人格解体和个人成就感降低三个维度构成的综合症状，主要发生在从事人际服务工作的个体身上（Maslach et al.，2001）。三个维度具体如下：

- 情感衰竭（emotional exhaustion）：这是职业倦怠的核心成分，指个体因工作压力过大而感到情感资源被耗尽，表现为极度的疲惫和精力不足。情感衰竭使个体无法以积极的情绪应对工作需求，常常感到力不从心。

- 人格解体（depersonalization）：指个体对服务对象或同事产生消极、冷漠和非人性化的态度。为了应对过度的工作压力，个体可能会采取情感隔离的方式，与他人保持距离，以减轻自身的情感负担。这种态度可能导致工作关系的恶化。

- 个人成就感降低（reduced personal accomplishment）：反映了个体对自己工作能力和成就的负面评价。个体可能感到工作缺乏意义，认为自己的努力没有得到应有的认可，进而对未来的工作失去信心和动力。

马斯拉奇强调，职业倦怠并非单一的情绪状态，而是一个逐渐发展的过程，通常始于情感衰竭，继而引发人格解体，最终导致个人成就感的降低。此外，马斯拉奇还指出，职业倦怠主要发生在那些需要频繁与他人互动、提供服务或照顾的职业群体中，例如教师、医护人员、社工和警察等。这些职业的共同特点是高强度的人际需求和情感投入，这使得从业者更容易出现情感衰竭和倦怠。

## 二、职业倦怠的理论

### （一）社会-文化-历史观

职业倦怠是现代生产方式下劳动异化的产物，劳动异化的一些特征（如劳动者无法控制工作过程，无法将个人目标和工作、组织目标相结合，缺乏组织归属感等）与职业倦怠的内涵十分相似。社会-文化-历史观学者认为，职业倦怠是整个社会属性反映在个体身上的一种复杂的心理特性。现代社会在文化价值上日益强调个人的独立性和自我价值，强调物质成就，而忽视工作中的压力和孤独感，无法建立社会支持网络，难以关注社会福祉、团体事物和他人感受，无法对工作做出某种强烈的承诺，因此就产生了职业倦怠问题。

## （二）精神分析的视角

精神分析假定那些几乎能够承担任何环境中（除了仅有的如奴役性的和监禁式的工作环境外）的任务的人，在某种程度上是由个人在意识水平上的选择（受无意识的控制）决定的。人们选择不同的职业是为了解决那些在童年时期未能解决的问题，比如一个人选择教师作为自己的职业可能是为了解决自己童年时期因为长辈（如父母、老师等）的存在而未能受到别人的尊敬与瞩目这一问题。对教师而言，职业倦怠经常由学生的纪律问题、学习上没有动力以及教师本身被忽视、冷漠对待等原因引起。另外，精神分析认为，任何职业选择的无意识决定都反映了个体本身以及家庭的历史，人们通常会选择那些能够让他们复制童年重要经历的职业。弗洛伊德也认为那些极度富有责任感和具有献身精神的人，把工作当作他们社会生活的一种替代品，这些人最有可能对工作产生倦怠感，当他们屈服于苛刻的要求和恶劣的工作环境，但是预先的期望没有顺利实现，也就是说，童年的某些“未完成情结”仍未得到解决时，倦怠就不可避免地发生了。

## （三）行为主义的分析

从华生（Watson）、斯金纳（Skinner）到班杜拉（Bandura），行为主义强调条件反射、强化、社会学习与模仿。从行为主义的角度来看，倦怠的产生是外部学习的结果。当工作压力、上司的评价、同事关系、企业的前途、工作对象的不合作等种种压力扑面而来时，身体上的疲劳、心理上的疲惫就会自然发生，当办公室里弥漫着这样一种气氛时，人们相互之间看到的、听到的都是负面的情绪和反馈，彼此之间学到的应对方式也是消极的。

## （四）资源保存理论的解释

资源保存（COR）理论认为，人们往往会寻找、保持、保护以及积累资源，资源可能由作为个体达到目标的个人性格、条件或精力组成。从资源保存理论来看，职业倦怠可以界定为内在能量资源（主要是情感资源）的耗尽和情感、生理、认知能量的侵蚀。压力和倦怠的产生在于资源持续不断的丧失，使得个体或组织抵抗新的压力源的能力逐渐减弱，并体验到了倦怠和其他与压力有关的问题（Hobfoll，1989）。

另一种与资源有关的理论就是工作需求-资源理论（job demands-resources model，JD-R）（Demerouti，et al.，2001），该理论认为，工作条件可从广义上被分为两类——工作需求与工作资源，它们分别与特定的结果相联系。有学者研究发现，工作需求与职业倦怠中的情感耗竭有主要联系，工作资源的缺乏与工作脱离有主要联系，当工作要求过高时，个体体验到的是日益增长的耗竭（不是脱离），当工作资源缺乏时，脱离水平（不是耗竭）就会升高，在一份工作中，当过高的工作需求与缺乏的工作资源同时存在时，耗竭与脱离就会同时发生。他们也认为，特定的工作需求与资源对解释职业倦怠的相对作用可能因职业的交叉而发生变化，因为工作需求和工作资源可能存在某些差异。倦怠与脱离之间是相关的，而不是必然的因果关系，但它们都与特定的工作条件存在因果性的联系。JD-R 认为，倦怠的发展遵循两个过程：第一个过程，要求苛刻的工作（如极端的工作要求）引起了持续的负担过重的耗竭；第二个过程，资源的缺失让工作需求的满足复杂化，并导致了退缩行为的产生，这种退缩的长期影响就是对工作的脱离。

在这两种资源理论指导下的倦怠理论似乎显得更加简约，只包括几种有限的成分，如工作需求、工作资源以及职业倦怠中的耗竭、脱离等。同时，这两种倦怠范式具有跨行业的一致性。

### （五）工作情境指导下的倦怠

马斯拉奇等（2001）从个体与工作情境匹配角度提出了整合人与工作情境因素的工作情境-人匹配理论。与 JD-R 单纯的环境决定论相比，它强调人与组织工作的交互作用。该理论认为，职业倦怠并非由工作或本人单方面的原因所致，而是由个人与工作之间的一种非建设性的关系所致，并且由它们之间的匹配程度决定，匹配差距越大，越易产生职业倦怠。根据这一理论，个人和组织在以下六个方面越不匹配，就越容易产生倦怠感。这六个方面分别是：

- 工作负荷：工作任务多、难度大。
- 控制感：个体对工作中的资源没有足够的控制，或者个体无法自主选择他们认为最有效的工作方式。
- 报酬：除了经济方面的，还包括一定生活方面的报酬。
- 团队：员工与同事以及上级之间的人际关系，以及沟通和协作。
- 公平：包括工作量或报酬上的不公平，以及评价和升迁的不公平等。
- 价值观：员工和周围的同事、上级或整个组织的价值观不一致。

### （六）存在主义的倦怠观

存在主义的倦怠观认为，职业倦怠的根源在于人们相信生活是有意义的，他们从事的工作很有价值，所投身的职业非常重要。持这种观念的人会带着理想化的期望和高涨的热情投入工作。当他们遇到挫折或失败，或者发现现实与期望并不一致（如工作其实毫无意义）时，他们会感到失望和无助，发现自己的存在并没有预期的那么重要，这时倦怠就会产生（Malach et al.，2001）。此外，也有研究者从环境、解决策略、自主神经系统反馈等方面解释了职业倦怠的产生机制。

## 第二节　职业倦怠的测量工具

从职业倦怠的概念被提出以来，研究者提出了不同的概念和理论模型，也相应地编制了一些测量工具，本节主要介绍几种研究中较为常用的问卷和量表。

## 一、职业倦怠的测量

### （一）MBI 职业倦怠量表

马斯拉奇和杰克逊通过对专业助人行业进行系统观察和收集资料，编制了马氏职业倦怠量表（Maslach burnout inventory，MBI）。该量表共有 22 个项目，包括 3 个分量表：情感衰竭（9 个项目）、人格解体（5 个项目）和个人成就感降低（8 个项目）。所有项目在回答时采用李克特 7 点评分：0 代表“从来没有出现”，6 代表“每天都出现”。三个分量表的得分相互独立，不能相加。其中情感衰竭和人格解体的分量表采用正向计分法，分量表的平均数越大，职业倦怠程度越高；低成就感的分量表采用反向计分法，平均数越小，职业倦怠程度越低。前两个分量表有中等程度的相关，第三个分量表与前两个分量表均无相关或相关程度很低（Maslach & Jackson，1981）。

MBI 共有三个修订版：MBI-HSS（MBI-human services survey）、MBI-ES（MBI-educators survey）和 MBI-GS（MBI-general survey）。研究显示，当把 MBI 的前两个修订版用于非专业助人行业时，情感衰竭与人格解体两个维度的相关系数较大。因此，马斯拉奇和萧费利（Schaufeli）对 MBI 再次进行了修订，形成了 MBI 的第三个版本，即 MBI-GS，它包括三个子量表：耗竭（5 个项目）、玩世不恭（5 个项目）及职业效能感（6 个项目）。MBI-GS 与 MBI 其他版本的区别表现在：前者强调人与工作之间的关系，后者强调人与人之间的关系。

MBI 是目前世界上应用最为广泛的职业倦怠测量工具，在已发表的有关职业倦怠的实证研究中，90%以上的论文和研究报告都采用 MBI 作为测量工具。大量研究都证实了 MBI 系列量表有较高的信度和效度。

### （二）BM 职业倦怠量表

潘斯职业倦怠量表（Pines burnout measure，BM）由阿雅拉·潘斯（Ayala Pines）和埃利奥特·阿伦森（Elliot Aronson）于 1988 年共同开发，是一种用来测量职业倦怠的心理评估工具。它是职业健康心理学领域内的重要量表之一，广泛用于评估个体在工作环境中的倦怠程度。潘斯和阿伦森将职业倦怠定义为一种由长期情感压力所引发的生理、情感和心理上的疲惫感。根据他们的理论，倦怠不仅限于工作场所的压力，还与个体的个人生活紧密相关。潘斯的模型强调，倦怠是一种源于人际关系和个人价值的丧失感，特别是在高度理想化的职业中，这种失落感会更为显著。职业倦怠不仅影响工作绩效，还会对个体的情感和身体健康产生深远影响。

BM 职业倦怠量表包含 21 个项目，测量个体在 3 个方面的职业倦怠程度：身体疲劳、情感耗竭和心理疲惫。每个项目通过李克特5点评分（1表示“从不”，5表示“经常”）进行评估，个体根据自己在不同工作场景下的感受进行评分。

● 身体疲劳：此维度测量个体由于长时间的工作压力和负荷而导致的体力消耗和健康问题，如疲劳感、失眠和身体虚弱等。

● 情感耗竭：此维度评估的是个体在长期的工作中，情感上逐渐丧失的表现，如对工作的热情减少、情绪麻木以及失去与他人互动的动力等。

● 心理疲惫：此维度测量的是个体在面对工作时认知上的负担和心理压力，包括感知到的无助感、职业意义的丧失感，以及在压力下难以维持专注力。

BM职业倦怠量表广泛应用于各类职业群体，尤其是在高压力职业，如护理、教育和社会服务领域。大量研究表明，该量表具有较高的信度和效度，能够有效区分不同程度的职业倦怠个体。潘斯和阿伦森的研究指出，情感耗竭是职业倦怠的核心特征，它是许多心理问题的前兆，特别是抑郁症和焦虑症。

在全球范围内，BM职业倦怠量表被翻译成多种语言，并应用于不同文化背景下的职业倦怠研究。例如，在我国，该量表被用于评估教师、医护人员等高压力职业中的职业倦怠程度。研究表明，职业倦怠不仅与个体的工作绩效直接相关，还与员工的心理健康和人际关系质量密切相关。在管理实践中，BM职业倦怠量表被用作员工心理健康的早期预警工具，帮助组织识别出高风险员工并提供相应的心理支持与干预措施。BM职业倦怠量表为研究和评估工作场所中的职业倦怠提供了一种简洁而有效的工具。它不仅有助于研究人员更好地理解职业倦怠的多维度特征，也为组织管理者提供了应对员工职业倦怠的实用手段。

### （三）OLBI职业倦怠量表

德莫劳提（Demerouti）等于2001年重新修订了奥尔登堡职业倦怠量表（Oldenburg burnout inventory，OLBI），这是用于评估职业倦怠的工具之一。OLBI的设计是为了评估职业倦怠的两个核心维度：耗竭（exhaustion）和脱离工作（disengagement）。与传统的职业倦怠量表（如MBI）不同，OLBI通过评估积极和消极的陈述句，确保测量的全面性和平衡性（Demerouti et al.，2001）。

● 耗竭：这一维度与个体在体力和情感上的过度消耗有关，特别是工作负荷过重、情感要求过高或持久的压力源所导致的身心疲惫感。这类似于MBI中的情感耗竭，但德莫劳提等指出，OLBI更关注的是一种广泛的耗竭状态，而不仅仅是情感方面的疲劳。

● 脱离工作：这一维度反映了个体与其工作任务和环境的心理距离感。脱离工作可以表现为对工作的兴趣减少、对任务失去主动性以及与工作环境的疏离感。这与MBI中的人格解体不同，脱离工作更强调个体与其工作本身的关系，而不仅仅是与他人的关系。

OLBI包含正负两种措辞的条目，以平衡测量可能存在的偏差。通过这种正负条目的设计，OLBI 试图减少应答者的社会期望效应，使得测量结果更加客观和全面。正向条目评估个体对工作积极的一面，而负向条目评估工作带来的负面体验。

OLBI 通常有 16 个条目，每个维度各包含 8 个条目。受试者根据自己的实际情况对每个条目做出回应，使用从 1（完全不同意）到 4（完全同意）的李克特量表进行评分。这个量表的双向性设计使得其评估结果能够捕捉到个体的正负面感受，减少了潜在的偏见。

OLBI 在多种文化背景下被验证为具有良好的信度和效度。研究发现，OLBI 能够可靠地预测职业倦怠与工作绩效、工作满意度、离职意图等关键工作变量之间的关系。德莫劳提等的研究指出，耗竭和脱离工作两个维度共同构成了职业倦怠的核心表现，且这两个维度在不同职业群体中均表现出一致性（Demerouti et al.，2001）。OLBI 不仅被用于学术研究，还被广泛应用于企业员工的心理健康评估，尤其是高压力职业，如医疗、教育、社会工作等领域。它不仅可以帮助组织识别出员工的职业倦怠状态，还能为员工提供针对性的心理支持和干预措施。

### （四）SMBM 职业倦怠量表

施罗姆-梅拉梅德职业倦怠量表（Shirom-Melamed burnout measure，SMBM）是一种由阿维·施罗姆（Shirom）和斯特凡·梅拉梅德（Melamed）等开发的用于评估职业倦怠的心理测量工具。SMBM 专注于衡量职业倦怠中的精力耗竭，而非传统量表侧重的情感耗竭和人格解体。该量表主要关注与工作相关的疲劳、心理和生理衰竭，这使其成为评价职业倦怠不同维度的有力工具。

SMBM 的构建基于资源保存理论，该理论认为，当个体感到资源持续消耗且得不到补充时，就会产生倦怠感。施罗姆认为，职业倦怠是指个体无法有效应对工作中的持久压力，从而导致心理和身体资源消耗殆尽。SMBM 包括三大维度：

- 身体疲劳：指个体感到身体能量枯竭，难以恢复，且持续感到疲劳。
- 认知磨损：反映个体在工作中感受到的认知负担和注意力、记忆等认知能力的减退。
- 情感耗竭：虽然 SMBM 不直接将情感耗竭作为主维度，但它仍关注个体在工作中逐渐失去积极情感的体验。

SMBM 关注生理和心理疲劳，因此较适用于实际工作场所中的员工群体。研究表明，该量表的高分数与员工的工作压力、工作满意度下降、生产力降低、健康问题（如心血管疾病）密切相关（Shirom & Melamed，2006）。由于 SMBM 衡量的是实际的能量耗竭和生理状态，它在研究身体与职业倦怠的关系时得到了广泛使用。SMBM 在多国和多种文化背景中得到了验证，广泛应用于健康服务、教育、金融等多个职业领域。施罗姆和梅拉梅德的研究显示，职业倦怠不仅影响员工的心理健康，还可能对其生理健康产生负面影响，这与工作相关的身体疾病，如疲劳、慢性疼痛等相联系。

在职业健康心理学领域，SMBM 因其关注身体和心理的资源耗竭，被认为是一种更为全面的倦怠评估工具，与传统的职业倦怠量表（如MBI）相比，SMBM提供了更广泛的视角来理解倦怠对个体健康和工作绩效的影响。

### （五）职业倦怠视觉模拟量表

视觉模拟量表（visual analogue scale，VAS）主要用于测量疼痛和情绪等主观状态（见图9-2），后来逐渐被不同领域的研究者应用于职业倦怠、焦虑、抑郁等心理状态的评估。

图9-2　视觉模拟量表

职业倦怠视觉模拟量表（visual analogue scale for burnout，VASB）在不同研究中的使用是基于这一通用测量方法，而非由某一个特定的学者开发出专门用于职业倦怠评估的版本。目前较常用的是缪尔·萨帕塔（Muir Zapata）等在2023年开发的用于评估个体的职业倦怠水平的量表。这种量表通过直观的视觉模拟，使参与者能够快速而准确地表达他们的感受（Muir Zapata et al.，2023）。

量表构成：单一视觉模拟条。

指导语："请根据您目前感觉到的疲劳程度，点击最能代表您感受的选项。"

参与者在一系列不同燃烧程度的火柴图像中进行选择，以表达他们的职业倦怠感受（见图9-3）。

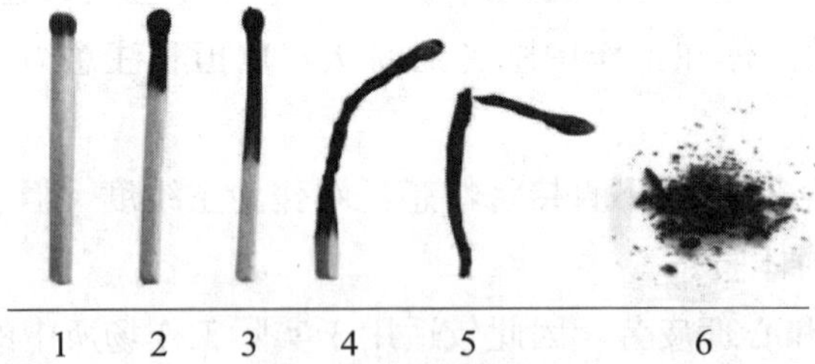


1：一根完整的火柴，代表没有倦怠，感觉精力充沛。
2：火柴头部开始燃烧，代表轻度倦怠。
3：火柴燃烧至一半，代表中度倦怠。
4：火柴燃烧至接近尾部，代表较严重的倦怠。
5：火柴即将燃尽，代表高度倦怠。
6：一堆烧尽的灰烬，代表极度倦怠，感觉完全耗尽。

图9-3　职业倦怠视觉模拟量表

每个选项都有一个对应的数值，从 1～6。参与者选择的数值即为他们的职业倦怠评分。该量表可用于快速评估员工的职业倦怠水平，尤其是在工作场所进行的即时评估。缪尔·萨帕塔等的研究显示，在对不同行业的 1 200 多名参与者进行调查的多项预注册研究中，结果表明他们的视觉量表显示出很强的收敛效度、标准相关效度和重测信度。VASB 优于既往研究中使用最广泛的三种倦怠测量（MBI、SMBM 和 OLBI），并且在某些情况下在有问卷的基础上具有一定的增量效度（Muir Zapata et al.，2023）。

## 二、职业倦怠的界定标准

国外学者提出了不同的职业倦怠评价方法，如以个体疲劳的程度作为职业倦怠的主观指标，具体包括三个方面：由工作不满意感和职业的不胜任感所导致的自尊的丧失；出现多种身体症状，但没有可以识别的器质性病变；注意力难以集中、易怒和存在负性情绪，并以个体在长达数月的时间内工作绩效的显著降低作为职业倦怠的客观指标。也有学者采用国际疾病分类（international classification of diseases，ICD）中关于神经衰弱症的标准来对职业倦怠加以评价，认为除必须符合神经衰弱症的各项评价标准之外，这些症状必须是与工作相关的。这些方法都属于定性的判断方式，界定的准确性需要依赖主试的个人特性。

李永鑫和李艺敏采用本土化职业倦怠量表，进行了两次问卷调查，得出临界值，初步制定了职业倦怠的评价标准（见表 9－1）：情感衰竭分数＞25、人格解体分数＞11、个人成就感降低分数＞16。该评价标准具有较高的区分效度（李永鑫，李艺敏，2006）。

**表 9－1　职业倦怠各因素的临界值**

| 因素 | 低 | 中 | 高 |
|---|---|---|---|
| 情感衰竭 | ＜17 | 17～25 | ＞25 |
| 人格解体 | ＜7 | 7～11 | ＞11 |
| 个人成就感降低 | ＜12 | 12～16 | ＞16 |

# 第三节　职业倦怠的影响因素

从职业倦怠形成的理论机制可以看出，职业倦怠的形成受到诸多因素的综合作用，但总体上讲，受到工作和组织方面的影响较大。下面将从工作特征、组织情境、个体特征和社会家庭关系四个方面介绍影响职业倦怠的因素。

## 一、工作特征因素

### （一）工作量

在工作特征方面，工作量是与职业倦怠有重要关系的变量。研究表明，工作量和时间上的压力与职业倦怠存在高度相关，尤其是耗竭这一维度。另外，工作的质量要求也对职业倦怠的产生有重要影响，工作的质量要求超过了个体具备的技能时，职业倦怠就会产生。

### （二）信息和控制感

在工作中的信息方面，缺少反馈表现出与倦怠的三个维度都相关。而在控制感上，参与决策以及自主权的多少也与职业倦怠相关。卡拉塞克和托雷尔（1990）提出了工作需求-控制模型，也叫作工作紧张模型（job-strain model）。在这个模型中，员工自主决定的工作范围和工作要求是决定工作紧张的两个因素。

### （三）工作中的人际情绪压力

职业倦怠的概念最早产生于服务行业，早期研究假设那些有情绪压力的、与人打交道的工作更易产生倦怠。后期的研究也证明，情绪因素确实是解释工作压力之外引起职业倦怠的额外变量，如强迫的或表演的表情——要求对一个粗鲁的顾客微笑等，都对职业倦怠有直接影响。

### （四）工作类别

随着职业倦怠的研究从服务业扩展到各个行业，研究者发现，不同种类的工作在职业倦怠的产生上也存在差异。一项研究比较了美国和荷兰的五种工作类型（教师、社会服务、医药、心理健康以及司法执行）的职业倦怠状况。结果表明，职业倦怠在两个国家有相似的工作特征。在司法界，职员表现出高工作怠慢和高无效感，而耗竭水平较低；教师却表现出高耗竭，以及一般水平的工作怠慢和无效感；在医药业，则呈现出较高的无效感以及低水平的耗竭和工作怠慢（Maslach & Leiter，2017）。

## 二、组织情境因素

组织情境因素主要包括角色压力、组织承诺、组织公平和组织支持等几方面，这些也是影响职业倦怠的重要因素（见图9-4）。

角色压力分为角色冲突和角色模糊两个维度（马剑虹，张廷文，1999）。角色压力是作用于职业倦怠的核心维度，其无论对情感衰竭、无效能感还是对消极怠慢均存在

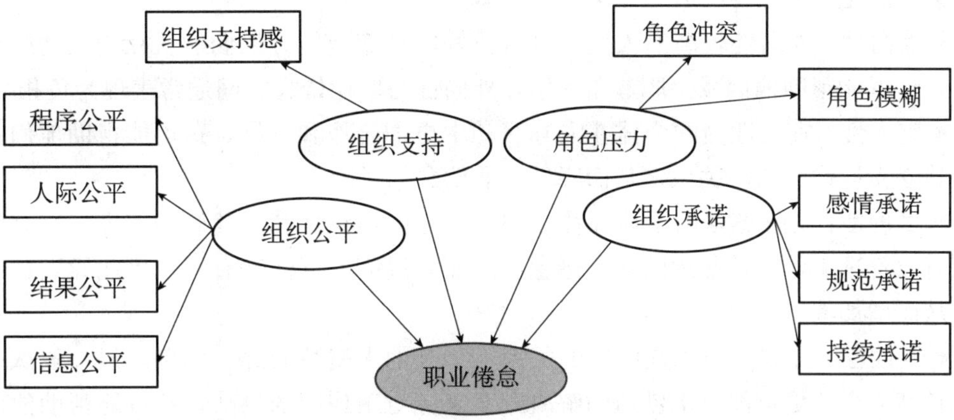


**图 9-4 组织情境因素对职业倦怠的影响路径图**

显著的影响，并且这种影响主要是以直接作用方式产生的。分维度的分析发现，角色压力主要是通过角色冲突这个维度来影响无效能感。另外，角色模糊对情感衰竭的影响非常显著，角色冲突和角色模糊对消极怠慢的影响显著。由此可见，角色冲突会导致员工的工作热情降低，进而降低工作的效率和绩效。角色模糊则会影响员工的精力和热情，使员工不知道如何工作。

此外，研究还发现，员工的组织承诺水平越高，职业倦怠水平越低；组织公平水平越高，员工的职业倦怠水平越低，但组织公平对职业倦怠的影响更大程度上是间接影响；组织支持感对职业倦怠没有产生显著的影响，但组织支持感能够促进员工的组织承诺。

## 三、个体特征因素

### （一）人口学变量

已有研究证明的一些相关的人口学变量有年龄、性别、婚姻状况、受教育程度等。关于年龄的研究普遍表明，年轻人的职业倦怠高于中年人；关于性别的研究尚无定论，但有一项已被确定，即女性的工作怠慢分数高于男性；涉及婚姻状况的研究表明，未婚者的倦怠得分更高，而且单身者比离婚者高；在受教育程度上，受教育程度高者的倦怠状况更严重。

### （二）人格特质

人格特质与职业倦怠之间的关系是心理学研究中的一个重要领域。不同的人格特质会影响个体如何感知和应对工作压力，进而影响职业倦怠的程度。

● 神经质：高神经质的个体倾向于经历更多的情绪不稳定和负面情绪，这使他们更容易感受到工作压力并发展成职业倦怠。研究显示，神经质与职业倦怠的各个维度都有显著的正相关。

● 外向性：外向性较高的人通常具有更好的社交技能，他们能从社交互动中获得能量，这可能帮助他们减少职业倦怠感。外向性与职业倦怠之间通常表现为负相关。

● 宜人性：宜人性高的个体在人际互动中更加合作和友好，这可能帮助他们在职场中建立支持性的人际关系，从而降低职业倦怠的风险。

● 尽责性：责任感强的个体往往表现出更好的组织性和自我管理能力，这有助于他们有效管理工作负荷并预防职业倦怠。然而，过度的责任感有时也可能导致过度工作，从而增加倦怠感。

● 开放性：开放性与职业倦怠的关系不如其他人格特质那么明确，但一般认为开放性较高的个体更可能寻求创新的解决方案来应对工作中的挑战，这可能帮助他们减少职业倦怠的产生。

总的来说，这些人格特质通过影响个体对工作环境的感知和反应方式来间接影响职业倦怠的程度。了解这些关系有助于在组织层面采取适当的预防措施和干预策略，以减轻员工的职业倦怠。

## 四、社会家庭关系因素

工作与家庭是成人生活中两个最重要的领域，它们之间的互动关系对个体的心理健康和工作表现有着深远的影响。职业倦怠是一种由长期工作压力引发的身心疲惫状态，表现为情感衰竭、人格解体和个人成就感降低。工作与家庭关系的平衡与否直接影响职业倦怠的程度。

### （一）工作-家庭干扰

工作-家庭干扰包括两个方面：

● 工作干扰家庭（work interference with family，WIF）。当工作要求过高、加班频繁或工作压力过大时，员工可能无法在家庭中投入足够的时间和精力。这种工作对家庭的干扰会导致家庭角色履行困难，引发家庭矛盾和压力。长期的工作干扰家庭会增加个体的心理负荷，进而导致职业倦怠的产生。

● 家庭干扰工作（family interference with work，FIW）。家庭责任（如照顾子女、老人或处理家庭事务）可能会占用大量时间和精力，导致员工在工作中分心或精力不足。这种家庭对工作的干扰会降低工作效率，增加工作压力，最终引发职业倦怠。

工作角色和家庭角色的要求如果相互冲突，个体就会感到无法兼顾，产生压力。持续的角色冲突会导致情感衰竭和对工作的负面态度，增加职业倦怠的风险。

### （二）工作-家庭增益

工作与家庭之间的正向互动可以产生资源增益效应。例如，家庭的支持和理解可以增加个体的情绪资源，帮助其更好地应对工作压力。同样，工作中的成就感和社交支持也能提升家庭生活的质量。这种资源增益有助于缓解压力，降低职业倦怠的发生率。

当个体在工作和家庭中都能获得满足感时，其整体幸福感会得到提升。这种积极的心理状态可以增强个体的心理韧性，使其更能抵抗压力，减少职业倦怠的可能性。

### （三）社会支持作用

家庭成员的理解和支持可以帮助个体缓解工作压力。家庭支持提供了情感上的慰藉和实际的帮助，使个体在面对工作挑战时感到有后盾。研究表明，家庭支持可以显著降低工作压力对职业倦怠的影响。来自同事和上级的支持也有助于缓解职业倦怠。支持性的工作环境可以减少工作压力，提高工作满意度。上级的理解和灵活的工作安排可以帮助员工平衡工作与家庭的需求。

## 基本概念

职业倦怠　　职业倦怠量表　　工作投入

## 本章要点

**要点一：职业倦怠概念的发展**

职业倦怠是指个体在面对过度的工作需求时所产生的身体和情绪的极度疲劳状态。目前被引用最多的是马斯拉奇的定义。她把职业倦怠定义为服务于助人行业的从业者因为不能有效地应对工作上持续不断的压力而产生的一种包括情感衰竭、人格解体和个人成就感降低在内的综合症状。

**要点二：职业倦怠的作用机制**

对于职业倦怠的作用机制，研究者从不同的角度提出了众多理论，目前较为流行的理论有社会-文化-历史的倦怠观、精神分析的倦怠观、行为主义的倦怠观、工作情境指导下的倦怠观和存在主义的倦怠观。

**要点三：职业倦怠的影响**

职业倦怠会严重影响员工的身心健康，恶化人际关系，使员工工作态度消极、缺乏热情，并且会出现高离职意愿、高缺勤率、低工作绩效，甚至导致物质滥用等心理障碍。

## 复习思考

1. 如何理解职业倦怠概念范围的扩展？
2. 比较不同倦怠观的适用性。

3. 哪些因素会导致职业倦怠的产生？

4. 如何理解职业倦怠的研究发展趋势？

## 拓展阅读

Demerouti, E., Nachreiner, F., Bakker, A. B., & Schaufeli, W. B. (2001). The job demands-resources model of burnout. *Journal of Applied Psychology*, *86* (3), 499-512.

Enzmann, D., Schaufeli, W. B., Janssen, P., & Rozeman, A. (1998). Dimensionality and validity of the burnout measure. *Journal of Occupational and Organizational Psychology*, *71* (4), 331-351.

Hobfoll, S. E. (1989). Conservation of resources. a new attempt at conceptualizing stress. *American Psychologist*, *44* (3), 513-524.

Maslach, C., Schaufeli, W. B., Leiter, & M. P. (2001). Job burnout. *Annual Review of Psychology*, *52* (1), 397-422.

第十章

# 职场异常心理与行为

**【学习目标】**

通过本章的学习，希望达到以下四个目标：

1. 了解职场中存在哪些异常心理与行为。
2. 熟悉职场中异常心理与行为的影响。
3. 了解这些异常心理与行为的干预措施。
4. 掌握这些异常心理与行为的测量或评估方法。

**章节导引**

在工作场所的众多心理疾病中，抑郁症是最普遍且危害性最大的精神疾病之一。数据表明，抑郁症是工作场所中最普遍且让组织损失最大的一种心理疾病，每年可能造成440亿美元的损失（Lerner et al，2004）。抑郁症是全球的一种常见病，估计共有3.5亿名患者。抑郁症不同于通常的情绪波动和对日常生活中的挑战产生的短暂情绪反应，长期中度或重度抑郁症可能成为严重的疾患。患者可能会受到极大影响，在工作中以及在学校和家中表现不佳。最严重时，抑郁症可引致自杀。每年的自杀死亡人数估计高达100万人。根据美国心理学会的界定，抑郁症作为一种情绪障碍，主要表现为情绪沮丧、兴趣缺失、睡眠障碍、体重变化、疲劳、精力减少、行动迟缓、有负罪感或觉得生活无意义，以及思考能力、注意力和决策能力下降，最为严重的表现是出现自杀倾向。抑郁症是世界上最普遍的精神疾病之一，影响着全球1.21亿人口，给社会带来了巨大的负担和损失，被列为全球所有疾病中造成社会负担的第四大疾病（WHO，2022）。

## 第一节　异常心理

工作场所是心理问题的高发地，当前压力管理的难点在于，对员工中较为严重的心理问题缺乏专门的研究，这属于组织行为学与工业精神病理学的交叉领域，过去很少涉及。我国目前处于社会经济转型期，企业正处于不断融入市场和适应国际环境的过程中，面对的竞争更加激烈。在此背景下，企业只有通过不断变革才能适应这种快速的变化，这使得工作要求的不确定性增大和复杂化，加之竞争使企业更多地强调经济目标，也会导致对员工的需求的忽视（Alaybek et al.，2022），企业员工的心理、行为健康问题日益凸显。

## 一、职场抑郁

有抑郁倾向的职场个体，其身体、情感、思维和行为都会受到影响。同正常人相比，有抑郁倾向的人明显存在记忆、注意力障碍以及工作兴趣严重丧失的情况。如果这种抑郁倾向在较长时间内得不到调节和干预，极有可能发展为严重影响员工心理健康的心理疾病——抑郁症。而一旦患上抑郁症，往往只有专业治疗才能控制病情。导致抑郁倾向的原因比较复杂，其中可能有遗传因素、生物化学因素、社会文化环境因素、性格因素，比如完美型性格的人比较容易出现抑郁倾向以及感受到压力等。除此以外，生活或工作中发生较大变故，比如被解雇、亲人亡故、事情长时间得不到解决等，也可能会导致抑郁倾向。

### （一）职场抑郁的影响因素

**1. 心理易感性**

个体内部的心理易感性（psychological vulnerabilities），即认知风格和个性特征，会让个体对某些压力源特别敏感和脆弱，或促使个体以特定方式（通常是非功能性的）去认知和应对压力情境，而应对结果通常也是负性、消极的，这样恶性地循环往复，最终使个体患上心理疾病。

与抑郁症相关的心理易感性有：负性归因风格（Abramson，2002），即认为压力情境会一直存在且难以改变，而且负性后果会波及生活各个领域，并认为是自己的无能和没用造成的；神经质，即对负性情境很敏感，且有较强的反应；依赖-自律人格，即依赖的个体会对社会关系上的挫折较为敏感和脆弱，而自律型人格则比较经不起成就上的挫折；非功能性的应对，具体表现为反刍、回避、非问题解决导向、情绪智力低等特征。以上这些心理易感性会使员工对工作压力的承受能力降低，并在遇到工作中的负性事件时更易出现抑郁症状。因此，当探讨抑郁症状在员工中的发生机制时，要充分考虑上述精神病理学带来的问题，从跨学科研究的角度，即工业精神病理学的角度，来探索员工抑郁症状的发生机制。

**2. 情绪劳动职业**

很多研究表明，情绪劳动职业的从业人员容易产生职业倦怠（Maslach & Leiter，2017）。因此，从工作倦怠与抑郁症状的紧密关系来说，这类职业也可能成为抑郁症的易感职业（vulnerable occupations）。情绪劳动职业以工作者在工作责任中的情绪卷入为特征，例如，对于流露的具体特定情绪的要求，或让服务对象满意的要求（如担心服务对象不满，这种担心会带来巨大的压力）等。这类职业都具备客户导向的、与人相关的工作本质。此外，易感职业通常对于沟通、频繁的客户接触和决策判断有很高的工作要求，因此其工作绩效更易于受到抑郁症状的损害。目前对于这类职业的研究主要集中于教师、医生、护士、金融服务行业和其他服务行业人员等，研究结果显示这些职业与其他和人不相关的职业相比有更多的压力症状，包括工作倦怠、抑郁症状等。

## （二）职场抑郁症状的预防与治疗

### 1. 基于抗逆力的组织预防系统

抗逆力（resilience）是指个人在面对生活逆境、创伤、悲剧、威胁及其他生活重大压力时的良好适应，也是个人面对生活压力和挫折的“心理弹性”。抗逆力（压弹）是应激（stress）与应对（coping）的和谐统一，是良性应激的突出表现，在压力管理中可以起到激发潜能、振奋情绪，甚至增进健康的作用。当工作中出现困境时，建立组织中的多层次抗逆力系统有助于防止其对员工的心理健康和生产力的损害。从个体层面来说，某些认知因素（乐观主义、创造力、幽默等）和个性层面的胜任特征都被认为可以导致更高水平的抗逆力。从家庭层面来看，承诺、家庭成员之间的亲密关系和来自邻里的社会支持也可以帮助个体在面临变化和危机时抑制心理瓦解状态。

### 2. 员工抑郁症状的心理社会治疗与个性化综合干预

抑郁症状的治疗与康复主要包括两类：药物治疗和心理社会治疗。药物治疗主要对已经达到临床诊断标准的重度抑郁症状具有较好的疗效，能在短期内显著缓解临床症状。然而，药物治疗具有一定的副作用，并且对于长期的社会与认知功能的疗效不是非常显著。心理社会治疗则主要针对康复者的社会和认知功能，包括情绪障碍、人际沟通障碍、认知能力、自信心等方面的治疗和重构。因此，众多学者主张精神药物治疗与心理社会治疗联合起来，形成一种综合性的干预系统或称为“生物-心理-社会性干预”。

心理社会治疗是各种心理性和社会性干预措施与手段的总称，任何根据明确的干预原则帮助有心理症状的人群提高其心理和社会功能的方法，都可以称为心理社会治疗。这些治疗可分为六类：认知行为治疗、个案管理、职业康复、家庭干预、双重障碍的综合性处置、技能训练和疾病自我处置训练等。但是，不同的心理社会治疗着眼点不同，具有各自的优势和局限性。

目前，对于工作场所具有轻中度抑郁症状的员工的干预措施相对缺乏。从研究和实践的角度来看，存在的问题主要有：

（1）以药物治疗为主，心理社会干预较少，而对于工作场所轻中度抑郁症状的特殊情况，采用心理社会治疗较为合适。

（2）缺乏个体化的干预措施。从积极心理学的角度考虑，应该给予每个患者以积极的、个体化的支持与干预。美国个体支持性就业（individual placement and support，IPS）的实证经验表明，个性化干预具有更好的康复效果。另外，员工即使有轻中度的抑郁症状，也不同于抑郁症患者。员工具有自主判断能力，因此干预方案的制定和实施也要尊重其决定。

（3）缺乏综合干预措施。由于导致员工的抑郁症状的因素较多，包括组织管理、工作环境中的因素和精神病理方面的因素，而单一干预方法或单方面的干预只能针对特定的影响因素，以致影响整体的干预效果，因此，恰当地整合组织层面的各种干预模式将使心理社会治疗产生更好的效果。

总而言之，针对工作场所轻中度抑郁症状的员工，需要采取个性化的综合干预方法。必要时可引入心理社会干预，借鉴国外的个性化干预方案，根据我国实际工作场所的特点，针对员工个体或具有相似表现的员工，设计具有针对性的个性化综合干预方法。

## 二、负面人格特质

在工作环境中，员工的人格特质对其行为、决策、绩效、与同事的互动以及组织氛围有着重要的影响。而某些负面的人格特质，常被称为黑暗人格（dark personality），则可能会对工作场所的氛围和效率产生诸多消极影响。下面来了解这些负面的人格特质及其对工作场所的影响。

### （一）自恋型人格

自恋型人格（narcissism）的特征是极端的自我中心和对权力、成功的强烈渴望。在工作场所，自恋型员工往往过度追求个人利益，忽视团队合作。他们可能会为了个人声望而贬低同事，或者利用组织资源来提升自己。这种行为不仅破坏团队合作，还会损害整体组织绩效。然而，自恋者在工作中的积极方面是他们有时能够以其自信的表现赢得他人的信任，尤其是在需要展示个人能力的领域中。

### （二）马基雅维利主义

马基雅维利主义（Machiavellianism）指的是一种操控他人以获取个人利益的性格倾向。这类人在工作场所往往非常精于策略和权谋，可能通过操纵、撒谎或不诚实的手段来达成目标。他们善于隐藏真实意图，通常不太关心道德和情感，主要专注于个人或部门利益。这样的行为会导致团队成员之间的不信任感增加，并且严重影响组织的工作氛围。

### （三）心理病态

心理病态（psychopathy）具有冷酷无情、缺乏共情、冲动和道德感薄弱的特点。在工作场所，具有心理病态人格的员工通常表现出不负责任和不诚实，可能做出对组织或同事有害的行为。他们的冲动性和对规则的无视也可能导致工作中的重大错误或风险。具有心理病态人格的员工倾向于在危机或不稳定的环境中表现良好，因为他们能迅速采取行动并避免情绪上的困扰。

### （四）权力欲望

权力欲望（desire for power）是指一些员工在工作场所中表现出的对权力和控制的强烈渴望。他们不仅希望影响他人，还会利用各种手段保持自己的优势。这种强烈的权力欲望可能会导致他们忽视他人需求，甚至利用欺凌或不公平的手段来维持控制。权力欲望强烈的员工往往也不愿意共享资源和信息，这进一步加剧了团队内部的冲突。

### （五）负面人格特质对工作绩效的影响

具有负面人格特质的员工往往会通过不良行为影响团队合作，导致任务完成的效率降低。例如，操控性或自恋型员工可能会为了个人利益做出损害团队目标的决策，进而影响整体工作绩效。长期下来，这样的行为可能会导致组织绩效的显著下降。在团队工作中，具有负面人格特质的员工往往会与同事产生冲突，他们的行为（如操控、霸凌或不诚实）可能引发团队内部的不信任感，导致团队凝聚力减弱。缺乏信任和合作的团队难以高效运作，从而影响整体工作质量。消极情绪强烈的员工往往会把自己的负面情绪传递给同事，导致团队士气低落。这种情绪感染可能导致其他员工的工作满意度下降，并最终影响到整个团队的生产力。此外，消极情绪还可能引发员工的倦怠感，进一步加剧组织中的问题。在招聘过程中，组织可以通过心理测验和面试技术识别出具有负面人格特质的候选人。例如，采用人格测验（如五因素模型（big five personality traits））或更为专门的黑暗三角测验（dark triad tests）来评估应聘者的人格特质。对那些表现出强烈消极情绪的员工，组织可以提供情绪管理和压力管理的培训，帮助他们更好地调节自己的情绪反应，减少消极情绪对团队的影响。组织应建立透明的反馈机制，及时指出员工的负面行为并进行纠正。同时，设置明确的行为规范和奖惩机制，确保负面行为不会成为常态。通过这种方式，负面人格特质的影响可以得到有效控制。

对于一些严重的负面人格特质，如心理病态或自恋型人格，组织可以提供心理辅导或员工帮助计划，帮助员工解决其心理和行为问题，从而减少对工作场所的破坏性影响。

# 第二节　异常行为

## 一、职场排斥

排斥是人类社会中的常见行为，大多数人都有过排斥别人和被排斥的经历。

### （一）职场排斥的定义

作为社会排斥在组织中的表现，职场排斥（workplace ostracism）是指在工作场所中，个体主观感知到的他人对自己的忽略、排挤和拒绝（Ferris et al.，2008）。这是一种普遍存在于组织内且具有隐蔽性的消极行为。与更明显的职场霸凌不同，排斥行为往往较为隐蔽，难以直接察觉，但其影响同样较大。职场排斥的表现形式包括：

● 社会隔离：员工被有意排除在社交活动或工作讨论之外，如同事聚会或团队决策时不邀请该员工。

● 沟通回避：其他员工对被排斥者采取回避沟通的策略，表现为在面对面或在线交流时故意忽视该员工的发言或意见。

● 工作合作的冷漠：团队成员在工作上不愿与被排斥者合作，导致其被孤立，影响其工作表现。

### （二）职场排斥的影响

职场排斥可能导致被排斥者出现焦虑、抑郁等心理问题。长期被排斥的个体感到孤立无援，逐渐丧失自我价值感，甚至产生职业倦怠的症状。职场排斥与工作中的心理压力密切相关。被排斥者常常感到孤独无助，这种情绪上的孤立感会增加他们的心理负担。这种孤立感不仅会降低员工的生产力，还可能导致工作倦怠的产生。

职场排斥与员工的工作满意度之间存在显著负相关。被排斥者通常会对工作环境感到失望，逐渐失去工作动机，工作满意度下降。同时，长时间的职场排斥还会导致员工的离职倾向增加。

在被排斥的环境中，员工的工作动机和效率往往会受到负面影响。被排斥者往往认为自己不被重视，无法在工作中实现自我价值，进而影响工作表现。

### （三）职场排斥的成因

职场排斥的发生往往与多个因素有关，包括组织文化、领导风格、个体特质以及工作环境等。职场排斥与工作场所的氛围密切相关，如果一个组织的文化充满竞争性且缺乏合作精神，那么职场排斥更容易发生。此外，具有负面人格特质的领导者可能通过排斥某些员工来控制团队内部的权力平衡。在个体层面，低自尊或不善于社交的员工更容易成为排斥的目标。

职场排斥作为一种隐性但影响很大的职场现象，严重威胁了员工的心理健康和工作绩效。其隐蔽性使得问题难以被及时发现和解决，因此需要组织和领导者在管理中更加敏感与主动。

### （四）职场排斥的预防与控制

组织可以从事前控制、事中控制和事后控制的角度来采取相应的措施。

（1）事前控制：创建良好的组织文化，营造公平、透明、包容、理解的竞争环境和互帮互助的合作环境，相信在这种组织文化的引导和熏陶下，上司与下属以及同事之间都能形成开诚布公的信任氛围，从源头上遏制职场排斥的滋生。此外，企业需要制定和完善规章制度，将员工的日常行为纳入个人考核范围，以此来规范员工在工作场所中的行为，防患于未然，有效地预防排斥现象的出现。同时，企业在防治职场排斥时，应该结合员工的个性特征，我们建议管理者重点关注那些神经质高的员工，主动倾听他们的想法和意见，因为这些员工对职场排斥更加敏感，也容易受到职场排斥的伤害。在招聘环节，组织可以将神经质的测量作为选拔标准之一，尽可能选拔神经质低的员工。

（2）事中控制：组织要适时地对工作环境进行检测和评价，一有职场排斥苗头的出现，就要尽快采取适当的干预政策或措施将其遏制住，以防止范围扩大和危害性加重。另外，采用多种途径增加员工关怀，鼓励员工多参加社交活动，增加同事之间在工作之外的交际和接触以沟通感情，促进相互理解，为将来更好地开展工作增添一层润滑剂。相关的研究表明，有机式的组织结构、多样化的基于团队的工作设计和良好的人际互动都有助于提升员工的组织自尊水平。因此，组织应努力采用多样化的基于团队的工作设计，给予员工更多的自主性，并促进组织成员之间的沟通与合作，从而使得员工能维持高水平的组织自尊，积极投入到主动性行为中。

（3）事后控制：若组织中的职场排斥已无法避免，其危害性也已显现，则组织要及时向被排斥的员工提供心理咨询服务，对其在心理上予以支持和疏导，以减轻职场排斥给其带来的伤害，修复被排斥员工心灵上的创伤。必要的时候组织可以出面对排斥者和被排斥者之间的矛盾进行调节，促成双方的相互谅解，推动组织和谐人际关系的建设。

从员工的角度，也可以通过对职场排斥进行准确的归因来良好应对。员工不仅要学会融入组织这个大环境，也要适应所谓的“圈子”，有些人恃才傲物，特立独行，格格不入，或者锋芒毕露，急于表现，做“出头椽子”，这样很容易招致组织中其他员工的不满、嫉妒，增加彼此之间的嫌隙，最后逐渐被孤立或排斥。若员工已经明显感受到自己被排斥了，则应该正视这一问题并积极应对。首先要善于从各方面找原因，然后采取有效的措施来改变这一被动的局面，切忌进入一种恶性循环的怪圈。如果问题源自对方，可以找准机会与对方进行沟通以促成理解。如果觉得自己遭到了不公平的职场排斥，可以巧妙沟通以提醒排斥者其行为的伤害性。如果是他人恶意进行职场排斥，适当的时候可以“以其人之道”回敬，让对方知道别人同样可以用不友好的方式伤害他/她。但若问题出在自己身上，则需及时自省，虚心改正。另外，如果遇到职场排斥，员工也不用过于敏感或捕风捉影，不能懈怠自己的工作，需要调整自己的心态，维护自己的组织自尊，“莫望浮云遮望眼，风物长宜放眼量”，仍然做好本职工作和开展主动性行为。

## 二、职场欺凌

20世纪90年代，学者对工作场所中的欺凌（bullying）行为产生了浓厚的兴趣，后来该议题受到了欧洲、美国以及世界其他国家越来越多学者的关注，成为工业与组织心理学和健康心理学研究的一个热点。

### （一）职场欺凌的定义与特征

根据莱曼（Leymann，1996）的定义，职场欺凌是“一个或多个个人对他人进行系统性的敌对行为，持续时间至少6个月，每周至少一次，导致受害者处于无力反抗的状态”。美国职场欺凌协会（Workplace Bullying Institute，WBI）2010年对约6 300名在职员工的调查显示，35%的员工报告在工作中曾被欺凌，15%的人曾目睹欺凌的发生；与非法的职场骚扰（illegal harassment）（如性骚扰、职场暴力）相比，欺凌的发生率是其4倍。职场欺凌与其他消极行为相比，具有以下几个方面的特征（Duffy & Yamada，2018）。

（1）发生频率：欺凌行为与不礼貌行为、暴力行为的区别在于，欺凌行为持续较长时间（例如，6个月以上）且重复发生（例如，至少一周一次）。因此，仅仅一次孤立的人际冲突事件不能称为职场欺凌。

（2）危害程度：攻击行为按照强度由小到大，可分为1～10不同强度等级的行为类型。其中，1～3强度等级的攻击行为可称为不礼貌行为，4～9强度等级的干扰了组织合法利益实现的行为属于欺凌行为，而强度最大的攻击行为（例如，杀人等暴力行为）则会使工作被迫停止。由此可见，职场欺凌对组织成员的身心健康和组织效能的危害程度介于职场不礼貌行为和职场暴力行为之间。

（3）指向性：与其他反生产行为、工作场所偏差行为相比，职场欺凌主要是人际的一种敌意行为，实施者主要针对的是组织中的其他成员，较少直接指向组织。

（4）权力的不均衡性：受欺凌者通常难以反抗实施者的欺凌行为，双方存在权力的不均衡性。这种权力的不均衡性不仅来自组织等级结构中正式的权力距离（上级对下级），还可能来自其他的个体、情境和社会特征，如专业知识、信息和人脉资源等个人获得非正式资源的权力。因此，同事之间也存在权力的不均衡，甚至在一些情况下，下属（尤其是以群体的形式）可能激发足够的权力不均衡来欺凌上级。这样组织中不仅有垂直结构中自上而下的欺凌，还存在水平结构中同事间的欺凌，甚至是自下而上的欺凌。

## （二）职场欺凌产生的原因

**1. 职场欺凌是当事人双方对工作压力消极应对的结果**

对于欺凌实施者而言，个体感知到工作压力（或挫折）后，如果无法采取积极有效的自我调节方式来应对，往往会通过将压力（或挫折）转嫁到其他人身上的方式（例如，寻找替罪羊）来缓解，因为投射的过程可使个体的紧张和挫折感降低。

对于受欺凌者而言，个体在面对工作压力时，可能会采取违反工作相关的期望和社会规范的方式（例如，逃避工作责任）使自己尽量远离压力源，但这反过来会使其受到同事或组织中其他成员的消极对待。也就是说，以违反规范的方式来逃避工作压力的个体可能成为受欺凌者。

**2. 职场欺凌是当事人双方人际冲突升级的结果**

冲突当事人双方在最初阶段关注冲突的内容（例如，问题在哪里），寻求理智的方式来解决冲突。逐渐地，双方意识到并强调各自的立场差异，对冲突的关注由“问题本身”转变为“人的原因”（例如，谁是问题的制造者），员工之间的攻击性增强。接下来，冲突双方中权力强势方出于保护受到威胁的自尊、避免被社会竞争淘汰、开展组织政治行为等方面的考虑，采取职场欺凌的方式来化解冲突对自我地位造成的消极影响，使权力弱势方成为受欺凌者，并使组织中的其他人对受欺凌者的个体偏见不断加深，从而进一步加剧欺凌行为。而属于权力弱势方的受欺凌者由于缺乏有效的冲突管理能力，无法对职场欺凌行为进行反抗，并逐渐对持续发生的欺凌行为感到习得性无助，进而认为自己被欺凌是理所当然的，这种消极情绪体验和被动的态度又会进一步加剧欺凌行为的持续性和重复性。

**3. 职场欺凌是组织刺激的结果**

由于职场欺凌是建立在当事人双方权力不均衡的基础上的，组织的不当管理将可能导致权力强势方滥用权力、权力弱势方感到习得性无助，进而诱发职场欺凌的产生并持续重复发生。组织的相关管理制度以及组织文化如果缺乏对权力强势方有效的监督控制和对权力弱势方有力的社会支持（例如，采取放任自流的态度，不对职场欺凌行为进行制止），则不仅会进一步助长权力强势方的威风，使其认为欺凌是组织允许甚至期望的（即是符合群体规范和组织文化的），还会进一步使属于权力弱势方的受欺凌者感到习得性无助，认为群体成员已对欺凌达成共识，自己被欺凌是注定的，从而使职场欺凌持续重复发生。

## （三）职场欺凌的影响

**1. 职场欺凌对受欺凌者的影响**

根据受欺凌者的自我报告，职场欺凌会导致员工酗酒、滥用药物、失眠加重以及身体素质下降；心脑血管疾病以及慢性病的发病率增加；受欺凌者很容易感到精疲力竭、心烦意乱、失去耐心、被疏远孤立、自我效能感下降以及无助感增强。此外，职场欺凌给受欺凌者带来的焦虑、悲伤、恐惧和愤怒等消极情绪体验可能会进一步导致创伤后应激障碍及自杀等恶性后果。

**2. 职场欺凌对欺凌实施者的影响**

虽然目前学术界对于职场欺凌实施者的意图研究尚未形成一致的意见，但无论实施者最初是否意识到职场欺凌的危害性，都有充足的理由让他将这一行为持续下去，甚至变本加厉，进一步扩大其实施范围和加重程度。根据强化理论，如果一些职场欺凌实施者并未意识到（或承认）自己的行为具有危害性，当其实施了欺凌行为之后，并未受到受欺凌者、组织管理当局或其他组织成员的及时制止，以使其意识到自己的行为是有危害的，相反，通过实施欺凌行为反而向其提供了正向的反馈信息（例如，缓解了自身的工作压力、维护了自尊及自己的权力优势方地位），那么欺凌实施者将努力合理化自己的行为，将自己的这一行为理解为是被允许甚至是期望的，因而会尽可能地创造条件（例如，操控沟通反馈渠道以减少对受欺凌者的社会支持等）使这一行为能够重复发生并持续下去。

**3. 职场欺凌对旁观者身心健康的影响**

根据社会互动理论，持续发生的职场欺凌不仅对行为当事人双方有影响，而且还会通过社会互动过程影响到与他们处于同一职场环境中的其他成员——职场欺凌的旁观者。已有研究指出，虽然不是直接受害者，但目睹职场欺凌会对员工的身心健康、工作态度和行为造成不良影响。英国一项对公共部门 761 名工会成员的研究表明，73%的旁观者报告了他们目睹欺凌的压力，并且 44%的受访者担心自己会成为下一个被欺凌的目标（Bunce et al.，2024）。

**4. 职场欺凌对组织效能的影响**

一方面，遭受职场欺凌的员工大多报告了低水平的组织承诺、工作满意度、工作士气和工作绩效水平以及故意缺勤、工作倦怠、创新潜能丧失、离职等问题。同时，受欺凌者还可能隐秘地做出“反生产行为”。

另一方面，处于职场欺凌氛围中的旁观者也报告了较高水平的离职意愿；目睹职场欺凌与员工的工作满意度和组织承诺之间存在负相关关系。而且根据社会学习理论，人们通过观察来获得或修正自己的行为。旁观者通过目睹职场欺凌行为，学习到了如何成为不被欺凌者，相对地也可能学习到了如何欺凌他人，从而可能成为欺凌实施者。

## 三、不文明行为

职场欺凌强度大、伤害意图明显，严重影响员工的身心健康。然而，越来越多的现象表明，一些表现方式相对“温和”的行为也在不断侵蚀工作环境，但长期以来却被人们忽视，如，工作场所不文明行为（workplace incivility），这一违背人与人之间相互尊重原则的低强度负面行为。研究表明，71%的美国被调查者在近5年内曾遭受过工作场所不文明行为。相对于其他负面行为，不文明行为对员工的工作状态和身心健康具有更广泛的慢性危害（Duffy & Yamada，2018）。我国的调查显示，70%的被调查者曾受过来自上司或同事的精神打压、冷漠忽视等不文明的对待，半数以上的被调查者表示这种遭遇严重影响了自己的工作积极性和身心健康（毛畅果，孙健敏，2013）。

### （一）工作场所不文明行为的定义与特征

波拉斯（Porath）和皮尔逊（Pearson）将工作场所不文明行为定义为“缺乏礼貌和尊重的轻微行为，这种行为常常是模糊的、非直接的，但会对个体的情感和尊严造成伤害”（Porath & Pearson，2013）。这些行为通常是故意的，但由于其强度低，行为实施者往往不认为自己的行为有害。职场不文明行为的主要特征包括：

● 低强度：这些行为不会像职场欺凌那样剧烈或持续，通常表现为偶尔的无礼或冷漠。

● 模糊性：这些行为常常难以被明确界定为攻击性行为，因为它们可能是隐晦的、含蓄的，如故意忽视、拒绝合作等。

● 无礼和轻视：不文明行为通常表现为不尊重他人，如在会议中打断别人、不礼貌的电子邮件或面谈中的冷漠态度。

### （二）工作场所不文明行为的类型

工作场所不文明行为通常有以下几种类型。

● 言语不文明：这是最常见的类型之一，表现为不友善的语气、粗鲁的言辞或在公开场合对他人的批评和责难。纳米（Namie，2003）指出，虽然言语不文明行为并不像欺凌那样直接，但它的频繁发生也可能对员工的心理健康造成长期影响。

● 行为不文明：包括忽视他人、在合作时缺乏沟通、拒绝帮助他人或通过某种行为传递敌意。这样的行为会让受害者感到被排斥或被孤立。

● 电子邮件和数字通信中的不文明行为：随着远程工作的普及，电子邮件和即时通信工具中的不文明行为也越来越常见。例如，故意忽略他人的信息、使用冷漠或批评性的语言、在工作群组中公开羞辱他人等。

### （三）工作场所不文明行为的成因

工作场所不文明行为背后的原因有以下几个。

● 人格特质：具有高冲动性、自恋型人格或缺乏同理心的个体更容易实施不文明行为（Moon & Morais，2022）。这些个体往往无法意识到自己行为的负面影响，或不愿考虑他人的感受。

● 组织文化：如果一个组织强调高度竞争而非合作与包容，员工之间的不文明行为可能更为普遍（Porath & Pearson，2013）。在一些组织中，领导者甚至可能通过漠视或参与此类行为，进一步助长不文明行为的发生。

- 领导风格：专制型领导或领导者对下属的关怀不足，可能会导致不文明行为在组织中蔓延。

### （四）工作场所不文明行为的影响

不文明行为表现形式温和，其影响通常被误认为是微弱且短暂的，极少受到组织管理者的重视。然而，这种看似微不足道的“小事”在工作场所中却给员工带来了极大的危害。

首先，大多数遭受不文明行为的员工都会感到难受、失望、气愤、被孤立。由于很难立即发泄出来，这些消极情绪会不断积累成为更大的压力和焦虑感，损害员工的身心健康，而且这种伤害往往会持续好几年。其次，不文明行为会损害人际公平感和组织公正感，影响员工对他人的诚实与宽容、对组织的信任与责任感。再次，不文明行为会对员工的满意度和幸福感造成持续的负面影响，增强其离职意愿。最后，不文明行为引起的消极情绪会破坏认知过程（如记忆提取），对员工的任务绩效和创造力产生负面影响；不文明行为的受害者还会减少助人行为，甚至通过越轨行为来释放不满情绪。

工作场所不文明行为的前因变量与结果变量如图 10-1 所示。

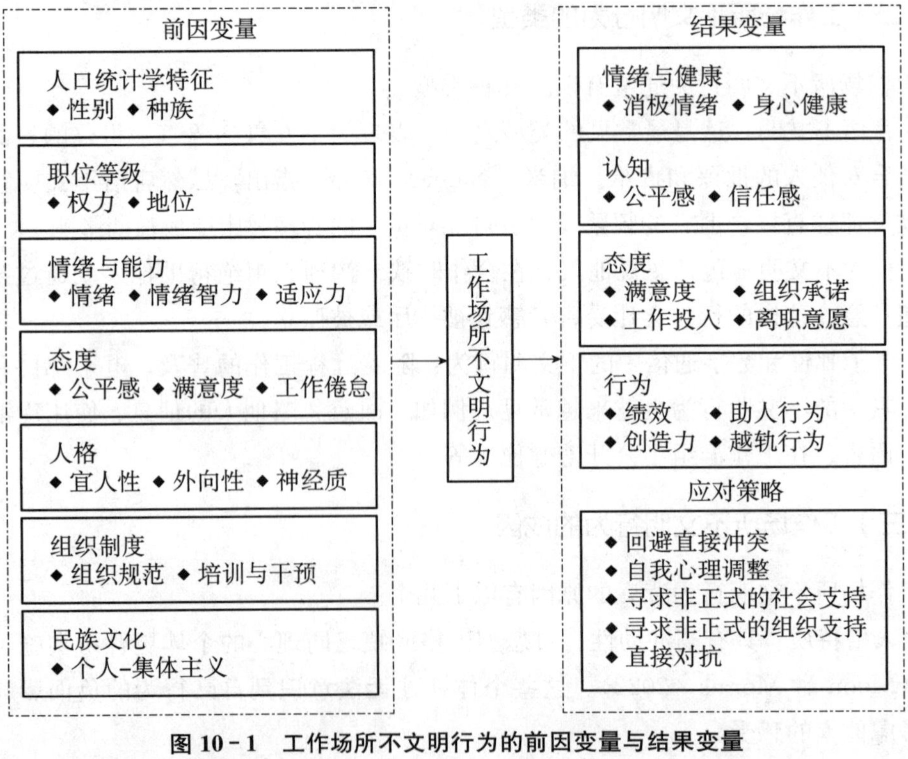


**图 10-1 工作场所不文明行为的前因变量与结果变量**

资料来源：毛畅果，孙健敏，2013.

### （五）工作场所不文明行为的应对策略

组织应当制定明确的反不文明行为政策，定义什么行为是不文明的，并鼓励员工在遇到此类行为时进行举报。政策应包括明确的处理程序，以确保投诉得到及时处理。培训可以让员工意识到不文明行为的危害，并教授他们如何应对和避免此类行为（Porath & Pearson，2013）。例如，培训可以帮助员工提高沟通技巧，学习如何以尊重的方式处理工作冲突。领导者应当积极监控团队中的行为动态，及时制止不文明行为。研究表明，领导者的支持和榜样作用对于预防和减少不文明行为至关重要（Kim & Beehr，2022）。组织可以为员工提供心理咨询和相关支持服务，帮助遭遇不文明行为的员工缓解心理压力，恢复工作积极性。

工作场所不文明行为尽管轻微，但其负面影响却不容小觑。通过制定清晰的政策、提供培训、加强领导者的责任和提供支持，组织可以有效减少不文明行为的发生，营造健康和谐的工作环境（Pearson & Porath，2005）。

## 基本概念

职场抑郁　　负面人格特质　　职场排斥　　职场欺凌　　工作场所不文明行为

## 本章要点

**要点一：职场抑郁的影响因素**

影响职场抑郁的因素主要有：心理易感性，包括负性归因风格、神经质、依赖-自律人格和非功能性的应对；易感职业，即情绪劳动职业，很多研究表明，情绪劳动职业的从业人员容易产生工作倦怠。

**要点二：职场排斥的预防与控制措施**

组织可以通过事前、事中和事后三个阶段来预防和控制职场排斥。事前控制首先要创建良好的组织文化，营造公平、透明、包容、理解的竞争环境和互帮互助的合作环境。此外，企业需要制定和完善规章制度，将员工的日常行为纳入个人考核范围。在事中控制中，组织要适时地对工作环境进行检测和评价，采用多种途径增加员工关怀，鼓励员工多参加社交活动，增加同事之间工作之外的交际和接触。在事后控制中，组织要及时地向被排斥员工提供心理咨询服务，在心理上予以支持和疏导，以减轻职场排斥给其带来的伤害，修复被排斥员工心灵上的创伤。

**要点三：职场欺凌产生的原因**

职场欺凌产生的原因主要有：当事人双方对工作压力消极应对，一方面欺凌实施者将压力（或挫折）转嫁到其他人身上，另一方面受欺凌者自己远离压力源，却使自己受到同事或组织中其他成员的消极对待；当事人双方人际冲突升级以及组织刺激。

**要点四：工作场所不文明行为的特点**

工作场所不文明行为的特点有：违背规范，即不文明行为违背现代组织中人际尊重的准则，表现为语言、非言语或非肢体上的粗鲁、轻视、麻木不仁、不顾及他人感受；伤害意图模糊，无论是受害者还是旁观者，都难以判断不文明行为实施者是否具有伤害意图；强度低，不文明行为具有低强迫性，不涉及肢体攻击或言语冒犯，这使得不文明行为的实施成本低，更为普遍，也往往让受害者有怨气而难抒怨言。

## 复习思考

1. 职场中有哪些负面人格特质？
2. 员工应如何规避职场排斥？
3. 职场欺凌对组织有哪些影响？

## 拓展阅读

黄攸立，刘筱.(2011). 国外工作场所负面人格特质研究述评. *心理科学进展*，*19*（1），85－93.

蒋奖，张雯，王卓，鲁峥嵘，许燕.(2011). 工作场所排斥与员工心理健康、工作满意度的关系：性别的调节作用. *心理科学*，*34*（3），686－691.

刘小禹，刘军，许浚，吴蓉蓉.(2015). 职场排斥对员工主动性行为的影响机制——基于自我验证理论的视角. *心理学报*，*47*（6），826－836.

毛畅果，孙健敏.(2012). 工作场所的不文明行为. *心理科学进展*，*20*（9），1487－1494.

Cortina，L. M.，& Magley，V. J.(2009). Patterns and profiles of response to incivility in the workplace. *Journal of Occupational Health Psychology*，*14*（3），272－288.

Pearson，C. M.，& Porath，C. L.(2005). On the nature，consequences and remedies of workplace incivility：No time for "nice"? Think again. *The Academy of Management Executive*，*19*（1），7－18.

# 第十一章
# 自杀与危机管理

【学习目标】

通过本章的学习，希望达到以下三个目标：

1. 理解自杀的定义及其诱因。

2. 了解自杀的解释模型。

3. 了解危机的干预方法，特别是企业可以采取的危机管理、干预措施。

**章节导引**

据深圳市公安局宝安分局证实，2010 年 5 月 21 日凌晨 4 点多钟，富士康科技集团（以下简称富士康）一名年仅 21 岁的男性员工从 F4 栋楼跳下身亡，这是 2010 年以来富士康第 10 个坠楼的员工，这些坠楼者 8 死 2 伤。

2010 年 5 月 25 日凌晨，富士康观澜园区华南培训中心一名员工坠楼死亡，死者是一名 19 岁的男性。这是富士康最新一起员工坠楼事件，是继第十跳之后又一次引发社会连续关注的坠楼事件。深圳市公安局周二确认了上述坠亡案件，但尚未确认是自杀还是意外事件。

资料来源：中国新闻网，https://www.chinanews.com.cn/gn/news/2010/05-26/2306305.shtml.

## 第一节 自杀的定义和产生机制

自杀是一个突出的社会问题。世界卫生组织的调查显示，2021 年全球约有 70 万人死于自杀，且每年有数百万起自杀未遂事件发生（WHO，2022）。自杀带来的影响极为广泛，不仅给个人和家庭带来了巨大的痛苦，也给社会和经济带来了沉重负担。特别值得关注的是，自杀在整个生命过程中都有可能发生，且对于 15～29 岁的人群是全球第四大死因（Pirkis，Dandona et al.，2024）。什么是自杀？个体为什么会自杀？特别是在组织职场环境中，有哪些可能导致自杀的危险因素？本节将整理和解答这些问题。

## 一、自杀行为的界定

自杀行为的定义是心理学和精神病学中一个复杂且多维度的概念。为了使这一定义更加全面且逻辑清晰，我们可以从狭义和广义两方面进行讨论。

**1. 狭义的自杀定义**

狭义的自杀通常指一个人有意识地、主动地结束自己生命的行为。根据世界卫生组织的定义，自杀是指个体有意图地造成自己死亡的行为。这一定义强调了行为的故意性和结果的致命性（WHO，2022）。自杀行为的动机通常复杂多样，可能包括痛苦、绝望、无助感以及逃避难以承受的情境等。

**2. 广义的自杀定义**

广义的自杀不仅包括自杀行为本身，还涵盖了一系列与自杀相关的思维和行为。自杀行为是一个从自杀意念到最终自杀死亡的连续过程。这个过程可以分为以下几个阶段。

- 自杀意念（suicidal ideation）：指个体产生有关伤害或结束自己生命的想法。自杀意念的严重程度各异，从简单的死亡念头到具体的自杀计划。
- 自杀未遂（suicide attempt）：指个体尝试实施自杀行为，但由于某种原因未能成功导致死亡。自杀未遂通常被认为是自杀意念的进一步升级，且被认为是未来自杀死亡的强预测因素。
- 重复自杀行为（repetition of suicidal behavior）：指个体多次尝试自杀行为。研究显示，曾有自杀未遂史的人群在未来再次尝试自杀的风险显著增加。
- 自杀死亡（completed suicide）：即最终通过自杀行为结束生命。

自杀意念是指有关伤害和杀害的想法，按其严重程度可从死亡想法和消极意念发展到具体的并伴有相应计划的自杀意念。自杀未遂是个体自己造成的伴有明确的或可推测的死亡意愿的非致命的破坏性行为。有调查显示，从人的一生来看，约有1.3%～3.8%的男性在青少年时期有过自杀企图，女性的比例要比男性高，约为1.5%～10.1%。而实际的数字由于很多人不会寻求治疗或相关的帮助而被大大低估（Lewinsohn et al.，1994）。自杀行为有重复出现的趋势，并且这可能成为自杀死亡的前兆。每年在重复自杀行为者中有0.5%～1%的人随后会完成自杀行为（Hawton et al.，2003）。自杀死亡就是指最终真正将自杀行为付诸实施并且结束自己的生命。

## 二、自杀行为的分类

历史上，学者们提出了多种自杀行为的分类方法，以更好地理解这一现象的多样性。

### （一）涂尔干的自杀行为分类

埃米尔·涂尔干（Emile Durkheim）是社会学的奠基人之一，他的自杀行为分类是自杀研究中的经典理论，对理解自杀现象的社会背景和集体因素具有重要意义。在他的著作《自杀论》中，涂尔干通过对社会整合和社会规制两个维度的分析，将自杀行为分为以下三种主要类型（Durkheim，1897）。

（1）利己型自杀（egoistic suicide）：利己型自杀发生在社会整合度较低的群体中。当个体与社会的联系较为松散，缺乏归属感和社会支持时，他们更容易感到孤立和无助。涂尔干认为，社会整合度低会削弱个体的集体意识，使得他们在面对人生困境时容易陷入自我中心的思维，从而选择自杀。利己型自杀常见于社会孤立的群体，如单身人士、无宗教信仰者或老年人。

（2）利他型自杀（altruistic suicide）：利他型自杀与利己型自杀相反，发生在社会整合度极高的群体中。在这种情况下，个体的集体意识过强，以至于个人价值和生命被集体目标淹没。个体可能为了维护群体荣誉、履行社会义务或遵循群体的价值观而选择自杀。涂尔干指出，这种自杀行为通常出现在高度紧密的社会群体中，如军队、宗教团体或某些原始社会中的集体仪式自杀。

（3）反常型自杀（anomic suicide）：反常型自杀是社会规制不稳定或缺失时产生的结果。涂尔干认为，当社会规范和规制突然发生变化，如经济危机、社会动荡或重大变革时，个体会因失去社会准则的指导而陷入迷茫和焦虑。社会规制的缺乏使得个体在追求欲望和目标时失去了界限，导致心理上的极度困惑和无助，从而选择自杀。反常型自杀常见于重大社会变故后，如经济大萧条期间的自杀率上升。

涂尔干的自杀行为分类为我们理解自杀现象提供了一个社会学视角，强调了社会结构和集体意识对个体行为的影响。他的理论揭示了自杀不仅是个人心理问题的结果，也深受社会环境和文化背景的影响。这种分析方法为后来的社会学研究和自杀预防策略的制定奠定了基础。

### （二）斯奈德曼的自杀行为分类

斯奈德曼（Shneidman）于1993年提出了一种独特的自杀行为分类方法，以更好地理解和分析自杀现象。基于心理痛苦（psychache）的概念，斯奈德曼认为自杀行为是个体无法忍受极度的心理痛苦的结果（Shneidman，1993）。自杀行为主要包括以下四种类型。

（1）显意识自杀（conscious suicide）：是指个体在自杀过程中具有明确的自杀意图，并且对自杀行为的后果有清晰的意识。这类自杀通常是深思熟虑的结果，个体可能在多次权衡后选择自杀作为解决心理痛苦的最终手段。

（2）潜意识自杀（subconscious suicide）：在这种类型的自杀行为中，个体虽然表现出自杀行为，但其自杀意图并不完全明确，往往具有某种程度的自我欺骗或否认。这类自杀行为的特征是，个体可能未完全意识到自己的行为会导致死亡，或对死亡结果持有矛盾心理。

（3）无意识自杀（unconscious suicide）：这类自杀行为的个体并没有明确的自杀意图，往往是通过无意识的方式实现自杀。例如，个体可能通过危险的行为或生活方式逐渐走向自我毁灭，但他自己并不清楚这些行为的终极后果。斯奈德曼认为，这种无意识的行为可以是某种形式的心理防御机制。

（4）自己相反意识自杀（counter-conscious suicide）：在这种情况下，个体表面上并没有自杀的意图，甚至可能强烈反对自杀。然而，内心深处存在一种对死亡的强烈渴望，最终通过潜意识的自我破坏行为导致死亡。这种类型的自杀行为表明，个体的自杀冲动隐藏得非常深，难以通过常规的心理评估手段发现。

斯奈德曼的分类强调了自杀行为的复杂性和多样性，指出自杀不仅仅是表面行为的简单反映，更是深层心理痛苦的表现。这一分类为临床医生和研究人员提供了一个更全面的框架，用于理解和干预自杀行为，它有助于识别潜在的自杀风险，并为预防措施的制定提供了理论依据。

限制接触自杀的渠道是预防自杀的重要组成部分。为了提高预防的效率，我们有必要对国家的、地区的和局部区域的自杀模式有更为完善的了解。

## 三、自杀行为的诱因

自杀行为具有复杂性，它是多种诱因相互作用的结果，这些诱因包括生物学因素、心理学因素、物质滥用、社会学因素等。1977年，美国纽约州罗切斯特大学精神和内科教授恩格尔（Engel）提出了生物-心理-社会医学模式（biopsychosocial medical model）来取代传统的生物医学模式，他认为应从生物、心理、社会的角度看待病人以及疾病的发生发展过程（Engel，1977）。

### （一）生物学因素

有研究者提出，遗传因素对自杀行为的发生起到了30%～50%的作用，而且这种作用是独立于心理障碍和心理压力的（McGuffin et al.，2001）。研究者认为一些个体生来就具有自杀易感基因，这种易感基因可能会导致个体形成具有遗传性的人格特质，如冲动和攻击性。自杀受遗传和基因的影响这一观点已经在很多家系研究、双生子研究和寄养子研究中得到了支持（Brent et al.，2003）。

人的精神活动由大脑调控，人的记忆、思维、情感、行为等皆为大脑功能。大脑结构和功能的异常将会导致精神活动的异常，而精神活动也可以通过各种机制影响躯体的功能状态。较多的研究证据表明，5-羟色胺（5-HT）递质系统功能下降是抑郁发生的重要神经机制，在自杀过程中起着重要作用，灰质神经元数量减少、白质纤维束增粗可使个体对某些信息的传导速度加快，对行为的控制力减弱，进而增加自杀风险。处理情绪和行为决策的右脑与进行逻辑分析的左脑半球纤维联系减弱也可能增加自杀风险。

在分子遗传学研究中，探索自杀行为的致病基因或易感基因的研究日益增多。例如，自杀行为的发病机制可能涉及一些基因表达的异常。从有关自杀的生化研究中，已知自杀行为的发生与5-羟色胺功能减退、下丘脑-垂体-肾上腺轴及多巴胺能系统的异常等有关，因此，与这些生化物质或系统有关的基因也成为研究自杀的重要候选基因。

## (二)心理学因素

**1. 抑郁**

抑郁症作为自杀的重要风险因素，长期以来一直是学者们研究的重点。抑郁症患者的自杀风险远高于普通人群，研究表明其自杀率可高达普通人群的90倍（Patterson & Veenstra，2010）。根据贝克（Beck）的抑郁认知模型（cognitive model of depression），抑郁的核心是个体对自我、外界和未来的消极认知。当个体对未来的消极认知加剧并且感到无力改变现状时，自杀的念头可能会成为其摆脱痛苦的选择（Patterson & Veenstra，2010）。

后来，阿布拉姆森（Abramson et al.，1989）等对贝克的模型提出了修正。他们指出，贝克模型中的抑郁并非直接导致自杀的关键，真正与自杀密切相关的因素是绝望感（hopelessness）。阿布拉姆森等提出了抑郁的绝望理论（hopelessness theory of depression），认为绝望抑郁才是更具预测力的自杀风险因素（Abramson et al.，1989）。这一理论认为，当个体对未来产生消极预期并相信无论如何努力都无法改变结果时，绝望的情绪便会加剧，可能引发更严重的抑郁症状，甚至导致自杀行为。

绝望抑郁的主要特征包括反应迟钝、动力不足、情感冷漠、持续的情绪低落以及强烈的自杀意念，已有多项研究支持这一理论。例如，在一项长达13年的纵向研究中，研究者发现绝望感是自杀意念、自杀未遂以及自杀死亡的重要预测因素。与对照组相比，那些报告有绝望感的个体在13年后自杀死亡的概率是对照组的11倍（Patterson，2016）。此外，研究还表明，绝望感与自杀的关系比抑郁与自杀的关系更为紧密和持久。

这一发现为临床抑郁症的评估和干预提供了重要启示。临床工作中，医生不仅需要关注患者的抑郁症状，还需重点评估其对未来的预期以及是否存在绝望感。这可以帮助及时识别自杀高风险人群，从而进行有效的干预和预防。

**2. 人格因素**

20世纪50年代以来，人格特质一直被纳入自杀风险的考量范围。以往的研究主要聚焦于自杀未遂者的人格易感因素，涵盖攻击性、冲动性、精神质、知觉偏差和社交能力等方面。

首先，自杀人群在问题解决能力上与普通人存在显著差异。霍雷什（Horesh）等发现，与非自我伤害人群相比，自杀患者缺乏搜集外界积极信号的能力，更难从压力事件中走出来。具体而言，他们难以运用最小化、替代思维、逆向思维等有效的应对方式，更多的是选择压抑、抱怨等消极策略。同时，他们的解决方式包含更多的负面情感，且缺乏对未来的考虑（Horesh et al.，1996）。

其次，自杀高危人群存在认知僵化的问题。认知僵化使个体难以根据环境要求灵活地调整思维和处理方式，从而增加了自杀风险。此外，攻击性，无论是从心理学定义、精神病学诊断标准，还是外显的暴力行为，都被证明能够预测自杀行为。杜迈斯（Dumais）等的研究指出，长期存在攻击性行为的个体更容易采取暴力、致命性的自杀方式（Dumais et al.，2005）。

最后，自我表露能力的缺陷，即不善于将自己的情绪和想法与他人分享，可能也是产生自杀意念的风险因素之一。霍雷什和阿普特（Apter）提出，一种可能的解释是，自我表露能力的缺陷导致了孤独感，而孤独感和社会支持的缺乏会诱发致命性的自杀行为。只要身边有一个亲密的人，即使在与外界隔离的情况下，人们也不会感到孤独。一个可以倾诉心声的伴侣能够帮助我们及时纠正对自身和环境的消极认知，缓解抑郁、焦虑和愤怒的情绪，从而降低自杀风险（Horesh & Apter，2006）。

另一种解释是，与他人沟通能帮助个体从更加客观、公正的视角审视自己的痛苦。因此，那些不善于交流的人往往沉浸在对自己处境的扭曲认知中。不向他人吐露自己的痛苦，不向外界寻求帮助，自然无法获得支持和援助。事实上，在这种情况下，自杀者的亲朋好友可能完全意识不到他们身边有人存在自杀风险，自杀行为的出现对他们来说完全是出乎意料的“震惊”。

### （三）物质滥用

在自杀人群中，约有 20%的人曾有过酒精滥用史，每 20 个酒精滥用者中就有一人出现自杀行为（Murphy & Wetzel，1990）。如果仅考虑自杀未遂（不包括自杀死亡）情况，酒精滥用者的比例更高：男性自杀未遂者中有 30%～40%存在酒精滥用，女性则为 15%～20%。在酒精依赖人群中，自杀死亡率高达 10%（Rossow，1996）。根据墨菲和韦策尔（Murphy & Wetzel，1990）的流行病学统计，酒精依赖者的自杀风险是正常人群的 60～120 倍。

酒精依赖和因酒精滥用而导致的酒精中毒分别作为自杀的长期风险因素（distal risk factor）和临近风险因素（proximal risk factor），对自杀行为有不同的影响。

#### 1. 酒精依赖与自杀风险

酒精依赖作为长期因素（即事件发生或存在时间与自杀行为相隔较远），显著增加了自杀风险。然而，酒精依赖通常与其他并发因素共同作用，才能更准确地预测自杀行为。

● 人格特质：更高的冲动性和反社会人格倾向会增加自杀风险。

● 情绪障碍：许多有自杀倾向的酒精依赖者存在不同程度的抑郁情绪，伴有强烈的绝望感，对未来的控制感较低。

● 应激事件：丧亲、长期家庭问题、婚姻危机等应激事件可能诱使酒精依赖的复发，进而引发自杀行为。

● 社会支持缺乏：酒精依赖者可能遭受社会拒绝和排斥，缺乏社会支持也是自杀的诱因之一。

● 躯体疾病：酒精依赖伴随的其他躯体疾病可能导致低自尊和绝望感，进一步增加自杀风险。

研究表明，酒精依赖程度越深，尤其是伴有其他药物滥用时，自杀风险会明显增加（Hawton & Pirkis，2024）。

**2. 酒精中毒与自杀风险**

酒精中毒是自杀的临近风险因素。对自杀死亡案例的尸检和自杀未遂者的血样研究发现，相当大比例（33%～77%）的个体血液酒精浓度呈阳性（Borges et al.，2017），这表明许多自杀者在行动前饮用了酒精。

博尔赫斯（Borges）和罗索夫斯基（Rosovsky）的临床研究发现，饮用酒精量越大，随后出现自杀行为的概率越高。与未饮用酒精者相比，酒精中毒者的自杀风险增加了 90 倍。此外，有研究指出，自杀前的饮酒和急性酒精中毒比习惯性饮酒更能预测自杀行为（Borges et al.，2017）。

**3. 饮酒对自杀行为的影响机制**

● 情绪影响：饮酒对情绪的影响是双向的。少量饮酒被认为可以缓解负性情绪，而过量饮酒会麻痹中枢神经系统，降低其兴奋性，进而加重抑郁情绪。许多人试图通过饮酒来缓解悲伤，但过量饮酒反而可能会加重抑郁，增加自杀风险。同时，饮酒会增加冲动性和攻击性行为，可能以自杀的方式来处理内心的冲动和攻击欲望。

● 认知能力受损：饮酒会影响个体的认知和信息处理能力。斯蒂尔和约瑟夫斯（Steele & Josephs，1990）提出了“酒精近视”（alcohol myopia）的概念，描述了饮酒后目光短浅和浅层信息加工的特点。醉酒使认知资源减少，个体只能关注有限的内外部信号，且对这些信号的精细加工能力降低。这种认知损害可能导致极端行为的发生。

高风险行为通常需要权衡利弊，但醉酒状态下，个体难以理性评估情境，冲动性增加，冲突抑制（inhibition conflict）被解除，可能选择通过自杀来快速减轻痛苦（Steele & Josephs，1990）。

● 自杀动机增强：一些研究指出，部分自杀者饮酒的动机是为了将自杀意念转化为自杀行为（Welte et al.，1988）。首先，具有自杀意念的个体认为饮酒能帮助他们突破内在的限制，获得实施自杀的动力；其次，他们希望通过饮酒来麻痹自己，减轻自杀过程中的痛苦。这在一定程度上解释了有自杀意念者在自杀前的饮酒行为。

除了酒精外，诸如海洛因、鸦片类药物、大麻、可卡因等毒品也会促发自杀行为。博尔赫斯等（Borges et al.，2017）指出，几乎所有毒品对自杀的预测作用都相似，关键因素不在于药物种类，而在于使用不同药物的数量。

药物滥用可能通过以下方式增加自杀风险：

- 人际关系破裂：药物滥用可能导致家庭和社会关系的恶化。
- 情绪变化：药物影响情绪的稳定性，加重抑郁和焦虑。
- 认知功能受损：药物的毒性作用损害认知和判断能力，增强冲动性和攻击性。

此外，从神经生化角度看，药物使用导致 5-羟色胺系统功能紊乱，出现认知、情绪和行为控制问题，进一步提高自杀的可能性。

### （四）社会学因素

自杀行为的社会和环境诱因是一个复杂且多维度的问题，涵盖了社会经济地位、社会支持、文化背景、失业裁员、经济衰退、居住环境、维特效应等多个方面。以下是对这些诱因的综合分析。

#### 1. 社会经济地位

社会经济地位是自杀行为的重要社会诱因之一。研究表明，低社会经济地位与较高的自杀风险密切相关。经济困难、失业、低收入等因素可能导致个体感到无助、孤立和绝望，从而增加自杀的可能性（Haw et al.，2015）。尤其是在经济危机或贫富差距加剧的社会环境中，低社会经济地位群体的自杀率更高（Knipe et al.，2022）。

#### 2. 社会支持

社会支持被广泛认为是自杀行为的重要保护性因素。缺乏社会支持，尤其是家庭支持和朋友关怀，可能导致个体感到孤独和无助，从而增加自杀风险（Pirkis，Bantjes et al.，2024）。研究表明，强大的社会支持网络可以显著降低自杀意念和行为的发生率（Pirkis，Bantjes et al.，2024）。相反，社会孤立或社会网络的崩溃，如丧偶、离婚等，则可能成为自杀的重要诱因。

#### 3. 文化背景

文化背景对自杀行为的影响巨大。不同文化对自杀的态度、社会规范和价值观可能影响个体的自杀意念和行为。在一些文化中，自杀可能被视为荣誉或避免羞耻的手段，而在另一些文化中，自杀则被严重污名化，导致个体在面对心理困境时难以寻求帮助。研究还发现，宗教信仰在某些文化背景下可以起到保护作用，抑制自杀行为的发生（Stack，2021）。

#### 4. 失业裁员

失业作为一种极端的职业挫折，不仅对个人的经济状况产生巨大的影响，还给其心理健康和社会身份带来巨大的压力。失业通常会导致个体的心理健康恶化，这是因为失业不仅意味着收入的中断，还会导致个人社会身份和自尊的损害。研究表明，长期失业与抑郁、焦虑等心理问题的发生率显著相关，而这些心理问题往往是自杀意念和行为的重要诱因。失业不仅使个体面临经济困难，还会导致社会孤立和失去职业成就感，这些都是自杀行为的高风险因素（Milner et al.，2018）。多项研究表明，失业与自杀行为之间存在显著的正相关关系。元分析显示，失业者的自杀率明显高于就业者，特别是在经济衰退时期，自杀率往往会随着失业率的上升而增加（Milner et al.，2018）。失业带来的经济压力、社会支持的减少以及对未来的不确定感都可能导致个体产生绝望情绪，从而增加自杀风险。

**5. 经济衰退**

在全球经济衰退期间，失业率的增加往往伴随着自杀率的上升。研究表明，经济衰退期间失业率每增加 1%，自杀率就会上升 0.79%（Haw et al.，2015）。这表明经济环境恶化和大规模失业可能会对社会的心理健康造成系统性的负面影响，特别是在社会保障系统不健全的地区，这种影响尤为显著。研究表明，为了减少失业对自杀行为的影响，提供有效的社会支持和心理辅导是至关重要的。加强失业者的社会支持网络，如家庭、朋友和社区的支持，可以有效减少他们的孤立感和无助感，从而降低自杀风险。此外，社会政策的介入，如失业救济、职业培训和再就业支持，也被证明是减少失业带来的自杀风险的有效手段（Milner et al.，2018）。

**6. 居住环境**

环境因素，如居住环境的恶劣、自然灾害的影响等，也可能成为自杀行为的诱因。研究表明，居住在高犯罪率地区或社会动荡的环境中，个体的自杀风险更高。此外，气候变化、自然灾害等环境应激事件也可能增加个体的心理压力，从而诱发自杀行为（Burke et al.，2018）。

**7. 维特效应**

自杀模仿现象又称为“维特效应”（Werther Effect）。1774 年，德国作家歌德（Johann Wolfgang von Goethe）发表了一部名为《少年维特之烦恼》的小说，讲述的是一个青年因失恋而自杀的故事。小说发表后，在欧洲造成了极大的轰动，不仅使歌德声名大噪，而且在许多欧洲国家出现了模仿维特自杀的风潮，“维特效应”因此得名，后来也称为模仿效应（copycat effect）。这一现象的实例比比皆是，如美国著名影星玛丽莲·梦露自杀的新闻报道之后引发的自杀率上升等。

菲利普斯统计了 1947—1968 年间英国和美国报纸报道自杀事件的情况以及随后出现的自杀率，结果发现，当报纸报道一起自杀事件后，立即出现自杀率上升的现象，且报道持续的时间越长，随后出现的自杀率增幅越大。研究者还发现，这种效应主要出现在对自杀事件过度宣扬和报道的地区，且在年轻群体中更为明显。此后，国际上出现了大量类似的研究，除了关于报纸新闻报道自杀事件对自杀率的影响的研究，还有一些关于电视新闻和非小说书籍对自杀事件的细节描述导致社会上自杀率上升的研究（Phillips，1974）。

媒体报道引起的自杀模仿效应具有以下几个特点。首先，自杀模仿效应随时间的变化而变化。模仿效应在报道后的前3天达到一个高峰，而在大约两周时开始下降。其次，大篇幅地描绘自杀过程、详细地描述自杀手段，以及把自杀事件描绘成有魅力的或轰动的，都更有可能导致社会群体发生自杀模仿效应。最后，对于一些特定群体，如年轻女性，与其同属一个群体的自杀事件和名人自杀事件尤其具有影响效应（Bollen & Phillips，1982）。

研究者用多种理论来解释媒体报道与社会自杀率之间关系的机制。其中，最普遍的是班杜拉（Bandura）的社会学习理论。社会学习理论认为，媒体可能会强化某些本该抑制的行为，媒体的不当报道可能会把自杀行为描述成可接受的，甚至美化自杀行为。另外，关于自杀的榜样效应，社会学习理论认为，普通人群可能会在某种程度上尊敬榜样（如他的身份地位），或觉得自己的处境与榜样的处境类似（如共同具有某一特质），因此在决定是否要模仿自杀时就可能被强化。社会学习理论还可以用来解释自杀的剂量反应效应（dose-response effect），个体暴露于某一特定榜样行为的强度越大（如通过大篇幅或醒目的报道），模仿这一行为的可能性就越大（Pirkis，Dandona et al.，2024）。

综上所述，媒体的不当报道可能会导致社会的自杀模仿效应，这提示我们在报道自杀事件时需要仔细斟酌，特别是对于名人自杀事件。当然，这并不意味着这些自杀事件不能报道，而是提醒我们，应对这类事件需要心理健康工作者和媒体专业人士的通力合作，来保证报道的真实性和合理性，以最大程度地降低自杀模仿效应发生的风险（Stack，2021）。

## 第二节　自杀的解释模型

自杀是一种复杂而深刻的心理现象，百年来无数专家试图从不同的理论视角进行解释。同样，为了介绍本节，我们先从一个小案例说起。在金庸的武侠小说《天龙八部》中，萧峰经历了深重的个人悲剧，包括误杀挚爱阿朱、发现自己的真实身份是契丹人以及被自己曾经保护的中原武林排斥。这些事件产生了强烈的负性情绪，削弱了他的自我控制能力，使他更容易受到冲动系统的驱使。在最后的关头，他在雁门关外，为了阻止辽国侵宋，挟持了自己的结义兄长辽帝耶律洪基。这一行为虽然出于保护百姓的侠义之心，但也让他感到极度的自责和心理痛苦，同时也失去了生存的意义和目标，控制系统中的自我价值感和未来希望的缺失可能是萧峰自杀行动的诱因。但这只是一个自杀的小案例，自杀的诱因很多，存在于人的生物机体里，存在于人们的心理里，存在于社会环境之中。那么对于自杀行为的解释，我们当然需要进行全方位的考察。关于自杀的解释模型，我们主要介绍应激-易感模型和心理痛苦三因素模型。

## 一、应激-易感模型

应激-易感模型（stress-diathesis model）（见图 11－1）的主要提出者为美国精神病学家乔治·英格拉姆（George Ingram）。这个模型在 20 世纪 70 年代逐步发展，最初是为了解释精神分裂症等精神疾病的发病机制。该模型的核心观点是，个体患病的风险取决于其内在的易感性（diathesis）（即生理、基因或心理上的脆弱性）和外界的压力源之间的互动。该模型假设，人们在遭遇压力源时，如果内在易感性较高，便更容易引发某种精神或情绪障碍。因此，具有较高遗传易感性的人群在经历生活事件、社会环境变化或心理创伤时，患病风险明显增大。这种理论不仅在精神分裂症研究中有应用，也常用于解释抑郁症、自杀行为等其他心理疾病的发病机制。后来的研究者们，例如，曼恩（Mann）等在研究中将该模型用于解释自杀的发生机制，特别是如何将遗传的易感性与外部压力事件结合起来理解自杀风险（Mann et al.，1999）。

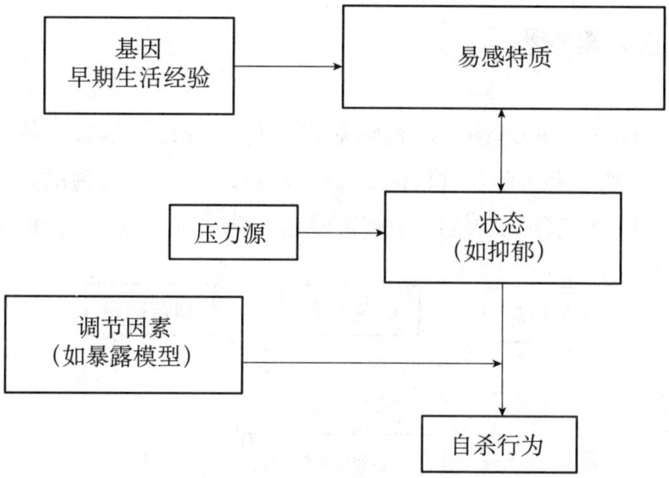


**图 11－1　自杀的应激-易感模型**

曼恩强调，暴露于应激事件与个体生理易感特质的交互作用决定自杀行为的产生。该模型重视自杀易感的生物性因素，包括下丘脑-垂体-肾上腺皮质轴（hypothalamus-pituitary-adrenal，HPA）、5－羟色胺、去甲肾上腺素系统的功能失调等（Mann et al.，1999）。

应激因素包括负性事件以及由其引发的精神上的、心理上的和生理上的现象。例如，早年痛苦的生活经历、慢性疾病、物质依赖，等等。

易感特质则指身心的一种持续的稳定的倾向或者先天特质，会使个体倾向于“选择”自杀，例如 5－羟色胺的低水平或 HPA 轴功能失调。由于 5－羟色胺的表达水平、糖皮质激素受体甲基化导致 HPA 轴功能失调更多的是受基因调控，而非状态性因素的影响，因此当生活事件诱发应激，起到导火线的作用时，个体的易感特质被启动，产生不同程度的抑郁、焦虑、绝望等情绪，从而采取不同的应对策略，进而增强或减弱了自杀意图，最终影响自杀行为的发生。易感特质倾向决定了不同个体在一些应激的影响下，是否会发生自杀行为。曼恩等的研究显示，易感特质对自杀过程的影响大于外部因素，它决定了个体对外界的知觉和体验，决定了个体的反应。

自杀行为是一种复杂的现象，并非单一因素、单一变量作用的结果。应激-易感模型涉及生理方面、精神方面、心理方面的因素，打破自杀单纯是某种危机应对的结果或者由某种精神疾病引发的传统看法，同时注意到易感性的生物和心理两个层面，并将易感特质从不同群体、社会环境（自杀工具的可获得性）、文化背景等角度加以考虑，为自杀的评估和治疗提供了一个整合的视角。然而，随着研究的深入，人们逐渐认识到 HPA 轴和神经递质功能失调可能是抑郁发作的生理后果，而非自杀的预测因素。此外，绝大多数以致命方式完成自杀（fatal suicide）的个体，在事前均有详细的自杀计划，动机明确而强烈，与应激事件的时间效应并不密切，这些发现对应激-易感模型均提出了挑战。

## 二、心理痛苦三因素模型

李欢欢等（2015）从心理痛苦的视角对自杀行为进行了解释，提供了新的理论框架。该理论认为心理痛苦是自杀过程的核心，是自杀意念和行为的前兆。心理痛苦模型（见图 11－2）通常包含三个维度：痛苦唤起、痛苦感受和痛苦回避。

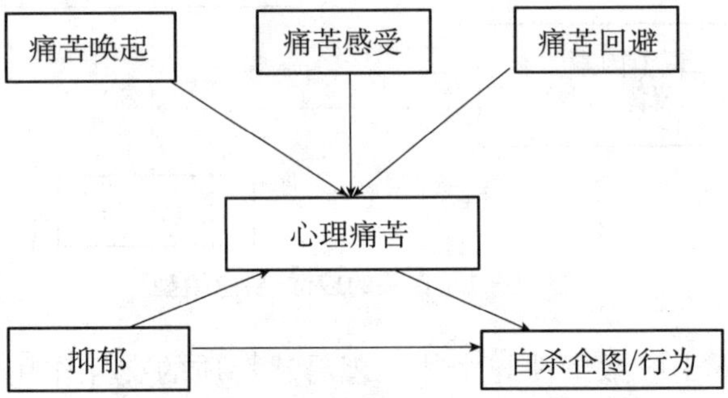


**图 11－2　自杀的心理痛苦三因素模型构想**

- 痛苦唤起：指的是个体经历的强烈负面情绪，如愤怒、绝望、恐惧、悲伤等，这些情绪可能源自未满足的心理需求，如成就、归属、自主等。
- 痛苦感受：涉及个体对痛苦的主观体验，包括对自我及其功能的消极变化的感知，以及伴随的强烈消极情绪。
- 痛苦回避：是个体试图避免或减轻痛苦的行为。在某些情况下，个体可能会采取极端措施来回避痛苦，包括自我伤害或自杀行为。

在金庸的《天龙八部》中，萧峰的自杀可以运用这一模型进行分析。在小说中萧峰经历了巨大的心理痛苦，这种痛苦主要源于他的身份认同危机、亲人的丧失以及对自我价值的怀疑。痛苦唤起：萧峰在得知自己的真实身份是契丹人后，他的内心经历了巨大的冲击。这种身份的转变唤醒了他内心深处的痛苦和冲突，使他感到了前所未有的孤独和绝望。痛苦感受：萧峰在中原武林中一直被视为英雄，但随着身份的揭露，他遭到了曾经的朋友的背叛和排斥。他深爱的阿朱也因误会而死在他手中，这些经历加深了他的痛苦感受，使他感到极度的悲伤和愤怒。痛苦回避：在心理痛苦的持续作用下，萧峰的回避动机被激活。面对无法调和的民族矛盾和个人悲剧，他选择了自杀作为回避痛苦的方式。在雁门关外，为了阻止辽国侵宋，他挟持了辽帝，在完成了这一壮举后，他最终选择了自我了断，以此来逃避无法承受的心理痛苦。

萧峰自杀行为的产生是心理痛苦三因素模型的一个典型案例。他的故事表明，当个体遭遇剧烈的心理冲突和社会排斥时，其内在的痛苦体验可能会变得难以忍受，从而触发回避动机，最终导致自杀行为的发生。这一模型强调了在自杀预防中，不仅要关注个体的心理痛苦感受，还要寻找有效的干预措施来降低其回避动机，从而减少自杀的风险。

此外，心理痛苦三因素模型也可以从以下方面帮助我们理解自杀行为。例如，模型有助于识别那些可能增加自杀风险的心理痛苦因素，如高度的痛苦唤起和痛苦回避行为。通过模型，我们可以更好地理解个体选择自杀来逃避痛苦的动机。对于某些人来说，自杀可能被视为结束痛苦的最终手段。了解心理痛苦如何导致自杀行为可以帮助开发针对性的干预措施，如认知行为疗法，旨在减少痛苦感受和痛苦回避行为。

心理痛苦三因素模型可以指导临床医生在评估和治疗有自杀风险的个体时关注心理痛苦的各个维度。通过识别和测量心理痛苦，制定预防自杀的策略，特别是在那些已知有自杀风险的人群中。此外，心理痛苦的测量与评估在门诊筛查、临床治疗、危机干预中有着重要作用。为了提高心理痛苦的识别和自杀风险预测的准确性，多种测量心理痛苦的方法已被纳入临床风险评估。这些评估方法有助于临床医生更好地了解患者的心理状态，并制定相应的治疗计划。在临床实践中，心理痛苦三因素模型的应用可以帮助专业人员更准确地评估自杀风险，并采取有效的预防措施。例如，通过评估个体在痛苦回避方面的得分，可以预测其自杀意念和行为的风险，从而帮助专业人员确定哪些患者可能需要更密切的监测和干预。

总之，心理痛苦三因素模型提供了一个多维度的视角来理解自杀行为，有助于开发更有效的预防和干预措施。通过测量和评估心理痛苦，可以更好地识别有自杀风险的个体，并为他们提供适当的支持和治疗。

## 第三节　组织中的危机干预

心理危机是职业健康心理学领域中的一个重要议题，对心理危机的研究可以帮助我们理解人们在面对重大压力事件时的心理反应和适应方式。心理危机并不是一种永久性或病理性的状态，但如果未能及时得到解决，可能会引发更严重的心理和行为问题。危机干预是组织管理风险、保护员工和资源、维护运营和声誉的重要工具。通过有效的危机干预，组织可以更好地准备、响应和从突发事件中恢复。

## 一、心理危机的定义

心理危机的概念最早由美国心理学家卡普兰（Caplan）提出，并进行了系统的研究。在心理学中，危机不仅是指个体面临的突发事件，更是指在这些事件中，个体的心理状态和应对能力遭遇挑战。尽管心理学界对危机的定义存在争议，但一些核心观点逐渐形成，为我们理解心理危机提供了重要的理论框架。

### （一）心理危机的定义

心理危机的定义可以从多个角度进行分析。首先，根据卡普兰的观点，危机是个体在遭遇难以用常规处理机制解决的内外部问题时所表现出的失衡状态。在这种状态下，个体往往感到无助和焦虑，难以正常应对生活中的挑战。其次，理查森（Richardson）认为危机是面对压力诱发情境时，因个体处理能力不足和应对技能缺乏而导致的一种绝望心态。此外，还有学者认为，危机是当事人错误地认为某个事件超出了其个人资源和应对能力，未能及时缓解而导致情感、认知和行为的功能失调。

### （二）心理危机的特点

#### 1. 时间限定性

时间限定性是卡普兰心理危机的一个重要特征。危机状态并非永久存在，通常持续时间为4～6周（Caplan，1989）。在这段时间内，个体的心理状态处于高度不稳定的状态。如果在此期间得到有效的干预，个体有可能恢复心理平衡，甚至达到更高的适应水平；否则，可能会导致长期的心理问题。

#### 2. 心理失衡

在危机期间，个体经历心理失衡，表现为情绪、认知和行为的紊乱。由于突发事件的冲击，个体原有的信念和价值观可能受到挑战，导致内在的冲突和困惑。他们可能出现焦虑、抑郁、愤怒等情绪反应，甚至伴随生理症状，如失眠、食欲不振等。

#### 3. 事件的突发性和强度

心理危机通常由突发性和强度较大的事件引发，这些事件超出了个体的日常应对能力。例如，亲人离世、重大疾病诊断、失业、自然灾害等。这些事件的突然性和严重性使得个体措手不及，无法立即找到有效的应对策略。

#### 4. 应对资源的不足

危机的产生往往伴随着应对资源的不足。个体发现自己现有的知识、技能和社会支持无法有效解决当前的问题。这种资源的匮乏可能是内在的（如缺乏应对策略）或外在的（如缺乏社会支持系统）。卡普兰强调，危机不仅是压力事件本身，更是个体应对能力与事件要求之间的不匹配。

**5. 机会与危险并存**

卡普兰指出，危机既包含危险，也蕴含机会。危机是一个转折点，个体可能因为无法有效应对而陷入更严重的心理问题，如精神疾病或自杀风险。然而，如果个体能够成功应对危机，他们可能获得新的成长，增强自我效能感，提高应对未来压力的能力。

**6. 个体化的体验**

每个人对同一事件的反应可能不同，危机具有个体化的体验特征。个体的文化背景、人格特质、过去的经验和社会支持都会影响他们对事件的认知和反应。因此，危机的评估和干预需要考虑个体的独特性。

**7. 功能水平的暂时下降**

在危机期间，个体的社会功能和日常活动能力可能出现暂时下降。他们可能无法正常工作、学习或维持日常生活。这种功能的下降进一步加重了个体的无助感和失控感，需要及时支持和干预。

**8. 情绪的波动性**

危机中的个体常常经历情绪的剧烈波动，从极度的焦虑到深深的绝望。他们可能出现情绪失控、易怒、哭泣等表现。这种情绪的不稳定性是危机的典型特征，需要在干预中给予关注。

**9. 认知的局限性**

在危机状态下，个体的认知能力可能受到限制。他们可能难以集中注意力、做出决策或解决问题。认知的局限性使得他们难以看到问题的全貌，可能陷入消极的思维模式。

**10. 行为的改变**

危机可能导致行为的改变，如逃避、退缩、冒险或寻求过度的安全感。一些个体可能通过酗酒、吸毒等不良方式来缓解痛苦，这些行为可能带来进一步的风险。

理解卡普兰心理危机的特征有助于及时识别处于危机中的个体，并提供适当的支持和干预。危机是一个关键时刻，既可能导致心理问题的恶化，也可能成为个人成长的契机。专业人员需要敏锐地察觉这些特征，协助个体度过危机，实现积极的转变。

### （三）心理危机的类型

根据危机的特征和引发因素，心理学家布拉默（Brammer，1985）将心理危机分为三类：发展性危机、境遇性危机和存在性危机。

**1. 发展性危机**

发展性危机是个体在正常的发展过程中，因经历急剧变化或转变而产生的身心失衡状态。这类危机的引发因素非常普遍，例如新员工入职后无法适应新的环境、对所从事的工作缺乏兴趣或没有足够的晋升空间等。在组织中，许多心理危机都属于这一类型。

在职场中，新员工入职后面临角色转变、环境适应等多重挑战。这些挑战可能导致他们在心理上产生焦虑和不安。例如，一名新入职的教师在面对陌生的教学环境和学生时，可能会感到信心不足，进而影响其教学表现。如果学校未能提供有效的培训和支持，教师可能会感到孤立和无助，从而产生发展性危机。因此，组织应重视员工的适应过程，提供必要的支持与资源，帮助他们更好地应对这些挑战。

**2. 境遇性危机**

境遇性危机发生在个体经历罕见或超常的、个人无法预料且无法控制的事件时。这类危机的特点在于其基本的随机性和突发性，危机发生时伴随的结果往往是震撼性的、强烈的甚至灾难性的。例如，个人可能突然失去亲人、遭遇重病，或者经历地震、火灾等自然灾害。

以地震为例，许多受灾者在经历了极大的创伤后，可能会发展出创伤后应激障碍等精神健康问题。在这种情况下，个体不仅面临身体的创伤，还需要应对失去亲人的悲痛和生活的彻底改变。针对这一问题，心理干预显得尤为重要，通过专业的心理辅导和社群支持，可以帮助受灾者逐渐恢复心理健康。

**3. 存在性危机**

存在性危机是指个体在面对人生的重要事件时出现的关于人生目的、责任、自由等问题的内部冲突和焦虑状态。这类危机的引发因素包括职业选择、婚姻关系和家庭责任等。

在职场中，存在性危机常常影响员工的忠诚度和工作满意度。当员工开始质疑自己在职业发展中的价值时，可能会产生焦虑和不安。例如，一名在职多年的员工突然面临公司裁员的风险，他开始反思自己的职业生涯和未来方向。这种内心的冲突和不确定感往往会导致情绪的波动，进而影响工作表现和团队氛围。因此，企业应创造开放的沟通环境，鼓励员工表达内心的困惑，提供职业发展指导和心理支持。

### （四）心理危机的影响与后果

心理危机不仅影响个体的情感和行为，还可能对其身心健康造成长期的负面影响。危机的长期影响可分为以下几个方面。

**1. 情感影响**

心理危机常常使个体感到极度的焦虑和抑郁，这些情绪可能持续数月甚至数年。

个体在危机中的负面情绪如果得不到有效管理，可能演变为慢性抑郁症或焦虑症。研究发现，经历过心理危机的人群抑郁症的发病率显著高于常人。

**2. 认知影响**

在危机状态下，个体的认知能力常常受到损害。他们可能会对现实产生错误的判断和过度的悲观预期。例如，经历过重大失落的人可能会对未来的生活失去信心，甚至认为自己无法再获得幸福。这种消极的认知模式可能导致个体在面对新挑战时表现出回避和无助。

**3. 行为影响**

心理危机还可能导致个体的行为变化，包括社交隔离和生活习惯的改变。许多经历危机的人会选择回避社交活动，减少与他人的互动，这可能会进一步加剧孤独感和抑郁情绪。此外，个体可能会因为心理压力而表现出一些不健康的行为，如过度饮酒、吸烟或饮食失调等。

**4. 社会功能的混乱**

当心理危机持续存在时，个体的社会功能可能受到严重影响。他们在工作中可能表现出低效和缺乏动力，甚至出现旷工或离职的情况。在家庭中，个体可能与家人发生冲突，导致家庭关系紧张。长此以往，这些问题可能会影响个体的社会角色，使其难以重新融入正常生活。

## 二、危机干预

危机干预属于广义的心理治疗方法，是一种即时的人际互动及帮助。它能帮助耗尽了常规处理资源的人恢复自我决定力及自信心。危机干预者旨在通过鼓励个体思考，明晰自己的想法、感受以及选择来寻找解决危机的办法，帮助个体恢复危机爆发之前的身心状态。由此可见，危机干预是通过危机干预人员与受助群体间的互动来实现治疗结果的心理咨询与治疗技术。危机干预的重点是个人对情绪的反应，以及处理日常问题的能力的长期改变。

危机干预是帮助个体应对突发性、重大压力事件的关键手段。心理工作者根据当事人所遇危机的性质，将其分为四类：丧失重要资源、适应问题、矛盾冲突以及人际关系紧张。理解这些危机类型有助于心理健康专业人员提供更有针对性的干预策略。

### （一）丧失重要资源

丧失重要资源是指个体在生活中失去了对其具有重大意义的事物或支持系统。这些资源可能是物质的、情感的或社会的，包括亲人离世、失业、财产损失等。资源的丧失会导致个体感到空虚、无助，甚至引发严重的心理问题。

**1. 亲人离世**

亲人离世是最常见的资源丧失形式之一。根据沃登（Worden）的悲伤辅导理论，丧亲者需要经历接受现实、体验悲伤、适应新环境和重新投入生活四个任务。若无法顺利完成这些任务，则可能导致复杂性悲伤或抑郁症（Worden，2018）。

**2. 失业与经济困难**

失业不仅带来经济压力，还会影响个体的自尊和社会地位。贾霍达（Jahoda）提出，工作满足了个体的基本需求，如时间结构、社会联系和身份认同。失业可能会导致心理健康问题，如焦虑、抑郁（Witte，2010）。

**3. 重大疾病或残疾**

自身或亲人患上重大疾病或遭受意外伤害，导致身体功能受损，也是重要资源的丧失。泰勒（Taylor）指出，面对健康危机，个体需要重新构建自我认知和生活方式，否则可能出现心理困扰。

**4. 生活环境的改变**

自然灾害、战争等导致的家园破坏、流离失所使得个体失去熟悉的环境和支持网络。霍布福尔（Hobfoll）的资源保存理论强调，资源的丧失是压力的重要来源，需要通过积极的应对策略来恢复平衡（Hobfoll，1989）。

## （二）适应问题

适应问题是指个体在面对新的生活阶段、环境或角色转变时，无法有效调整，导致心理失衡。这些变化可能是正常的生命事件，也可能是突发的外部变化。

**1. 发展性过渡**

如青春期、大学毕业、婚姻、退休等人生阶段的过渡。埃里克森（Erikson）的心理社会发展理论指出，每个阶段都有特定的心理任务，若未能成功解决，则可能导致角色混乱或孤独感（Erikson，1968）。

**2. 文化适应**

移民、留学或工作调动至新的文化环境可能面临文化冲击。贝里（Berry）的文化适应模型提出，个体需要在保持自身文化和接受新文化之间寻找平衡，适应不良可能引发压力和焦虑（Berry，1997）。

**3. 职业转换**

职业的变动或晋升带来的新角色和责任可能超出个体的应对能力。尼科尔森（Nicholson）的工作转变模型强调，成功的职业转换需要适应新环境、学习新技能和建立新的人际关系（Nicholson，1984）。

**4. 生活事件**

结婚、生子等积极事件也可能带来压力和适应挑战。霍姆斯（Holmes）和拉赫

(Rahe) 编制的生活事件量表指出，重大生活事件都会对个体的压力水平产生影响 (Holmes & Rahe，1967)。

## (三) 矛盾冲突

矛盾冲突是指个体在价值观、信念或需求上出现内在或外在的冲突，无法做出抉择，导致心理困扰。

**1. 角色冲突**

个体在不同角色（如父母、配偶、员工）之间的期望和责任产生冲突。卡恩 (Kahn) 的角色理论指出，角色冲突会导致压力的产生和满意度的下降，需要通过角色协商和优先级设定来解决（Kahn et al.，1964）。

**2. 道德困境**

面对道德或伦理上的两难选择，个体可能感到内心冲突和不安。科尔伯格 (Kohlberg) 的道德发展理论强调，道德推理能力的发展对于应对道德困境至关重要 (Kohlberg & Power，1981)。

**3. 信念冲突**

个人信仰、价值观与社会期望或现实情况不一致时，可能引发内心矛盾。费斯汀格（Festinger）的认知失调理论指出，个体会寻求各种方式来减少认知不一致所带来的不适感（Festinger，1957）。

**4. 需求冲突**

当两个或多个需求无法同时满足时，个体可能会陷入困惑和焦虑。米勒（Miller）提出的冲突理论将其分为双趋、双避和趋避冲突，需要通过权衡和决策来解决（Miller，1944）。

## (四) 人际关系紧张

人际关系紧张是指个体与他人之间的关系出现问题，导致情感上的困扰和压力。这可能发生在家庭、工作或社会交往中。

**1. 家庭矛盾**

夫妻冲突、亲子关系紧张、家庭暴力等都会对个体的心理健康产生负面影响。鲍恩（Bowen）的家庭系统理论强调，家庭成员间的互动模式会影响个体的情绪和行为 (Brown & Errington，2024)。

**2. 职场冲突**

与同事或上司的矛盾、工作环境的敌意等会导致工作压力的产生和满意度的下降。托马斯（Thomas）的冲突管理模型提供了处理职场冲突的策略，如协作、妥协 (Thomas，1992)。

**3. 社会孤立**

缺乏社交支持或遭受社会排斥可能会引发孤独感和抑郁。卡乔波（Cacioppo）和霍克利（Hawkley）研究指出，社会孤立对心理和生理健康都有负面影响（Cacioppo & Hawkley，2009）。

**4. 友谊破裂**

与好友的关系破裂或遭遇背叛会带来情感上的创伤。奥特曼（Altman）和泰勒（Taylor）的社会渗透理论表明，友谊的深度和广度影响着个体的信任和满意度（Altman & Taylor，1973）。

## 三、危机干预模式

回顾现有文献，研究者将危机干预模式分为以下三种类型。

### （一）平衡模式

平衡模式又可以称为平衡/失衡模式，是最纯粹的危机干预模式。正如前文所说，危机中的人们处理问题的能力不足，身心处于失衡状态。而平衡模式旨在让人们恢复到发生危机前的平衡状态，让情绪恢复正常，获得处理眼前困难的能力。一般来说，平衡模式适用于早期干预。因为这时人们通常处于心理上的认知、情绪甚至行为的失衡状态。此时，人们原有的应对问题的机制以及解决问题的资源不足以帮助他们走出困境。他们失去了对自身的控制，分不清问题的方向，而且不能做出适当的选择。因此，平衡模式下的危机干预的着眼点是稳定求助者的情绪和心理状态，逐步调整求助者至平衡状态，帮助其恢复处理危机的资源。同时要注意的是，因为求助者处于不稳定的情绪状态，因此除非其在帮助下获得了一定的应付能力，否则主要精力还是应集中在稳定求助者的心理和情绪方面。在求助者重新达到某种程度的稳定之前，不能采取也不应采取其他措施。例如，除非病人已认同活下去是值得的，而且这种思想稳定持续至少一个星期，否则挖掘求助者产生自杀意念的原因就没有多少好处，反而容易适得其反。

### （二）认知模式

前文提到了一些心理学家对危机的定义及看法。但是，仍然有许多人对此持不同的看法。此处介绍一种对危机的新的认知：有的人认为危机是根植于事件和围绕事件的境遇的错误思维，而不是事件本身或与事件和境遇有关。也就是说，并不是事件本身导致人们陷入危机、丧失了处理资源、不能恰当应对危机，而是人们对危机的错误认知导致他们难以应对危机。当人们遇到危机时，如果不及时调整其错误的思维，就很容易陷入否定自身的怪圈，从而陷入更深的危机。危机干预的认知模式就是基于这种认知。因此，该模式的干预原则是，干预者通过改变求助者的思维方式，尤其是通过认识其认知中的非理性和自我否定部分，来帮助其获得理性以及强化思维中的理性和自强的成分。通过这种方法，人们能够获得正确控制生活中的危机的方法。而危机干预的认知模式的工作任务就是通过练习把个人的消极、被动、否定的思想变成积极、主动、肯定的思想。认知模式最适用于稳定下来并且回到了平衡状态的求助者，因此是危机干预中的中后期阶段。此时求助者已经在平衡模式下的干预中恢复了平衡状态，可以接受进一步的干预了。例如，求助者已经认同活下去是值得的，此时就可以挖掘求助者产生的自杀意念，并且引导其发现并改正其中存在的错误思维，从而进一步坚定其消除自杀意念的想法。

### （三）心理社会转变模式

从社会心理学的角度来看，人是遗传以及从社会环境中学习的产物。因此人总是变化的、发展的和成长的。既然人本身及其所处的环境都是不断变化的，而人又是遗传与环境交互影响下的产物，那么，人们遇到的危机就可能来自人本身和外界这两方面。因此，这种模式下的危机干预的目的在于与求助者合作，通过谈话等方式了解与测定求助者的与危机有关的内外部困难，并帮助他们重新构造应对现有危机的策略。与此同时，干预者还要建议求助者更改当前应对危机的方法、态度和行为，并提供新的、有效的应对危机的模式。与认知模式类似，心理社会转变模式最适用于已经稳定下来的求助者。例如，求助者的自杀意念已经稳定下来，干预者可以引导其思考引起危机的内外部原因，并从这两方面入手，对症下药，进一步解决危机。

## 四、危机干预步骤

危机干预有许多流派，而各个流派都有自己的危机干预步骤。当然，这些步骤在方向上是一致的，只不过各有侧重。一般来说，危机干预的步骤可分为以下四个阶段。

### （一）评估问题

危机干预工作者在危机干预的初期，必须全面了解和评价危机当事人的危机产生的有关诱因以及寻求心理帮助的动机，同时与求助者建立良好的工作与信任关系。在这一阶段，危机干预工作者需要了解求助者目前存在的问题是什么，诱因是什么，需要解决的首要问题以及次要问题各是什么。同时，他们还要了解如果不及时处理，什么问题将会导致非常严重的躯体或心理损害，什么问题最容易立即解决。除了危机干预工作者以外，还有什么人能帮助求助者处理危机。为了保证危机干预产生良好的效果，干预者还要了解干预效果的影响因素可能有哪些以及什么方式可以减轻它们的影响。而使用什么技术或方法能在最短的时间内达到最佳的干预效果等问题就需要干预者通过经验与知识来判断。另外，干预者还需要评估求助者自杀或自伤的可能性。如果有严重的自杀或他杀倾向，干预者就需要考虑建议求助者去精神科会诊，必要时住院治疗。

### （二）制定治疗性干预计划

在全面了解引发危机当事人的危机的诱发事件和目前所处的危机水平之后，干预者应该着手制定干预计划。需要注意的是，危机干预不注重塑造求助者的人格以应对危机（事实上这也很难完成），而是注重帮助求助者恢复到危机前的心理平衡。在这一阶段，干预者需要了解危机对当事人的生活造成损害的程度以及这种损害对他人及当事人周围环境所产生的影响。此时，还要肯定当事人的长处（优点），确定适用于他的有效应对技巧以及能够给予他帮助的家庭成员或社会支持系统。最后，明确危机干预的目标。

### （三）治疗干预

这是危机干预处理的最主要的阶段。它主要包括以下四方面的工作。

（1）帮助当事人正确认识和理解自己的危机。当事人往往没有看到生活中发生的逆境与自己心理失衡所出现的不适之间存在的联系，干预者可以采用比较直接有效的方法使求助者认识到这两者之间的关系。

（2）帮助当事人疏泄被压抑的情感。这一阶段可以采用交谈、疏泄等技术。同时，危机干预比较注重共情，若是危机干预者可以引导求助者进入积极的心理状态，那么干预效果更佳。但是，此时要注意心理咨询工作的大忌，就是不能过度共情。若是干预者被求助者影响而陷入了消极心理状态，那么对干预者及当事人都是一种伤害。

（3）学习应对方式。帮助求助者总结过去应对逆境的成功技巧，学习新的应对方式，减轻逆境遭遇对心理平衡的影响。

（4）建立新的社交天地。如果危机是由失去亲人（如死亡、分离等）或者人际关系破裂（离婚、失恋等）引起的，那么建立新的人际交往和人际关系是干预的有效方式之一。

### （四）新危机的解决和随访

一般经过4～8周的危机干预，大多数求助者的情绪危机会得到解决或缓解。此时应及时中断治疗，以减少求助者对治疗师的依赖。在结束阶段，应注意强化求助者多应用刚刚学会的新的应对技巧，鼓励和支持他今后在面临逆境或重大挫折时，应用新的应对技巧和有关社会支持系统来独立解决和处理问题，从而避免或减少危机的发生。

不管是危机干预的哪个流派，干预的步骤其实都大同小异。一是确定问题，从心理诊断的角度，干预者需要科学地确定求助者的问题性质和严重程度。二是保障安全，干预者尤其要注意有自杀意念的求助者的安全。三是提供支持，干预者多运用倾听的方法来告诉求助者有人在帮助他。四是提出并验证可变通的应对方式，由于求助者在危机状态下的思维较平时更混乱，难以灵活判断什么是有助于自己走出困境的选择，因此干预者就要扮演提供解决办法的角色。五是制定计划，干预者与求助者一起制定计划，按步骤来矫正其情绪失衡状态。六是获得承诺，采取积极的应对方式，由于帮助求助者走出危机的计划是求助者与干预者共同商量、从现实出发制定的，所以这些计划是求助者能力范围内的、可以完成的。此时，干预者可以与求助者共同制定完成计划的承诺，积极应对危机。

## 五、危机干预的应用案例

20 世纪 20 年代开始兴起的员工帮助计划，从根本上把心理健康从个体层面拓展到组织和社会层面。员工帮助计划是一项为工作场所中的个人、组织提供咨询服务的工作，它能够帮助管理者了解员工的心理健康状况和关心的职业发展问题，并提出一系列辅导措施来帮助员工解决这些问题。危机干预是一个有效的心理支持途径，能够帮助员工解决工作中的各种心理问题及应对由此引发的危机事件。在组织危机的情境下，员工会出现各种各样的情绪问题、心理危机，在很大程度上将影响组织的发展。员工潜在的心理问题处理不当极有可能导致危机事件，如反社会行为，甚至暴力事件。转型时期的组织兼并、重组、裁员、新管理手段的运用等带来的冲击使得员工长期处于心理亚健康状态。工作不安全感与工作倦怠的不断滋生已经成为危及员工个人健康与组织健康的关键影响因素。

国外企业把员工帮助计划作为建立员工心理支持和干预系统、帮助员工解决变革中各种心理问题及应对由此引发的危机事件的一种有效途径，并取得了广泛的认可。员工帮助计划被引入企业后，在企业发展的各个阶段及员工面对的各种情境中都有用武之地，针对组织中的常见问题，如企业内冲突、裁员、员工对变革的不确定性等引发的压力进行干预，具体包括设计员工的沟通流程、预防和及时处理各种危机行为、提供有效的员工沟通、裁员会谈、进行面对变化的心理辅导，等等。因此，员工帮助计划框架下的心理危机干预主要是为各种紧急、重大事项（如办公场所的暴力、自杀、裁员、精神疾病等）提供干预服务，且主要针对个人。

国内普遍认同的员工帮助计划框架下的员工心理危机干预主要分为三个步骤：危机前干预、危机中干预和危机后干预。

### （一）危机前干预

首先，企业应在危机发生之前对员工提前进行危机干预培训，以及进行文字媒体宣传。把危机当作生活的一部分来看待，虽然危机不是我们想看到的，但我们应该未雨绸缪，以防万一。其次，要在企业内部建立一个互相支持的体系，使每名员工都觉得生活在一个有力的专业支持系统中，增强员工的安全感。要建立一个有力的专业支持系统，就是拥有企业自己的心理帮助顾问，让员工知道在困难时会第一时间得到专业的帮助。这些信息都会慢慢植入潜意识里，大大增强员工的危机防御能力。

### （二）危机中干预

即为危机的现场处理，最重要的是及时性，最好要在危机事件发生之后的24～48小时之内进行干预。应激事件如果没有得到及时处理，会转变成慢性心理疾病，增加解决的困难。所以，现场处理除了有序的干预、防止危机扩散外，更重要的就是立刻启动危机干预程序。一般此时需要一个有力量的人物在场，比如企业的核心人物或者心理专家，他们可以起到稳定军心的作用。

### （三）危机后干预

预后处理往往是最重要也是最容易忽视的环节。目前国内企业的管理层由于对心理层面的重视度不高，往往看到事情没有在现实中进一步持续就认为危机已经过去。殊不知，很多危机干预的工作才刚刚开始。因为一些危机的影响一旦产生后，并不会立刻表现出来，特别是在行动上看不出什么不同，但会在以后的生活中对在场的员工产生长远且潜移默化的影响，这就需要干预者对其进行进一步的跟踪观察和及时的干预。

在危机干预的过程中使用的危机干预技术，目前比较多的是从下面三个方面介入。

（1）想象技术。想象技术并不是简单地想象，它是结合意象对话、引导式想象及自我催眠，借以减轻重复出现的“白日梦魇”或反复出现的灾难影像（这些往往是使许多人承受暴露于创伤与暴力的痛苦的根源），如暴露疗法。用反复的练习来积极地改变内在意象，许多人可以消除或至少可以减弱这些侵入的影像。

（2）重建生活。以实用的具体方法来辨识出在创伤中被破坏的平衡，如工作、经济来源、心爱的人、乐观的感觉、计划未来的能力等，这是个案曾经拥有的，同时也要找出剩余可用的资源与支持系统以帮助人们重建他们的生活。

（3）情感释放。通过角色扮演、艺术治疗和心理剧的形式把压抑的情绪释放出来，或者像清除垃圾一样把内心负面的情绪倾倒出来，这往往能唤起隐藏在创伤者内心的积极力量，使他把注意力放在目前的生活和以后的计划上，摆脱过去情境的困扰，如紧急事件应激晤谈（critical incident stress debriefing，CISD）。

突发自然灾害（如地震）、重大工伤事故、职场暴力、自杀、猝死、裁员降薪等各类危机事件已成为组织管理中的重大挑战。因此，企业构建成熟的员工帮助计划三级危机干预模式（见图11-3）具有重要意义，可以为组织提供全面的危机管理及干预服务，帮助员工及其周围人群恢复心理平衡，安全度过危机，维护组织公众形象（Khalid & Syed，2024）。

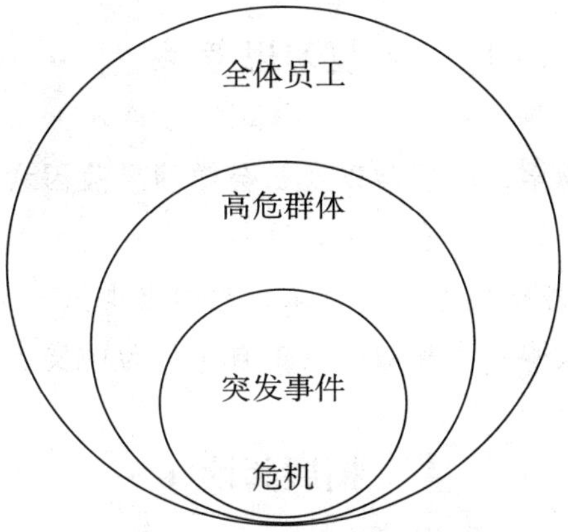


**图 11－3 员工帮助计划三级危机干预模式**

## 基本概念

自杀　心理痛苦　应激-易感模型　危机干预

## 本章要点

**要点一：自杀的定义和产生机制**

自杀是指个体在长期的心理压力或急性的精神刺激下实施的故意结束自己生命的行为。这一行为的产生机制复杂，涉及生物学、心理学、社会学等多个层面，包括大脑化学物质失衡、个人心理特质、应对压力的能力不足以及社会环境因素的影响等。自杀行为可能是一种极端的应对机制，个体在无法找到解决问题的途径时，可能将其视为唯一的出路。社会对自杀的理解往往带有偏见，这加剧了个体的孤立感和绝望感。

**要点二：自杀的解释模型**

自杀的解释模型试图从不同角度解释自杀行为的心理和社会动因。这些模型包括应激-易感模型、心理痛苦三因素模型，它们分别强调了个体内在的易感性、心理痛苦在自杀行为中的作用。这些模型有助于我们理解自杀行为背后的复杂性，指出了预防自杀的可能途径，如提供心理支持、增强社会联系、改善认知方式等。

**要点三：组织中的危机干预**

组织中的危机干预是指在个体面临自杀风险时，由专业人员所采取的一系列紧急措施，以防止自杀行为的发生。这包括评估自杀风险、提供心理支持、制定安全计划等。有效的危机干预可以挽救生命，帮助个体渡过难关。组织应建立自杀预防和干预机制，提高员工对自杀问题的认识，减少自杀事件的发生。

## 复习思考

1. 列举出自杀的生物学、心理学以及社会学的风险因素。
2. 酒精滥用是自杀的风险因素之一，这对于企业对员工的管理有何启示？
3. 基于自杀的应激-易感模型，对自杀行为的出现做一个比较完整的解释。
4. 思考企业可以采取哪些措施减少员工自杀行为的发生。

## 拓展阅读

傅小兰，张侃（主编）.（2023）. *中国国民心理健康发展报告（2021—2022）*. 北京：社会科学文献出版社.

Chen，P. Y.（2024）. *Occupational Stress*. Hogrefe Publishing.

Dong，M.，Ren，Z.，Li，Y.，& Ye，Q.（2024）. Stress begets distress：the association of job stress with psychological distress among prison police officers. *Psychology，Crime & Law*，1 - 19.

Heilman，M. E.，Caleo，S.，& Manzi，F.（2024）. Women at work：pathways from gender stereotypes to gender bias and discrimination. *Annual Review of Organizational Psychology and Organizational Behavior*，*11*（1），165 - 192.

# 第十二章
# 员工帮助计划

**【学习目标】**

通过本章的学习，希望达到以下三个目标：

1. 理解员工帮助计划的基本内涵。
2. 掌握员工帮助计划的规划、实施和效果评估过程。
3. 了解员工帮助计划的应用。

## 章节导引

近年来，中国石油在驻外机构健康-安全-环境（health，safety，and environment，HSE）管理工作中，逐步将关注点转向“心”能源与“心”经济，通过实施员工帮助计划（EAP），致力于打造心理素质过硬、具备强烈使命感和责任感的海外管理团队和员工队伍，为集团公司国际业务的安全、可持续发展提供坚实保障。中国石油的海外油气项目遍布35个国家，其中有22个国家被评定为高风险地区。在这些国家，海外员工的心理健康和压力应对能力对项目的可持续发展至关重要。为了应对这些挑战，2008年11月，中国石油率先与国际EAP专业公司合作，系统推进EAP项目，成为国内首家实施此类服务的央企。2014年，中国石油进一步创新，作为国内首家实施员工远程心理咨询系统的央企，通过网络互联平台优化EAP服务，为处于高压力、高风险工作环境中的海外员工提供更为便捷的心理支持渠道。自EAP实施以来，中国石油在海外共组织了26名专家赴12个国家的项目现场提供咨询服务，累计开展心理健康普及培训12万人次。同时，公司建立了五种EAP服务推进模式，涵盖向全员延伸、向现场延伸、向员工家属延伸、向经营管理延伸以及向预防干预延伸的各个方面。通过开通心理健康服务热线和搭建网络共享平台，进一步提升EAP服务的效率，为1.6万名海外员工建立了专属心理健康档案，使EAP成为他们的“幸福线”“成长线”“生命线”。通过实施EAP服务，海外项目能够系统掌握员工的心理健康状况，并有针对性地开展干预措施，逐步提升海外员工的整体心理健康水平。集团公司还建立了海外员工SCL-90（心理健康症状自评量表）的常模，为准确评估员工的心理健康状况提供了科学的参照标准。随着EAP项目的推进，越来越多的员工开始以更为理性的态度面对心理问题，心理健康状况显著改善，整体健康危险行为的比例明显下降。此外，EAP 还帮助海外企业更好地了解不同职级员工的心理健康状况及其主要压力源，以及休假周期和安全事故对员工心理健康的影响。以长城钻探公司为例，该公司根据 EAP 调查结果，及时调整了员工的休假制度，并取得了显著的效果。这一系列举措不仅促进了海外员工的心理健康，也为企业的安全生产和经营管理提供了重要支持。

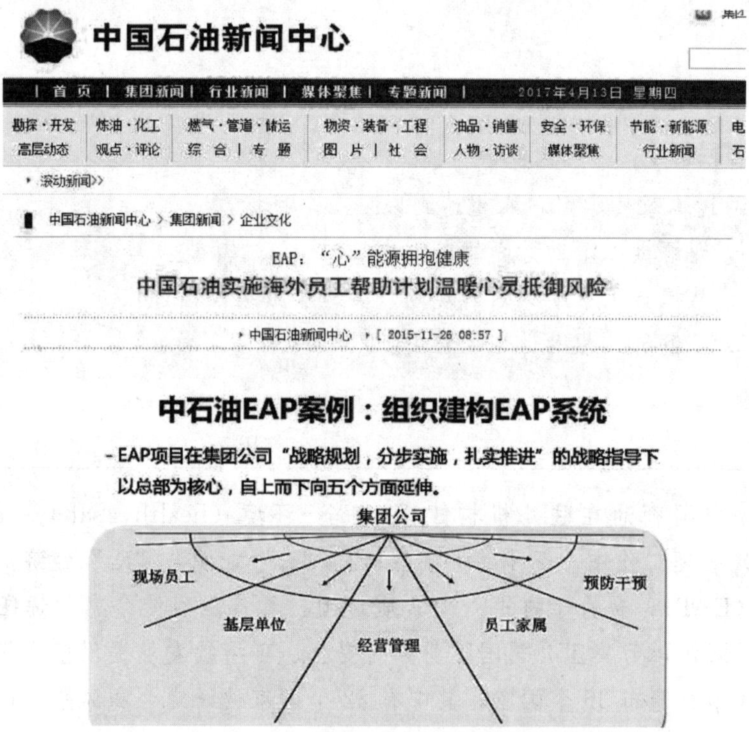


中国石油组织建构员工帮助计划系统

资料来源：中国石油新闻中心，http://news.cnpc.com.cn.

在政策的推动和社会需求的驱动下，越来越多的企业意识到员工的心理健康问题对组织绩效有很大影响。因此，如何通过心理学方法和技术来促进企业文化建设和提高企业绩效成为企业的重点关注领域。EAP 作为一种系统化的心理健康服务项目，正逐步被组织引入并纳入企业战略。然而，对于 EAP 专业领域的从业者以及希望引入 EAP 服务的企业管理者来说，如何高效开展 EAP 服务仍面临挑战。本章将从 EAP 的定义、基本要素、预期目标、服务范围及其模式等方面进行介绍，帮助读者对 EAP 有更深入的理解。

## 第一节　员工帮助计划概述

2016 年 8 月 19 日，在全国卫生与健康大会上，习近平总书记明确指出，要加大心理健康问题基础性研究，做好心理健康知识和心理疾病科普工作，规范发展心理治疗、心理咨询等心理健康服务。随后，2016 年 12 月 30 日，国家卫生计生委等 22 个部门联合发布了《关于加强心理健康服务的指导意见》，其中第 7 条特别强调：普遍开展职业人群心理健康服务。各机关、企事业和其他用人单位要把心理健康教育融入员工思想政治工作，制定实施员工心理援助计划。该计划旨在为员工提供健康宣传、心理评估、教育培训和咨询辅导等服务，帮助员工掌握情绪管理、压力管理等自我心理调适方法，以及识别抑郁、焦虑等常见心理行为问题的技巧。此外，各单位还需为处于特定时期、特定岗位或经历特殊突发事件的员工，提供及时的心理疏导和援助，支持其主动寻求心理健康服务。

随着新生代逐渐成为职场主力，企业传统的管理方式已不再有效。如何有效管理和激励新生代员工成为企业管理者亟待解决的问题。在此背景下，EAP 作为一种提升员工身心健康、促进企业职场环境健康的工具，逐渐受到重视。EAP 不仅旨在提升员工的心理健康水平，还帮助企业打造积极健康的职场文化，成为现代企业管理中的重要组成部分。2017 年的一项元分析发现，EAP 的投资回报率（ROI）在 5.17～6.47 之间，即在 EAP 上每花费 1 美元，可以带来 5.17～6.47 美元的回报（Joseph et al.，2017）。

## 一、员工帮助计划的定义

EAP 起源于美国 20 世纪 30 年代以来在企业推行的职业戒酒计划（occupational alcoholism program，OAP），最初用于帮助矫正组织内部职员出现的酗酒与滥用药物等行为，美国一些组织管理者注意到当时广泛存在的员工酗酒问题可能已经影响个人情绪和组织绩效，于是聘请相关心理专家帮助员工解决酗酒等不良生活习惯问题，慢慢衍生出员工帮助计划，以帮助员工解决社会、心理、经济和健康方面的问题。

随着经济的日益发展，EAP 越来越多地被使用。调查显示，世界 500 强企业中，大约 80%的企业采取某种形式的 EAP 措施。此外，企业将 EAP 的服务对象从员工延伸到员工的家庭、亲友，使员工无后顾之忧，能够积极地投入工作，提高个人工作效率。

1991 年，库珀（Cooper）等实施的英国邮局 EAP 项目表明，咨询前后员工的某些表现明显不同，员工的缺勤天数明显减少（Cooper & Sadri，1991）。德古鲁特（Degroot）等对 18 项有关 EAP 的影响维度进行了研究分析，结果发现 EAP 与工作压力、员工缺勤率和离职率呈显著负相关，与工作投入、工作绩效呈正相关（DeGroot & Kiker，2003）。不同的个人以及企业因素对员工帮助、员工工作满意度、工作压力有着不同的影响。EAP 对员工的工作压力有显著的反向影响，对工作满意度有显著的正向影响；工作满意度对员工的工作压力有显著的反向影响，并分别在员工帮助各维度与员工工作压力中起中介作用。当组织提供EAP的相关帮助项目时，会影响员工的态度，员工的态度会影响其组织承诺感的高低，对组织帮助态度积极的员工当获得EAP的实施措施的帮助之后，其组织承诺感就会显著提高。EAP服务的提供能够有效改善员工的工作条件和环境，促进员工人际交往，使员工感觉到组织对其工作和生活的关心，这都能够明显地减轻员工的内部与外部压力。它能够解决员工的心理问题，提供相关的方案；帮助企业发现问题，降低由员工的心理问题带来的管理成本，增强组织有效性，带来很大的经济效益。同时带来很多非财务的收益，比如提升员工士气，改善组织氛围，改善沟通和人际关系，建立尊重员工价值的文化，帮助企业更好地应对变革和危机（Xu et al.，2021）。

从定义上看，EAP被众多学者进一步阐述。博兰德（Bohlander）等（1999）认为，EAP通过提供诊断、辅导和咨询服务，帮助员工解决各类问题，从而提高他们的生活质量。沃尔什（Walsh，1982）则强调EAP是利用企业政策来识别和应对员工的个人和情绪问题，进而提升工作效率。张西超（2015）的定义则更多在EAP的方法上展开，认为EAP是工作人员运用适当的知识和方法在企业内提供相关服务，以协助员工处理个人、家庭和工作上的困扰或问题。这里所谓的知识和方法包括心理学、跨文化管理等相关知识，以及会谈沟通、团体辅导、活动策划与执行、调查、评估、压力松弛、转介等实务技术。

EAP是组织出资为员工及其家属设置的一套系统的、长期的福利与支持项目。它根据企业的具体情况，通过专业人员对组织进行诊断，提供专业指导、培训和咨询，为企业管理者和员工提供管理以及个人心理帮助的专家解决方案（Yu et al.，2009）。

从上面的定义中可以看出，目前学者比较认同的EAP定义是，EAP是组织为员工设置的一套系统的、长期的服务项目。专业人员对组织提供诊断和建议，以及对员工及其直系亲属提供专业咨询、指导和培训，旨在改善组织环境和范围，解决员工及其家庭成员的各种心理和行为问题，以及提高员工在组织中的工作绩效。

## 二、员工帮助计划的基本元素

由于组织的行业特性、员工的特质存在较大差异，加之员工面临的个人问题以及组织对EAP的预期目标不同，EAP在不同组织中的实施各有侧重。但是通过归纳相关的研究和实践，我们可以发现，一个成功有效的EAP必须具备以下基本元素。

### （一）管理层的支持

高层管理者的认同和参与可以为整个组织提供一个典范。中层管理者作为高管的代表，将对EAP抱以最大的热情，其他管理层也都会全力支持相关工作。同时，在EAP的起步阶段，各个方面的促进都会得到充裕的经济支持，例如健康指导、早期诊断以及初步训练等。此要素的重要程度在我国的EAP实务领域也得到了很好的印证。

如国家开发银行总行 EAP、北京西门子通信网络股份有限公司 EAP、联想集团客服本部 EAP 等。

### （二）明确的政策程序

每一个提供 EAP 的企业必须向员工声明 EAP 的公开程序和政策，让员工了解公司推动 EAP 的诚意和决心，其中应该包括以下方面：（1）员工存在的问题是可以被接纳的，不要回避，要有勇气去解决问题；（2）充分支持员工为解决问题所做的努力，即同事和公司会给予支持和协助，并愿意通过聘请专业机构向面临困扰的员工提供保密的专业的服务；（3）确保员工的安全感，不会因为曾向 EAP 寻求帮助而影响员工的绩效考核和晋升，同时个人资料保密，不记入档案；（4）EAP 的设立是为了帮助员工及其家人的，不会成为管理者的工具；（5）自愿原则。此外，要有执行程序的相关说明，如执行步骤、享受服务的注意事项、相关工作流程等。可能的话，公司还可以印成手册发给员工，寄给员工家属以示郑重，强化员工的参与信心。

### （三）严格的保密制度

保密是 EAP 有效实施的基础，所有员工都有权为自己的问题寻求帮助并获得保密的承诺。但是，仅仅向员工做出承诺是远远不够的，还需要将其落实到实际操作中。具体而言，在保密工作中要注意避免以下情况。

● 预约时间安排不够合理。通常，EAP 为了保护员工的隐私，会将咨询室设置在远离企业的地方，这本身有利于保密。但是，如果同一公司的员工约见时间太接近，碰面的概率就会增大。即使有些员工不介意被别人发现自己接受 EAP 咨询，但是消息一旦传到公司里，EAP 的保密信用也会大大降低。因此，那些负责预约的人员必须提高警惕，设置专门的人员进行协调，避免来自同一公司的、定期复诊的员工相遇。

● 严格限制咨询时间。将咨询时间限制在“朝九晚五”，意味着员工不得不请假来接受咨询，这是很不利于保密的一项规定。由于大多数人都是自愿参与 EAP 的，他们一般将时间安排在下班后，因此，EAP 保证 24 小时开放就显得非常重要。另外，也要尽量避免在工作时间联系来访者。对来访者进行随机分组很容易破坏组中或者新进的来自相同公司的员工的隐私。因此，如果有相识的同事加入，必须提前告知。

● 让治疗机构亲自确认员工的问题所在。医院和治疗中心非常乐意接受转介的员工，但是他们经常要求打电话给当事人所在的组织，以了解他的问题，这样就会使被转介的员工在面对电话转接员和管理者时感到难堪。因此，EAP 协调人员应该与医院和相关机构进行充分沟通，为员工扫清一切障碍，以使得他们能够接受安全有效的帮助。不要向转介人员透露不必要的信息，根据 EAP 的书面规定，只有员工是否接受转介、是否需要治疗、是否接受推荐的治疗这三类信息可以向转介人员透露，其他信息都应该保密。保密的过程非常复杂，但是宗旨很明确：尽全力为员工保密，取得来访者的信任。否则，EAP 就无法成功进行。

### （四）完善的教育促进和培训

EAP 的实施需要广大员工的参与，并不是仅靠职能部门的几名专员就能达到目标的。因此，必须让公司上下全面系统地了解 EAP，并明白个人和组织在这方面的共同利益，特别是与员工直接接触的基层主管，要特别为他们提供培训，提升他们发现和面对员工问题的能力；其他管理者要经过教育促进与培训，了解 EAP 的哲学、功能和做法；对于员工及其家属，要让他们了解 EAP 的政策、程序、方案内容。总体而言，要始终秉持全员参与的理念，进行经常性的、多形式的宣传介绍。

### （五）财务支持和劳工保险

在美国，大多数 EAP 项目中公司会为员工支付前三次的咨询费用。在五年之内保持费用不变，希望能够有更多的员工参与 EAP 并获益。有问题的员工可能会担心支付不起费用，但当他们知道有公司的财务支持时，会更倾向于接受服务并让家属参与。同时，公司可以考虑将 EAP 与劳工保险相结合，通过保险金的方式支付部分与 EAP 相关联的费用，降低实施成本。一般情况下，保险金只支付给心理治疗师和心理学家所提供的服务项目，但是很多问题由更具专业性、针对性的人员进行治疗效果会更好，如家庭治疗师、药物滥用专家、营养专家、性问题专家等。EAP 协调人员最好备有一份不同专家的名单，进行有效的转介，并敦促保险公司接受这些专家。

### （六）专业的 EAP 从业人员

一个合格的 EAP 从业人员应该具备以下几个方面的知识或技能。

● 心理健康知识。EAP 从业人员必须掌握基本的心理健康理论与实践技能，特别是压力、抑郁、焦虑等常见心理健康问题的处理方式。此外，他们还应熟悉相关的心理评估工具，以便准确评估员工的心理健康状况，并能够根据员工的需求制定适当的干预计划。

● 组织行为学与管理知识。EAP 从业人员需要了解企业文化、组织行为和员工绩效管理。他们应熟悉组织中的压力源，如工作负荷、上下级关系、团队协作等因素，并懂得如何将心理健康服务融入组织战略，以支持企业的发展和提高员工的工作满意度。

● 法律与伦理知识。作为服务提供者，EAP 从业人员必须熟悉与隐私保护、数据保密、员工权益等相关的法律法规。同时，他们需要遵循心理健康服务的职业伦理，确保所有干预措施的合法性和道德性，特别是在处理敏感的个人信息和员工问题时。

● 沟通与辅导技能。EAP 从业人员要具备良好的沟通技巧，能够与员工建立信任关系，并提供有效的心理辅导。他们应掌握有效的面谈技巧、冲突解决技巧和情感支持能力，以帮助员工应对工作和生活中的各种挑战。

● 危机干预与应急管理知识。EAP 从业人员还应掌握危机干预与应急管理的基本原则和技巧，能够在员工面临突发的心理危机时快速提供支持与引导，防止问题进一步恶化。

通过具备上述知识和技能，EAP 从业人员能够更好地为员工提供全面的心理支持，帮助企业改善工作环境和员工的整体健康状况。

### （七）广泛的服务项目

EAP 的最初理念主要是应对员工的酗酒问题，帮助他们恢复正常的工作和生活功能。20 世纪 70 年代，美国许多企业发现酗酒对员工的工作效率、身体健康及组织绩效产生了极大的负面影响，因此 EAP 应运而生。它的主要目的是提供心理支持与咨询服务，帮助员工解决与酒精滥用相关的问题，进而提升员工的工作表现。然而，随着社会的发展，现代 EAP 的理念和范围早已超越了早期的酗酒干预，变得更加广泛与综合。

如今的 EAP 不仅关注员工的心理健康，还延伸至身体健康、职业发展、家庭问题等多个领域。它力求通过多种服务，如心理咨询、法律援助、财务咨询、危机干预等，帮助员工解决在工作或生活中可能遇到的各种问题。因此，EAP 的目的也从单纯的健康恢复扩展到了帮助员工在心理、情感、社会等多个层面达到整体健康和平衡，从而提升工作绩效和工作满意度。

近期的 EAP 更强调预防与干预并重。不仅希望帮助员工在面临危机时获得支持，还通过定期的健康评估与培训项目来预防潜在问题的发生。例如，压力管理课程、时间管理培训等服务在很多企业的 EAP 项目中扮演着重要的角色。EAP 通过提供员工个人和职业生活中的支持，帮助企业提高整体绩效，同时也让员工能够平衡工作与生活，改善心理健康状况。

此外，EAP 的服务范围也进一步扩展到了员工的家庭成员，以确保员工能够从工作到家庭都得到必要的支持，从而降低工作-家庭冲突对员工心理的影响。这种综合性的 EAP 模式已被许多跨国企业采用，并取得了良好的效果。

### （八）准确的记录、追踪和评估

在 EAP 的实施过程中，及时、完整、准确地记录每项服务对于后期的诊断、评估、追踪、督导以及研究至关重要。完整的服务记录不仅是了解员工的心理健康进展的重要依据，还能够帮助 EAP 从业者在未来对服务的效果进行评估，并在需要时提供进一步的指导。

首先，服务记录为后期的诊断和评估提供了关键数据。EAP 服务涉及对员工的心理、情感、社会问题的干预，记录的详细信息包括员工的初始问题描述、服务提供的具体细节以及后续的心理进展等。这些信息能够帮助 EAP 专业人员更好地了解员工的问题来源，并对后续的服务做出更精确的调整和干预。

其次，保留服务记录有助于进行追踪和督导。通过记录员工在每次咨询或干预中的进展情况，EAP 从业者可以有效监测员工的心理健康变化，确保其恢复过程的连贯性。此外，在面对类似的危机或问题时，专业人员可以根据过去的记录分析其干预效果，并及时调整策略。督导人员也可以通过审查这些记录，确保 EAP 服务的质量符合标准，并帮助从业者进行技术上的提升。

再次，服务记录对于研究与改进 EAP 服务体系也有重要的价值。通过长期、系统地收集员工问题的类型、干预措施的有效性以及员工的反馈，研究人员能够分析不同类型干预方法的成功率和问题解决的时间，从而不断改进 EAP 服务，提升其针对性和有效性。

最后，完整的记录还为法律和伦理监督提供了保障。在处理敏感的员工心理健康问题时，记录能够确保服务的合法性，并为潜在的法律纠纷提供证据。因此，记录的准确性和保密性是 EAP 从业者必须严守的基本原则。

## 三、员工帮助计划的预期目标

一个成功有效的 EAP 需要围绕个人和组织层面的需求展开，并在两个层面分别达成如下目标。

### （一）员工个人层面

在员工个人层面，EAP 的目标是提升员工的整体福祉，帮助他们应对各种挑战，从而提高工作满意度和生活质量。在员工个人层面，EAP 的目标具体如下：

- 改善心理健康。EAP 为员工提供专业的心理咨询和支持，帮助他们应对压力、焦虑、抑郁等心理问题。通过个性化的辅导，员工能够更好地理解和管理自己的情绪，提高心理弹性。
- 提升应对能力。通过培训和发展计划，EAP 帮助员工掌握压力管理、时间管理、沟通技巧等实用技能。这些技能可以提高员工解决问题的能力，使他们在面对挑战时更加自信和从容。
- 促进工作与生活平衡。EAP 关注员工的家庭和个人需求，提供资源和建议，帮助他们在工作与生活之间找到平衡。这包括家庭关系辅导、育儿建议、老年人照护等服务。
- 增强职业发展。EAP 为员工提供职业规划和发展指导，帮助他们设定职业目标，提升专业技能。这不仅提高了员工的职业满意度，也有助于组织的人才培养。
- 促进身体健康。通过健康教育、健身计划、营养咨询等，EAP 帮助员工养成健康的生活习惯，预防疾病，提高生活质量。
- 提供法律和财务咨询。EAP 提供法律和财务方面的咨询服务，帮助员工解决可能影响其工作的个人问题，如债务困扰、法律纠纷等。

### （二）组织整体层面

在组织整体层面，EAP 的目标是提升组织的绩效和竞争力，营造积极的工作环境，支持组织的战略目标。在组织整体层面，EAP 的目标具体如下：

● 提高生产力和工作绩效。通过改善员工的心理和身体健康，EAP 减少了健康问题所导致的效率下降。健康、积极的员工更有可能全身心投入工作，提高组织的生产力。

● 降低缺勤率和员工流失率。EAP 帮助员工解决了个人问题，减少了压力、疾病所导致的缺勤和离职。这不仅节省了招聘和培训新员工的成本，也保持了团队的稳定性。

● 改善组织文化和提高员工敬业度。通过展示对员工福祉的重视，EAP 提升了员工对组织的归属感和忠诚度。积极的组织文化有助于吸引和留住人才，提高整体士气。

● 支持组织变革和发展。在组织面临变革（如重组、裁员、合并）时，EAP 提供的支持可以帮助员工更好地适应变化，减少抵触情绪，确保变革顺利进行。

● 降低运营成本。通过预防和干预，EAP 减少了与员工健康相关的医疗、保险和赔偿费用。同时，降低的缺勤率和流失率也节省了运营成本。

● 确保合规和管理风险。EAP 帮助组织遵守劳动法和健康安全法规，降低了法律风险。通过提供培训和咨询，EAP 提高了员工的合规意识，减少了违规行为。

● 提升组织声誉。重视员工福祉的组织更容易建立积极的公众形象。这有助于提升品牌价值，增强在市场中的竞争力。

一个成功的 EAP 项目应当全面考虑员工个人和组织整体的需求，在这两个层面实现协同效应。对于员工个人，EAP 旨在促进他们的心理和身体健康，增强应对生活和工作挑战的能力，促进职业发展和个人成长。对于组织整体，EAP 致力于提升生产力，优化组织文化，支持战略目标的实现。

通过在个人和组织层面达成这些目标，EAP 不仅有助于提高员工的福祉和满意度，也为组织带来了可观的经济效益和竞争优势。这种双赢的局面使得 EAP 成为现代组织人力资源管理和员工关怀的重要工具。

## 四、员工帮助计划的服务范围

按服务范围划分，EAP 可以分为职业戒酒计划、传统员工帮助计划、职业健康促进计划、员工提升计划等。

### （一）职业戒酒计划

职业戒酒计划（OAP）最早可以追溯到 1917 年美国纽约梅西百货公司创立的员工咨询系统。20 世纪初，美国一些企业注意到员工的酗酒、吸毒和其他药物滥用问题会影响员工和企业的绩效，于是开始聘请有关专家探讨如何解决这些问题。而且当时酗酒已经不再被认为是缺乏道德和精神堕落的表现，而被正式认定为一种疾病。这些因素都推动了 OAP 的产生。20 世纪 40 年代开始，这项计划在许多美国企业中实施并普及。到了 20 世纪六七十年代，美国社会发生了剧烈变革，家庭暴力、离婚、精神抑郁等问题也对员工的工作表现造成了越来越大的影响，于是很多 OAP 项目扩大了它的服务范围，开始提供更多的帮助和服务，并且把服务对象扩展到员工家属。

### （二）传统员工帮助计划

从 20 世纪 60 年代开始，越来越多的企业开始实施员工帮助计划，扩大帮助解决员工个人问题的范围，并致力于提高员工独立解决问题的能力。除此之外，人们开始关注酗酒等问题背后更深层次的社会问题和压力。企业主要运用一些系统干预的方法来了解、诊断问题员工的行为并探讨问题产生的原因，积极主动地提供家庭、法律、医疗、财务等方面的帮助。常见的干预手段主要包括评估、咨询、辅导、治疗等。这一时期的一个代表性事件是 1970 年美国正式成立美国国家酗酒和酒中毒研究所（NIAAA）和劳工与管理者酗酒咨询机构，负责全美员工帮助计划的研究和推广。后来劳工与管理者酗酒咨询机构更名为员工帮助专业机构，并于 1987 年开始实施 EAP 专业人员考试认证制度。

### （三）职业健康促进计划

职业健康促进计划（occupational health promotion programs，OHPP）是针对员工戒酒计划中员工帮助项目过于一般化，对员工心理和行为问题缺乏细致描述等不足而提出的。它是组织所采取的寻找并解决那些在工作场所内外引起员工健康隐患问题的措施和活动的总称，目的在于提高员工的身心健康水平，促进员工人际关系良性发展，增强工作环境中的合作行为，提升员工的适应性、健康水平以及主观幸福感，最终达到提高工作效率与组织绩效的目的。

### （四）员工提升计划

从 20 世纪 80 年代开始，许多管理新理念的提出使得员工帮助计划进一步升级为员工提升计划（employee enhancement programs，EEP）。EEP 是一种系统性的企业策略，旨在帮助员工在工作环境中不断发展个人技能和能力，从而提升整体工作效率和组织绩效。该计划的核心在于通过一系列的培训和发展项目，促进员工的职业成长与个人提升，使其更好地应对工作挑战，优化其职业生涯规划，同时提高员工的工作满意度和组织忠诚度。

**1. 员工提升计划的目标**

- 提高员工技能。通过定期的培训课程，如与领导力、沟通技巧、时间管理、创新能力等相关的课程，帮助员工在工作中更具竞争力。

● 促进职业发展。EEP 注重员工的长期职业规划，通过为员工提供职业发展咨询和指导，帮助其找到适合的职业路径，并提供发展机会。

● 提升员工参与度和工作满意度。EEP 旨在提高员工对工作的参与度和满意度，增强其对组织的认同感和归属感。

● 改善组织绩效。通过提升员工的能力和职业素养，EEP 为企业提供了更具效能的劳动力，进而提高组织的整体绩效。

**2. 员工提升计划的主要组成部分**

EEP 包括一系列的培训和支持服务，具体内容视企业的需求和员工的具体发展目标而定。常见的组成部分包括：

● 技能培训。这是 EEP 的核心部分之一，通过技能培训，员工可以获得与工作岗位相关的新知识与技术。例如，信息技术公司可能为员工提供编程语言的进阶培训，而营销公司则可能提供市场分析和战略思维方面的课程。

● 职业发展计划。该部分通过为员工制定详细的职业发展路径，帮助其设定短期和长期职业目标。同时，企业还会为员工提供指导和资源，以支持其职业目标的实现。

● 领导力发展。领导力是许多 EEP 中不可或缺的一部分，尤其针对那些有潜力晋升到管理岗位的员工。通过领导力培训，员工能够学会如何管理团队、提升决策能力以及解决问题的技巧。

● 绩效反馈与评估。在 EEP 中，定期的绩效反馈和评估也是重要环节。通过对员工的工作表现进行客观分析和反馈，帮助员工识别自身的优势与不足，进一步明确改进方向。

● 心理健康与工作生活平衡。一些 EEP 还包括员工心理健康的支持服务，如压力管理、心理健康咨询等。通过帮助员工在工作与生活中保持平衡，企业可以减轻员工的压力，降低员工流失率，改善工作中和工作后可能逐渐引发未来健康问题的行为。

EEP 作为现代企业管理的重要组成部分，通过系统的培训与职业发展支持，帮助员工在工作中获得成长，并提高整体工作效率与组织绩效。EEP 的有效实施不仅有助于员工的个人发展，也为企业带来了可持续的竞争优势。

## 五、员工帮助计划的通用模式

按服务来源分，EAP 可以分为以管理为基础的内部模式、以契约为基础的外部模式、以资源共享为基础的联合模式、专业化和灵活性相结合的混合模式四种。

### （一）内部模式

内部模式是指组织内部设置专门的机构，由内部专职人员负责 EAP 项目的策划和组织实施。该模式的优点是：专职人员对公司的文化、潜在问题和员工特性有更深入的把握和理解，拟定方案更有针对性；更有助于借助内部资源去实施项目；公司高层更关注 EAP 对组织需求的适应，内部模式在此方面显示出更大的弹性。主要缺点有：专职人员因为身处相同的环境，在设计方案的过程中难免带有主观性；组织要消耗一定的人力资源、时间和精力去执行计划；向同事直接提供帮助时有可能对方因为觉察个人隐私受到威胁而影响服务的使用。

美国电话电报公司（AT&T）自 20 世纪 70 年代开始设置专门的机构落实 EAP。该机构的一位负责人这样分享他的经验："这种内部模式向员工发出一种信息，那就是组织是关心他们的，一个外部的 EAP 机构或许能够传递同样的信息，但是它不能保证这种信息的影响力。不过这种模式的缺点就是员工的信任问题。作为咨询和培训计划的一部分，使员工确信可以保密是非常重要的。然而即使把 EAP 工作转移给组织外部的机构负责，也无法保证这个问题能得到解决。人们可能不会像面对组织内部的 EAP 那样对保密问题时刻保持警惕，但是它仍然可能使一部分人离开，因为有一些人会认为，无论 EAP 以何种形式提供服务，只要它是和组织联系在一起的，信息就会泄露。"

### （二）外部模式

外部模式是组织将 EAP 外包，由外部具有社会工作、心理咨询辅导等知识经验的专业人员或机构提供 EAP。这种模式的优点是组织人力资源的耗费最少，组织只需要支付一定的报酬就可以得到全套的服务；同时由于工作人员完全是第三方，员工在接受服务时更能感受到隐私的安全性。但缺点是工作人员对组织缺乏了解，而且费用可能相对较高。

员工职业计划中心（COPE）是一家位于华盛顿的 EAP 专业服务组织，为华盛顿地区 45 家公司的 3.5 万名员工提供 EAP 服务。为了确保其服务模式能够适应不同规模的组织，COPE 采取了灵活的服务策略。对于少于 2 000 人的组织，COPE 认为采取外部服务模式更经济。这种模式允许小型组织在不设立内部 EAP 部门的情况下，通过外部专业服务机构获得所需的支持和咨询，从而节省成本并提高服务效率。外部 EAP 服务供应商可以提供从员工评估、短期咨询到长期咨询转介等一系列服务，同时保持对组织特定需求的敏感性和适应性。对于人数超过 2 000 人的大型组织，COPE 则提供现场咨询员，为员工提供每周数小时的服务。这种内部服务模式的优势在于能够更好地理解组织的独特文化、潜在的问题和员工特性，从而提供更具针对性且有效的干预措施。此外，内部 EAP 工作人员与管理层的紧密联系有助于及时响应员工的需求，并在必要时提供即时的支持。COPE 在选择服务模式时会考虑组织的规模、员工的需求、组织的文化和资源等多个因素。通过灵活的服务策略，COPE 能够确保为不同规模的组织提供最适合其特定需求的 EAP 服务。这种以客户为中心的服务模式，不仅增强了服务的适应性和有效性，也提高了组织和员工对 EAP 服务的满意度和信任度。

### （三）联合模式

联合模式是指若干组织联合成立一个专门为员工提供帮助的机构，该机构配备了专职人员。这种服务模式可以最大限度地节约经费，但目前在中国难以实施。一方面，中国对 EAP 有明确需求的组织比较少，很难形成规模；另一方面，组织之间在人员配置、人员权限、薪酬福利待遇支付方面易发生分歧。国际 EAP 协会的总部设在纽约的奥尔巴尼，它为该地区州政府周围的 6 个郡的企业服务，基本服务包括评估、短期咨询和转介，还会提供员工定位、主题研讨会以及管理培训，指导管理者如何将绩效问题归档。

### （四）混合模式

混合模式指的是将组织内部的 EAP 部门与外部的专业服务机构相结合，通过双方的紧密合作为组织中的员工提供帮助和支持。这种模式被认为是目前最为理想的 EAP 模式之一，能够结合内部和外部两方面的优势，最大化地提升服务的专业性和员工信任度，同时确保项目的顺利推进和服务质量的监督。

**1. 主要特点**

混合模式通过内部和外部的双重合作，能够灵活应对不同员工的需求。内部的 EAP 团队了解公司文化、员工心理状态和具体的工作环境，能够快速识别员工面临的问题并提供即时支持。而外部的专业机构则具备多领域的专长，能够提供更为深入的咨询服务，如心理健康支持、法律援助、财务咨询等。

这种模式的最大优势是可以同时利用内部和外部的资源。组织内部的 EAP 人员了解企业文化、运作机制和员工需求，能够直接参与员工的心理支持和帮助。与此同时，外部的 EAP 机构通过合同关系提供专业的心理健康支持、治疗、员工发展培训等多样化的服务。

**2. 内部与外部合作的优势**

混合模式的一个显著优点是，内部 EAP 团队负责监督项目的执行和服务质量，并根据企业的需求对外部服务进行个性化的定制。在全球范围内，许多大型企业已采用这一模式作为确保员工福祉和提升组织效能的有效途径。例如，美国大西洋里奇菲尔德公司（ARCO）就成功实施了混合模式，该公司在全球拥有 3 万名员工，分布于 27 个不同的地区。每个分部的内部 EAP 团队与当地的服务供应商签订合作协议，确保各地的员工都能获得高效、专业的支持。

ARCO 公司洛杉矶分部的内部 EAP 员工介绍道："我们每个地区都有一个内部 EAP 与本地的服务提供者合作。选择合适的合作伙伴时，我们优先考虑那些熟悉当地资源的供应商。通过这种方式，我们能够充分利用地方资源，确保服务质量。同时，企业内部的 EAP 团队监督合作的执行情况，确保服务提供符合预期和标准。”

**3. 适用范围**

混合模式特别适用于大中型企业，尤其是那些地理分布广泛、员工人数众多的企业。这种模式能够确保员工在不同地区都能获得及时、合适的服务，同时公司总部可以通过内部 EAP 团队对服务质量进行统一的监督和调整。

与仅依靠外部机构相比，混合模式的灵活性更强，也能够更好地应对公司在不同时期的不同需求。比如，当企业遭遇重大变革、危机或员工情绪管理问题时，内部团队可以迅速响应，而外部专业机构可以提供长期的心理健康支持和治疗服务。

**4. 挑战与对策**

尽管混合模式具有众多优势，但在实际操作中也可能面临一些挑战，尤其是在管理复杂度和成本控制方面。

首先，内部 EAP 团队与外部机构的合作需要明确的沟通机制和职责分工，否则容易出现职责不清或沟通不畅的问题。为此，企业需要建立清晰的流程和沟通机制，确保双方在服务内容、质量监控和项目实施方面保持一致。

其次，混合模式可能带来一定的成本压力。内部 EAP 团队的维护费用和外部专业机构的合作费用都需要企业进行合理的预算规划。然而，长期来看，通过混合模式提供的高效服务可以减少员工的心理健康问题，降低缺勤率、离职率等，从而为企业节省大量的管理成本。

随着全球范围内对员工心理健康问题的关注度不断上升，混合模式作为一种灵活、高效的 EAP 模式，未来将进一步推广和发展。为了更好地适应企业的需求，未来的混合模式可能会更多地引入技术手段，如在线心理咨询平台、人工智能辅助工具等，帮助企业更好地满足员工的需求。同时，EAP 服务的个性化定制和多样化选择将成为未来发展的重要方向。

混合模式作为 EAP 服务中的一种重要形式，充分利用了内部和外部的优势资源，既能满足员工多样化的需求，又能确保服务质量的统一和可控。通过双重资源的结合，混合模式不仅能够提供更为全面的支持服务，还能够为企业节省成本、提高效率，确保员工的身心健康和工作绩效同步提升。对于大型组织来说，混合模式是一种理想的选择，既能够通过内部团队确保企业文化的贯彻和服务的及时响应，又能够通过外部机构提供更为专业和全面的支持服务。

在全球范围内，混合模式的应用正在不断扩展，未来随着技术的进步和企业对员工福祉的重视，这一模式将继续为更多企业带来更高效的管理方式和更多元的服务选择。

## 第二节　员工帮助计划的具体实施

在了解了 EAP 的基础概念以后，我们需要了解它的具体实施和运行步骤。本节将从 EAP 的需求评估、流程规划、员工培训、员工心理咨询以及效果评估等方面逐一进行介绍。

## 一、需求评估

EAP 计划要想达成最终的目标，首先要做的是分析员工和组织的需求。这就好像看病，要想标本兼治，首先要“对症”，只有找到病根，做对诊断，才好“对症下药”。EAP 需求评估的目的就是找到员工急需解决的问题和企业需要改进的方面，在此基础上，我们才有工作的方向，并设计接下来的工作。

EAP 需求评估是最重要的临床功能之一。评估过程可能持续几小时到几个月的时间不等，其主要目的在于界定问题，并在客户和服务供应者之间达成共识。客户当前能意识到的通常只是实际潜在问题的一部分，而需求评估有利于：（1）揭露所有对企业当前和未来发展产生影响的潜在问题；（2）按重要性和解决方案的可行性重新组织问题；（3）建立初步的处理方案。简单而言，EAP 需求评估就是帮助一个组织判断其是否需要 EAP 服务。它主要实现以下四个目标：

- 为决策者提供建议，即是否需要相应的 EAP 服务。
- 向决策者提供一些当前的相关研究结果。
- 向决策者展示预期的投资/收益分析。
- 收集组织的一些基本数据，以便今后在评估 EAP 效果时作为参照。

下面我们将对 EAP 需求评估的具体过程做一个简单介绍。

首先是需求评估的准备阶段，在这一阶段，企业需要组织一个平衡各专业人才的评估团队，并有一个负责人带领整个团队设定目标和时间表。

然后，就需要对评估的内容进行界定，主要涉及两个方面：员工层面和组织层面。当然，组织层面又包括整个企业以及企业内部的不同部门和团队。

### （一）员工层面的评估

#### 1. 企业员工需要

- 生存需要。这是员工最基本的需要，在企业里主要表现为员工的工资、奖金、福利以及工作环境的安全、稳定等因素是否满足了员工的生存和安全需要。最基本的需要得不到满足，离职、跳槽等就会成为员工缓解压力状态的方式，因此企业确保合理的薪酬设计、稳定的员工福利以及安全的工作环境是非常重要的。但是，生存需要在很多情况下并非员工最主要的压力源，只一味提高员工的薪酬水平并不能提高员工的满意度。奖金等物质因素大多只是“保健因素”，在得到时不会表现出满意，而在得不到时却会表现出不满意。因此，生存需要是首要考察因素，但一旦得到满足，它就不应该再成为最主要的影响因素。

- 个人发展需要。个人发展需要有很多表现形式，从职业发展的角度来说，晋升前景是企业员工最主要的职业压力之一。能够明确感知自己职业发展前景的员工，在心理健康、身体健康、工作满意度、团队效能、组织承诺等方面都显著优于对自己职业发展前景不明确的员工。这种职业发展前景不明确可能是由晋升制度不公平、员工对晋升规则缺乏了解、员工自身缺乏有效的职业发展规划等原因造成的。因此，使企业晋升制度公平、公正、公开，为员工制定职业发展规划，是减轻员工职业发展压力、提高员工忠诚度的重要途径。

● 人际交往需要。人际关系的要求也是影响员工工作和生活的重要心理变量。在企业中，人际关系主要包括同事之间的关系和上下级关系两种。企业同事关系融洽，整体的组织氛围积极，会使员工对本企业的组织承诺很高，愿意为企业贡献自己的力量，并容易在工作场所发挥自己的潜能。上下级关系对员工来说也是重要的关系变量。领导的能力和领导风格都直接对员工的工作情绪产生很大的影响。领导的关心、鼓励可以让员工感到自己随时受到领导的关注，对于建立、维持他们自身的价值感有很大的作用。

不同阶段、不同特点的员工也有不同的人际交往需要。新员工的重点可能是适应团队，而老员工或中层领导的重点更多是促进、协调团队的交流。一般员工多进行同事和领导之间的交流，中层领导进行上下级交流，而高层领导则更多与下级进行交流。

● 工作家庭平衡需要。家庭生活是影响员工心理稳定的重要方面。夫妻之间的矛盾、子女的教育问题、父母的赡养问题都可能引起员工的负面情绪，而这些情绪很容易转移到工作中来。所以员工的家庭需要也是企业应该关心并重视的。

不同阶段的员工有不同的需求。新员工的主要需求是适应，包括对人际关系、自己的业务、公司的运作体系的适应。如果人际支持体系建立得好，对业务和公司运营熟悉得好，员工在今后就能承受工作中的压力，充分发挥自己的潜力。对于年轻员工，他们主要关注个人的职业发展，这时他们已经基本构建起自己的发展路线，更关注组织架构是否合理，是否有充足的晋升机会，能否发挥自己的潜能。对于中年员工，职业发展基本稳定，家庭成为他们的主要需要，他们更多考虑家庭中出现的各种问题，希望有更多时间和家人相处。如果家庭出现矛盾，对中年员工的影响是最大的。面临退休的员工则更多关心退休后的生活保障和安排。他们普遍更关心自己的健康状况，定期检查对他们来说已经必不可少。公司对退休人员的生活保障是他们时刻关注的话题，一些小的变动若不解释清楚也会引起他们的负面情绪。但同时他们也重视自己在公司的地位，对公司业务有一种责任感，更爱提出参考意见，也希望被别人采纳。

**2. 员工自身的特点**

员工的特点也是需求评估中应予考虑的。需要评估的主要是员工的学历、人格和年龄等生理和心理特点。要充分考虑到本企业的员工与其他企业的员工的不同之处，在确立 EAP 执行步骤时可以做相应的调整。比如，对于不同学历的员工，培训师采取的语言、宣传品的文字风格应该不同。高学历员工对各项服务提供者的专业资格、工作经验有很高的要求。此外，员工的人格和年龄评估也很重要，比如员工年龄普遍偏大的企业实施 EAP 时要尽量稳重；员工人格普遍比较民主的企业，工作开展要充分征求员工的意见。

### （二）组织层面的评估

组织层面的评估主要是为了实现两个目的：一是设定专门解决组织自身问题的目标；二是配合员工的需要，考虑如何充分利用现有资源来最优化预定的计划。组织层面的评估应该把组织内部和外部的信息结合起来。

**1. 内部评估**

许多企业内部都有丰富的数据可以帮助分析它们是否需要引入 EAP，但决策者往往会忽视这些数据的重要性。比如，出勤记录是直接反映员工工作动机和生产效率的指标，人员变动（如离职、解雇）以及企业对员工的处罚都是反映企业内部状况的指标。这些指标近年来有没有发生显著的改变，原因又是什么，这些问题都值得探究。另外，工伤事故的发生率、卫生保健津贴的支出变化都可能与员工的心理健康问题相关联，也是值得注意的指标。其他统计指标还可以考虑员工的工作质量、工作绩效变化等。

**2. 外部评估**

企业需要进行何种水平的 EAP 投资？要想回答这个问题，还需要看看周围的环境和人。在国家层面，有关工作场所的药物滥用、各种预防和干预措施的花费与收益等全国性的研究和调查都可以为企业的 EAP 投资准备提供有用的信息。全国范围的信息有助于企业规划宏观框架，同时还需要更贴近当地现状的信息来帮助企业做决策，尤其是同行业领域的其他企业的信息是最有影响力的。看看谁曾经做过成功的 EAP，咨询相关的负责人，他们启动 EAP 的原因是什么，如何决定进行何种水平的 EAP，有哪些成功或失败的经验。企业之间其实很愿意分享自己的 EAP 经验，即使竞争对手之间也是如此。

在确定了需求评估的内容后，我们还需要了解评估的方法。常见的有管理者现场观察、问卷调查、访谈、员工焦点访谈等。另外，我们还需要对 EAP 服务进行一个定位。一般而言，以成本规避为目标的 EAP 服务定位在问题预防上，而以成本遏制为目标的 EAP 服务则定位在及时有效的干预上。

## 二、流程规划

对于 EAP 的流程规划，斯佩奇（Spetch）等提出了理性思考模型（Spetch et al.，2011）。其流程如图 12－1 所示。

**1. 现状觉察**

任何 EAP 项目的产生都源于对某些现状的觉察。不论是希望解决问题，还是进

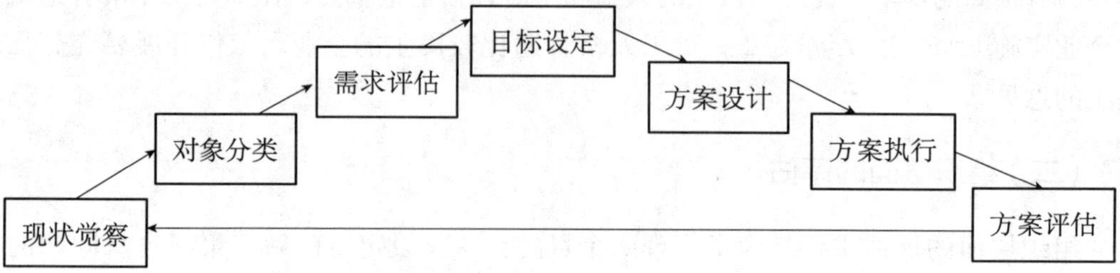


**图 12-1　EAP 的理性思考模型**

一步提升员工的素质，都必须先觉察到当前的状况。对企业各层级员工有深入的了解、对已经出现或可能出现的问题进行准确的诊断和预测是 EAP 成功的基础。通过数据分析、员工反馈以及组织氛围调查，管理层可以识别出影响员工满意度和工作绩效的潜在因素，从而为 EAP 的设计提供切实的依据。

**2. 对象分类**

在觉察到员工满意度下降后，必须进一步了解当前状况与哪些员工有关。例如，调查可能揭示新员工在适应新环境时面临困难，或者老员工因职业发展受挫而产生不满。根据不同的员工特点，EAP 需要有针对性地制定方案。通过对员工进行分类，管理层可以识别出高风险群体，确保 EAP 资源的有效分配。例如，特定部门的员工可能面临更高的压力水平，因此需要优先提供支持。

**3. 需求评估**

准确区分对象后，接下来要深入了解他们的需求。这一过程可以通过定量调查和定性访谈相结合的方式进行。调查对象应包括相关的重要他人，如同事、部门负责人等，以便全面掌握员工的真实需求。同时，审视组织现有的相关服务及其成效也是不可或缺的一步。借助历史数据、调查结果及员工反馈，企业能够更清晰地了解自身需要提供何种 EAP 服务，从而在实施前做好充分准备。

**4. 目标设定**

根据需求评估的结果，明确设定相应的目标至关重要。目标不仅是方案执行的方向，也是评估过程和效果的标准。首先，要确立整体目标，反映出 EAP 的总体期望效果。然后，具体设定阶段目标，其应当具有可操作性和可观测性。例如，设定“在 2025 年度，员工的心理健康满意度提高 20%”等具体目标，这样可以有效追踪项目的实施效果。

**5. 方案设计**

在明确阶段目标后，应针对不同目标预拟出多种可能的 EAP 方案。方案的设计应尽可能多样化，以应对各种情境和突发事件。考虑到 EAP 的复杂性，优化方案的过程需要进行头脑风暴和团队讨论，确保所有可能的选择都纳入考虑。在此过程中，也应评估实施方案可能面临的风险，以便提前制定应对策略，降低潜在的负面影响。

在预拟方案后，需要对每个方案进行成本/效益分析。没有任何方案可以在实施前做到万无一失，因此必须权衡各方案的优缺点。这一分析过程应综合考虑时间、资源、预期效果等因素，确保选择的方案在实际操作中具备可行性和有效性。通过建立量化指标来评估各方案的潜在收益和风险，可以帮助决策者做出明智的选择。

基于利弊分析的结果，最终选定一个最优的方案作为行动方案。这一方案应能够最大程度地满足员工的需求，同时也能有效支持组织的整体目标。方案的选定过程应透明且具有参与性，鼓励员工和管理层共同参与，以增强员工的归属感和参与感，从而提高 EAP 实施的成功率。

**6. 方案执行**

在方案选定后，务必慎重执行。可以先在几个部门进行试点，观察效果并收集反馈。这种局部试行的方式有助于在全面推广之前发现并解决潜在问题。尤其是在国内，EAP 作为新兴领域，相关经验尚不丰富，试点的成功能够为后续的推广奠定基础。执行阶段需要建立严格的监控机制，确保每一步都能按计划进行，并及时调整不适合的策略。

**7. 方案评估**

评估是 EAP 实施过程中至关重要的一环，包括过程评估和结果评估。过程评估应在 EAP 实施的每个阶段进行，及时获取反馈，确保项目不偏离既定目标。同时，对项目各个环节进行回访，收集数据并分析其成效，有助于持续改进服务质量。在项目结束后，需进行全面的结果评估，以判断预期目标的实现程度，并提出未来的改进建议。通过这些评估，组织能够发现实施过程中的不足之处，为下一轮 EAP 规划提供依据，从而推动持续改进。

## 三、员工培训

一个完整的 EAP 心理培训体系的培训内容要服务于培训要达到的目标，既要科学系统，又要有适用性，还要考虑超前性；不仅应考虑到不同层次的培训对象在工作和生活各方面的实际需求，而且要随着组织的发展不断更新培训内容。

### （一）EAP 培训内容

- 职业心理健康培训。其对象包括各级管理者和所有基层员工，内容主要是传授心理健康的基本知识，帮助员工建立科学的心理健康概念，塑造健康、良好的自我形象，形成健康的思维和行为方式，预防并科学处理职业倦怠和心理枯竭现象。
- 压力管理培训。一旦个体长期处于压力状态下，就会出现各种身心疾病和行为问题，使企业蒙受巨大损失。通过压力管理课程，员工将学习识别压力的征兆和症状，识别不同的压力源，分析影响压力的因素，掌握压力的应对和干预策略，制定有效的自我压力管理方案，学会一套有效的放松方案，建立健康的生活方式。

- 工作和生活协调培训。这一课程旨在促进员工了解人生的意义，识别影响工作和生活平衡的因素，明晰自己的事业和生活目标，合理协调工作和家庭生活。
- 积极情绪培训。常言道："笑一笑十年少，愁一愁白了头。"这形象说明了情绪与心理健康的关系。如何改变工作中的消极情绪，学会认识并控制自我情绪状态，掌握情绪表达的技巧和方法，学会轻松快乐地工作、学习、生活，是积极情绪培训的目标。
- 子女教育培训。这是对家长的培训和再教育，主要包括分析现代社会对人才的需求和现代家庭的特点，澄清在家庭教育中常见的认识偏差和行为误区，解决各种教育方面的困惑，引导父母梳理现代教育观，以科学健康的方式教育孩子成才做人。
- 交互作用分析/人际关系能力培训。该课程旨在帮助员工了解和掌握人格的自我心理诊断，增强自我觉察，提高突破自我限制的能力，辨识沟通误区，促进良好的人际关系。
- 态度培训。员工的工作态度对组织绩效和员工士气有很大影响，通过培训可以建立组织和员工之间的信任，培养员工对组织的忠诚。这既是一种指导，也是一种约束。
- 时间管理培训。此类课程不仅学习工作时间的管理方法，还传授生活时间的管理方法。良好的时间管理能力是提高工作效率的关键，因此个人或组织都很欢迎这种培训。
- 咨询式的管理者培训。这一培训的对象是中高层管理者，旨在增强他们"以人为本"的管理理念，培训他们与职场相适应的基本咨询技巧，引导他们多关注和鼓励员工，给予更多机会来帮助员工增长知识、经验和技能，不断提高团队效能。

### （二）EAP 培训方法

为了使 EAP 培训达到最佳效果，必须根据不同组织的特点、员工的需求、主题的差异，灵活选择合适的培训方法。培训方法种类繁多，下面介绍几种常见的培训方法，并分析它们的优缺点及适用范围。

#### 1. 课堂讲授法

课堂讲授法是一种传统且广泛应用的培训方法，尤其适合企业内的专题讲座。该方法通过培训师的语言表达系统性地讲解相关概念、知识和原理，期望受训者能够吸收和记住核心内容。这种方法的优势在于成本低、节约时间，且对培训环境要求较为宽松，教室、餐厅或会场均可作为培训场地。同时，它有利于系统地传授知识，易于控制培训进度，适合多名受训者参与。然而，课堂讲授法也存在明显不足。由于内容往往较为单一和强制，受训者的注意力可能不易集中，个体差异难以顾及，参与度较低，讨论交流匮乏。受训者在这种模式下通常只能被动学习，知识的巩固也较为困难。此外，培训师的水平直接影响培训效果。若培训师缺乏逻辑性和生动的表达能力，则容易导致受训者产生厌倦情绪。为提高课堂讲授的效果，可以运用视听教学设备，如电视、投影仪等，结合视听刺激增强学习体验，激发受训者的兴趣。

**2. 研讨法**

研讨法强调受训者之间的讨论和互动，通常在培训师的指导下进行，旨在解决特定的疑难问题。该方法鼓励受训者独立思考、提问和探讨，适合人数较少（通常不超过 30 人）的场合。研讨形式多样，可以是演讲后讨论、自由讨论或分组辩论等，能够有效锻炼受训者的分析能力和沟通能力。研讨法的参与性强，受训者能够主动表达个人见解，促进知识和经验的交流，从而深化对问题的理解。然而，该方法对组织和控制要求较高，成功与否很大程度上依赖于事前的计划与准备，包括明确目标、选择适当的地点等。同时，研讨主题的选择也需谨慎，以确保其具有代表性和启发性。此外，主持者需具备良好的引导和控制能力，以激励参与、调节讨论氛围。

**3. 角色扮演法**

角色扮演法通过让受训者在特定情境中扮演不同的角色，进行实践和演练，来提升其技能。此方法为受训者提供了一个逼真且无风险的环境，可以有效练习沟通、解决问题等技能。在角色扮演中，受训者需理解角色的规范与要求，通过演出获得及时的反馈，从而提升自信心和应变能力。然而，角色扮演法也有其局限性。角色的设计与实施较为复杂，且可能与现实生活存在一定差距。此外，受训者在演出时的情绪和表现受环境影响较大，因此确保一个轻松、熟悉的环境至关重要。总结环节同样重要，需由扮演者和观众共同分享感受与观察，以帮助所有参与者深化理解。

**4. 案例分析法**

案例分析法通过对实际工作中的典型案例进行分析，帮助受训者提高解决问题的能力。这种方法不仅提供了系统的思考模式，还能借助真实案例引导受训者进行独立研究与讨论，从中获取知识与经验。培训师需充分调动受训者的积极性，鼓励他们深入研读案例，并在分析过程中适时插入总结，确保讨论的有效性。

该方法更适用于中层管理人员，旨在培养其沟通、应变和决策能力，帮助他们在复杂情况下有效应对各种挑战。然而，成功的案例分析法需要培训师在准备阶段充分规划，选择具有启发性的案例并合理安排讨论时间。

**5. 游戏法**

游戏法是一种互动性强且富有趣味的培训方式，近年来在员工培训中越来越受欢迎，尤其在压力管理、团队建设和创新思维培养等方面表现突出。游戏不仅能有效促进参与，还能激发受训者的学习兴趣，通过竞争激励深入思考。

不过，游戏法的成功依赖于明确的规则设定，若缺乏规矩，则容易导致混乱。此外，游戏中的竞争性应适度，以免过于激烈导致负面情绪。在设计游戏时，应确保内容与培训目标紧密相关，以提升学习效果。

综上所述，选择适当的培训方法对于 EAP 培训的成功至关重要。课堂讲授法、研讨法、角色扮演法、案例分析法和游戏法各有优缺点，适用于不同的场景和目标。在实施培训时，需根据受训者的特点和需求，灵活组合多种方法，以实现最佳的培训效果。通过精心设计和有效实施，EAP 培训能够帮助员工提升心理健康水平，增强应对工作压力的能力，从而提高组织的整体福祉。

## 四、员工心理咨询

通过大范围的 EAP 项目宣传，在组织内部营造一种心理健康导向的工作氛围，使管理者和员工在意识上发生某种转变。上述 EAP 培训将意识上的转变深化到行为层面，但对于面临心理困扰的员工而言，真正能起到帮助作用的是专业的 EAP 心理咨询。因此，在 EAP 实施过程中，心理咨询扮演着重要的角色。为使 EAP 达到预期效果，很多环节或多或少需要 EAP 相关工作人员掌握一定的咨询理论和技术（Long，2024）。

### （一）员工心理咨询的特点

关于心理咨询的定义，不同的流派有不同的观点。最具影响力的是罗杰斯（Rogers）的观点——咨询是一个过程，其间咨询师与来访者的融洽关系能够给予后者一种安全感，使其可以从容地开放自己，甚至可以正视自己过去否定的经验，然后把那些经验融合于已经转变了的自己，进行统合。换言之，咨询就是通过构建一个安全的情境和特殊的关系，使来访者获得对自己和环境的清醒认识，以达到成长、改变与适应的目的。

EAP 的心理咨询不同于社会中专业的心理咨询机构，一般不会提供长期的治疗，如果员工有接受长期治疗的需要，会建议其转介。通常而言，EAP 咨询师会帮助员工审视自己的生活，找出存在的问题，鼓励员工设计一个解决问题的行动方案并付诸实践。他们希望在短时间内有效帮助员工提升处理问题的能力。

EAP 的咨询对象也包括员工的亲属。同时，EAP 还会给组织管理人员提供培训，使他们学会如何面对出现问题的员工，并将他们举荐给咨询人员，以使 EAP 的功能得到充分发挥。

### （二）员工心理咨询关系的建立

在 EAP 员工心理咨询中，建立良好的咨询关系至关重要。这种关系为来访者营造了一种相互尊重、信任和自由沟通的氛围。咨询师通过多种技术来建立和维护这种关系，具体包括以下几个方面。

- 真诚是建立咨询关系的基础。咨询师需坦诚面对来访者，直接表达自己的想法。真诚意味着表里如一，使来访者能够坦率地分享自己的弱点和失败。咨询师的自我表露以及与非言语技术的配合能够有效地传达这一真诚，从而激励来访者的自我改变。

● 共情是咨询师设身处地地理解来访者的能力。它不仅要求咨询师敏感地感知来访者的情感，还需深入其内心世界，并通过反馈将理解传递给对方。共情能够增强来访者的安全感，使其更愿意分享内心的困扰。

● 接纳与尊重是咨询中不可或缺的元素。接纳是指咨询师对来访者的整体尊重，相信其潜能和价值，并给予无条件的积极关注。尊重则表现为对来访者的非评判态度，咨询师可以不同意其行为，但不对其整体进行否定。这样的态度体现了平等与非权威性，使来访者感到被尊重。

● 建议与指导是咨询师帮助来访者判断和决策的方式。建议应具体明确，便于理解和执行，且不应强加于来访者。指导则更加直接，提供具体的做法。咨询师在提供这些帮助时，要注意用词委婉，以维护来访者的自主性。

● 沉默的处理是咨询中的重要技巧。咨询师需辨别沉默的原因并采取相应措施。对于内省性的沉默，保持沉默以让来访者继续思考；对于自发性的沉默，可以通过提问填补空白；对于冲突性的沉默，咨询师应给予鼓励和保证，展现出愿意倾听的态度，以帮助来访者克服内心的矛盾。

● 总结是在会谈结束前对主要内容的概括。通过总结，来访者能感受到在探索问题方面的进展，同时也为后续的会谈做准备。

● 咨询场所的设计对咨询关系的建立有显著影响。咨询室应布置得舒适、安静且具有私密性，能够为来访者提供安全感。人性化的环境能够使来访者集中注意力，减少外界干扰，从而促进潜意识的介入，提升咨询效果。

### （三）员工心理咨询的种类

EAP 员工心理咨询提供多种形式的心理支持，以满足不同来访者的需求。以下是几种常见的咨询类型。

**1. 个别咨询**

个别咨询是最为普遍的一对一咨询形式，通常包括面谈、电话和网络咨询。这种方式的最大优势在于来访者可以在没有第三方的情况下，与咨询师构建安全开放的氛围，分享个人的困扰和问题。个别咨询提供了一种私密的环境，使来访者能够自由表达内心感受，减少顾虑。这种形式适用于需要深入探讨个人问题、寻求具体解决方案的来访者。咨询师可以根据来访者的需求，制定个性化的咨询计划，灵活运用各种技术与方法，帮助其逐步克服心理障碍，提升心理健康水平。

**2. 团体咨询**

团体咨询将面临类似问题的来访者聚集在一起，通过分享与讨论，提供互相支持的机会。团体咨询能够促进成员之间的互动，使他们在相似的经历中获得心理安慰和稳定的情绪。这样的交流不仅有助于来访者理解他人的感受，还能增强自身的应对能力。在 EAP 项目中，团体咨询尤其适用于工作团队，它能够促进团队成员之间的沟通与合作，提高团队的凝聚力。然而，团体咨询对咨询师的协调与引导能力要求较高。咨询师需要能够有效管理讨论，确保每位成员都有机会发言，并妥善处理可能出现的冲突。此外，由于团体环境的特点，成员可能会在分享深层次的问题时有所顾虑，因此，咨询师需要创造一种足够安全的氛围，以鼓励成员开放与诚实地交流。

**3. 家庭治疗**

家庭治疗涉及来访者与其主要家庭成员共同接受咨询。在这种形式中，咨询师通过观察家庭成员之间的互动来全面了解问题的根源。这种方法强调家庭系统对个体心理健康的影响，促进家庭成员之间的沟通和理解，从而达到解决问题的目的。家庭治疗需要咨询师具备较高的专业能力，能够关注双方谈话的细节，并掌握局势，避免家庭成员之间的指责和争吵。此外，咨询师还需引导家庭成员识别和理解彼此的感受，鼓励建设性的对话和解决方案的提出。这种方法不仅有助于个体问题的解决，还能改善家庭关系，增强家庭的支持系统。

**4. 组织咨询**

组织咨询则侧重于企业或团队层面的心理支持，旨在解决团队中的沟通障碍、角色冲突及工作压力等问题。咨询师会通过对团队动态的观察与分析，提供针对性的建议和干预措施。组织咨询通常涉及多种技术，如团队建设活动、工作坊等，通过增强员工的自我意识和团队合作，提升组织的整体健康与效能。

**5. 在线咨询**

随着科技的发展，在线咨询逐渐成为一种重要的 EAP 形式。它包括视频咨询、聊天和电子邮件支持等。这种方式灵活便捷，适合那些因时间或地理位置限制而无法参与面对面咨询的来访者。在线咨询的优势在于能提供更加私密和方便的支持，同时也能扩大咨询服务的覆盖范围。然而，在线咨询也面临技术故障和缺乏面对面互动的挑战，咨询师需要灵活调整技巧以适应这一新的环境。

总的来说，EAP 员工心理咨询的种类繁多，各有其特点和适用场景。无论是个别咨询、团体咨询、家庭治疗、组织咨询还是在线咨询，关键都在于咨询师能够根据来访者的具体需求和情境，灵活运用不同的方法与技术，以达到最佳的心理支持效果。通过提供多层次的心理咨询服务，EAP 能够有效促进员工的心理健康，提升其工作满意度和整体生活质量。

## 五、效果评估

随着 EAP 的推广，组织逐渐认识到对 EAP 进行系统评价的重要性和必要性。评估不仅能提供一个机会让使用 EAP 的企业看到投资的回报，看到做了一项令人满意的投资，而且有助于体现 EAP 的价值，使它受到人们的关注、尊重和喜爱，同时也为 EAP 的严格实施提供了保障，其本身就是 EAP 整体的一部分。

EAP 项目的评估从根本上说，就是考察工作的实施是否达到了预期目标。EAP 的效果评估与一般意义上的项目评估有很多相似之处，但由于人类心理的特殊性，EAP 的效果很难直接用实际的经济指标来换算和衡量，因此一些心理学、统计学和财务管理学的特殊方法被引入。一般而言，在评估过程中需要牢记以下几个问题：项目是不按计划执行了？项目的目的是否达到了（关键变量的变化是否朝着期望的方向）？项目是不是最经济的？如果是一个好的项目评估，它能依靠数据证明服务的有效性、投入的价值性，能推动项目的改进和完善，并有助于 EAP 项目的推广。综合现有的研究，可以发现 EAP 效果评估主要从三个层面展开：EAP 的使用率和满意度；EAP 的软件指标（EAP 对员工个人和对组织运行的影响）的评估；EAP 的投资回报分析。下面将对这三个层面分别进行介绍。

### （一）使用率和满意度评估

使用率评估提供了什么人使用了什么服务以及使用程度的信息。关于使用率的统计，可以细化到各个服务项目，如使用咨询的人数、使用培训的人数。这个指标有利于了解 EAP 服务是否被员工接受。想要通过 EAP 服务在短期内就对关键变量（如生产效率）起到很大作用是不可能的，更何况影响生产效率的因素很多，很难单独分离出 EAP 的影响，因此很多企业把 EAP 的使用率当作 EAP 评估的主要标准。国外多把使用率定位在咨询服务上，设定标准一般为 10%，即一年内如果有 10%的员工使用了服务，就认为计划是有效的。但是在国内，咨询行业处于萌芽阶段，人们更愿意接受心理上相对安全的培训，因此考虑将培训的使用率作为指标可能也是有效的，至于达到多少百分比才算成功还缺少研究的定论。使用率的调查方法基本上依靠完备的档案记录系统支持。这需要执行小组在项目进行过程中建立追踪构架，对每个咨询个案和每场培训都有详细的电子档案记录。

服务满意度评估主要是为了更好地改进 EAP 的各项服务，提高服务人员的专业水平。如果服务满意度过低，EAP 项目组可以对培训师和咨询师做出批判、扣除劳务费甚至撤换的惩罚。对于咨询服务，可以主要评估咨询服务的可获得性、服务本身的满意度和效果评价；对于培训，则可以考虑评价课程设计、授课老师以及培训时间、地点和服务的安排。评估的方法主要考虑调查问卷。如果想更深层地了解和改进，也可以考虑访谈法。对于培训的评估，采用集体现场填写问卷是可行的，但咨询是个人性很强的项目，回访要特别关注个人隐私的保护问题，采用电话或网络的形式，或者提前与来访者沟通接受回访的方式是更好的选择。为了最大限度地避免社会赞许性，可以由第三方效果评估人来完成以上工作。

### （二）软性指标的评估

EAP 对员工个人及组织运行的影响往往难以用货币直接衡量，其涉及多个软性指标，如个人情绪、技能变化、团队氛围及整体企业文化等。这些软性指标虽然在短期内不易体现为生产力的直接提升，但却在提升员工忠诚度、改善员工关系、增强团队凝聚力和缓解心理压力等方面发挥着重要作用。例如，通过EAP提供的心理支持，员工能够更有效地处理工作压力，减少情绪波动，从而在长期内促进工作绩效。

评估软性指标时，问卷调查是最常用的手段。这些问卷可以涵盖员工的情绪状态、工作满意度、团队合作的感受等方面。调查的设计应注重简单明了，以确保员工能够顺利填写并真实反映他们的感受。此外，可以结合定性访谈来深入探讨员工的个人体验和感受，这有助于识别潜在问题和改进方向。为了更全面地理解EAP的影响，评估者可以制定基线指标，比较实施EAP前后的变化。例如，调查员工在参加EAP前后的心理健康状况、工作满意度及团队互动情况，以量化EAP的效果。此外，需定期开展跟踪调查，分析员工在不同时间段的反馈，帮助企业调整EAP的实施策略，确保服务的有效性。

软性指标的评估也可以通过分析员工的流失率、请假频率及工作积极性等间接指标来实现。较高的员工忠诚度和较低的流失率通常意味着EAP在帮助员工缓解压力和改善工作环境方面取得了成效。因此，综合运用多种评估方法有助于形成对EAP效果的全面认识，推动组织文化的良性发展。

### （三）投资回报分析

用实际货币或生产率等硬性指标来衡量EAP的效果是企业最关注的，同时也是最具挑战性的。企业希望通过EAP的实施，看到投资带来的实际回报，从而在资源配置上做出合理决策。因此，评估者需要选择合适的变量，以反映项目的效果，并将这些变化具体化为货币形式，计算投资回报率（ROI）。

在进行投资回报分析时，评估者应从多个维度入手。首先，需要定义清晰的绩效指标，例如员工生产率、缺勤率、流失率等，这些指标能够直接或间接反映EAP的成效。其次，通过收集和分析相关数据，评估者可以确定EAP实施前后的变化，并使用统计模型来量化这些变化对企业经济效益的影响。投资回报分析的挑战在于将心理咨询等软性服务的影响转化为硬性数据。评估者可能需要使用经济学的相关方法（比如成本效益分析），将EAP的成本与其带来的效益进行对比。例如，计算员工因心理健康问题导致的缺勤成本，并和EAP投入的成本进行比较，来衡量其经济价值。

此外，评估者还应关注数据的可靠性和有效性。在数据收集过程中，确保信息来源的准确性，并使用科学的分析方法，以增强评估结果的说服力。综合考虑EAP的短期和长期效益，不仅可以帮助企业实现财务目标，也能为企业的可持续发展奠定基础。

总之，投资回报分析不仅是评估EAP效果的关键步骤，也是推动企业对心理健康投资的理解与重视的重要途径。通过系统的分析，企业能够更好地评估EAP的价值，并为未来的决策提供科学依据。

# 第三节　员工帮助计划的应用

EAP 在企业各个发展阶段、员工面临的各种情境中都不乏用武之地。新员工的入职培训、管理人员和员工之间的绩效沟通、企业内部冲突的解决以及组织变革中常见的裁员问题的应对等，无不需要 EAP 的协助。

## 一、裁员心理支持

### （一）裁员给各类人群带来的心理影响

裁员会给组织的管理人员带来很大的压力，以何种方式宣布裁员信息，预测员工会有什么反应，应该采取什么措施应对各种问题，如何维护组织形象等，都是他们需要考虑的。特别是作为直接执行者或中层管理人员，在面对上级的要求、下级的期待以及特殊的人际关系网时，他们会感到无比尴尬和困惑，但也只能硬着头皮上阵。对于受到影响的员工，他们多对公司及其领导有颇多怨言，不仅仅是埋怨公司裁掉自己，还有很多其他方面的问题。首先，既然我存在这样的问题，为什么领导不早告诉我，并帮助我改正呢？其次，觉得受到了不公平的待遇。另外，他们的自尊心和自信心受到打击，会感觉沮丧、无助、前途渺茫，有些人甚至产生强烈的敌意和愤怒，出现一些过激行为。对于留任员工，他们虽然相对幸运，但是仍会产生复杂微妙的心理：一是不安全感和危机感影响员工的工作积极性，在动荡的态势下很难保持平和的心态去工作；二是裁员名单的公正性会影响留任员工对企业的信心，特别是一些任人唯亲、有宗派现象的企业；三是裁员操作是否人性化会影响留任员工对企业的忠诚度。如果企业缺乏对员工应有的尊重，采取一小时走人式的裁员，必然会给其他员工带来不好的影响。

除了以上对管理者、被裁者及留任员工的负面心理影响外，裁员还可能导致组织的凝聚力下降、组织形象受损、员工关系恶化、企业生产效率下降等不良影响的出现。因此，如果想让裁员发挥积极作用（降低人工成本、优化企业结构、促进企业生存发展），就要发挥裁员的艺术。如果将员工一裁了之，不负责任地抛向社会，不仅对员工是一种打击，对企业自身也是一种伤害。

### （二）EAP 提供的裁员心理服务

按服务对象分，可以对管理者进行培训：如何与被裁员工沟通，如何安抚员工，如何做好压力管理等。对被裁者也可以进行一些培训：如何做好压力管理，保持积极情绪；如何规划职业生涯，进一步求职、面试等。另外还可以向被裁者提供心理咨询甚至危机干预服务。对留任者同样可以进行心理辅导和压力管理的培训。

按服务项目分，（1）调研、预测和建议：了解裁员对员工心理、士气和组织氛围的影响以及员工在裁员过程中对组织帮助的具体要求，从而为裁员方案的设计与执行提供参考意见；（2）宣传发动：根据组织的裁员方案，以海报、手册、宣传栏等方式将裁员过程和裁员提供的补偿、培训或后续服务等告知组织人员；（3）教育培训：针对不同的群体有不同的目标和侧重点，具体情况在“按服务对象分”部分有说明，不再赘述；（4）心理咨询：裁员过程中的心理咨询使受到较大心理困扰的员工有机会得到帮助，可采用电话咨询、个人面询、团体辅导、危机干预、24 小时服务等形式。

需要特别说明的是，以上所列条目是针对规模裁员而言的，若是个别辞退，则可通过一些暗示逐渐让被裁员工意识到将要发生的事情，正式通知不要当众宣布，在私底下还需要做大量的沟通和安抚，尽量让员工理解公司的决定，减少对他今后职业生涯的影响。

## 二、绩效沟通心理服务

高绩效是任何一个企业单位都希望实现的目标。绩效沟通是绩效计划顺利执行以及绩效目标顺利实现的根本保障。通过沟通，才能设立共同认可的绩效目标，才能在履行目标的过程中不断勘误，提高效率，才能使绩效考核思想深入人心，考核结果令人信服。然而，在现代企业的绩效管理中，沟通却成了最薄弱、最易被忽视的一环。绩效沟通是一个难题，经理和员工都比较回避这个过程。特别是对很多经理而言，他们不愿意把绩效结果摆上桌面来讨论，当被强制要求绩效沟通和反馈时，他们可能趁员工不在，“溜”进员工办公室把考核表放在桌上，又再次偷偷把员工签好字的考核表拿回去存档，就算完成了绩效沟通。这样避免了面对面的尴尬甚至可能的争吵，但是却给企业整体绩效的提高和长远发展埋下了祸根。

## 三、新员工成长

新员工是企业发展的新鲜血液，代表企业的明天和希望。但是适应新环境需要一个过程，企业对新员工的期望和新员工对企业的希望之间常存在分歧，双方如何磨合以达到双赢的目的是 EAP 关注的议题之一。EAP 会从促进新员工自身努力以及促进企业改善氛围、提供帮助两方面开展工作。

EAP 的新员工培训及咨询的中心环节就是帮助新员工调节自己的心态，实现从个人导向到团队导向、从情感导向到职业导向、从成长导向到责任导向的转变，防止一进入岗位就“不习惯”“看不惯”，避免由于适应阶段不能胜任工作就出现盲目悲观，失去对工作的信心和克服困难的勇气。EAP 可以帮助新员工客观分析利弊，增强对企业的责任感和主人翁意识，使新员工多投入、少计较，多主动、少等待，多耐心、少焦躁，积极面对和适应变化，实现有效发展。

EAP 的另一个重点是帮助新员工建立归属感和心理契约。简而言之，心理契约是员工和企业之间的隐性契约，指的是企业能清楚员工的发展期望，并尽量提供条件满足这种期望，而每个员工都相信企业能实现他们的期望，并为企业的发展全力奉献。

由图 12－2 可以看出，当员工的心理契约和实际体验到的组织事件产生差距时，在一些调节因素的影响下，会导致截然相反的结果。在企业中产生心理契约和现实的差距是很正常的，关键在于企业和员工如何产生积极的互动，从而增强组织文化的内聚力，让员工对组织更忠诚，对工作更主动。

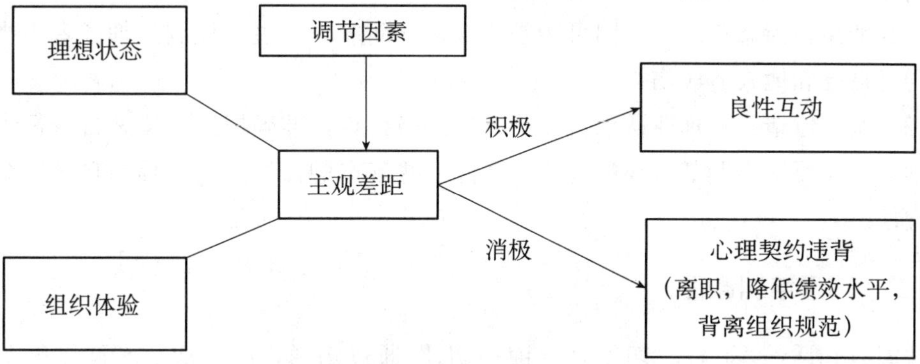


**图 12－2　企业-员工心理契约违背过程**

那么如何与员工建立牢固的心理契约呢？EAP 可以通过帮助企业实施科学的职业生涯管理、营造以人为本的企业文化、设计有效的激励方式来进行。具体可以参照摩托罗拉公司在企业人力资源管理、员工个人需求这两个维度下，是如何构建心理契约的。

最后，对于新员工，帮助他们做好职业规划也很重要。职业生涯规划能帮助员工规划好时间，利用资源提升能力，使自己的工作有目标和动力，有效避免职业枯竭的产生。对组织而言，清晰的职业生涯规划管理可以帮助企业培养、储备人才，避免岗位空缺、人才断层现象，减少招聘和培养外来人员所需的费用。EAP 帮助员工做好职业生涯规划的步骤如下：企业现有人力资源及生涯规划管理评估→员工个人能力综合评定→员工职业生涯规划制定→职业生涯规划培训→职业生涯规划咨询→职业生涯规划管理体系规章制度建立。

## 四、企业内部冲突

职场冲突是企业内部发生的各种争议。这些争议如果处理得宜，则可以产生正面效应，促进组织进步；如果处理不当，则势必会造成负面影响，导致士气低落、业绩衰退。只要人是组织的参与者，组织中的冲突就不可避免。EAP 也经常被要求处理各种冲突。

EAP在降低冲突给员工及管理者带来的压力、提高管理者对员工冲突的解决能力以及促进员工对冲突的理解等方面发挥了重要作用。

### （一）情绪管理课程

很多人面临冲突不知如何解决，简单粗暴地付诸情绪发泄，结果往往很糟糕，致使不愉快重复发生。EAP会提供积极心态培训和情绪管理课程，传授有效的情绪控制和沟通技巧。这类课程主要分为以下两方面。

（1）认识情绪：能了解、接纳自己的情绪是进一步控制情绪、想出建设性的方案来解决冲突的基础。这里认识情绪指的是挖掘深层次的情绪原因。比如愤怒往往不是最原始的情绪，愤怒背后的原因可能是“恼羞”而成怒，过度控制压抑或者不当的表达都会对自己和他人造成伤害。

（2）调节情绪：在理性认识自身情绪、人格特点，准确把握情绪和自身行为关系的基础上，还要学会调节自我的情绪，掌握一些基本的疏解技巧，提高自我情绪的社会适应性。

### （二）沟通培训课程

法国有句话：“了解一切就是原谅一切。”通过沟通，组织成员了解了彼此的意图，就可能达成谅解，产生一致的行动，发挥整合效应。通过沟通技巧的培训，双方在学会互相尊重的基础上，以朋友的身份进行平等、真诚的交流，敞开心扉，会对冲突的顺利解决提供便利。针对企业管理人员，进行冲突管理技能的培训，帮助管理者厘清冲突根源，探讨各种冲突处理方法，学习每种模式的使用时机，理解冲突处理时“过犹不及”带来的后果。针对全体员工，开展MBTI测验和团队建设。MBTI测验能揭示员工的人格类型，有利于增进其自我认知以及对他人的理解，为有效沟通奠定基础。另外，团队成员还可以在测验结果中找到更有效的与其他成员合作的方式，学会以新的视角看待沟通，减少人际冲突。

## 基本概念

员工帮助计划　　EAP理性思考模型

## 本章要点

**要点一：员工帮助计划的基本元素**

员工帮助计划（EAP）的基本元素包括管理层的支持、明确的政策程序、严格的保密制度、完善的教育促进和培训、财务支持和劳工保险、专业的EAP从业人员、广泛的服务项目以及准确的记录、追踪和评估。这些元素共同构成了一个全面的

EAP，旨在帮助员工及其家庭解决工作压力及相关原因所致的问题和困扰。

**要点二：基于个人和组织层面的需求特点设计有效的 EAP 项目**

有效的 EAP 项目需要基于员工个人和组织层面的需求特点来设计。员工层面的评估包括生存需要、个人发展需要、人际交往需要、工作家庭平衡需要以及员工自身的特点，如学历、人格和年龄等生理和心理特点。组织层面的评估则涉及内部评估和外部评估，如企业内部数据和全国性研究调查，以确定是否需要引入 EAP 及如何更好地解决现有问题。

**要点三：员工帮助计划的具体实施**

EAP 的具体实施包括需求评估、流程规划、员工培训、员工心理咨询以及效果评估。需求评估要分析员工和组织的需求，为决策者提供建议。流程规划要让员工了解 EAP 服务的内容和服务流程。员工培训旨在提供专业团队的建立和具体问题的解决方案。员工心理咨询旨在营造一种心理健康导向的工作氛围。效果评估则要监督和评估 EAP 服务的质量和效果。

**要点四：员工帮助计划流程规划中的理性思考模型**

EAP 的流程规划采用理性思考模型，包括现状觉察、对象分类、需求评估、目标设定、方案设计、方案执行和方案评估。这个模型要求 EAP 服务提供者进行专业的员工职业心理健康问题评估，做好职业心理健康宣传，对工作环境进行设计与改善，开展员工和管理者培训，以及组织多种形式的员工心理咨询。

**要点五：员工帮助计划的应用**

EAP 可以运用于裁员、绩效沟通、新员工成长、解决企业内部冲突等多个方面。例如，在新员工成长方面，EAP 帮助新员工客观分析利弊，增强对企业的责任感和主人翁意识。在企业内部冲突方面，EAP 提供情绪管理课程和沟通培训课程，传授有效的情绪控制和沟通技巧，帮助员工及家庭找到生活中问题的早期应对方法。

## 复习思考

1. 思考应怎样选择 EAP 的模式。
2. EAP 的咨询与普通的心理咨询服务有什么不同？有什么需要特别注意的？
3. EAP 的效果评估过程中，怎么确定不同结果指标的相对重要性？比如是更看重软性指标还是硬性生产指标？
4. 中国独特文化会对 EAP 的实施产生什么影响？EAP 如何更好地本土化？

## 拓展阅读

张宏如.(2015). *中国情境下的员工帮助计划理论与实践*. 北京：北京大学出版社.

张西超.(2015). *员工帮助计划*(第 2 版). 北京：中国人民大学出版社.

赵然.（2015）. *员工帮助计划：EAP 咨询师手册*（第 2 版）. 北京：科学出版社.

Attridge，M.（2023）. The current state of employee assistance programs in the United States：a research-based commentary. *International Journal of Scientific and Research Publications*，*13*（8），74－91.

Leonardi，P. M.，Parker，S. H.，& Shen，R.（2024）. How remote work changes the world of work. *Annual Review of Organizational Psychology and Organizational Behavior*，*11*（1），193－219.

第十三章

# 职业心理健康干预模型与应用

**【学习目标】**

通过本章的学习，希望达到以下三个目标：

1. 了解职场心理健康干预模型的基本框架与应用方法。

2. 掌握职场心理健康综合干预模型中三级干预措施及其效果评估方法。

3. 能够分析不同干预措施及其应用的挑战与解决方案。

## 章节导引

Spring Health 成立仅 5 年估值便达到了 20 亿美元，创始人艾普瑞尔·科（April Koh）也因此成为全球最年轻的独角兽公司女掌门人。Spring Health 的成功不仅仅是资本市场的认可，更是现代科技与医疗健康领域深度融合的典范。这个快速崛起的企业不仅改变了心理健康服务的提供方式，还为整个行业树立了新的标准。Spring Health 的故事始于 2016 年，当时年仅 24 岁的艾普瑞尔·科正在耶鲁大学攻读本科，在此期间，她的室友深受抑郁症的困扰，目睹了室友在求助过程中遭遇的种种困难——从漫长的等待时间到复杂的诊疗过程，传统的心理健康服务未能提供有效的帮助。这种无力感促使艾普瑞尔·科开始思考，是否有更高效的方式来为心理健康问题提供解决方案。在这段时间里，艾普瑞尔·科通过研究发现，机器学习在医疗诊断领域的潜力巨大。相关研究表明，基于机器学习的诊断方法在准确性上甚至超过了传统的精神科医师的诊断。为了实现这一目标，艾普瑞尔·科联系了耶鲁大学的另一名研究者亚当·切克鲁德（Adam Chekroud），切克鲁德当时已在心理健康和数据科学领域颇有建树。他们两人一拍即合，决定共同创立 Spring Health，旨在利用大数据和人工智能为患者提供更为精准和个性化的心理健康服务。Spring Health 的核心技术依赖于先进的算法模型，这些模型通过分析大量的患者数据，能够快速且准确地为每位患者匹配最合适的治疗方案。传统的心理健康治疗通常采用"试错"模式，即患者和医师需要多次尝试不同的治疗方法才能找到最有效的方案。这一过程不仅费时费力，还会对患者的心理造成额外的负担。而 Spring Health 的精准医疗技术大大降低了这种试错的成本，同时也显著提升了治疗的效果和速度。Spring Health 的数据显示，传统心理健康干预第一次的成功率仅为30%左右，而通过Spring Health的技术，患者的康复率达到了传统方法的两倍，且恢复时间比传统方法缩短了约8周。这种显著的效果不仅赢得了患者的信任，也吸引了许多大型企业的关注。短短几年的时间里，Spring Health迅速扩展其服务网络，为众多知名公司提供员工心理健康支持。这些企业选择Spring Health不仅是看中了其技术的先进性，更是因为它能够在员工心理健康管理方面提供切实可行的解决方案，进而提升员工的整体工作效率和幸福感。

---

职业健康心理学是心理学的一个应用领域，专注于理解和促进员工的安全、健康与幸福。职业健康心理学的核心目标在于预防身体疾病、心理健康问题和工作场所伤害，同时积极促进员工的整体健康与幸福。在当今快速变化的工作环境中，创建支持员工健康、安全和幸福的工作环境显得尤为重要。本章将深入探讨与职业健康相关的各类干预措施，这些措施旨在改善员工的健康，提升员工的安全感和幸福感。首先，我们将介绍一个通用的框架，以理解职业健康心理学领域内的不同干预方法。该框架有助于分类和分析各种干预措施，更系统地理解它们的作用机制及应用场景。随后，本章将详细介绍一些常见的职业健康干预措施，这些措施在实践中已被证明是有效的。通过对各类职业健康干预措施的效果进行评估，探讨干预措施在不同环境下的适用性与影响。

通过对这些干预措施的深入分析，本章将为读者提供关于如何在工作场所有效应用职业健康心理学原则的实践指导，帮助组织更好地提升员工的健康水平与幸福感。

## 第一节　职场健康综合干预模型

在讨论具体的干预措施及其效果和有效性之前，有必要首先介绍一种全面的工作场所干预模型。这一模型的提出不仅为组织设计和实施职业健康干预措施提供了理论基础，也为干预措施的实际应用提供了系统框架。

### 一、路径模型

特里克（Tetrick）和奎克（Quick）提出的路径模型（Path Model）将预防性措施与积极干预思想相结合（Tetrick & Quick，2011），旨在通过改善工作场所的实践和环境，提升员工的整体健康水平和幸福感。路径模型是一个旨在改善工作场所实践、促进职业健康的综合框架。它通过确定五个关键领域，帮助组织在各个方面提升员工的健康水平和幸福感。这五个领域包括工作与生活的平衡、员工的成长与发展、健康与安全、认可度以及员工的参与度。

### （一）工作与生活的平衡

工作与生活的平衡是职业健康的重要组成部分。这一领域强调在员工的职业生活与个人生活之间建立平衡。在现代社会中，工作压力和家庭责任的双重负担常常导致员工的心理压力过大，进而影响工作效率和个人生活质量。通过提供灵活的工作安排、远程办公、弹性工作时间以及支持性政策，组织可以帮助员工减轻工作压力，提升生活质量。这不仅有助于提高员工的工作满意度，还能减少工作压力引发的健康问题，如焦虑、抑郁等。

### （二）员工的成长与发展

提供持续的职业发展机会和技能培训是提升员工专业能力和组织忠诚度的关键因素。员工的成长与发展不仅能够增强他们在工作中的自信心和满足感，还可以促进组织内部的人才培养和长期发展战略。通过定期的技能培训、职业规划咨询和晋升机会，组织能够帮助员工实现个人和职业目标的统一。这种成长体验不仅提升了员工的工作表现，还提升了他们对组织的归属感和忠诚度。

### （三）健康与安全

健康与安全是职业健康领域中的核心内容。通过实施健康检查、安全培训、心理辅导以及制定严格的安全规章制度，组织能够预防职业病和工伤事故，并提升员工的整体健康水平。组织还可以通过创建健康的工作环境，减少员工暴露于物理、化学或心理危害的风险，从而降低与职业相关的健康问题发生率。这不仅有助于保护员工的身体健康，还能提升工作效率，降低工伤或疾病所导致的缺勤率。

### （四）认可度

员工的认可度在工作动机和组织效能方面起着至关重要的作用。及时且公平地认可员工的工作表现有助于激励员工提高工作效率，增强他们的归属感。组织可以通过设立绩效奖励制度、年度表彰以及公开表扬等方式表彰员工的贡献。这种认可不仅提升了员工的自尊心和工作满意度，还增强了团队合作和组织凝聚力。

### （五）员工的参与度

积极参与的员工更有可能对组织的成功做出贡献。通过建立透明的沟通渠道和参与决策的机制，组织可以提升员工的参与度，进而提高组织的整体效能。员工的参与度不仅体现在日常工作中，还包括在战略规划、问题解决和创新等方面的参与。通过鼓励员工表达意见、参与决策，组织可以激发员工的创新力，增强他们的责任感和主人翁意识。

路径模型强调，通过在这五个领域进行投资，组织不仅可以提升员工的身心健康水平，还能促进整体绩效的提升。这种提升不仅体现在降低缺勤率、事故和伤害率上，还体现在提高生产力和客户服务水平等方面，最终使组织的整体运作更加顺畅和高效。

## 二、公共卫生预防模型

公共卫生预防模型（Schmidt，1994）是另一个为职业健康干预提供理论支持的重要框架。与路径模型侧重于改善工作场所实践不同，公共卫生预防模型则从预防的角度为不同健康状态的员工提供分层次的干预措施。该模型将干预措施分为三级：主要干预措施（一级预防）、次要干预措施（二级预防）和三级干预措施（三级预防），每一级针对有不同的健康需求和风险水平的员工群体。

### （一）主要干预措施（一级预防）

主要干预措施的目标是预防健康问题的发生，适用于所有员工。这类干预措施通常是基于人群的，旨在通过广泛的预防性行动减少疾病和伤害的发生。典型的主要干预措施包括健康教育、运动推广和工作环境的改善。例如，组织可以通过定期开展健康讲座、宣传健康饮食习惯、设立健身房或提供健身补贴等方式，帮助员工养成健康的生活方式。此外，改善工作场所的空气质量、照明和噪声控制等措施也属于一级预防的范畴，旨在创造一种有利于员工健康的工作环境。

### （二）次要干预措施（二级预防）

次要干预措施针对那些已出现健康风险的员工群体，旨在早期发现并干预，防止健康状况的恶化。与主要干预措施不同，次要干预措施更具针对性，通常针对特定的高风险人群或特定健康问题。例如，对于高压力岗位的员工，组织可以提供压力管理培训、心理支持服务以及定期的心理健康评估，帮助他们更好地应对工作压力，防止压力相关的疾病的产生。通过早期检测和干预，次要干预措施能够有效减少员工因健康问题而导致的工作能力下降和生产效率降低。

### （三）三级干预措施（三级预防）

三级干预措施主要面向已经出现健康问题的员工，旨在帮助他们恢复健康，重返工作岗位。三级干预措施的目标是通过积极的治疗和康复手段，促进员工的全面康复，并帮助他们重新融入工作环境。例如，对于职业病或工伤导致的残疾员工，组织可以提供康复训练、职业再培训和心理治疗等服务，帮助他们恢复身体功能和保持心理健康。此外，组织还可以为这些员工提供特殊的工作安排或辅助设备，帮助他们克服身体或心理上的限制，重新适应工作岗位。

将路径模型与公共卫生预防模型结合后，组织可以系统地设计和实施干预措施，全面提升员工的健康水平和幸福感。这种综合模型在不同的层面提供了具体的实施路径，能够根据员工的健康需求进行个性化的干预。例如，在员工成长与参与方面，组织可以提供基础职业培训作为主要干预措施，并为特定群体提供更具针对性的次要或三级干预措施，如技术更新培训或康复支持。

这种综合模型的实际应用不仅可以在预防阶段减少员工健康问题的产生，还能在健康问题出现后提供有效的干预和支持。这一模型的系统性和灵活性使得组织能够在实际操作中根据员工的健康状况和组织的具体需求，选择和实施最合适的干预策略。

通过理解并应用这一综合模型，组织可以在提升员工健康水平的同时，提升整体的工作效率和组织效能。例如，针对健康和安全领域的主要干预措施，组织可以通过定期健康检查、建立安全操作规范和提供健康饮食选择来预防疾病和工伤事故的发生。而在工作与生活的平衡领域，组织可以通过实施弹性工作制、设立带薪休假政策和提供心理健康咨询服务，来帮助员工在工作与个人生活之间找到最佳平衡点。

对于已经出现健康问题的员工，三级干预措施则显得尤为重要。组织可以为这些员工提供个性化的康复计划，包括身体康复、职业再培训以及心理辅导，帮助他们顺利重返工作岗位。同时，组织还可以调整工作任务或提供特殊的工作安排，确保这些员工能够在恢复期间继续参与工作，减少健康问题所导致的职业发展中断。

通过在不同层面实施这些干预措施，组织可以有效预防和管理员工的健康问题，从而减少由疾病或工伤带来的生产力损失，降低组织的运营成本。此外，这种全面的健康管理策略还能够提高员工的满意度和忠诚度，增强组织的整体竞争力。

理解并应用这一综合模型对于提升组织的职业健康水平具有重要意义。无论是预防性措施还是积极干预，这一模型都为组织提供了全面的工具和策略，帮助员工在健康、安全和幸福感方面达到最佳状态。通过在实际工作中不断优化和应用这一模型，组织不仅能够更好地保护员工的健康，还能够通过提高员工的参与度和满意度来增强组织的整体竞争力。

## 第二节 工作与生活平衡的干预措施

旨在改善工作与生活平衡的主要干预措施通常包括灵活的工作安排和个人休假等福利。这些措施旨在帮助员工在工作和家庭责任之间找到平衡，从而提升他们的整体幸福感和工作满意度。

### 一、改善工作与生活平衡的主要干预措施

灵活的工作安排形式多种多样，包括弹性工作时间、压缩工作周、兼职选项和工作共享以及远程办公等。

● 弹性工作时间。员工可以在一定范围内选择其工作开始和结束的时间。这种安排让员工能够根据个人需求调整工作时间，提高了他们对时间的控制感，从而在工作与生活之间找到更好的平衡。组织通常会指定一个“核心时间段”，在此期间所有员工必须在岗，其余时间则由员工自由安排。这种灵活性能够帮助员工减轻时间压力，提高工作满意度。

● 压缩工作周。通过延长每天的工作时间来缩短每周的工作天数，例如每周工作 4 天、每天工作 10 小时。这种安排不仅能为员工提供更多的连续休息时间，还能让他们有更多的时间处理家庭事务，从而提升生活质量。通过提供更多的休息时间，压缩工作周可以帮助员工在工作和生活之间更好地分配时间，从而减轻工作相关的压力。

● 兼职选项和工作共享。通过减少单个员工的工作量来提供灵活性。兼职工作允许员工减少每周的工作小时数，而工作共享则是在两个或多个员工之间分配一个全职岗位的责任和工作时间。这种安排特别适合那些需要更多时间处理家庭或个人事务的员工，使他们能够更好地兼顾工作与生活。

● 远程办公。这是一种允许员工在家中或其他非办公室地点工作的安排。远程办公不仅提供了更大的地理灵活性，还可以减少通勤时间，使员工有更多时间专注于家庭生活和个人兴趣。远程办公的灵活性使得员工可以在家庭责任和工作要求之间找到更好的平衡点，从而减轻工作相关的压力。研究表明，远程办公有助于员工减轻工作压力，并且能够提高他们的工作效率和生活满意度。

携程网的远程办公实验提供了一个典型的案例来说明远程办公模式的有效性和挑战。2010 年，携程网开展了一项为期 9 个月的远程办公试点项目，涉及 500 名员工。研究人员将这些员工分为两组：一组继续在办公室工作，另一组则在家办公。结果显示，远程办公的员工不仅报告了更高的工作满意度，还表现出了更高的生产力和更低的离职率。

具体来说，远程办公的员工因为在家办公能够灵活地安排工作时间，报告对工作有更大的掌控感。此外，远程办公的员工也表示，他们能够更好地平衡工作与家庭责任，从而减轻了与工作-家庭冲突相关的压力。然而，研究还发现，尽管远程办公在提高个人工作效率方面表现出色，但在团队协作和创新方面，办公室工作的员工表现得更为突出。这表明，虽然远程办公提供了更大的灵活性和自主性，但也可能导致员工之间的沟通和协作变得更加困难。

携程开展了一项为期 6 个月的大规模随机对照实验，旨在探讨混合办公模式对员工工作表现、满意度和离职率的影响。该实验涉及 1 612 名员工，这些员工被随机分为两组：一组员工要求每周在办公室工作 5 天，而另一组则采用混合办公模式，每周在办公室工作 3 天，其余 2 天居家远程办公。这项研究的结果揭示了混合办公在现代职场中的潜力和挑战，并为企业如何设计更灵活的工作模式提供了宝贵的实证依据。

首先，研究发现，采用混合办公模式的员工离职率明显下降。具体来说，混合办公组的离职率下降了 1/3，这一显著变化表明，混合办公模式可能有助于提高员工的忠诚度和留职率。这一结果尤其引人注目，因为员工离职不仅给企业的人力资源管理带来挑战，还会导致显著的经济成本。因此，降低离职率对于企业而言具有重要的战略意义。混合办公的灵活性使得员工能够更好地平衡工作与生活，从而减少了工作压力和生活需求冲突导致的职业倦怠和离职倾向。

其次，研究还发现，混合办公模式对员工的工作满意度产生了积极影响。混合办公组的工作满意度得分较高，显示出员工对这一工作安排的普遍认可。工作满意度是员工对其工作环境、工作内容和工作条件的整体评价，直接影响到员工的工作表现、创新能力和职业发展意愿。随着工作满意度的提高，员工更可能表现出积极的工作态度，提升工作效率，并为企业带来更多价值。这一发现表明，混合办公模式不仅满足了员工对灵活工作的需求，还为他们创造了一种更为平衡和舒适的工作环境。

尽管混合办公在降低离职率和提高工作满意度方面表现出色，但研究还进一步评估了这种模式对员工工作表现和升职机会的影响。结果显示，两组员工在工作表现和升职机会方面并没有显著差异。这意味着尽管工作环境有所不同，但混合办公并未对员工的工作效率和职业发展路径产生负面影响。这一结果对于那些担心远程工作可能导致员工效率下降或职业发展受阻的企业管理者而言，无疑是一个积极的信号。它表明，混合办公模式能够在不牺牲员工绩效的前提下，提供更多的灵活性和自由度。

此外，这项研究还对混合办公模式的长远影响提出了思考。尽管在实验的 6 个月内，混合办公表现出诸多优点，但企业在推行这一模式时仍需谨慎。研究显示，在长期的实施过程中，如何保持员工的协作性和团队凝聚力，如何在远程工作中有效监督和激励员工，都是需要解决的挑战。对于企业来说，混合办公模式的推行不仅需要技术支持，还需要在管理方式上进行创新，例如引入新的绩效评估标准、加强团队沟通机制以及提供更多的培训和支持。

然而，仅仅提供灵活的工作安排并不总能自动实现工作与生活的平衡。尽管许多组织广泛采用了弹性工作时间、远程办公等灵活安排，但这些政策的实际使用程度和效果因员工的个人情况和工作环境的不同而有所差异。例如，虽然弹性工作时间的可用性与较少的工作-家庭冲突相关，但灵活的工作地点（如远程办公）对工作-家庭冲突的影响并不显著。这表明不同类型的灵活工作安排可能在工作与生活平衡的不同方面发挥着不同的作用。

除了政策的可用性外，灵活工作安排的实际使用也对工作与生活平衡有显著影响。例如，研究表明，使用弹性时间的员工通常报告更高的工作满意度和时间控制感，而使用压缩工作周的员工对工作时间表的满意度也显著提高。此外，远程办公与较少的工作-家庭冲突相关，但随着时间的推移，这种积极效果可能会逐渐减弱，特别是当员工逐渐适应这些安排后。

为了确保灵活工作安排能够有效改善工作与生活的平衡，组织需要定期评估这些政策的效果，并根据员工的反馈进行调整。这意味着不仅要关注政策的可用性，还要确保员工能够实际使用这些政策并从中受益。通过定期的评估和调整，组织可以更好地理解员工的需求，并相应地调整政策，以最大限度地改善工作与生活的平衡。

## 二、改善工作与生活平衡的次要干预措施

针对特定员工群体，尤其是那些面临家庭责任或工作与生活平衡挑战的员工，组织可以采取更具针对性的次要干预措施。这些措施旨在提供额外的支持，以帮助这些员工更好地处理工作与家庭的双重需求。常见的次要干预措施包括提供育儿和老年护理福利、带薪家庭假以及其他形式的家庭友好型政策。

● 育儿和老年护理福利。这是最常见的家庭友好型政策之一。许多大中型公司为员工提供税前支出账户，用于支付家庭成员的照料费用。此外，信息和转介服务也是一种常见的支持形式，通过帮助员工找到优质的照料服务，减轻他们的家庭负担。这些服务不仅能够帮助员工解决家庭照料问题，还能让他们在工作时更加专注和安心。

● 带薪家庭假。这是另一种重要的次要干预措施，旨在帮助员工在需要时能够安心离开工作岗位，处理家庭事务。这种措施能够为员工提供必要的时间来履行家庭责任，如照顾新生儿或患病的家属，从而帮助他们在职业生涯和家庭生活之间取得平衡。实施带薪家庭假在许多国家已经成为一种普遍的做法，尽管在某些地区尚未完全普及。

此外，增强主管对员工的支持也是一种有效的次要干预措施。研究表明，主管在工作-家庭冲突方面给予员工更多支持，能够显著改善员工的健康状况和提高员工的工作满意度。具体而言，这种支持可以包括情感支持、工具支持、角色示范以及创造性的工作-家庭管理等。通过这些支持，主管可以帮助员工更好地应对工作与家庭的双重压力，从而减少工作-家庭冲突导致的压力和健康问题。

通过这些次要干预措施，组织可以为那些面临工作与生活平衡挑战的员工提供更加个性化和有效的支持，帮助他们在职业和家庭生活中找到更好的平衡点。这不仅有助于提高员工的工作满意度和忠诚度，还能增强组织的整体生产力、增进工作环境的和谐性。

## 三、改善工作与生活平衡的三级干预措施

对于那些因工作与生活失衡而导致健康问题的员工，三级干预措施旨在提供更深入的支持，帮助他们恢复健康，重返工作岗位。员工帮助计划（EAP）是三级干预的重要组成部分，这些计划通常由组织提供，旨在帮助员工应对各种个人和职业问题，包括工作-家庭冲突。

EAP通常提供广泛的服务，包括个人和家庭咨询、财务和法律咨询、职业发展支持以及危机干预等。尽管这些服务主要针对已经出现问题的员工，但其最终目的是帮助员工恢复健康，并减少对工作的负面影响。通过为员工提供这些支持，EAP能够帮

助他们更好地应对生活中的挑战，从而在健康和工作表现上实现全面改善。

然而，关于 EAP 的有效性，研究结果不一。尽管一些研究表明，EAP 用户对这些服务的满意度较高，并且 EAP 与生活质量的改善相关，但其他研究则发现 EAP 对生产率提高和缺勤率降低的影响有限。这些结果表明，尽管 EAP 在支持员工方面具有一定的价值，但其具体效果可能取决于多个因素，包括 EAP 的设计、实施方式以及员工的参与程度。

为了确保 EAP 的有效性，组织应当根据员工的具体需求设计和实施这些计划。此外，定期评估 EAP 的效果并根据反馈进行调整，也是确保这些计划能够有效支持员工的重要手段。通过提供适当的支持和资源，EAP 不仅能够帮助员工应对工作与生活的挑战，还能提升他们的工作表现和组织忠诚度。

总的来说，三级干预措施为那些已经受到工作与生活失衡影响的员工提供了必要的支持，帮助他们恢复健康，重新回到工作岗位。组织在实施这些干预措施时，应当根据员工的具体需求进行调整，以确保干预的效果最大化。这不仅有助于提高员工的生活质量，还能增强组织的整体生产力、增进工作环境的和谐性。

## 四、综合模型的实际应用

将路径模型与公共卫生预防模型相结合，组织能够更加系统地设计和实施职业健康干预措施，以全面提升员工的健康水平和幸福感。这种综合模型不仅提供了在不同层面实施干预的具体路径，还能够根据员工的健康需求进行个性化的调整和应用。

在一级预防层面，组织可以通过提供基础的职业培训和推广健康的生活方式来预防员工健康问题的发生。通过这些普遍适用的措施，组织能够增强员工的健康意识和自我管理能力，从而减少职业病和工伤的发生。

在二级预防层面，组织可以针对高风险员工群体提供更加具体的支持措施。例如，针对高压力岗位的员工，组织可以提供压力管理培训和心理支持服务。这些干预措施旨在早期发现和干预健康风险，从而防止健康状况的恶化。

在三级预防层面，组织可以为已经出现健康问题的员工提供更加个性化的支持措施，如康复训练、职业再培训和心理治疗等。这些措施的目的是帮助员工恢复健康，重新融入工作环境，从而减少健康问题导致的工作中断和生产力下降。

在现代工作环境中，员工的工作与生活平衡、身体健康和心理健康是影响组织绩效的重要因素。通过结合路径模型与公共卫生预防模型，组织能够更加系统和全面地设计职业健康干预措施。这些措施不仅有助于预防和管理员工的健康问题，还能提升员工的工作满意度和参与度，从而提高组织的整体绩效。

为了确保这些干预措施的有效性，组织应当根据员工的实际需求进行设计和调整，并定期评估其效果。通过提供灵活的工作安排、家庭友好型福利和 EAP，组织能够帮助员工在工作与生活之间找到平衡，提升他们的整体幸福感。

总之，理解和应用这些职业健康干预模型，对于提升员工的幸福感和组织的竞争力至关重要。通过不断优化和应用这些模型，组织可以更好地保护员工的健康，并通过提高员工的参与度和满意度来增强组织的整体竞争力。

# 第三节　改善身体健康和安全的干预措施

## 一、身体健康和安全的干预措施

### （一）身体健康和安全初级干预措施

改善工人身体健康和安全的初级干预措施包括适用于整个组织的一般健康和安全促进计划以及相关的培训工作（Tetrick & Quick，2011）。为了更好地理解这些措施的实际应用，可以参考一系列旨在减少久坐工作时间的干预措施。这类干预措施的目标是降低患心血管疾病、肥胖症的风险以及整体死亡率。具体而言，这些干预措施涉及对物理工作空间的改变，如采用坐立交替使用的办公桌、在办公室配置跑步机或自行车工作台。此外，干预还包括政策上的调整，比如推行步行会议，以减少员工的静态工作时间。与此同时，还会提供一系列工具和反馈机制，例如配备计步器，并通过这些工具激励员工在工作期间增加体育活动。此外，教育和咨询服务也是干预的重要组成部分，旨在通过知识的普及和行为的指导，进一步促进员工在工作中的体育锻炼。

根据既往的研究，这些干预措施中的立式办公桌在3～6个月的随访中，确实有效地减少了参与者的工作时间。然而，随着时间的推移，这种积极作用逐渐减弱。其他采用实验或准实验设计的研究也表明，坐立交替的办公桌具有类似的短期好处，但长期效果仍有待进一步验证。

华为技术有限公司（以下简称华为）作为全球领先的科技企业，不仅仅关注员工的技术创新能力，更注重员工的健康和安全。在深圳总部，华为实施了一项旨在减少久坐行为的干预计划。久坐被认为是现代职场的“隐形杀手”，长期久坐会导致一系列健康问题，如腰背痛、代谢紊乱以及心血管疾病。因此，华为采取了一系列措施，例如在办公室内引入坐立交替的办公桌，使员工可以选择站立或坐下工作。此外，公司还调整了相关政策，鼓励员工进行步行会议，即在开会时通过步行的方式进行讨论，从而减少静态工作时间。

为增加员工的运动量，华为还向员工提供了健身工具和健康反馈装置，例如计步器和智能手环，并通过定期的健康教育和咨询活动，鼓励员工在工作时间内增加身体活动。这些措施在实施的前几个月效果显著，员工的久坐时间有所减少，健康状况有所改善。然而，随着时间的推移，员工对这些措施的依赖性降低，久坐时间又逐渐回升。这表明，尽管干预措施在短期内能够产生积极效果，但如何确保其长期有效仍然是一个需要解决的问题。

除了健康促进，华为还在员工的心理健康方面投入了大量资源。例如，公司设立了心理咨询部门，专门为员工提供心理健康支持服务，并且定期组织心理健康讲座和压力管理工作坊，以帮助员工更好地应对职场压力。这些措施不仅提升了员工的心理韧性，还在一定程度上提高了工作效率和员工满意度。

华为上海代表处从楼宇选址、设计建造到日常运营，将“以人为本”的理念落到实处，对标 WELL 标准持续改进，为办公环境建设和运营标准的迭代完善提供了有效参照。历经一年的检测评估，华为上海代表处于 2023 年 7 月成功获得 WELL 金级认证。WELL 认证是目前全球首个针对室内环境提升人体健康与福祉的建筑认证标准，被公认为绿色建筑界的“奥斯卡奖”。该标准以医学、建筑等学科的科学研究为依据，包含空气、水质、营养、光线、运动、热舒适性（thermal comfort）、声环境、材料、精神及社区十大元素，为设计、建造及物业运营提供指引，以提升用户的健康、福祉及生产力。

美的集团股份有限公司（以下简称美的集团）作为我国最大的家电制造商之一，在其顺德制造基地实施了一项针对工作场所安全的干预措施。美的集团的管理层认识到，在大规模制造环境中，安全问题不仅影响员工的身体健康，还会影响生产效率和企业声誉。为此，公司通过一系列措施优化车间的安全管理制度，包括强化安全监督机制、改善工作环境以及加强员工的安全培训。这些措施的重点是预防而非事后补救，通过提高员工的安全意识和技能来减少意外事故的发生。例如，公司引入了先进的安全管理系统，实时监控车间的安全状况，及时发现并解决潜在的安全隐患。同时，美的集团还推行了“安全生产月”活动，在此期间，所有员工都必须参加安全知识竞赛和应急演练，以强化其安全意识和应急处置能力。通过这些措施，美的集团显著改善了企业的安全氛围，员工普遍感受到企业对安全的高度重视，从而推动了安全行为的有效落实，安全绩效得到了显著提高。干预前后的安全审核结果表明，该企业的安全事故发生率显著下降，这不仅提高了员工的安全感，也为企业带来了更高的生产效益。此外，美的集团还注重通过奖励机制激励员工积极参与安全管理。对于在安全生产方面表现突出的员工，公司给予一定的物质奖励和荣誉表彰，这不仅增强了员工的工作积极性，也在企业内部营造了一种重视安全、人人参与的良好氛围。

### （二）身体健康和安全二级干预措施

二级干预通常针对特定高风险人群，提供更有针对性的健康和安全措施。这些干预措施的目的是通过精确瞄准特定风险因素或易感群体，有效降低这些人群中健康问题的发生率。

中国建筑股份有限公司（以下简称中建集团）作为我国最大的建筑工程公司，对于建筑工地上高风险作业人员的安全问题，长期以来一直推行全面系统的安全培训计划。这些培训包括针对所有工地作业人员的安全政策解读、个人防护设备的正确使用方法，以及应对突发事故的紧急措施。这些培训计划旨在确保每位工人都能理解并遵守相关的安全规章制度，从而减少在工作中发生意外事故的可能性。然而，尽管安全培训在知识层面提高了工人的安全意识，但实际事故率并未显著下降。这可能与工人的日常工作习惯、现场环境的复杂性以及执行过程中的管理疏忽有关。为此，中建集团开始探索更加动态和互动的培训方式，例如利用虚拟现实技术模拟施工现场的危险场景，让工人通过身临其境的体验来强化其对安全操作规程的理解和记忆。此外，公司还进行定期的安全演练和突击检查，确保员工能够将所学的知识转化为实际操作能力（《中国建筑股份有限公司2021年年度报告》）。

中国石油化工集团有限公司（以下简称中石化）是我国最大的石化企业之一，拥有众多涉及化学品生产和处理的高风险岗位。在其位于上海的化工基地，中石化引入了一项以经济激励为核心的安全干预措施。这一措施的主要目标是通过经济奖励促进员工遵守安全规范，从而降低事故发生率。表现优异的员工不仅可以获得物质奖励，还会在年度评优中获得优先考虑。

在实施初期，这一措施取得了一定成效，伤害事故率有所下降，员工的安全意识也有所增强。然而，随着时间的推移，激励措施的效果逐渐减弱，这表明仅依赖物质激励难以维持员工的长期安全行为。因此，中石化开始探索更为综合的激励机制，如将员工的安全绩效与晋升机会挂钩，或者提供持续的技能提升培训，以保持员工对安全生产的长期关注（《2020中国石化可持续发展报告》）。

中石化的经验表明，虽然经济激励措施能在短期内有效减少事故率，但要实现长期的安全改善，还需要将激励机制与持续的教育培训相结合，并在企业文化中植入安全生产的价值观。这不仅需要管理层的高度重视，更需要员工的积极参与和自觉遵守。

### （三）身体健康和安全三级干预措施

三级干预措施通常针对那些已经因职业病或工伤而健康受损的工人，旨在帮助他们恢复健康并尽快重返工作岗位。这类干预措施通常包括康复计划、职业再培训以及生活方式的改善建议。神华集团有限责任公司（以下简称神华集团）作为我国最大的煤炭企业之一，长期以来面临工人因矿难、职业病（如尘肺病）等而健康受损的问题。为了帮助这些工人重返岗位，神华集团引入了一项综合康复计划。该计划包括戒烟、体重管理、职业康复培训以及心理咨询服务，旨在通过全方位的健康管理来恢复工人的身心健康。具体而言，神华集团在多个矿区设立了康复中心，配备了专业的医护人员和康复设备，为工人提供个性化的康复治疗。此外，公司还与地方政府合作，推出了“健康回归”项目，帮助那些因工伤而暂时失去劳动能力的工人进行职业再培训，以便他们能够在康复后重新回到合适的岗位上。这一计划不仅显著提高了工人的健康水平，还在一定程度上减少了企业的劳动力损失。同时，神华集团还积极推进戒烟和体重管理项目。公司通过经济激励和健康教育相结合的方式鼓励工人戒烟和控制体重，对于成功戒烟的工人，公司不仅给予物质奖励，还提供免费的健康检查和定期的跟踪服务。通过这些措施，神华集团在短时间内显著降低了矿区工人的吸烟率和肥胖率，从而进一步降低了与这些不良生活方式相关的职业病的发病率。

在戒烟干预方面，中国南方航空集团有限公司（以下简称南方航空）作为我国最大的航空公司之一，面对员工吸烟率较高的问题，采取了一系列经济激励措施，以促进员工戒烟。具体措施包括对成功戒烟的员工给予现金奖励、优先晋升机会以及健康津贴。通过这些激励机制，南方航空显著降低了员工的吸烟率，在飞行员和空乘人员中效果尤为明显。然而，和其他企业一样，这类计划的长期成功依赖于持续的资金支持和管理层的强力推动。为确保戒烟项目的可持续性，南方航空进一步将戒烟项目纳入员工整体健康管理体系中，形成了更为系统的健康促进策略。例如，公司定期组织健康讲座，邀请医疗专家向员工讲解吸烟的危害和戒烟的益处。此外，公司还在每年的世界无烟日开展主题活动，并在内部推广健康生活方式，鼓励员工积极参与各种健身和健康管理活动。这些措施显著增强了员工的健康意识，促进了行为改变，有效推动了戒烟项目的长期实施（《2021 年中国南方航空股份有限公司社会责任报告》）。

## 二、心理健康和幸福感的干预措施

心理健康的改善和幸福感的提升是职业健康管理中的重要组成部分。现代企业认识到，心理健康问题不仅影响员工的工作表现，还会增加企业的管理成本。因此，许多企业开始实施系统性的心理健康干预措施。

### （一）一级干预措施

一级干预措施的主要目标是通过教育和宣传提高公众的心理健康意识，预防心理问题的发生。这些措施强调在工作和日常生活中促进心理健康，从而提升幸福感。

**1. 宣传教育**

心理健康教育的目标是增强个体对心理健康重要性的认知。研究表明，心理健康教育能有效减少心理疾病的发生。通过组织讲座、工作坊和宣传活动，可以帮助员工认识到心理健康与工作表现、生活质量的密切关系。

**2. 心理健康促进活动**

开展心理健康促进活动，如团队建设、心理健康日和社区活动，可以增强员工之间的社会支持网络。这些活动能有效提升员工的归属感和幸福感。例如，通过定期的团体活动，促进同事间的互动，有助于缓解工作压力。

阿里巴巴集团控股有限公司（以下简称阿里巴巴）作为我国最大的电商和科技公司之一，在其杭州总部实施了一项旨在减轻员工心理压力的综合性干预措施。阿里巴巴发现，随着公司业务的快速扩展和市场竞争的加剧，员工的工作压力和心理负担也在增加。为了应对这一挑战，公司从多方面入手，全面提升员工的心理健康水平。首先，阿里巴巴对员工的工作时间进行调整，推行更为灵活的弹性工作制，允许员工根据个人需求选择合适的工作时间。这一举措不仅有效减轻了固定工作时间带来的压力，也帮助员工在工作与生活之间找到了更好的平衡。其次，公司积极鼓励员工参与决策，特别是在项目管理和团队协作中，员工的建议和意见得到了更多的重视。这一措施显著提高了员工的工作积极性和整体满意度，增强了他们对公司的归属感。此外，阿里巴巴还推出了心理韧性培训计划，旨在帮助员工提高应对工作压力的能力。培训内容包括自我调节技巧、小组讨论解决问题的策略以及一对一的心理辅导。经过培训，员工的心理韧性和整体幸福感都有所提升。然而，长期跟踪调查显示，随着时间的推移，培训的效果有所减弱，这提醒公司需要定期组织类似的培训，并通过持续的心理支持来保持干预效果。

### （二）二级干预措施（早期干预）

二级干预措施侧重于早期识别和干预心理健康问题，旨在降低心理问题的严重程度和影响。

**1. 筛查与评估**

定期进行心理健康筛查可以帮助企业及时识别员工的心理问题。研究发现，早期筛查和干预能够显著降低抑郁和焦虑症状的发生率（Dewa et al.，2019）。例如，使用标准化的心理健康评估工具定期评估员工的心理状态，可以及时发现潜在的心理健康问题。

**2. 心理咨询服务**

提供心理咨询服务是重要的早期干预措施之一。企业可以聘请内部或外部心理咨询师，帮助员工处理情绪困扰和压力。通过面对面的咨询或在线支持，员工能够获得专业的指导和支持，促进其心理健康。在改善心理健康和提升幸福感方面，二级干预措施通常针对特定高风险群体或已经出现心理健康问题的员工。与一级干预措施不同，这些措施更为个性化，注重解决具体的心理问题。北京公共交通控股（集团）有限公司（以下简称北京公交集团）是北京最大的公共交通运营商之一，其公交车司机处于高强度、高压力的工作环境中，容易引发心理健康问题。为此，北京公交集团实施了一项专门设计的心理健康干预计划，旨在减轻司机的心理负荷，提升其心理健康水平。该计划包括重新规划公交线路、优化交通信号灯系统、提供心理咨询服务以及定期的压力管理培训。干预后，司机的心理负荷和身体压力显著减少，心率也有所降低。此外，北京公交集团还通过设立心理健康热线，为司机提供及时的心理支持服务，帮助他们应对工作中的心理挑战。这些措施显著提高了司机的工作满意度和心理健康水平，减少了心理压力导致的工伤事故。

顺丰控股股份有限公司（以下简称顺丰）作为我国最大的快递公司之一，其一线快递员长期承受着高强度的工作压力和身体疲劳。为帮助员工更好地处理这些压力和心理症状，顺丰推出了全面的心理健康干预计划，包括情绪管理技巧和放松训练。这些培训有助于快递员学会如何在繁忙的工作环境中保持心理平衡，避免出现过度压力导致的心理问题。结果表明，参与培训的员工在随后的工作中表现出较低的压力和倦怠水平，并且员工的整体工作满意度也有所提升。顺丰还定期进行员工心理健康评估，以便及时调整和优化干预措施，确保员工的心理健康得到持续关注和支持。

### （三）三级干预措施（危机干预）

三级干预措施主要针对已经出现的心理危机，提供及时和专业的支持，避免问题进一步恶化。

**1. 危机干预服务**

在员工经历心理危机时，企业应提供及时的危机干预服务。研究表明，危机干预能够有效减少心理健康问题的长期影响（Xu et al.，2021）。这包括提供紧急心理支持热线和面对面的危机干预会议，帮助员工度过困难时期。

**2. 后续跟踪和支持**

对经历过心理危机的员工进行后续跟踪和支持是非常重要的。研究显示，持续的支持可以促进员工的恢复和再融入工作。企业可以定期跟踪员工的心理状态，提供持续的心理健康资源和支持。

在我国某知名 IT 企业，随着员工工作压力的增加，心理健康问题逐渐引起管理层的重视。为此，企业特别强调三级心理健康干预措施，旨在针对已经出现的心理危机提供及时、有效的支持。该企业意识到，随着工作节奏日益加快，员工在高强度的工作环境中容易受到心理创伤或情绪困扰。为此，企业专门成立了心理健康支持小组，负责危机干预的实施和管理。小组成员包括心理咨询师、人力资源专员及员工代表，确保干预措施的全面性和有效性。

当企业接到员工的心理危机报告时，支持小组会迅速介入。通过电话或面谈的方式，心理咨询师会与员工进行初步沟通，评估其心理状态并提供情感支持。这种快速响应机制有效避免了问题的进一步恶化。在一次团队项目完成后，一名员工因工作压力与家庭矛盾出现了严重的焦虑症状，甚至影响到日常生活。企业的心理健康支持小组迅速介入，为这名员工制定了个性化的危机干预方案。

首先，心理咨询师与员工进行了深入的交流，了解其具体困扰。然后，提供了一系列的应对策略，包括情绪管理技巧、放松训练和积极的心理暗示。同时，支持小组还为员工提供了灵活的工作安排，让其有更多的时间处理个人问题。这一系列个性化的干预措施帮助员工减轻了焦虑情绪，重新找回了生活的平衡。

危机干预措施不仅仅是短期的响应，该企业还十分重视后续跟踪与评估。在危机干预实施后，心理咨询师定期与员工保持联系，了解其心理状态和工作情况。这一跟踪机制帮助咨询师评估干预措施的有效性，并在必要时调整干预方案。

例如，员工在经历了一段时间的支持后，心理状态逐渐恢复。支持小组根据员工的反馈，适时调整了后续的咨询频率，并引入了团体支持活动，促进员工与同事之间的交流与互动。这种持续的关注与支持不仅帮助员工有效缓解了心理问题，也增强了团队凝聚力。

实施三级干预措施后，该IT企业的心理健康支持小组收到了积极的反馈。调查显示，经历危机干预的员工普遍感受到了心理健康服务的有效性，95%的员工表示在面对工作与生活压力时更加自信。许多员工在面对困难时能够主动寻求支持，而不是选择隐忍或逃避。

通过以上一、二、三级干预措施，企业能够系统性地提升员工的心理健康水平和幸福感。这不仅有助于员工的个人发展，也能提高企业的整体绩效。不同层次的干预措施在改善员工健康和安全方面均具有显著的积极作用。这些干预措施的效果和效度在很大程度上取决于干预措施的设计、实施及其持续性。未来需要更多具有更强设计性的研究，以更好地探究和确立具体干预措施与员工身体健康和安全改善之间的因果关系。这不仅有助于提高员工的整体健康水平，也能为企业创建更安全、高效的工作环境，进而推动企业的可持续发展。

总体而言，研究表明，二级和三级干预措施在干预后立即使员工受益。但是，并非总是可以进行长期随访来确定干预效果是否持久，随访时间更长的更多研究将提供影响持续时间的证据。

## 基本概念

综合干预模型　　多维度干预　　评估与反馈

## 本章要点

**要点一：职场健康综合干预模型**

职场健康综合干预模型是一种系统的方法，旨在通过多方面的策略来提升员工的整体健康水平。这种模型通常包括健康教育、疾病预防、健康促进活动等，以促进员工的身心健康。

**要点二：工作与生活平衡的干预措施**

工作与生活平衡的干预措施是指帮助员工在工作和个人生活之间找到平衡的策略。这可能包括弹性工作时间、压缩工作周、远程办公等，以减轻工作压力并提高生活质量。

**要点三：改善身体健康和安全的干预措施**

改善身体健康和安全的干预措施关注减少工作场所的健康风险，提高员工的身体健康水平。这可能包括提供健康的饮食选择、鼓励定期锻炼、进行安全培训和提供健康检查等，以预防职业病和提升员工的身体素质。

## 复习思考

1. 职业健康干预措施如何提高方法的严谨性?
2. 如何根据新时代不同组织的类型选择职业健康干预措施?

## 拓展阅读


欧文·山姆·舍恩菲尔德，张黛西.(2022). *职业健康心理学：工作、压力和健康*(王大伟，胡艺馨译). 上海：华东师范大学出版社.

宋国萍，汪默.(2010). *职业健康心理学*. 南京：东南大学出版社.

Goetzel, R. Z., Henke, R. M., Tabrizi, M., Pelletier, K. R., Loeppke, R., Ballard, D. W., & Serxner, S. (2014). Do workplace health promotion (wellness) programs work? *Journal of Occupational and Environmental Medicine*, *56* (9), 927 - 934.

Joseph, B., Walker, A., & Fuller-Tyszkiewicz, M. (2017). Evaluating the effectiveness of employee assistance programmes: a systematic review. *European Journal of Work and Organizational Psychology*, *27* (1), 1 - 15.

# 参考文献


陈姝睿，李丹麑，王小平.（2022）.《职场心理健康》指南要点解读. *中国胸心血管外科临床杂志*，*29*（8），939－945.

段锦云，王娟娟，朱月龙.（2014）. 组织氛围研究：概念测量、理论基础及评价展望. *心理科学进展*，*22*（12），1964－1974.

段莉，王艳梅.（2011）. 社区老年人拒绝敏感性的质性研究. *中华护理教育*，*8*（1），21－23.

方积乾，郝元涛，李彩霞.（1999）. 世界卫生组织生活质量量表中文版的信度与效度. *中国心理卫生杂志*（4），203－205.

高中华，赵晨.（2014）. 工作家庭两不误为何这么难？基于工作家庭边界理论的探讨. *心理学报*，*46*（4），552－568.

国家卫生计生委.（2016）. *关于加强心理计生服务的指导意见*. https://ncmhc.org.cn/channel/newsinfo/6213.

蒋丽，李永娟.（2012）. 安全动机在安全绩效模型中的作用：自我决定理论的视角. *心理科学进展*，*20*（1），35－44.

李欢欢，谢蔚臻，李永娜.（2015）. 基于"心理痛苦"理论的眶额皮质介导抑郁症自杀机制. *心理科学进展*，*23*（7），1187－1195.

李英武，于宙，韩笑.（2015）. 空间参照框架的产生机制及与认知机能的关系. *心理科学进展*，*23*（2），192－201.

李英武，张雪儿，钟舒婕.（2021）. 威权领导对员工反生产工作行为的影响：下属负性情绪和传统性的作用. *经济与管理研究*，*42*（5），122－132.

李永娟，蒋丽，胥遥山，王璐璐.（2011）. 工作压力与社会支持对安全绩效的影响. *心理科学进展*，*19*（3），318－327.

李永鑫.（2022）. *职业健康心理学概览*. 中国社会科学网-中国社会科学报. https://www.cssn.cn/skgz/bwyc/202212/t20221208_5569520.shtml.

李永鑫，李艺敏.（2006）. 工作倦怠评价标准的初步探讨. *心理科学*（1），148－150＋153.

刘国愈，雷玲.（2013）. 海因里希事故致因理论与安全思想因素分析. *安全与环境工程*，*20*（1），138－142.

马剑虹，张廷文.（1999）. 角色认知、控制感及工作压力的关系分析. *人类工效学*，*5*（4），15－19＋69－70.

马爽，王晨曦，胡婧，张西超.（2015）. 地税基层公务员工作压力与工作满意度、离职意向的关系：

心理资本的调节作用. *中国临床心理学杂志*, *23* (2), 326－329+335.

马晓晨.(2018). *工作家庭平衡 男性也困惑*. 中青在线. https://news.cyol.com/yuanchuang/2018－07/20/content_17398900.htm.

毛畅果,孙健敏.(2013). 基于主动性人格调节作用的工作场所不文明行为危害研究. *管理学报*, *10* (5), 708－714.

欧阳帆.(2007). 基于博德事故因果连锁理论的内河水上交通事故成因分析. *水运管理*(12), 31－33.

时勘,郑蕊.(2007). 健康型组织建设的思考. *首都经济贸易大学学报*(1), 12－19.

苏国胜,李欣,王洪雨,张丽萍,赵英杰.(2014). 中美职业安全培训法规及工作现状对比. *中国安全科学学报*, *24* (8), 125－131.

吴志明,武欣.(2006). 高科技团队变革型领导,组织公民行为和团队绩效关系的实证研究. *科研管理*(6), 74－79.

杨振宏,潘成林,惠雄鹏,李振国,韩小红.(2009). 国内外企业安全培训调查及模式的探讨. *中国安全科学学报*, *19* (5), 61－66.

张洁婷,焦璨,张敏强.(2010). 潜在类别分析技术在心理学研究中的应用. *心理科学进展*, *18* (12), 1991－1998.

张西超.(2015). *员工帮助计划*(第2版). 北京:中国人民大学出版社.

赵立祥,刘婷婷.(2009). 事故因果连锁理论评析. *经济论坛*(8), 96－97.

周博潇,朱红青.(2006). 变化-失误致灾模型与煤矿安全决策管理. *中国煤炭*(5), 65－67.

Abramson, L. Y., Alloy, L. B., Hankin, B. L., Haeffel, G. J., MacCoon, D. G., & Gibb, B. E. (2002). *Cognitive vulnerability-stress models of depression in a self-regulatory and psychobiological context*. Guilford Press.

Abramson, L. Y., Metalsky, G. I., & Alloy, L. B. (1989). Hopelessness depression: a theory-based subtype of depression. *Psychological Review*, *96* (2), 358－372.

Adams, J. S. (1965). Inequity in social exchange. *Advances in Experimental Social Psychology*, *2* (4), 267－299.

Adams, J. S. (1985). *Risk and freedom: the record of road safety*. Transport Publishing Projects.

Adkins, J. A. (1999). Promoting organizational health: the evolving practice of occupational health psychology. *Professional Psychology: Research and Practice*, *30* (2), 129－137.

Alaybek, B., Dalal, R. S., & Dade, B. (2022). Individual differences in judgment and decision-making: novel predictors of counterproductive work behavior. *Journal of Business and Psychology*, 1－17.

Alaybek, B., Wang, Y., Dalal, R. S., Dubrow, S., & Boemerman, L. S. G. (2021). Meta-analytic relations between thinking styles and intelligence. *Personality and Individual Differences*, *168*, 110322.

Allen, K., Blascovich, J., & Mendes, W. B. (2002). Cardiovascular reactivity and the presence of pets, friends, and spouses: the truth about cats and dogs. *Biopsychosocial Science and Medicine*, *64* (5), 727－739.

Allen, T. D., Herst, D. E., Bruck, C. S., & Sutton, M. (2000). Consequences associated with work-to-family conflict: a review and agenda for future research. *Journal of Occupational Health Psychology*, *5* (2), 278－308.

Altman, I., & Taylor, D. A. (1973). *Social penetration: the development of interpersonal relationships*. Holt, Rinehart & Winston.

Amabile, T. M., & Conti, R. (1999). Changes in the work environment for creativity during downsizing. *Academy of Management Journal*, *42* (6), 630 - 640.

Ashforth, B. E., Kreiner, G. E., & Fugate, M. (2000). All in a day's work: boundaries and micro role transitions. *Academy of Management Review*, *25* (3), 472 - 491.

Attridge, M. (2023). The current state of employee assistance programs in the United States: a research-based commentary. *International Journal of Scientific and Research Publications*, *13* (8), 74 - 91.

Bandura, A. (1977). Self-efficacy: toward a unifying theory of behavioral change. *Psychological Review*, *84* (2), 139 - 161.

Bandura, A. (1999). Social cognitive theory: an agentic perspective. *Asian Journal of Social Psychology*, *2* (1), 21 - 41.

Bass, B. M. (1995). Theory of transformational leadership redux. *The Leadership Quarterly*, *6* (4), 463 - 478.

Beetz, A., Uvnas-Moberg, K., Julius, H., & Kotrschal, K. (2012). Psychosocial and psychophysiological effects of human-animal interactions: the possible role of oxytocin. *Frontiers in Psychology*, *3*, 234.

Bennett, A. A., Bakker, A. B., & Field, J. G. (2017). Recovery from work-related effort: a meta-analysis. *Journal of Organizational Behavior*, *39* (3), 262 - 275.

Bennis, W. G. (1989). Managing the dream: leadership in the 21st century. *Journal of Organizational Change Management*, *2* (1), 6 - 10.

Berry, J. W. (1997). Immigration, acculturation, and adaptation. *Applied Psychology*, *46* (1), 5 - 34.

Bird, F. E., & Loftus, R. G. (1976). *Loss control management*. Institute Press.

Bliese, P. D., Edwards, J. R., & Sonnentag, S. (2017). Stress and well-being at work: a century of empirical trends reflecting theoretical and societal influences. *Journal of Applied Psychology*, *102* (3), 389 - 402.

Bloom, N., Han, R., & Liang, J. (2022). How hybrid working from home works out. *National Bureau of Economic Research Working Paper Series*, 30292.

Bohlander, G., Snell, S., & Sherman, A. (1999). *Managing human resources*. Cincinnati: South-Western Publishing Co.

Bolger, N., & Laurenceau, J. P. (2013). *Intensive longitudinal methods: an introduction to diary and experience sampling research*. Guilford press.

Bollen, K. A., & Phillips, D. P. (1982). Imitative suicides: a national study of the effects of television news stories. *American sociological review*, *47* (6), 802 - 809.

Borges, G., Bagge, C. L., Cherpitel, C. J., Conner, K. R., Orozco, R., & Rossow, I. (2017). A meta-analysis of acute use of alcohol and the risk of suicide attempt. *Psychological Medicine*, *47* (5), 949 - 957.

Borman, W. C., & Motowidlo, S. J. (1997). Task performance and contextual performance: the meaning for personnel selection research. *Human Performance*, *10* (2), 99 - 109.

Brammer, L. M. (1985). *The helping relationship: process and skills*. Prentice-Hall.

Brent, D. A., Oquendo, M., Birmaher, B., Greenhill, L., Kolko, D., Stanley, B., Zelazny, J., Brodsky, B., Firinciogullari, S., Ellis, S. P., & Mann, J. J. (2003). Peripubertal suicide attempts in offspring of suicide attempters with siblings concordant for suicidal behavior. *American Journal of Psychiatry*, *160* (8), 1486 - 1493.

Bringslimark, T., Hartig, T., & Patil, G. G. (2009). The psychological benefits of indoor plants: a critical review of the experimental literature. *Journal of Environmental Psychology*, *29* (4), 422 - 433.

Bronfenbrenner, U. (2005). *Making human beings human: bioecological perspectives on human development*. Sage.

Brooks, A. M., Ottley, K. M., Arbuthnott, K. D., & Sevigny, P. (2017). Nature-related mood effects: season and type of nature contact. *Journal of Environmental Psychology*, *54*, 91 - 102.

Brown, G., Rathbone, A. L., & Prescott, J. (2021). Social media use for supporting mental health (SMILE). *Mental Health Review Journal*, *26* (3), 279 - 297.

Brown, J., & Errington, L. (2024). Bowen family systems theory and practice: illustration and critique revisited. *Australian and New Zealand Journal of Family Therapy*, *45* (2), 135 - 155.

Bruck, C. S., & Allen, T. D. (2003). The relationship between big five personality traits, negative affectivity, type A behavior, and work - family conflict. *Journal of Vocational Behavior*, *63* (3), 457 - 472.

Bufquin, D., Park, J. Y., Back, R. M., de Souza Meira, J. V., & Hight, S. K. (2021). Employee work status, mental health, substance use, and career turnover intentions: an examination of restaurant employees during COVID-19. *International Journal of Hospitality Management*, *93*, 102764.

Bunce, A., Hashemi, L., Clark, C., Stansfeld, S., Myers, C. A., & McManus, S. (2024). Prevalence and nature of workplace bullying and harassment and associations with mental health conditions in England: a cross-sectional probability sample survey. *BMC Public Health*, *24* (1), 1147.

Burke, M., González, F., Baylis, P., Heft-Neal, S., Baysan, C., Basu, S., & Hsiang, S. (2018). Higher temperatures increase suicide rates in the United States and Mexico. *Nature climate change*, *6* (8), 723 - 729.

Bussing, A., & Glaser, J. (1999). Work stressors in nursing in the course of redesign: implications for burnout and interactional stress. *European Journal of Work and Organizational Psychology*, *8* (3), 401 - 426.

Butler, E. A., Lee, T. L., & Gross, J. J. (2007). Emotion regulation and culture: are the social consequences of emotion suppression culture-specific? *Emotion*, *7* (1), 30 - 48.

Cabaços, C., Macedo, A., Carneiro, M., Brito, M. J., Amaral, A. P., Araújo, A., Correia, D. T., Novais, F., Vitória, P., & Pereira, A. T. (2023). The mediating role of self-compassion and repetitive negative thinking in the relationship between perfectionism and burnout in health-field students: a prospective study. *Personality and Individual Differences*, *213*, 112314.

Cacioppo, J. T., & Hawkley, L. C. (2009). Perceived Social Isolation and Cognition. *Trends in Cognitive Sciences*, *13* (10), 447 - 454.

Campbell, J. P. (1999). The definition and measurement of performance in the new age. In D. R. Ilgen & E. D. Pulakos (Eds.), *The changing nature of performance: Implications for staffing, motivation, and development* (pp. 399 - 429). Jossey-Bass.

Cannon, W. B., & Lissak, K. (1939). Evidence for adrenaline in adrenergic neurones. *American Journal of Physiology-Legacy Content*, *125* (4), 765 - 777.

Caplan, G. (1989). Recent developments in crisis intervention and the promotion of support service. *Journal of Primary Prevention*, *10* (1), 3 - 25.

Carlson, D. S., Kacmar, K. M., & Williams, L. J. (2000). Construction and initial validation of a multidimensional measure of work-family conflict. *Journal of Vocational Behavior*, *56* (2), 249 - 276.

Cavanaugh, M. A., Boswell, W. R., Roehling, M. V., & Boudreau, J. W. (2000). An empirical examination of self-reported work stress among US managers. *Journal of Applied Psychology*, *85* (1), 65 - 74.

Chen, P. Y. (2024). *Occupational stress*. New York: Hogrefe Publishing.

Chen, Y. C., Chu, H. C., & Wang, P. T. (2021). Employee assistance programs: a meta-analysis. *Journal of Employment Counseling*, *58* (4), 144 - 166.

Christian, M. S., Bradley, J. C., Wallace, J. C., & Burke, M. J. (2009). Workplace safety: a meta-analysis of the roles of person and situation factors. *Journal of Applied Psychology*, *94* (5), 1103 - 1127.

Clarivate. (2023). *Clarivate Unveils Journal Citation Reports* 2023. https://clarivate.com/news/clarivate-unveils-journal-citation-reports-2023-a-trusted-resource-to-support-research-integrity-and-promote-accurate-journal-evaluation/.

Clarke, S. (2010). An integrative model of safety climate: linking psychological climate and work attitudes to individual safety outcomes using meta-analysis. *Journal of Occupational and Organizational Psychology*, *83* (3), 553 - 578.

Cobb, H. R., Murphy, L. D., Thomas, C. L., Katz, I. M., & Rudolph, C. W. (2022). Measuring boundaries and borders: a taxonomy of work-nonwork boundary management scales. *Journal of Vocational Behavior*, *137*, 103760.

Cohen, S. (2004). Social relationships and health. *American Psychologist*, *59* (8), 676 - 684.

Cohen, S., Kamarck, T., & Mermelstein, R. (1983). A global measure of perceived stress. *Journal of Health and Social Behavior*, *24* (4), 385 - 396.

Cohen, S., & Wills, T. A. (1985). Stress, social support, and the buffering hypothesis. *Psychological Bulletin*, *98* (2), 310 - 357.

Cooper, C. L., & Sadri, G. (1991). The impact of stress counselling at work. *Journal of Social Behavior & Personality*, *6* (7), 411 - 423.

Cooper, C. L., Sloan, S., & Williams, S. (1988). *Occupational Stress Indicator* (*OSI*). Windsor: NFER-Nelson.

Cox, S., & Flin, R. (1998). Safety culture: philosopher's stone or man of straw? *Work & Stress*, *12* (3), 189 - 201.

Craft, L. L., & Perna, F. M. (2004). The benefits of exercise for the clinically depressed. *Primary care companion to the Journal of clinical psychiatry*, *6* (3), 104 - 111.

Cropanzano, R., Bowen, D. E., & Gilliland, S. W. (2007). The management of organizational justice. *Academy of Management Perspectives*, *21* (4), 34 - 48.

Csikszentmihalyi, M., & Larson, R. (2014). *Flow and the foundations of positive psychology*. Springer.

DeGroot, T., & Kiker, D. S. (2003). A meta-analysis of the non-monetary effects of employee health management programs. *Human Resource Management*, *42* (1), 53 - 69.

Demerouti, E., Bakker, A. B., Nachreiner, F., & Schaufeli, W. B. (2001). The job demands-resources model of burnout. *Journal of Applied Psychology*, *86* (3), 499 - 512.

Deming, W. E. (1982). *Out of the crisis*. MIT press.

Denison, D. R. (1993). What is the difference between organizational culture and organizational climate? A native's point of view on a decade of paradigm wars. *Academy of Management Proceedings*, *1*, 207 - 211.

Dewa, L. H., Lavelle, M., Pickles, K., Kalorkoti, C., Jaques, J., Pappa, S., & Aylin, P. (2019). Young adults' perceptions of using wearables, social media and other technologies to detect worsening mental health: A qualitative study. *Plos one*, *14* (9), e0222655.

Diener, E. (1984). Subjective well-being. *Psychological Bulletin*, *95*, 542 - 575.

Duffy, M., & Yamada, D. C. (2018). *Workplace bullying and mobbing in the United States*. Bloomsbury Publishing USA.

Dumais, A., Lesage, A. D., Alda, M., Rouleau, G., Dumont, M., Chawky, N., Roy, M., Mann, J. J., Benkelfat, C., & Turecki, G. (2005). Risk factors for suicide completion in major depression: a case-control study of impulsive and aggressive behaviors in men. *American Journal of Psychiatry*, *162* (11), 2116 - 2124.

Durkheim, E. (1897). *Suicide: a study in sociology*. Paris: Les Presses universitaires de France.

Edwards, J. R., & Rothbard, N. P. (1999). Work and family stress and well-being: an examination of person-environment fit in the work and family domains. *Organizational Behavior and Human Decision Processes*, *77* (2), 85 - 129.

Einarsen, S., Raknes, B. I., & Matthiesen, S. B. (1994). Bullying and harassment at work and their relationships to work environment quality: an exploratory study. *European Work and Organizational Psychologist*, *4* (4), 381 - 401.

Endicott, J., & Nee, J. (1997). Endicott work productivity scale (EWPS): a new measure to assess treatment effects. *Psychopharmacology Bulletin*, *33* (1), 13 - 16.

Engel, G. L. (1977). The need for a new medical model: a challenge for biomedicine. *Science*, *196* (4286), 129 - 136.

Erikson, E. H. (1968). *Identity youth and crisis*. NewYork: W. W. Norton & company.

Evans, G. W., & Johnson, D. (2000). Stress and open-office noise. *Journal of Applied Psychology*, *85* (5), 779 - 783.

Farh, J. L., Earley, P. C., & Lin, S. C. (1997). Impetus for action: a cultural analysis of justice and organizational citizenship behavior in Chinese society. *Administrative Science Quarterly*, *42* (3), 421 - 444.

Farmer, E., & Chambers, E. G. (1929). *A study of personal qualities in accident proneness and proficiency*. Report H. M. S. O., London.

Ferris, D. L., Brown, D. J., Berry, J. W., & Lian, H. (2008). The development and validation of the workplace ostracism scale. *Journal of Applied Psychology*, *93* (6), 1348 - 1366.

Festinger, L. (1957). *A theory of cognitive dissonance*. Stanford University Press.

Fink, G. (2010). *Stress science: neuroendocrinology*. Academic Press.

French, J. R. P., & Caplan, R. D. (1972). *Organizational stress and individual strain*. New York: AMACOM.

Freudenberger, H. J. (1974). Staff burn-out. *Journal of Social Issues*, *30* (1), 159 - 165.

Frone, M. R. (2015). Relations of negative and positive work experiences to employee alcohol use: testing the intervening role of negative and positive work rumination. *Journal of Occupational Health Psychology*, *20* (2), 148 - 160.

Frone, M. R., Russell, M., & Cooper, M. L. (1995). Job stressors, job involvement and employee health: a test of identity theory. *Journal of Occupational and Organizational Psychology*, *68* (1), 1 - 11.

Ganster, D. C., & Rosen, C. C. (2013). Work stress and employee health: a multidisciplinary review. *Journal of Management*, *39* (5), 1085 - 1122.

Glaser, B. G., & Strauss, A. L. (1967). *The discovery of grounded theory: strategies for qualitative research*. Routledge.

Grandey, A., Cordeiro, B., & Crouter, A. (2005). A longitudinal and multi-source test of the work-family conflict and job satisfaction relationship. *Journal of Occupational and Organizational Psychology*, *78* (3), 305 - 323.

Greenberg, J. (1987). A taxonomy of organizational justice theories. *Academy of Management Review*, *12* (1), 9 - 22.

Greenberg, J. (1993). *The social side of fairness: interpersonal and informational classes of organizational justice*. In R. Cropanzano (Ed.), *Justice in the workplace: approaching fairness in human resource management* (pp. 79 - 103). Lawrence Erlbaum Associates, Inc.

Greenhaus, J. H., & Beutell, N. J. (1985). Sources of conflict between work and family roles. *Academy of Management Review*, *10* (1), 76 - 88.

Griffin, M. A., & Curcuruto, M. (2016). Safety climate in organizations. *Annual Review of Organizational Psychology and Organizational Behavior*, *3* (1), 191 - 212.

Griffin, M. A., & Neal, A. (2000). Perceptions of safety at work: a framework for linking safety climate to safety performance, knowledge, and motivation. *Journal of Occupational Health Psychology*, *5* (3), 347 - 358.

Gross, J. J. (1998). The emerging field of emotion regulation: an integrative review. *Review of general psychology*, *2* (3), 271 - 299.

Haapakangas, A., Hongisto, V., Varjo, J., & Lahtinen, M. (2018). Benefits of quiet workspaces in open-plan offices-Evidence from two office relocations. *Journal of Environmental Psychology*, *56*, 63 - 75.

Hackman, & Richard, J. (1980). Work redesign and motivation. *Professional Psychology*, *11* (3), 445 - 455.

Hackman, J. R., & Oldham, G. R. (1976). Motivation through the design of work: test of a theory. *Organizational Behavior and Human Performance*, *16* (2), 250 - 279.

Haw, C., Hawton, K., Gunnell, D., & Platt, S. (2015). Economic recession and suicidal behaviour: possible mechanisms and ameliorating factors. *International Journal of Social Psychiatry*, *61* (1), 73 - 81.

Hawton, K., & Pirkis, J. (2024). Preventing suicide: a call to action. *Lancet Public Health*, *9* (10), e825 - e830.

Hawton, K., Zahl, D., & Weatherall, R. (2003). Suicide following deliberate self-harm: long-term follow-up of patients who presented to a general hospital. *The British Journal of Psychiatry*, *182* (6), 537 - 542.

Hedeker, D., & Gibbons, R. D. (2006). *Longitudinal data analysis*. John Wiley & Sons, Inc.

Heinrich, H. W. (1941). *Industrial accident prevention. A scientific approach*. New York & London: McGraw-Hill Book Company, Inc.

Helson, H. (1948). Adaptation-level as a basis for a quantitative theory of frames of reference. *Psychological Review*, *55* (6), 297 - 313.

Herzberg, F. (1968). One more time: how do you motivate employees? *Harvard Business Review*, *65*.

Hobfoll, S. E. (1989). Conservation of resources: a new attempt at conceptualizing stress. *American Psychologist*, *44* (3), 513 - 524.

Hobfoll, S. E. (2001). The influence of culture, community, and the nested-self in the stress process: advancing conservation of resources theory. *Applied Psychology: An International Review*, *50* (3), 337 - 370.

Hobfoll, S. E., Halbesleben, J., Neveu, J. P., & Westman, M. (2018). Conservation of resources in the organizational context: the reality of resources and their consequences. *Annual Review of Organizational Psychology and Organizational Behavior*, *5* (1), 103 - 128.

Hoffman, B. J., & Woehr, D. J. (2009). Disentangling the meaning of multisource performance rating source and dimension factors. *Personnel Psychology*, *62* (4), 735 - 765.

Hogan, J., & Foster, J. (2013). Multifaceted personality predictors of workplace safety performance: more than conscientiousness. *Human Performance*, *26* (1), 20 - 43.

Holmes, T. H., & Rahe, R. H. (1967). The social readjustment rating scale. *Journal of Psychosomatic Research*, *11*, 213 - 218.

Horesh, N., & Apter, A. (2006). Self-disclosure, depression, anxiety, and suicidal behavior in adolescent psychiatric inpatients. *Crisis*, *27* (2), 66 - 71.

Horesh, N., Rolnick, T., Iancu, I., Dannon, P., Lepkifker, E., Apter, A., & Kotler, M. (1996). Coping styles and suicide risk. *Acta Psychiatrica Scandinavica*, *93* (6), 489 - 493.

ILO. (2024). *Safety in numbers: what labour inspection data tells us*. https://ilostat.ilo.org/blog/safety-in-numbers-what-labour-inspection-data-tells-us/.

Jackson, S. E., & Schuler, R. S. (1995). Understanding human resource management in the context of organizations and their environments. *Human Resource Management: Critical Perspectives on Business and Management*, *21* (1), 45 - 74.

James, L. R., & Jones, A. P. (1974). Organizational climate: a review of theory and research. *Psychological Bulletin*, *81* (12), 1096 - 1112.

Johnson, W. G. (1980). *MORT safety assurance systems*. New York: Marcel Dekker.

Joseph, B., Walker, A., & Fuller-Tyszkiewicz, M. (2017). Evaluating the effectiveness of employee assistance programmes: a systematic review. *European Journal of Work and Organizational Psychology*, *27* (1), 1 - 15.

Kabanoff, B., & O'Brien, G. E. (1980). Work and leisure: a task attributes analysis. *Journal of Applied Psychology*, *65* (5), 596 - 609.

Kabat-Zinn, J. (2003). Mindfulness-based interventions in context: past, present, and future. *Clinical Psychology: Science and Practice*, *10* (2), 144 - 156.

Kahn, R. L., Wolfe, D. M., Quinn, R. P., Snoek, J. D., & Rosenthal, R. A. (1964). *Occupational stress: studies in role conflict and ambiguity*. John Wiley & Sons, Inc.

Karasek, J. R. A. (1979). Job demands, job decision latitude, and mental strain: implications for job redesign. *Administrative Science Quarterly*, *24* (2), 285 - 308.

Karasek, R. A., & Theorell, T. (1990). *Healthy work: stress, productivity and the reconstruction of working life*. New York: Basic Books.

Khalid, A., & Syed, J. (2024). Mental health and well-being at work: a systematic review of literature and directions for future research. *Human Resource Management Review*, *34* (1), 100998.

Khazanchi, S., Sprinkle, T. A., Masterson, S. S., & Tong, N. (2018). A spatial model of work relationships: the relationship-building and relationship-straining effects of workspace design. *Academy of Management Review*, *43* (4), 590 - 609.

Kim, M., & Beehr, T. A. (2022). Empowering leadership improves employees' positive psychological states to result in more favorable behaviors. *The International Journal of Human Resource Management*, *34* (10), 2002 - 2038.

Kim, S., Park, Y., & Headrick, L. (2018). Daily micro-breaks and job performance: general work engagement as a cross-level moderator. *Journal of Applied Psychology*, *103* (7), 772 - 786.

Kim, S., Park, Y., & Niu, Q. (2016). Micro-break activities at work to recover from daily work demands. *Journal of Organizational Behavior*, *38* (1), 28 - 44.

Kivimaki, M., Nyberg, S. T., Batty, G. D., Fransson, E. I., Heikkila, K., Alfredsson, L., Bjorner, J. B., Borritz, M., Burr, H., Casini, A., Clays, E., De Bacquer, D., Dragano, N., Ferrie, J. E., Geuskens, G. A., Goldberg, M., Hamer, M., Hooftman, W. E., Houtman, I. L., ... Consortium, I. P. -W. (2012). Job strain as a risk factor for coronary heart disease: a collaborative meta-analysis of individual participant data. *Lancet*, *380* (9852), 1491 - 1497.

Knipe, D., Padmanathan, P., Newton-Howes, G., Chan, L. F., & Kapur, N. (2022). Suicide and self-harm. *Lancet*, *399* (10338), 1903 - 1916.

Kohlberg, L., & Power, C. (1981). Moral development, religious thinking, and the question of a seventh stage. *ZYGON*: *Journal of Religion and Science*, *16* (3), 203 - 259.

Koopman, C., Pelletier, K. R., Murray, J. F., Sharda, C. E., Berger, M. L., Turpin, R. S., Hackleman, P., Gibson, P., Holmes, D. M., & Bendel, T. (2002). Stanford presenteeism scale: health status and employee productivity. *Journal of Occupational and Environmental Medicine*, *44* (1), 14 - 20.

Koys, D. J., & DeCotiis, T. A. (2016). Inductive measures of psychological climate. *Human Relations*, *44* (3), 265 - 285.

Lawrence, A. C. (1974). Human error as a cause of accidents in gold mining. *Journal of Safety Research*, *6* (1), 78 - 88.

Lazarus, R. S. (1995). Psychological stress in the workplace. In*Occupational stress* (pp. 3 - 14). CRC Press.

Lazarus, R. S., & Folkman, S. (1984). *Stress, appraisal, and coping*. Springer.

Lerner, D., Adler, D. A., Chang, H., Berndt, E. R., Irish, J. T., Lapitsky, L., Hood, M. Y., Reed, J., & Rogers, W. H. (2004). The clinical and occupational correlates of work productivity loss among employed patients with depression. *Journal of Occupational and Environmental Medicine*, *46* (6), S46 - S55.

Lerner, D., Amick III, B. C., Rogers, W. H., Malspeis, S., Bungay, K., & Cynn, D. (2001). The work limitations questionnaire. *Medical Care*, *39* (1), 72 - 85.

Lewinsohn, P. M., Clarke, G. N., Seeley, J. R., & Rohde, P. (1994). Major depression in community adolescents: age at onset, episode duration, and time to recurrence. *Journal of the American Academy of Child & Adolescent Psychiatry*, *33* (6), 809 - 818.

Leymann, H. (1996). The content and development of mobbing at work. *European Journal of Work and Organizational Psychology*, *5* (2), 165 - 184.

Li, P., Bastone, A., Mohamad, T. A., & Schiavone, F. (2023). How does artificial intelligence impact human resources performance. evidence from a healthcare institution in the United Arab Emirates. *Journal of Innovation & Knowledge*, *8* (2), 100340.

Lim, V. K., & Teo, T. S. (2022). Cyberloafing: a review and research agenda. *Applied Psychology: An International Review*, *73* (1), 441 - 484.

Litwiller, B., Snyder, L. A., Taylor, W. D., & Steele, L. M. (2017). The relationship between sleep and work: a meta-analysis. *Journal of Applied Psychology*, *102* (4), 682 - 699.

Liu, F., Yan, L., Meng, X., & Zhang, C. (2022). A review on indoor green plants employed to improve indoor environment. *Journal of Building Engineering*, *53*, 104542.

Locke, E. A. (1976). The nature and causes of job satisfaction. In M. D. Dunnette (Ed.), *Handbook of industrial and organizational psychology*. Rand McNally.

Long, T. (2024). Why are employee assistance programmes under-utilised and marginalised and how to address it? A critical review and a labour process analysis. *Human Resource Management Journal*, *34* (4), 1134 - 1153.

Lu, J., Guo, S., Qu, J., Lin, W., & Lev, B. (2023). "Stay" or "Leave": influence of employee-oriented social responsibility on the turnover intention of new-generation employees. *Journal of Busi-

*ness Research*, *161*, 113814.

Luthans, F., Avolio, B. J., Avey, J. B., & Norman, S. M. (2007). Positive psychological capital: measurement and relationship with performance and satisfaction. *Personnel Psychology*, *60* (3), 541 - 572.

Luthans, F., Avolio, B. J., Walumbwa, F. O., & Li, W. X. (2005). The psychological capital of Chinese workers: exploring the relationship with performance. *Management and Organization Review*, *1* (2), 249 - 271.

Luthans, F., Norman, S. M., Avolio, B. J., & Avey, J. B. (2008). The mediating role of psychological capital in the supportive organizational climate-employee performance relationship. *Journal of Organizational Behavior*, *29* (2), 219 - 238.

Macik-Frey, M., Quick, J. C., & Nelson, D. L. (2016). Advances in occupational health: from a stressful beginning to a positive future. *Journal of management*, *33* (6), 809 - 840.

Maher, A., & von Hippel, C. (2005). Individual differences in employee reactions to open-plan offices. *Journal of Environmental Psychology*, *25* (2), 219 - 229.

Mann, J. J., & Rizk, M. M. (2020). A brain-centric model of suicidal behavior. *American Journal of Psychiatry*, *177* (10), 902 - 916.

Mann, J. J., Waternaux, C., Haas, G. L., & Malone, K. M. (1999). Toward a clinical model of suicidal behavior in psychiatric patients. *American Journal of Psychiatry*, *156* (2), 181 - 189.

Maslach, C., & Jackson, S. E. (1981). The measurement of experienced burnout. *Journal of Organizational Behavior: The International Journal of Industrial, Occupational Organizational Psychology Behavior*, *2* (2), 99 - 113.

Maslach, C., & Leiter, M. P. (2017). Understanding burnout. In *The Handbook of stress and health* (pp. 36 - 56). Wiley-Blackwell.

Maslach, C., Schaufeli, W. B., & Leiter, M. P. (2001). Job burnout. *Annual Review of Psychology*, *52*, 397 - 422.

Maslow, A. H. (1954). The instinctoid nature of basic needs. *Journal of Personality*, *22*, 326 - 347.

Mason, J. W. (1975). A historical view of the stress field. *Journal of Human Stress*, *1* (12), 22 - 36.

McGrath, J. E. (1976). Stress and behavior in organizations. In M. D. Dunnette (Ed.), *Handbook of industrial and organizational psychology*. Rand McNally.

McGuffin, P., Riley, B., & Plomin, R. (2001). Toward behavioral genomics. *Science*, *291* (5507), 1232 - 1249.

Meijman, T. F., & Mulder, G. (1998). Psychological aspects of workload. InA *Handbook of work and organizational psychology* (pp. 5 - 33). Psychology Press.

Michel, J. S., Kotrba, L. M., Mitchelson, J. K., Clark, M. A., & Baltes, B. B. (2011). Antecedents of work-family conflict: a meta-analytic review. *Journal of Organizational Behavior*, *32* (5), 689 - 725.

Milgram, S. (1970). The experience of living in cities: a psychological analysis. In F. F. Korten, S. W. Cook, & J. I. Lacey (Eds.), *Psychology and the problems of society* (pp. 152 - 173). American Psychological Association.

Miller, N. E. (1944). Experimental studies of conflict. In J. Hunt (Ed.), *Personality and behavioral disorders* (pp. 431 - 465). Oxford, England: Ronald Press.

Milner, A., Witt, K., LaMontagne, A. D., & Niedhammer, I. (2018). Psychosocial job stressors and suicidality: a meta-analysis and systematic review. *Occupational and Environmental Medicine*, *75* (4), 245 - 253.

Mintzberg, H. (1980). Structure in 5's: a synthesis of the research on organization design. *Management Science*, *26* (3), 322 - 341.

Moon, C., & Morais, C. (2022). The effect of covert narcissism on workplace incivility: the mediating role of self-esteem and norms for respect. *Current Psychology*, *42* (21), 18108 - 18122.

Moorman, R. H., & Blakely, G. L. (1995). Individualism-collectivism as an individual difference predictor of organizational citizenship behavior. *Journal of Organizational Behavior*, *16* (2), 127 - 142.

Morrison, R. L., & Macky, K. A. (2017). The demands and resources arising from shared office spaces. *Applied Ergonomics*, *60*, 103 - 115.

Motowidlo, S. J., Packard, J. S., & Manning, M. R. (1986). Occupational stress: its causes and consequences for job performance. *Journal of Applied Psychology*, *71* (4), 618 - 629.

Muir Zapata, C. P., Calderwood, C., & Boncoeur, O. D. (2023). Matches measure: a visual scale of job burnout. *Journal of Applied Psychology*, *108* (6), 977 - 1000.

Murphy, G. E., & Wetzel, R. D. (1990). The lifetime risk of suicide in alcoholism. *Archives of General Psychiatry*, *47* (4), 383 - 392.

Namie, G. (2003). Workplace bullying: escalated incivility. *Ivey Business Journal*, *68* (2), 1 - 6.

Neal, A., & Griffin, M. A. (2006). A study of the lagged relationships among safety climate, safety motivation, safety behavior, and accidents at the individual and group levels. *Journal of Applied Psychology*, *91* (4), 946 - 953.

Ng, T. W., & Sorensen, K. L. (2008). Toward a further understanding of the relationships between perceptions of support and work attitudes: a meta-analysis. *Group & Organization Management*, *33* (3), 243 - 268.

NICE. (2022). Mental wellbeing at work. https://www.nice.org.uk/guidance/ng212.

Nicholson, N. (1984). A theory of work role transitions. *Administrative Science Quarterly*, *29* (2), 172 - 191.

NIOSH. (2023). Safety and health at work: general guidance. https://www.cdc.gov/niosh/docs/2023 - 113/default.html.

Nippert-Eng, C. (1996). Calendars and keys: the classification of "home" and "work". *Sociological Forum*, *11*, 563 - 582.

Oldham, G. R., & Fried, Y. (1978). Employee reactions to workspace characteristics. *Journal of Applied Psychology*, *72* (1), 75 - 80.

Organ, D. W. (1988). A restatement of the satisfaction-performance hypothesis. *Journal of Management*, *14* (4), 547 - 557.

Parker, C. P., Baltes, B. B., Young, S. A., Huff, J. W., Altmann, R. A., LaCost, H. A., & Roberts, J. E. (2003). Relationships between psychological climate perceptions and work outcomes: a meta-analytic review. *Journal of Organizational Behavior*, *24* (4), 389 - 416.

Parker, S. K., Andrei, D. M., & Van den Broeck, A. (2019). Poor work design begets poor work design: capacity and willingness antecedents of individual work design behavior. *Journal of Applied Psychology*, *104* (7), 907 - 928.

Parkes, K. R. (1985). Stressful episodes reported by first-year student nurses: a descriptive account. *Social Science & Medicine*, *20* (9), 945 - 953.

Parkes, K. R. (1990). Coping, negative affectivity, and the work environment: additive and interactive predictors of mental health. *Journal of Applied Psychology*, *75* (4), 399 - 409.

Patterson, A. C. (2016). Does the mortality risk of social isolation depend upon socioeconomic factors? *Journal of Health Psychology*, *21* (10), 2420 - 2433.

Patterson, A. C., & Veenstra, G. (2010). Loneliness and risk of mortality: a longitudinal investigation in Alameda County, California. *Social Science & Medicine*, *71* (1), 181 - 186.

Patterson, M. G., West, M. A., Shackleton, V. J., Dawson, J. F., Lawthom, R., Maitlis, S., Robinson, D. L., & Wallace, A. M. (2005). Validating the organizational climate measure: links to managerial practices, productivity and innovation. *Journal of Organizational Behavior*, *26* (4), 379 - 408.

Pearson, C. M., & Porath, C. L. (2005). On the nature, consequences and remedies of workplace incivility: no time for "nice"? Think again. *Academy of Management Perspectives*, *19* (1), 7 - 18.

Peters, T. J., & Waterman, R. H. (1982). *In search of excellence: lessons from America's best-run companies*. Harper & Row.

Phillips, D. P. (1974). The influence of suggestion on suicide: substantive and theoretical implications of the Werther effect. *American Sociological Review*, *39* (3), 340 - 354.

Pines, A. M., & Aronson, E. (1988). *Career burnout*. New York: The Free Press.

Pirkis, J., Bantjes, J., Dandona, R., Knipe, D., Pitman, A., Robinson, J., Silverman, M., & Hawton, K. (2024). Addressing key risk factors for suicide at a societal level. *Lancet Public Health*, *9* (10), e816 - e824.

Pirkis, J., Dandona, R., Silverman, M., Khan, M., & Hawton, K. (2024). Preventing suicide: a public health approach to a global problem. *Lancet Public Health*, *9* (10), e787 - e795.

Ponzo, S., Morelli, D., Kawadler, J. M., Hemmings, N. R., Bird, G., & Plans, D. (2020). Efficacy of the digital therapeutic mobile app BioBase to reduce stress and improve mental well-being among university students: randomized controlled trial. *JMIR Mhealth Uhealth*, *8* (4), e17767.

Porath, C. L., & Pearson, C. (2013). The price of incivility. *Harvard Business Review*, *91*, 115 - 121.

Pulakos, E. D., Arad, S., Donovan, M. A., & Plamondon, K. E. (2000). Adaptability in the workplace: development of a taxonomy of adaptive performance. *Journal of Applied Psychology*, *85* (4), 612 - 624.

Ratey, J. J., & Loehr, J. E. (2011). The positive impact of physical activity on cognition during adulthood: a review of underlying mechanisms, evidence and recommendations. *Reviews in the Neurosciences*, *22* (2), 171 - 185.

Raudenbush, S. W., & Bryk, A. S. (2002). *Hierarchical linear models: applications and data a-*

*nalysis methods* (2nd edition). Sage.

Reis, H. T., & Gable, S. L. (2000). Event-sampling and other methods for studying everyday experience. In H. T. Reis & C. M. Judd (Eds.), *Handbook of research methods in social and personality psychology*. Cambridge University Press.

Richardson, K. M., & Rothstein, H. R. (2008). Effects of occupational stress management intervention programs: a meta-analysis. *Journal of Occupational Health Psychology*, *13* (1), 69 - 93.

Robens, A. (1972). *Safety and health at work: report of the committee*. HM Stationery Office.

Rossow, I. (1996). Alcohol-related violence: the impact of drinking pattern and drinking context. *Addiction*, *91* (11), 1651 - 1661.

Sanz-Vergel, A. I., Rodríguez-Muñoz, A., & Antino, M. (2024). Work-family conflict and spouse's job performance: when detaching from home is key. *Work & Stress*, *39* (1), 66 - 82.

Sauter, S. L., Hurrel Jr, J. J., Fox, H. R., Tetrick, L. E., & Barling, J. (1999). Occupational health psychology: an emerging discipline. *Industrial Health*, *37* (2), 199 - 211.

Schein, E. H. (2010). *Organizational culture and leadership*. John Wiley & Sons, Inc.

Schmidt, R. M. (1994). Preventive healthcare for older adults: societal and individual services. *Generations: Journal of the American Society on Aging*, *18* (1), 33 - 38.

Schneider, B., Gonzalez-Roma, V., Ostroff, C., & West, M. A. (2017). Organizational climate and culture: reflections on the history of the constructs in the Journal of Applied Psychology. *Journal of Applied Psychology*, *102* (3), 468 - 482.

Selye, H. (1936). A syndrome produced by diverse nocuous agents. *Nature*, *138*, 32.

Selye, H. (1974). *Stress without distress*. *Vie Médicale au Canada Français*, *4* (8), 964 - 968.

Shiffman, S., Brockwell, S. E., Pillitteri, J. L., & Gitchell, J. G. (2008). Use of smoking-cessation treatments in the United States. *American Journal of Preventive Medicine*, *34* (2), 102 - 111.

Shirom, A., & Melamed, S. (2006). A comparison of the construct validity of two burnout measures in two groups of professionals. *International Journal of Stress Management*, *13* (2), 176 - 200.

Shneidman, E. S. (1993). *Suicide as psychache: a clinical approach to self-destructive behavior*. Jason Aronson.

Smith, P. C., Kendall, L. M., & Hulin, C. L. (1969). *The measurement of satisfaction in work and retirement: a strategy for the study of attitudes*. Rand McNally.

Sonnentag, S., & Fritz, C. (2015). Recovery from job stress: the stressor-detachment model as an integrative framework. *Journal of Organizational Behavior*, *36* (S1), S72 - S103.

Spector, P. E. (1985). Measurement of human service staff satisfaction: development of the job satisfaction survey. *American Journal of Community Psychology*, *13* (6), 693 - 713.

Spector, P. E. (2022). *Job satisfaction: from assessment to intervention*. Routledge.

Spector, P. E., & Fox, S. (2005). The stressor-emotion model of counterproductive work behavior. In S. Fox & P. E. Spector (Eds.), *Counterproductive work behavior: investigations of actors and targets* (pp. 151 - 174). American Psychological Association.

Spetch, A., Howland, A., & Lowman, R. L. (2011). EAP utilization patterns and employee absenteeism: results of an empirical, 3-year longitudinal study in a national Canadian retail corporation. *Consulting Psychology Journal: Practice and Research*, *63* (2), 110 - 128.

Stack, S. (2021). Contributing factors to suicide: political, social, cultural and economic. *Preventive Medicine*, *152*, 106498.

Stansfeld, S., Clark, C., Smuk, M., Gallacher, J., & Babisch, W. (2017). *Noise sensitivity, health and mortality - a review and new analyses*. Proceedings of the 12th International Congress on Noise as a Public Health Problem, Zurich.

Steele, C. M., & Josephs, R. A. (1990). Alcohol myopia. Its prized and dangerous effects. *American Psychologist*, *45* (8), 921 - 933.

Stokols, D. (1976). The experience of crowding in primary and secondary environments. *Environment and Behavior*, *8* (1), 49 - 86.

Surry, J. (1969). *Industrial accident research: a human engineering appraisa*. Toronto, Ontario: Labour Safety Council, Ontario Department of Labour.

Tay, L., Batz-Barbarich, C., Yang, L. Q., & Wiese, C. W. (2023). Well-being: the ultimate criterion for organizational sciences. *Journal of Business and Psychology*, *38* (6), 1141 - 1157.

Tetrick, L. E., & Quick, J. C. (2011). *Overview of occupational health psychology: public health in occupational settings*. American Psychological Association.

Theorell, T., Karasek, R. A., & Eneroth, P. (1990). Job strain variations in relation to plasma testosterone fluctuations in working men-a longitudinal study. *Journal of Internal Medicine*, *227* (1), 31 - 36.

Thomas, K. W. (1992). Conflict and conflict management: reflections and update. *Journal of Organizational Behavior*, *13*, 265 - 274.

Tisak, J., & Tisak, M. S. (2000). Permanency and ephemerality of psychological measures with application to organizational commitment. *Psychological Methods*, *5* (2), 175 - 198.

Tong, J., Van Egdom, D., French, K., & Zhang, J. (2024). Parent-adolescent transmission of emotional exhaustion: testing a social-cognitive spillover and crossover model. *Journal of Business and Psychology*, 1 - 17.

Totterdell, P., & Parkinson, B. (1999). Use and effectiveness of self-regulation strategies for improving mood in a group of trainee teachers. *Journal of Occupational Health Psychology*, *4* (3), 219 - 232.

van Daalen, G., Willemsen, T. M., & Sanders, K. (2006). Reducing work - family conflict through different sources of social support. *Journal of Vocational Behavior*, *69* (3), 462 - 476.

Van der Klink, J. J., Blonk, R. W., Schene, A. H., & Van Dijk, F. J. (2001). The benefits of interventions for work-related stress. *American Journal of Public Health*, *91* (2), 270 - 276.

Wallace, C., & Chen, G. (2006). A multilevel integration of personality, climate, self-regulation, and performance. *Personnel Psychology*, *59* (3), 529 - 557.

Walsh, D. C. (1982). Employee assistance programs. *Milbank Memorial Fund Quarterly: Health and Society*, *60* (3), 492 - 517.

Ware, J. E., Kosinski, M., & Keller, S. D. (1996). A 12-item short-form health survey: construction of scales and preliminary tests of reliability and validity. *Medical Care*, *34*, 220 - 233.

Weiss, D. J., Dawis, R. V., England, G. W., & Lofquist, L. H. (1967). *Minnesota satisfaction questionnaire-short form [Database rocord]*. APA PsycTests.

Weiss, H. M., & Cropanzano, R. (1996). Affective events theory: a theoretical discussion of the structure, causes and consequences of affective experiences at work. *Research in Organizational Behavior*, *18*, 1-74.

Welte, J. W., Abel, E. L., & Wieczorek, W. (1988). The role of alcohol in suicides in Erie County, NY, 1972-84. *Public Health Reports*, *103* (6), 648-652.

Wheeler, L., & Reis, H. T. (1991). Self-recording of everyday life events: origins, types, and uses. *Journal of Personality*, *59* (3), 339-354.

WHO. (2022). *World mental health report: transforming mental health for all World Health Organization*. World Health Organization.

Wigglesworth, V. B. (1972). *The principles of insect Physiology*. Netherlands: Springer.

Witte, H. D. (2010). Job insecurity and psychological well-being: review of the literature and exploration of some unresolved issues. *European Journal of Work and Organizational Psychology*, *8* (2), 155-177.

Worden, J. W. (2018). *Grief counseling and grief therapy: a handbook for the mental health practitioner*. Springer publishing Company.

Xu, J., Liu, X., Xiao, Y., Fang, X., Cheng, Y., & Zhang, J. (2021). Effect of EAP psychological intervention on improving the mental health of medical workers under the novel coronavirus epidemic in China. *Frontiers in Public Health*, *9*, 649157.

Yildirim, K., Akalin-Baskaya, A., & Celebi, M. (2007). The effects of window proximity, partition height, and gender on perceptions of open-plan offices. *Journal of Environmental Psychology*, *27* (2), 154-165.

Yu, M. C., Lin, C. C., & Hsu, S. Y. (2009). Stressors and burnout: the role of employee assistance programs and self-efficacy. *Social Behavior and Personality: An International Journal*, *37* (3), 365-377.

Zahn, G. L. (2016). Face-to-face communication in an office setting. *Communication Research*, *18* (6), 737-754.

Zohar, D. (2002). Modifying supervisory practices to improve subunit safety: a leadership-based intervention model. *Journal of Applied Psychology*, *87* (1), 156-163.

Zohar, D., & Luria, G. (2005). A multilevel model of safety climate: cross-level relationships between organization and group-level climates. *Journal of Applied Psychology*, *90* (4), 616-628.

**图书在版编目（CIP）数据**

职业健康心理学：第 2 版 / 李英武主编. -- 北京：中国人民大学出版社，2025. 6. --（新编 21 世纪心理学系列教材）. -- ISBN 978-7-300-34007-4

Ⅰ. C913. 2

中国国家版本馆 CIP 数据核字第 2025LY2281 号

新编 21 世纪心理学系列教材

**职业健康心理学（第 2 版）**

李英武　主编

Zhiye Jiankang Xinlixue

| | | | |
|---|---|---|---|
| **出版发行** | 中国人民大学出版社 | | |
| **社　　址** | 北京中关村大街 31 号 | **邮政编码** | 100080 |
| **电　　话** | 010－62511242（总编室） | | 010－62511770（质管部） |
| | 010－82501766（邮购部） | | 010－62514148（门市部） |
| | 010－62511173（发行公司） | | 010－62515275（盗版举报） |
| **网　　址** | http://www.crup.com.cn | | |
| **经　　销** | 新华书店 | | |
| **印　　刷** | 大厂回族自治县彩虹印刷有限公司 | | |
| **开　　本** | 787 mm×1092 mm　1/16 | **版　　次** | 2025 年 6 月第 1 版 |
| **印　　张** | 20 插页 1 | **印　　次** | 2025 年 6 月第 1 次印刷 |
| **字　　数** | 417 000 | **定　　价** | 59.00 元 |

# 关联课程教材推荐

| 书号 | 书名 | 作者 | 定价（元） |
|---|---|---|---|
| 978-7-300-33693-0 | 心理学基础（第 2 版） | 白学军 | 59.00 |
| 978-7-300-32716-7 | 普通心理学（第 3 版） | 张钦 | 69.00 |
| 978-7-300-32539-2 | 实验心理学（第 3 版） | 白学军 | 59.90 |
| 978-7-300-32948-2 | 发展心理学（第 5 版·数字教材版） | 雷雳 | 59.00 |
| 978-7-300-30451-9 | 认知心理学（第 3 版） | 丁锦红 等 | 58.00 |
| 978-7-300-25882-9 | 生理心理学（第 2 版） | 隋南 | 49.90 |
| 978-7-300-30715-2 | 社会心理学（第 4 版·数字教材版） | 乐国安 | 68.00 |
| 978-7-300-25588-0 | 变态心理学（第 3 版） | 王建平 | 59.80 |
| 978-7-300-27212-2 | 教育心理学：原理与应用 | 刘儒德 | 58.00 |
| 978-7-300-32062-5 | 人格心理学导论（第 2 版） | 许燕 | 59.00 |
| 978-7-300-32143-1 | 健康心理学 | 林丹华 | 59.00 |
| 978-7-300-32565-1 | 管理心理学（第 2 版） | 孙健敏 | 65.00 |
| 978-7-300-26721-0 | 心理与教育论文写作：方法、规则与实践技巧（第 2 版） | 侯杰泰 等 | 38.00 |
| 978-7-300-34066-1 | 心理学研究方法：从选题到论文发表（第 2 版） | 王轶楠 | 59.00 |
| 978-7-300-21518-1 | 员工帮助计划（第 2 版） | 张西超 | 59.90 |

# 配套教学资源支持

尊敬的老师：

衷心感谢您选择使用人大版教材！相关配套教学资源，请您到人大社网站（http://www.crup.com.cn）下载，或是随时与我们联系，我们将向您免费提供。

欢迎您随时反馈教材使用过程中的疑问、修订建议，并提供您个人制作的课件。您的课件一经入选，我们将有偿使用。让我们与教材共成长！

联系人信息：

地址：北京海淀区中关村大街 31 号 802 室　　翟然 收　　邮编：100080

电子邮件：lgcbfs@crup.com.cn　　电话：010－62511967　　QQ：492788991

如有相关教材的选题计划，也欢迎您与我们联系，我们将竭诚为您服务！

选题联系人：张宏学　电子邮件：zhanghx@crup.com.cn　电话：010－62512127

人大社网站：http://www.crup.com.cn

心理学专业教师 QQ 群：259019599

欢迎您登录人大社网站浏览，了解图书信息，共享教学资源

期待您加入专业教师 QQ 群，开展学术讨论，交流教学心得